暖簾の紋章

社名とマークから
読み解く企業の心

村中憲二

現代書館

はじめに

商人の信用を表した「暖簾」という価値観

江戸時代には、武士が「家名（姓）」と「家紋」で自らを表したのに対して、家名の名乗りを許されない商人や職人は、店の名称である「屋号」と、店の紋章である「暖簾」で自らを表した。「暖簾紋」は商家の入口に下げられた暖簾に染め抜かれた紋章のことで、適切な呼び名が見当たらないため本書ではこの名称を用いることにした。傾向に違いはあるものの、図柄も意味合いもほぼ家紋と同じであるといってよい。広報宣伝手段がそれほど多くない時代にあって、「屋号」と「暖簾紋」は現在よりもはるかに重要だっただろう。　そこから転じて、「暖簾」という言葉は店主や店の信用を表すようにもなった。かつて時代劇や大阪商人のドラマなどで「暖簾にかけて……」という台詞が使われていたことがある。「暖簾」は物理的な存在というより、その店が存在を知られ、信用されていること、さらにいえばその背景にある文化であり、現在のブランド力といっても大きな違いはあるまい。

各種史料を見ると、江戸期には非常に多くの店が暖簾分けと思われる分店を形成している。この時期の暖簾分けは店（主人）にとっては経営拡大の手段であり、経営統治のひとつのかたちだった。完全な独立ではなかったが、大きな出世だったことは間違いない。商家の奉公人たちにとっては「暖簾分け」が大きなインセンティブになり、働くモチベーションともなったのだろう。

明治以降、経済環境の変化とともに暖簾分けの意味も大きく変わったが、「暖簾」を象徴とする価値観は現在まで生活の一部であり続けている。その表れのひとつに、飲食店や菓子舗などでは、入口に紋章を染め抜いた暖簾を掲げる店が多い。われわれは営業中かどうかを暖簾が出ているか否かで判断し、暖簾に描かれたマークで店を識別し、文字が書かれていればそれを読みとっており、誰も不思議に思わない。「分け〇〇」などと、著名な老舗の屋号や暖簾紋を継承していることを強調する店も少なからず存在し、われわれはそこから技術や味の伝承などを感じとっている。

別の表れとして、個人経営の店や事務所の名称は会計上「屋号」とよばれ、新規開業手続きには、屋号の登録も含まれる。つまり、国が屋号を求めているのだ。また、最近多く報道されるＭ＆Ａでは、相手企業を買収する際の数字上の企業価値と、実際の買収額との差を「のれん代」と称する。過去の歴史や知名度、信用といった無形の価値を示す言葉として「のれん」という言葉が日本人にはわかりやすく、それを会計上で国が認めているのである。「暖簾」という文化装置は、現在もしっかり生きているということではないか。

ところで「屋号」と「暖簾」の扱いを現在に当てはめればＣＩ（コーポレートアイデンティティ）ということになろう。これを紋章に引き寄せればそのなかのロゴタイプやマークのサイン計画である。そこでＣＩを得意とするデザイナーに聞いてみると、現在は第三のＣＩブームなのだそうだ。それもデザイン価格が急激に下落したと、このデザイナーは嘆いていた。戦後の高度成長時代、一九八〇年代から九〇年代という経済環境が大きく変わった時代に、多くの企業が変化する自らの姿に合わせて社名や商標を変更していった。そして現在が三度目のブームというわけだ。グローバル化やＩＴ環境の進化などもあり、企業のＭ＆Ａや事業内容の変更が日常的に行われるようなった。一方で、デザインツールの進化によって、アマチュアでも一定レベルのマークを比較的簡単にデザインできるようになり、ＣＩ作業のハードルが低くなった。これらの結果として、社名や商標も生まれ変わりつつあるということだろう。

企業のありようは大きな変化をとげ、中心的な事業も従業員も日常的に入れ替わっていくような傾向が、今後はさらに強まっていくと思われる。では、事業が変わり従業員が変わった企業組織がなにをもって一体感、求心力とするのかというと、過去からの連続性、すなわち歴史しかないのではなかろうか。そのとき、創業時からの屋号や紋章は一定の価値を持ち続けるのではないかとも思われる。

現在は、まだまだ多くの企業に伝統的な社名や商標、つまり「屋号」と「暖簾紋」が残っているのだが、ほとんどの人はそれを知らない。本書は「屋号」と「暖簾紋」をとりあげ、それらの生まれた歴史的経緯にスポットをあてるものである。それらができあがった背景や変化していった経緯を知ることで、各企業がどのように時代に寄り添い、生き抜いてきたかを感じることができよう。

日本の商標登録制度は一八八五（明治十八）年から始まった。本書は「屋号」と「暖簾紋」をテーマにする都合上、商法制定のころまでに創業した企業をとりあげている。すなわち、百三十年以上の歴史があり、屋号なり暖簾紋の使用が続いている企業に、所蔵する歴史情報、紋章、写真をご提供いただいた。それらの多くは創業ストーリーになっており、それぞれの業種の歴史物語でもある。

目次

第三章

商人に人気の山形紋と曲尺紋

本文図版中の固有名詞や図版表示のものは正字、旧字、異字体、俗字を使用。

本文中の家紋の図版は当社所有のものを中心に、『日本家紋大図鑑』（梧桐書院）『別冊歴史読本　索引で自由に探せる家紋大図鑑』（新人物往来社）、『家紋の辞典』（東京堂出版）などから転載。

年代表記は静岡県立中央図書館の「和暦西暦対照表」による。

第一章

暖簾紋の成り立ちと江戸時代の買物案内に見る全体像

暖簾は日本のオリジナル文化

「暖簾」は日本のオリジナル文化といってよい。歴史を背景にした企業や経営者などの信用力といった概念を、日本では「暖簾」という言葉で表現する。物理的な意味での暖簾は、建物の開口部にかけられて内と外を分け、日除け、風除け、塵除け、さらには人目を避ける用途に使われる。かき分ければすぐに開き、物理的な防壁としてはほとんど役に立たないにもかかわらず、精神的には内と外をしっかりと分ける、優れて日本的な仕切りといえよう。長寿企業がとびぬけて多い日本で、暖簾に含まれる意味はきわめて深い。

暖簾の発祥はどこからか？

まず、物理的な意味での暖簾の発祥を見てみたい。

『暖簾考』（谷峯蔵）は一九七九（昭和五十四）年に発行され、暖簾、暖簾紋、屋号の発祥にかんして先人の研究をまとめて一定の結論を出している。それらを集約すると、暖簾の発祥ははっきりしないが弥生時代からあった簾《すだれ》が布に変化したもので、簾の直接的な前身は寝殿造りなどで使用した幌《ほろ》＊、帳《とばり》＊であり、蔀《しとみ》＊を上げた際の日除けから発展したのではないかとしている。

現在の暖簾の原型が登場したのは平安時代と思われる。保延年間（一一三五〜四一）またはその少し後の作とされる『信貴山縁起絵巻』に、三幅の垂れ暖簾が民家の入口に掛けられている絵柄がある。保元年間（一一五六〜五九）作とされる『年中行事絵巻』には庶民の家に長暖簾が掛けられており、治承年間（一一七七〜八一）作とされる『粉河《こかわ》寺縁起絵』にも民家の入口に暖簾が掛けられた絵柄がある。さらに一二九九（正安元）年成立とされる『一遍上人絵伝』には、一遍上人が執権北条時宗と会う項で、民家に藍染の三幅の長暖簾が掛けられ、祇園社の鳥居のかたわらの民家には白布の暖簾があり、空也上人の遺跡市屋道場の項には、鶴の絵を描いた長暖簾が掛けられている。これらが確認できる暖簾の最古の事例で、平安末期までには民家で暖簾を使う習慣ができあがっていたようだ。

暖簾が鎌倉時代に中国から入ってきて独自に変化したという説もある。鎌倉時代末期に日本に入ってきた禅書の『勅修百丈清規《ちょくしゅひゃくじょうしんぎ》』に、暖簾にかんする記述があったことが理由である。しかし、この書物における暖簾は僧堂の風除けの幕で、垂れを切り離したものではなく、日本の暖簾とは異なる。『暖簾考』では、当時の元音・宋音では暖簾を「なんれん」と発声しており、これが〝のんれん〟〝なうれん〟〝のうれん〟と変化して〝のれん〟になったのではないか、すなわち〝のれん〟の名称だけが流入したと結論づけている。

なお、暖簾の古称は「垂蒸《たれむし》」だったらしい。垂らした筵《むしろ》からきているものと思われる。また、暖簾の呼称は一気に変化したわけではなく、「たれむし」（または「たれむしろ」）の古称も明治期ごろまで残っていたようだ。庶民の間にはそのころまで、筵を垂らして仕切りに使うような生活が残っていたため、

幌（ほろ）、帳（とばり）
たれぎぬ。部屋や外部との境に垂らして、区切りや日除けにする

蔀（しとみ）
寝殿造などに用いられた建具の一種。格子に布や板、芦や草を貼った建具

というのが『暖簾考』における推論である。

『写真のなかの江戸』（金行信輔）は江戸末期の写真を集めた本で、その表紙カバーには日本橋按針《あんじん》町の風景写真が掲出されている。民家の屋根はいずれも板葺き、入口は格子の引き戸で、入口の戸が見えない家もある。ここには筵が垂れ下がっていても不思議はなさそうだ。当時の日本で最大の繁華街だった日本橋通りすぐ近くの裏店の状況である。また、赤坂の写真には茅葺屋根の民家もあった。村落部での生活は「たれむしろ」の名称がふさわしかったかもしれない。

暖簾の紋章はいつから始まったのか？

では、暖簾に図柄が描かれるようになったのはどんな経緯だろうか。

いうまでもなく当初の暖簾は無地だったが、『信貴山縁起絵巻』に描かれた暖簾は目結《めゆい》文様*で染められている。これが確認された最初の暖簾に描かれた文様なのだが、武家でもようやく家紋が成立し始めた時期で、まだ商家に紋章は成立しておらず、『暖簾考』では着物地などを暖簾に流用したのではないかと類推している。鎌倉期初期の作とされる『一遍上人絵伝』には、鶴の絵柄が描かれた暖簾があった。これらが暖簾をメッセージ伝達媒体に使う手法として、確認できる最古のものだという。ただし、紋章というよりは〝目印〟といったところか。

暖簾でなく看板ではもう少し歴史を遡ることになる。七〇一（大宝元）年の大宝律令で藤原京に開かれた市を管理する市司《いちのつかさ》が設けられ、さまざまな決まりができた

目結文様
布や革を糸でくくってから染め、染め終わった後に糸をほどいて、染め残った部分を文様とする絞り染色法

『写真のなかの江戸　絵図と古地図で読み解く20の都市風景』（金行信輔　ユウブックス）

が、その決まりのなかに肆標《いちくらのしるし》*掲出の義務があった。つまり、扱い商品にかんする看板を各店に立てさせたのである。これは表示品以外の取り扱いを禁止し、物品の専売を保護するかわりに、商品の時価を記入した帳簿の提出も義務づけていた。物価統制と徴税を目的としていて、律令制が衰退する鎌倉期まで続いたようだ。この看板が屋号や暖簾紋の萌芽というのが『暖簾考』の結論である。商店の広報的な意図はなかったわけだが、これが看板の嚆矢ということになるようだ。屋号や暖簾紋の萌芽という見方もあるようだがはっきりしない。

一三五一（正平六）年ごろとされる『慕帰絵詞《ぼきえことば》』には色布の暖簾が見られ、十三世紀後半ごろの『直《なお》幹中文《もともうしふみ》絵詞』には色布と連続文様の暖簾が描かれ、同時期と思われる『山王霊験記』には「ふたつ引両」文様の暖簾、その隣家には地紋風文様の暖簾も描かれている。これらは民家だが、商家では文安〜宝徳年間（一四四四〜五二）ごろの『鏡破翁《かがみわりおきな》絵詞』、一四八七（文明十九）年の作とされる『星寺縁起』、それと同時期の『福富草紙絵巻』などに、各種の文様が中心に置かれた暖簾が描かれている。これらから『暖簾考』では、暖簾に意識的に目印が入るようになったのは鎌倉中期からと結論づけている。鎌倉中期以降は暖簾に文様が染められてなんらかのメッセージを表すようになり、室町時代後半には商家が一種の広告媒体として、独自の意匠を染めこむようになっていったといえそうだ。ただし、そのころはまだ動植物、道具、商品の具体的な形状など、商家の存在や商売の内容を伝えるわかりやすい目印のようなもので、文字は使われなかった。この時期には識字率は低かったと思われるから、文字での表現はほとんど意味をなさなかっただろう。文字を使用するようになったのは桃山時代末期とされる。

江戸時代に入り庶民の識字率が高まると、店の紋章とともに屋号や商品名なども広く暖簾の意匠とな

肆標（いちくらのしるし）
肆は市座（いちくら）の意。市場での売買または交換のために商品を並べて置いたところ。つまり、店舗である。その標だから、店の標識すなわち看板といえよう

っていった。
ところで、紋章の成立過程をなるべく正確に記述しようとした結果、ここでは図柄、文様、意匠などという言葉を多用した。図柄は絵、文字、イラスト的なものまでを含む柄全般、文様は装飾的な図柄のモチーフあるいは家紋成立以前のもの、意匠は装飾上の工夫、デザイン創作物といった意味で用いており、紋章のデザインは意匠としている。

屋号の成り立ちは都市部と村落部で異なる

暖簾紋の発展は大坂と江戸ではやや異なっているのだが、その前に屋号の成り立ちについて触れておきたい。

「屋号」がいつごろから用いられるようになったかは、はっきりしていない。戦国時代が終わり江戸時代に入るにつれ人口が増加し、名前だけで個人を特定することがむずかしくなっていった。一方で江戸時代には、特別に許された一部の富裕層を除き、武家以外は名字を名乗ることはできなかった。そのため戦さがなくなり人口が増加してくると名前だけでは判別がむずかしくなり、家ごとに識別できる名称をつけるようになった。これが村落部における「屋号」の始まりだとされる。

村落部では家の場所的な特徴や一族の系統、家業などを示すことで屋号とした。門名《もんな》という言い方もあったようだ。上《かみ》、下《しも》、東、西、角《かど》、坂本、沢口といった地理的特性によるもの、本家、新宅といった親族関係を示す名称は現在も聞く。また、大東亜戦争（太平洋戦争）後間もないころまでは、鍛冶屋、菓子屋といった職業に関係する屋号もあった。村落部には武士団の土着、親族による共同体もあり、さらにはそれ以前の荘園制度による影響などもあったと想像される。農村ばかりでなく、漁村、山村でもそれぞれの事情から同族団が形成されただろうから、そうした同族団が屋号の決定にもさまざまな影響を及ぼしたことだろう。

商家の屋号は村落部とは異なった発展をした。『暖簾考』の研究によれば、商家における屋号は一三〇〇年代の後半ごろから少しずつ定着し始めている。村落部における屋号の始まりが江戸時代なら、商家のほうが少々早かったといえそうだ。

その根拠として『暖簾考』では次のようなことをあげている。山東京伝が『骨董集』（一八一四〜一五＝文化十一〜十二年）で『鏡破翁絵詞』のなかに三つ橘、玉《たま》などが暖簾に染められていることに触れ、それらの店について〝今はたちばな屋、たま屋などといい、目印から名前が出た〟と解説しているのに対して、国学者の喜多村節信《ときのぶ》（信節《のぶよ》とも）は一八三〇（文政十三）年刊行の『嬉《き》遊笑覧《ゆうしょうらん》』に納屋、酢屋などの名前があるとして、屋号が目印から出たとは限らないとしている。納屋は堺商人の屋号である。室町時代末期から安土桃山時代にかけて活躍した大商人たちのことで、古くから納屋とよばれる倉庫を多く持ち、倉庫貸しや回漕問屋を営んだ。堺の町を自治運営し、納屋衆ともよばれ、織田信長に鉄砲を提供した大商人で茶人でもある今井宗久、豊臣秀吉の庇護を得てフィリピンとの取引で巨富を得た呂宋《ルソン》助左衛門が有名だ。彼らの屋号である納屋は倉庫からきているとされる。

また、一三七一（応安四）年ごろの摂津有馬の太田宿に的屋、播磨東条にかや屋があり、一四〇三（応永十）年ごろの奈良には稲屋、亀屋があった。いずれも旅籠であり、よそからきた顧客に見つけてもらうためになんらかの印が必要な商売だ。これらが屋号紋・暖簾紋の原初的形態だと『暖簾考』はいう。

屋号にせよ暖簾の目印にせよ、商家では江戸時代に入るころまでにゆっくり広がり定着していったと思われる。

ただし、これらはいずれも関西圏の話である。江戸は一六〇三（慶長八）年の開府以来、急速に町づくりが進んだ都市であり、商家の発展もその時点からである。屋号にせよ紋章にせよ、そこから急速な発展が始まったといえよう。

江戸の町は暖簾の紋章がいっぱい

暖簾に描かれた店の目印は、しだいに意匠として洗練されていった。これが先に述べた「暖簾紋」である。暖簾に染め込むことが多いところからきた名称と思われる。

その暖簾紋がどう洗練されていったのか、異なる時代を比較してみたい。

現在のＪＲ神田駅近くに、橋は見あたらないのに今川橋という名前がついた交差点がある。ここにかつては竜閑川という堀があった。現在は埋め立てられているが、その掘割に架かっていた橋を今川橋といい、現在は今川橋交差点になっている。この今川橋交差点から南に向かって日本橋までは現在も一本道で、いうまでもなく江戸期には最大の商店街であり繁華街だった。この街は数多くの絵画に描かれているが、そのひとつとして、しばらく前に『熈代《きだい》勝覧』という絵巻物が話題になったことがある。この絵は一八〇五（文化二）年前後のこの商店街の道筋を東側から描いたものである。別の言い方をすれば、現在の三越本店が見える側をやや鳥瞰、ビルでいえば四、五階の高さの視線で描いたもので、約一二メートルに及ぶ連続画面の巻物だ。きわめてリアルに描写されているというのが研究者の見解だ。

絵巻の学術的価値は研究者にお任せするとして、〝暖簾の紋章〟を探る立場からいえるのは、今川橋交差点から日本橋に至る、一キロ弱のこの道筋のいわゆる表店のほとんどが、藍染の暖簾を掛けていたということだ。通り全体に暖簾が連なっている印象で、おのおの異なった紋章を染め抜いている。もちろん扁額もあり、路上に立て看板もあったりして、それらの多くにも紋章が描かれている。この時期にはすでに商家と暖簾の紋章は不可分のものになっているのだ。

『熈代勝覧』にかんして、二〇一六（平成二十八）年の早稲田大学大学院教育学研究科紀要に興味深い論文があった。『江戸の「暖簾」と「看板」』（小貫浩）という論文で、『熈代勝覧』と寛永期（一六二四～四四）ごろの『江戸図屏風』を比較して、紋章の種類が異なるという指摘をしている。改めて江戸初期の『江戸図屏風』を見てみると、日本橋や京橋などの商家の暖簾に描かれているのは「丸に雁金」「増山雁金」「丸に三つ引両」「井桁《いげた》」「丸に一文字」「三つ巴」などの家紋のほか、鼠の姿を写実的に描いた「丸に鼠」、松の木を写実的に描いた「菱に松」など、家紋とは異なる意匠がある。丸や菱形を並べた幟《のぼり》も見え、紋章というよりも文様というべき意匠が交じっている。一方、同じ場所でも江戸後期の『熈代勝覧』では、三井越後屋の「丸に井桁三」紋をはじめとして、見慣れた暖簾の紋章がずらりと並んでいる。

この違いについて論文では次のように推量している。まず、『江戸図屏風』の時代にはまだ暖簾紋が一般化していなかった。幕府や諸大名が上方や国元の有力商人を御用商人として多数引き連れてきたため、各商人は上方や国元の本店で使用していた「しるし」または家紋をそのまま使用した。こうした商人の一部は戦国末期の武家の流れで、もともと家紋を持っていた。また、多くは御用商人としての家格や特権を有し、扱い商品よりも特権身分を表示するほうが有利だった。これらが家紋の意匠が並んだ理由である。そして、江戸の大火の影響や商人の入れ替わりがあって、白木屋《しろきや》、三井越後屋、大丸といった大店が一六〇〇年代後半から一七〇〇年代初期にかけて登場し、紋章も家紋などから新たな意匠に切り替

わっていった。つまり、現在につながる老舗の紋章がこの時期に多数成立したとしている。同時期に江戸の地場資本による商家も数多く誕生するようになっており、現在まで屋号や紋章にかんする伝承を残している店も少なくない。それぞれの伝承からも、この時期に商家の紋章が確立していったとする論文の類推は正しいと思える。

論文ではもうひとつの指摘もなされている。『江戸図屏風』では表通りから外れた道に、「丸に六」という『熙代勝覧』に描かれた紋章と同質の意匠がある。これが現在まで続いている暖簾紋の意匠の萌芽ということになろうか。

商店の紋章をなんとよぶか？

いま、商家の紋章を暖簾紋と書いたが、これにはさまざまなよび名がある。「店印」という言い方もあり、屋号に対応して「屋号紋」ともいい、家の紋章という意味で「家印」ともいった。また、仕入れた商品を送る際の荷物につける印として「荷印」という言い方もあった。酒や醤油は菰《こも》樽での出荷で樽につけた印を「菰印」といい、ほかにも蔵の壁面につける「蔵印」、船の識別をするための「船印」、瓦につける「瓦印」、医師の紋章は薬箱につけられたので「箱印」といった。村落部にも同様の紋章が普及していき、「屋号紋」「蔵印」などのよび名は共通して使われたりもしたようだ。山の仕事では道具などに「しるし」を刻みつけて所有者を表し、これを「山印」といい、そこから家印に発展したらしい。これらをざっくりいえば、経営権や信用といった無形のものまで含めて、所有を示す「しるし」といえそうだ。

明治期まで、江戸や大坂の水路には「蔵印」がついた蔵が立ち並んでいたことが、浮世絵や明治期の写真などでわかる。この「しるし」は「暖簾紋」と同じことが多い。

地方でも旧家の切妻造りや入母屋造りの妻側の白壁に、家紋のような意匠が配置されているのを見かけることがある。私は山口県、群馬県、栃木県でも見たことがあるが、現在でも福島県で見ることができる。下郷町を中心に日光から会津若松市に抜ける国道121号沿いの多くの集落に、紋章が配置された家や蔵が多数立ち並んでいる。古い建物ばかりではないから、この地域には現在も家や蔵を建てれば紋章を配置する習慣が残っているのだろう。それも、一部の有力者、金満家の家だけなら不思議でもなんでもないが、大半の家々が紋章つきの蔵を構えている。

下郷町役場広報の説明では、紋章がついた蔵は通り沿いばかりでなく各集落全体に広がっている。蔵には農機具などを入れており、納屋の役目をはたしている。雪の深い地域なので、雪対策の蔵を持つ習慣が現在まで続いているのかもしれないという。下郷町役場ではこの紋章を「家印」と表現したが、蔵に「家印」を付す習慣が存続している理由についてはわからないそうだ。同じ紋章の家や蔵もあるから、それらは紋章を共有する親戚関係にあるとも類推される。

「丸に水」（左）と「曲尺に一力」（右）。左の「水」の字は壁に浮き出させた円盤状の丸に描いたもの。下郷町内の新造蔵には円盤が形成されて、意匠はまだ描かれていないものをいくつも見かけた

下郷町の畑の中に並んでいる蔵。「蔵印」はすべて異なり、複数の家がなんらかの共同作業のために集まって蔵を造ったと類推される

この地域で興味深いのは、鬼瓦にも「家印」が付されている例が少なくないことだ。これは前述のとおり「瓦印」とよぶ。鬼瓦は少量生産の注文品だから、昔もいまもそれなりのお金がかかるはずだが、そうした習慣ができた理由は村役場ではわからないそうで、残念だ。

同じ下郷町内で、国道121号から少し外れた観光地の大内宿も同様である。観光ポイントとして整備されている道筋では一軒しか確認できなかったが、裏に回るといくつもの民家が家の妻側や蔵に「蔵印」を付している。121号を北上して会津若松市に入ると、ここにも白壁に配置された「蔵印」が散見される。逆に南下して栃木県日光市付近でも数軒は目にしたから、この地域全体で「蔵印」にかんする文化があるのだろう。

旧北上川沿いの切り妻造りの土蔵に見える「山形に吉の字」の蔵印（ピクスタ）

下郷町で見かけた蔵印。「丸に九曜」（左）は瓦印にも描かれている。「丸に三」（右）は壁面に円形状に浮き上がらせた構造物に「丸」と「三」を描いており、その下に長方形に浮き上がらせた飾りをつけ、黒の飾り線を入れている。さらに下に窓があるから長方形の構造物は雨水の窓への流れ込みを防ぐ用途かと思われる

話がそれるが、貴族や武家の紋章を家紋といい、神社や寺院では神紋、寺紋という。これらを家紋の専門家は異なるものとすることがある。たしかに使用者が異なり、意匠に傾向の違いはあるが、かなり混然としており、明確な決まりがあるわけではない。庇護を受けた大名の家紋を寺紋とする寺院もあり、

逆に神紋や寺紋を家紋とする武家もあったことなどを考えれば、大きく見れば同じもので、習慣的にいい慣わしてきた名称と考え、あまり厳密に区別する必要はあるまい。本書では便宜的に、商家が使う紋章はすべて「暖簾紋」に統一しておく。

商標はどのように成立したか

江戸時代の始まりのころ、徳川家康や諸大名に従って江戸に出てきた商人には、伊勢、近江、大坂出身者が大勢いたといわれる。当初、出身地名を屋号にすることが多かったようで、なかでも伊勢商人が多数を占め、〝町の半分は伊勢屋〟などと揶揄された時代もあったらしい。新しい町である江戸では、そもそも成功した同郷人を頼って江戸に出るといったこともあり、その名称がなんらかの理由で有利だったのだろう。

屋号は出身地ばかりでなく、創業者名、職業、家紋や各種紋章を起源とするもの、店のシンボル、神仏、関連する動植物、取扱商品など、時代が下るほど多様になっていった。それぞれの創業者たちは自らの信用につながり、目立ち、商売に有利に働くようにと、命名に知恵を絞ったに違いない。

現在も「屋号」を社名に残している企業は少なくない。百貨店などの小売業、和菓子や昆布など伝統的な食材、酒や味噌、醤油などの発酵関連、飲食店などの老舗に多く、大丸、髙島屋、虎屋などがすぐに思い出される。当然のことながら、歴史を背景に持つことが有利と考えられる企業が、過去から伝承された名称や紋章を重視する傾向が強い。現在も、個人経営の商店、事業所の名称はすべて、法的には屋号とよばれる。

現在も使われている屋号として有名なものに、歌舞伎一門の名称があげられる。ほかにも、落語、講談をはじめ、伝統的な芸能には一門の名称としての屋号がある。なお、落語や講談などでは「亭」の字がつくことが多く、「亭号」とよばれることもある。

ところで「屋号」と「暖簾紋」を現在の企業にあてはめれば、企業名（またはブランド名）と商標である。そこで、改めて商標の歴史を整理しておきたい。

特許庁の定義では、商標とは「事業者が自己（自社）の取り扱う商品（サービス）を他人（他社）のものと区別するために使用するマーク」である。コーポレートマークとブランドマークの両方が含まれ、最近では音や色彩、動きなども商標として保護されるようになった。

商標の歴史は中世ヨーロッパに始まる。図形やモノグラムで構成された商人標とよばれるもので、おもに所有権の立証に使われた。また、都市国家などでギルドの加入者を統制する手段として、生産標が手工業者間の製品について使われたという。これは責任を明確にする目的だった。法的な対応としては、一八五七（安政四）年にフランスで「製造標および商業標に関する法律」が制定されたのが最初である（それ以前に、イギリスやアメリカでは普通法によって詐欺に対する保護はなされていた）。一八六二（文久二）年にはイギリスで虚偽表示を禁止する法律が制定され、一八七〇（明治三）年にはアメリカで連邦法として商標登録が法制化された。ドイツでも一八七四（明治七）年に商標保護法が制定されている。特許、意匠権の成立もほぼ同時期である。

1885（明治18）年6月2日に認められた第一号商標。京都府の平井祐喜氏による膏薬・丸薬の商標で、魚の料理中に誤って指を切り落としてしまった図柄。指先と血の流れまで描かれた強烈な内容で、「平井の膏薬があるから大丈夫」との意味らしい。現在なら誇大広告そのものだが、当時は笑ってもらえたのだろう。『日本マーク全集』（閑々忙、1952年）より

日本では明治期に特許や意匠権と並行して、商標の制度も整備されていった。一八八四（明治十七）年に商標条例が制定されたのが最初で、商標登録第一号は翌年、京都府の平井祐喜氏による膏薬・丸薬の商標が第一号だ。欧米の動きにさほど遅れているわけではないことが興味深い。

ただし、これは役所的な理解であり、日本でははるかに以前から「屋号」と「暖簾紋」が企業名と商標の役割をはたしていたといえる。また、意匠権については日本刀が思い出される。銘と年紀を入れる法律が七〇一（大宝元）年に制定され、銘の入った平安末期の刀が現存しているという。この銘は生産標ということになろう。現在も高級な包丁などに銘を入れる習慣があるのは、こうした伝統が生きている証しである。ただし、商標や意匠権について、日本が世界に先行していたといいきることもできまい。江戸時代の日本では、初期的な資本主義が先進的に発展していたといわれるが、中世の西欧には商人ギルドが存在しその紋章もあった。二千年前のローマ時代に、職人が瓦などに目印をつけたのが最初という説もある。法律に先行して慣習的な決まりがあっただろうし、中国については特許庁のサイトでは触れていない。

ここでいいたいのはどの国が早いかということではなく、日本では明治に入り近代的な商法が成立して以降、ほとんどの企業で商標を制定して使用するようになったが、導入にあたって混乱したという話がほとんど聞こえてこないということである。それは「屋号」と「暖簾紋」の文化が定着していたため、自然に新しい制度に移行できたからではなかろうか。

江戸期の「暖簾紋」の全体像を把握できる史料がある

暖簾紋は一六〇〇年代の後半から一七〇〇年代の前半にかけて確立し、商家の紋章として洗練されていった。家紋に比べて暖簾紋について研究した書籍は少なく、詳細を知るのはむずかしいのだが、全体像を量的に知る手がかりになる史料が残っている。江戸後期から明治期にかけて、各地で商家の案内本が作られている。暖簾紋も多く掲出されて識別マークの役割をはたしており、それらの一部は図書館のデジタルサービスなどで見ることができる。そこで本書では比較的簡単に見ることのできる一六種、六七冊の案内本から暖簾紋を採取してみた。同種の本は江戸のかなり早い時期からあったようだ。

とりあげたのは一八一九（文政二）年からまだ江戸期の商習慣が色濃く残っていたと思われる一八九二（明治二十五）年ごろまでのもので、江戸（東京）が五点、大坂（大阪）が四点、京都は二点、地方都市では甲府と長崎、熊本、佐賀を加えた。さらに、東京、大阪を含めた明治中期の日本全国の商工人名簿をとりあげた。東京（江戸）、大阪（大坂）、京都の有力店は複数の本に重なって掲出されているし、同じ本のなかでも支店や暖簾分けした分店なども含まれている。同一経営者、あるいはその親族と思われる名前が複数掲出されている例もあり、さらに暖簾紋だけは違っていたりもする。経営者と業種、店舗、暖簾紋の関係を調べれば、別のおもしろい側面が見えそうだが、本書は暖簾紋の全体像を見ていくのが

暖簾紋を採取した出版物と紋章の概数

発行年	署名		採取店舗数	うち紋章不掲出店舗	内容不明な紋	判読可能な暖簾紋数
① 1819 文政 2	商人買物獨案内（1、2、3）		2,091	541	27	1,523
② 1824 文政 7	江戸買物獨案内（上、下、飲食）		2,381	183	41	2,157
③ 1833 天保 4	京都買物獨案内		193	50	5	138
④ 1846 弘化 3	大坂商工銘家集		1,514	186	25	1,303
⑤ 1872 明治 5	甲府買物獨案内		469	14	3	452
⑥ 1879 明治 12	浪花買物獨案内		480	301	2	177
⑦ 1880 明治 13	東京商人禄		272	29	0	243
⑧ 1882 明治 15	浪華の魁		1,747	856	8	883
⑨ 1883 明治 16	東京名家繁昌図録		73	0	0	73
⑩ 1884 明治 17	今様京羽二重		1,231	937	3	291
⑪ 1885 明治 18	東京商工博覧絵		351	115	7	229
⑫ 1885 明治 18	商工技芸崎陽之魁（長崎）		115	21	3	91
⑬ 1886 明治 19	熊本商家繁昌図録		126	56	0	70
⑭ 1890 明治 23	佐賀懸獨案内		89	10	1	78
⑮ 1890 明治 23	東京買物獨案内		708	109	9	590
⑯ 1889 明治 22 〜 1892 明治 25	日本全国商工人名録	東京	4,039	591	46	3,402
		大阪	2,252	169	31	2,052
		京都	1,712	351	16	1,345
		九州	2,094	404	7	1,683
		中国	1,184	269	6	909
		四国	1,397	326	7	1,064
		近畿	1,893	485	23	1,385
		中部	4,872	1,120	40	3,712
		関東	2,359	489	10	1,860
		東北	2,114	504	11	1,599
		北海道	529	130	6	393
			36,285	8,246	337	27,702

＊数値はすべて概数

＊『日本全国商工人名録』は 1889 〜 92 年に作成され、各市町村単位で都道府県ごとにまとめられている。ここでは３都市のほかは地方単位に合計数をまとめた

目的だ。これらは全体像に影響を与えるほど多くはなさそうなので、分類としては省略した。総店舗数は三万六〇〇〇店ほど。このなかで暖簾紋を掲出していない店、逆に複数掲出している店もあり、暖簾紋が読みとれない店もある。そうした店を外して採取できた暖簾紋の実数は二万七〇〇〇点ほどになる。本書でとりあげたのは、これらの暖簾紋ならびに現在まで存在している企業体の紋章である。

可能な限り家紋の研究書に従った。一部の不明なものは家紋からの類推である。カウントは手作業であり、類似紋の判別などもすべて目で見ての独断だから　間違いも少なくないはずだが、意匠の傾向を見るためのサンプル数としては十分と思われる。

さて、二百年前の江戸における商店の紋章はどんな傾向があったのだろうか。まずは各案内本がどんなものだったかということから見ておきたい。

ベーシックな江戸の商店広告集『江戸買物獨案内』

商店にかんする史料のなかでよく知られているのが『江戸買物獨《ひとり》案内』である。何度も改定されているようだが、ここでとりあげたのは一八二四（文政七）年に大坂で発行されたもので、三巻に分かれ約二六〇〇店が紹介されている。一ページあたり二～三店の掲出が基本で、スペースの上三分の一ほどに商売の特性や製品のセールスポイントと暖簾紋、下三分の二の右側に所在地、中央に「草履問屋」「釣道具師」「打物問屋」といった商売の種類を大書し、左に屋号や店主名が書かれている。関西圏の商人が江戸で商談をするにあたり、土地勘がなくてもわかるように編纂されたものだ。

店から広告料を受け取って掲出したと思われ、一丁（二ページ）を一店で占めているもの、逆にさらに小さなスペースで紹介されているものもあり、これは広告料金の差だと思われる。広告だから、当然、載っていない有名店もあるだろうが、江戸に旅する人びとにとって便利な本だったようで、よく売れたらしい。

医薬系には洒落をきかせたマークもある

『商人《あきんど》買物獨案内』（一八一九＝文政二年発行）は、前述の『江戸買物獨案内』に五年先行して、大坂の商家約二一〇〇店を紹介したもの。ここでとりあげたなかでは最古である。基本構造は『江戸買物獨案内』と同じだが、一店あたりのスペースは小さく、暖簾紋、業種、所在地、店名だけだ。二一〇〇店弱が紹介されているが、四分の一ほどには暖簾紋が掲出されていない。

なかには洒落をきかせた意匠もある。「團十郎齒磨」は調合所として日本橋通堤の岡本宗輔、天満天神島の岡本長兵衛が連名になっており、親族で商売をしていると連想させるのだが、それよりも図柄が楽しい。「鎌」と「輪の中に描かれた役者絵」にひらがなの「ぬ」を組み合わせている。「かまわぬ」と読ませたいのだろう。となれば描かれた役者は、商品名に合わせた市川團十郎ということになろう。これは暖簾紋ではなく、目を引くため、あるいは覚えてもらうためのイラストだと考えたほうがよさそうだ。

『江戸買物獨案内』も同様で、とくに医薬系では大きなスペースを使用している店

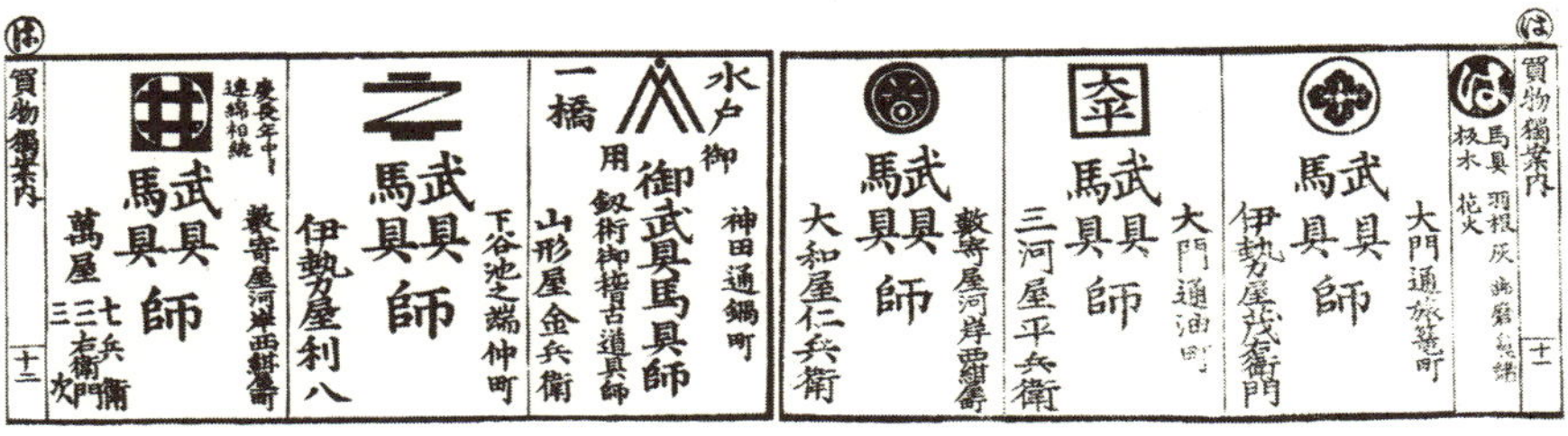

『江戸買物獨案内』より

「龍囲みの意匠」（外郭使用）鎮火五龍圓薬種問屋　浮田桂造五福（江戸買物獨案内）

「鶴の意匠」御免調合所本益田法橋上田友石（江戸買物獨案内　石は異体字）

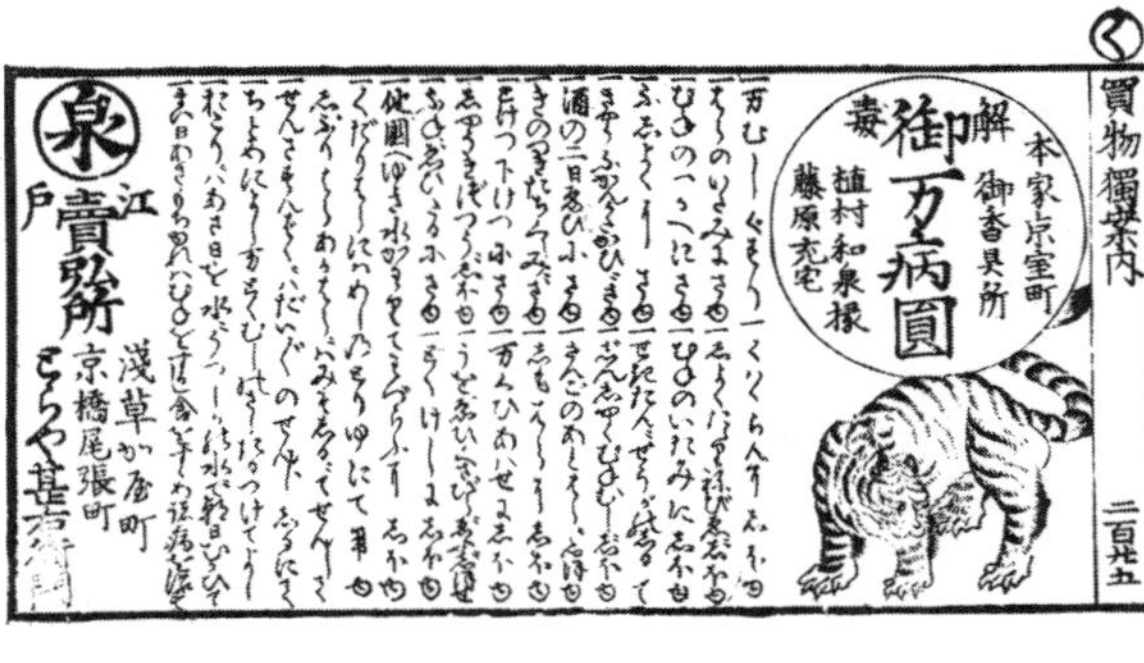

「虎の意匠」万病圓賣弘所　とらや甚右衛門（江戸買物獨案内）

「かまわぬ團十郎の意匠」團十郎歯磨粉本家調合所　岡本宗輔・岡本長兵衛（商人買物獨案内）

「兜の意匠」紫金膏薬種問屋　高橋喜内（江戸買物獨案内）

が多く、ページ構成もアレンジされており、兜、羽、女性のイラストまである。二匹の龍が広告をとりまく外郭になった意匠も複数の店で使用されている。紋章が単純化された意匠であるのに対し、これらはいずれも具象的な絵で目を引くための工夫だと思われる。利益率の高い商品を扱って、広告でも厳しい競争を続けていると考えれば、現在と同様といえようか。

『京都買物獨案内』（一八三三＝天保四年発行）も『江戸買物獨案内』とほぼ同様の構成だが、掲出店舗は江戸の半分以下の約一二〇〇店。それだけ町が小さいということだろう。しかも、その四割近くには暖簾紋の記載がないのが少々残念だ。

『大坂商工銘家集』（一八四六＝弘化三年発行、約一五〇〇店）は店の紹介スペースの大小格差が大きくなった。基本のスペースは『江戸買物獨案内』の半分になり、二スペース以上を使う店もあちらこちらに入るようになった。なかには店頭イラストを入れた店も出てきており、明治期の案内本で行われた、店構えを描いた挿絵で埋められるような構成の端緒となっている。

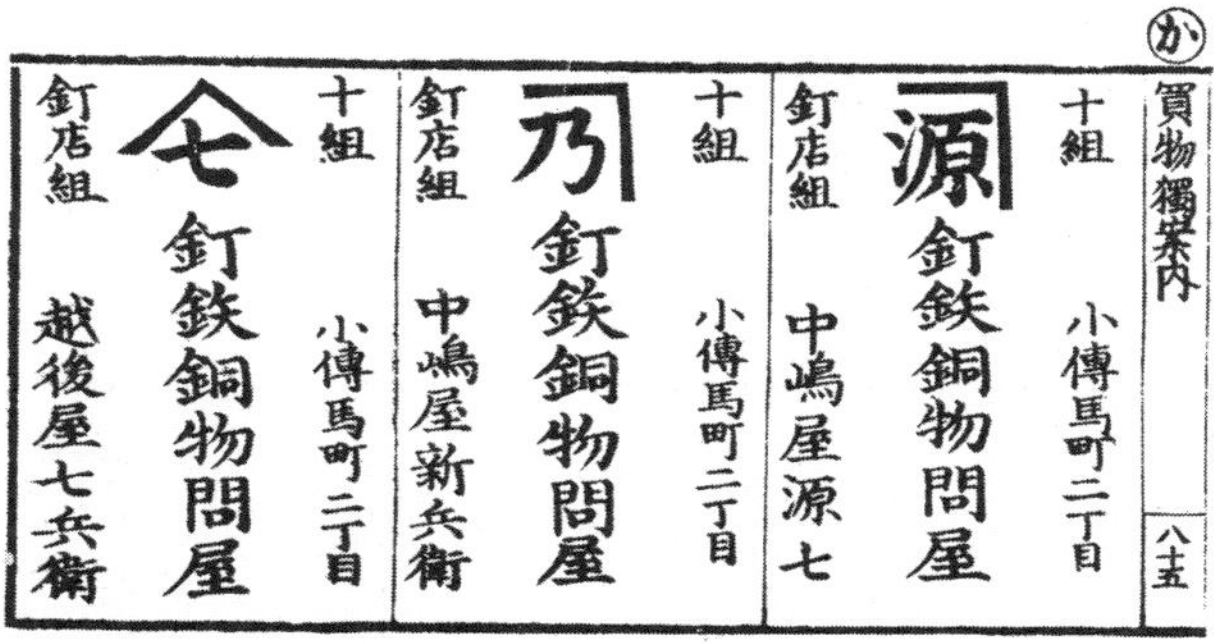
か 買物獨案内 八十五

十組 小傳馬町二丁目
源
釘鉄銅物問屋
釘店組 中嶋屋源七

十組 小傳馬町二丁目
乃
釘鉄銅物問屋
釘店組 中嶋屋新兵衛

十組 小傳馬町二丁目
七
釘鉄銅物問屋
釘店組 越後屋七兵衛

十組
『江戸買物獨案内』には、「十組」の表記があることが多い。大坂と江戸を結ぶ輸送は当初は菱垣廻船だけだったが、船頭や水夫が海難を装って不正を働くなど問題が多かったため、厳しく管理するために、一六九四（元禄七）年、江戸の商人たちがつくった問屋仲間を十組問屋という。やがて実質的に菱垣廻船を支配するようになり、下り物を仲間内で独占した。当初は内輪の仲間だったが、享保年間（一七一六〜三六）に幕府公認の株仲間となった。
十組とは、塗物店組（塗物類）、内店組（絹、太物、繰綿、小間物、雛人形）、通町組（小間物、太物、荒物、塗物、打物）、薬種店組（薬種）、釘店組（釘、鉄、銅物類）、綿店組（綿類）、表店組（畳表、青莚）、川岸組（水油、繰綿）、紙店組（紙、蠟燭）、酒店組（酒）のこと。
樽廻船が隆盛になり、一八一三（文化十）年には菱垣廻船積問屋仲間六五組に再編している

『甲府買物獨案内』にはブランドマークの始まりが垣間見える

『甲府買物獨案内』（一八七二＝明治五年発行、約四七〇店）からは明治期に入る。廃藩置県が行われた翌年の発行だが、目につく変化はない。甲府という地方都市の紹介だから当然ともいえるがコンパクトだ。

味噌・酢・醤油の業種が九店並んで表示されている。これらはいわば競合会社といってよさそうだが、暖簾紋とは別に商品の種別ごとに紋章を列挙しているのが目につく。たとえば八日町三丁目の宅間平右エ門店は、暖簾紋は「平角に三」だが醤油の種類を紋章とともに列挙している。「地紙」紋に「大極上別造　御料理向」、「山文字」紋に「同吸物向　御茶碗物」、「三つ鱗」紋に「南山寿水　御料理向」といった具合だ。スペースが半分しかない柳町四丁目の大黒屋権八店も、暖簾紋の「丸に大」のほかに「蛇の目」、「丸にふたつ引両」、「白」の字に「六角に二」を並べている。味噌、醤油の店は、ほかの競合店舗も同様

「丸に大」味噌酢醤油醸造所　大黒屋権八
（甲府買物獨案内、国会図書館蔵）

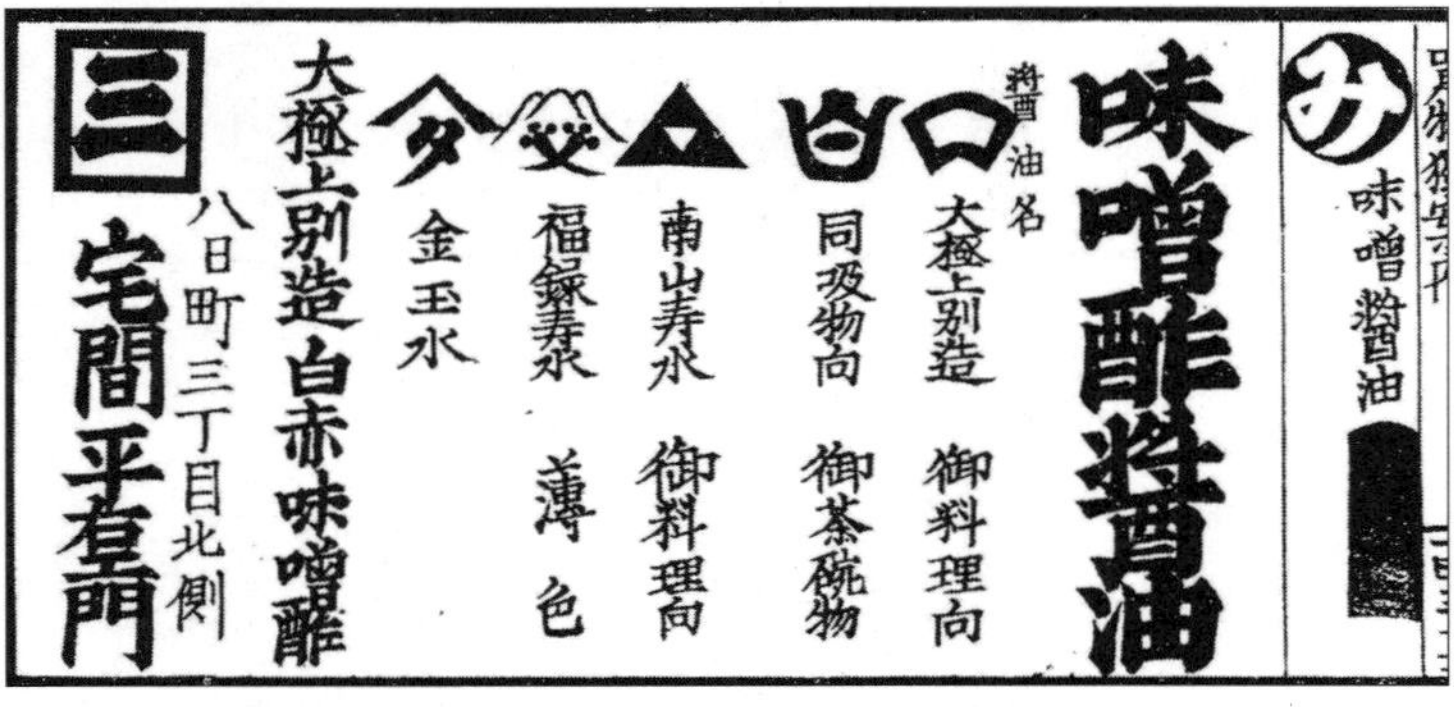

「平角に三」味噌酢醤油醸造所　宅間平右エ門（甲府買物獨案内、国会図書館蔵）
図中の「醤」「噌」は当時より旧字・異字体ともに併用使用していた

で、競って実施しているように見える。

見た目は似ていても味に違いがある商品を、簡単に識別する記号という言い方もできようが、コーポレートマークとブランドマークの使い分けが、明治初期の地方都市ですでにできていたといえなくもない。となれば、江戸や京・大坂ではもっと早くからなされていたに違いない。こうした商品のブランド分けは、酒、醤油、酢、ミリン、味噌などの発酵食品系に目立つ特性である。

店頭の挿絵を並べた絵本のような造本形態もある

『浪花諸商獨案内』（一八七九＝明治十二年発行、約四八〇店）は、ほとんどのページに店構えを描いた挿絵が入っている。図柄のなかに店名、所在地などのスペックが書き込まれ、広告の一形態なのだと類推される。

そのすぐ後の『浪華の魁《さきがけ》』（一八八二＝明治十五年）には、〝写真師〟が掲出されているのが目についた。幕末にはすでに坂本龍馬をはじめ多くの歴史的な人物の写真があるのだから、写真師が存在するのは当然だが、新時代の新しいビジネスであることは間違いない。この写真師は三カ所の所在地を示しているから、三カ所にスタジオを構えて手広く商売を展開していたと思われる。一方では刀剣業者も掲出されている。一八七六（明治九）年に布告された帯刀禁止令は、刀を持ち歩くことは禁じたが所有を否定するものではなかった。つけ加えれば、後述する一八九二（明治二十五）年の『日本全国商工人名録』でも、東京市内だけで一〇人の刀剣商が掲出されている。おそらく刀の売買は美術骨董品の扱いに変わっていったのだろう。

「丸にカ」蝙蝠傘製造賣捌所　益田菊太郎（長崎商工技芸崎陽魁、国会図書館蔵）

欧文看板　鼈甲製造所骨董商　三甲堂田嵜芳之助（長崎商工技芸崎陽魁、国会図書館蔵）

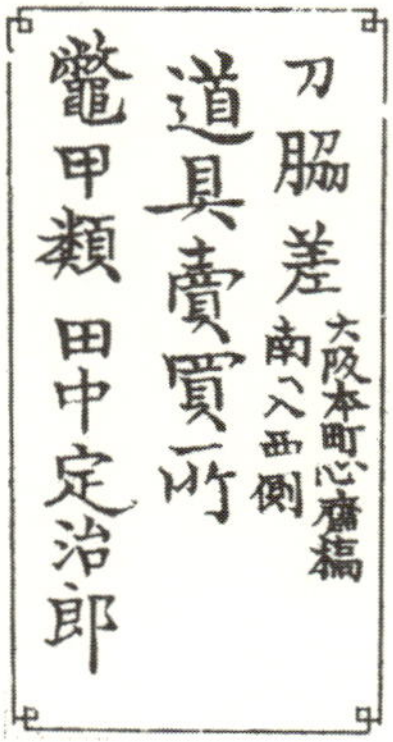

刀脇差扱いの広告。刀脇差道具賣買所　田中定治郎（浪華の魁）

写真師　澤田（浪華の魁）

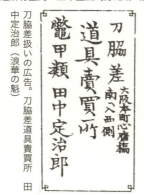

『今様今日羽二重』（一八八四＝明治十七年発行、約一二〇〇店）は京都の商店案内で、いわば商人のリストのような構成になっている。暖簾紋も一部の店しか掲出していない。かわりに商売（商材）ごとにはっきり分類されており、各業種の商店の店頭風景が挿絵で掲出されている。

『長崎商工技芸崎陽魁』（一八八五＝明治十八年発行、約一一〇店）は、ほぼすべてのページに店頭の挿絵が入った絵解きの案内となっている。さすがは長崎というべきか、明治中期に入った時代の転換期だからなのか、店頭風景を見ると看板が欧文表記になっているところもある。「丸にカ」の暖簾が出ている益田菊太郎の店はこうもり傘と帽子の製造所で、暖簾紋の間に「NAGASAKI」と入っている。別のページの鼈甲製造所骨董商の三甲堂田崎芳之助の店は、大きく欧文の看板が出されている。外国人を主要な販売先にしているのだろう。いかにも文明開化の薫りがしそうな案内だ。

『長崎商工技芸崎陽魁』ばかりでなく、『東京名家繁昌図録』（一八八三＝明治十六年発行、約七三店）、『東京商工博覧絵』（一八八五年発行、約三五〇店）など、この時期の地域限定の案内本は、銅版画で店舗を描いたものが主体になっており、当時の商店の雰囲気が感じられる。

商標制度、欧文マークの始まりが見える『東京買物獨案内』

一八九〇（明治二十三）年の『東京買物獨案内』（約七二〇店）は、商標制度スタート後の発行なので、当然のことながら登録商標が出てくる。

日本橋区通油町の針問屋である菱屋池田藤兵衛店の場合、「菱に東」紋を登録商標として表記しているが、店名の上には「出山形に菱」紋が表記されており、登録商標と暖簾紋の使い分けがはっきりしない。

商標をブランドマークと考え、それまでの暖簾紋はコーポレートマークとして使い分けているのだと考えたい。ほかにも同様の例が散見され、それらを並べ比べると、この時代には登録商標はブランドマークとして扱われているように思われる。

同書には歯磨き粉のメーカーも数社登場する。たとえば京橋区にあった保全堂波多海藏は、「花王散」と「高潔香」という製品についてそれぞれ登録商標を掲げており、「花王散」は髷に着物姿の女性が製品名の書かれた札を掲げている意匠が描かれている。おそらくパッケージにこれらの図柄が印刷されているのだろう。同業である日本橋小網町の伊勢屋吉三郎では、登録商標は小舟に乗った兜に鎧姿の武家と思われる姿であり、「子持ち平角に吉の字」の紋章を別に掲出している。

これらの商標は『東京買物獨案内』全体を見渡しても異彩を放つ意匠だ。歯磨き粉は当時も嗜好品の色合いが強かったと想像され、競争も厳しかっただろうが、明治中期にすでにこうした広告戦略が展開されていたと考えると、日本の商売人もなかなかのものだと思えてくる。

同じ歯磨き粉問屋のひとつである日本橋区南茅場町の三橋兎喜次郎は、マークにアルファベットを使用している。登録商標か暖簾紋かは確認のしようもないが、「丸にM」が紋章である。『東京買物獨案内』にはほかにもアルファベットを使ったマークが掲出されているが、当時としては少々冒険だったには違いない。蛇足ながら、このマークは丸善のマークとそっくりだ。使用している「M」はローマン体に近い書体で、当時はさほど書体の種類がなかったためかと類推される。文字を丸で囲う意匠もきわめて普通である。その丸善は和洋書店として別のページに掲出されている。丸善の隣には有隣堂の名も見えるが、現在の有隣堂は一九〇九（明治四十二）年の創業なので、別の会社だと思われる。

明治も中期に入ると、よく聞く名称が出てくるようになる。「丸に越」紋の三越洋服店は三越の洋装

「子持ち角に吉」梅見散・君ケ香・寶香　伊勢屋吉三郎（東京買物獨案内）

「出山形に菱」針問屋　菱屋池田藤兵衛（東京買物獨案内）

薬種問屋　花王散・高潔香　保全堂波多海藏（東京買物獨案内）

「丸にM」和洋書籍廛丸善商社（東京買物獨案内）

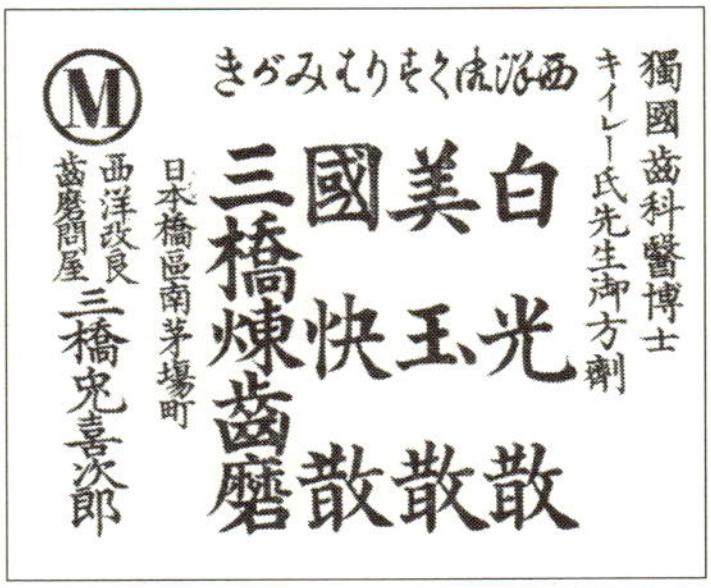

「丸にM」齒磨き粉問屋　三橋兎喜次郎（東京買物獨案内）

「斧に一」洋服裁縫所　白木屋洋服店（東京買物獨案内）

「丸に越」洋服裁縫所　三越洋服店（東京買物獨案内）

「山形に善」會席御料理所　八百譱（東京買物獨案内　譱は異体字）

「北文字」西洋御料理・ホテル本店精養軒（東京買物獨案内）

「丸に大」呉服太物所　大丸屋下村正右衛門（東京買物獨案内）

「丸に越」呉服太物所　三越呉服店（東京買物獨案内）

「斧に一」呉服太物所　白木屋呉服店（東京買物獨案内）

三店の西洋家具製造販賣所（東京買物獨案内）

「丸に井桁藤」呉服太物所　いとう松坂屋（東京買物獨案内）

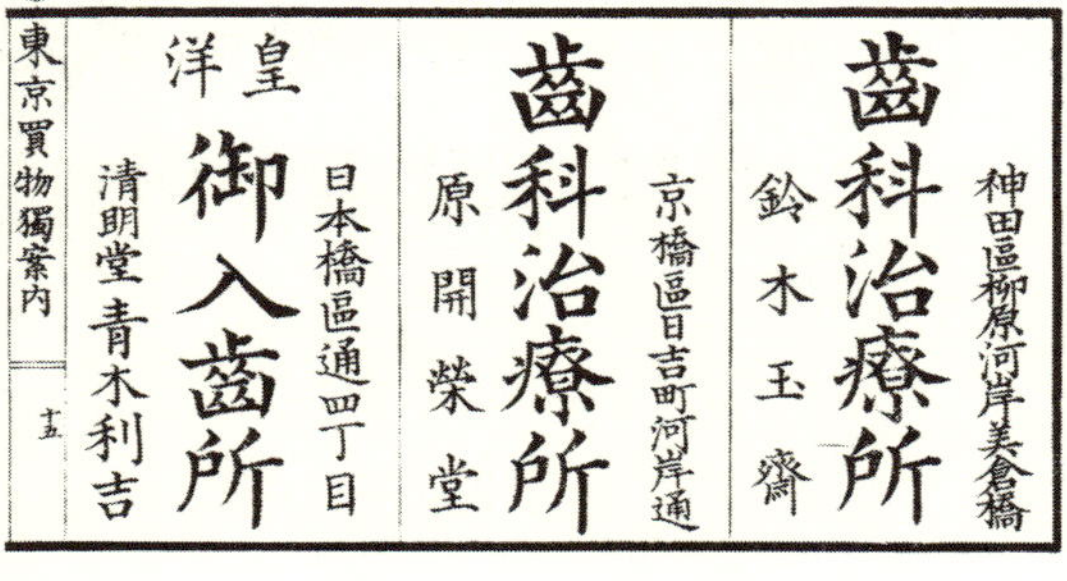

二店の歯科治療所、御入歯所（東京買物獨案内）

部門で、白木屋洋服店と並んで出てくる。料理店では八百善、精養軒といった名も見える。さらに呉服店のブロックには大丸、三越、白木屋、松坂屋などよく知られた名前が出てくる。

明治中期のこの本からは社会的変化も垣間見える。従来の庭石や馬具の業界と並んで、椅子、テーブルなど西洋家具の業者が何店も並んでいる。庭石でも洋館建築用の大理石などの案内が見受けられる。いわば新しい業界が出現したのである。歯科診療所が並ぶのも目新しい。

それまでは見受けられなかった印刷業者も並んでいる。印刷関係は紋章を入れないので例示しなかったが、ここに掲出されているのは活版印刷だと思われる。活版印刷は十六世紀に日本に入ったが、出版の大衆化による絵入り本の増加と、草書体の表記などで、活版のメリットが生きず、本格的な活版印刷は一八七〇（明治三）年に日刊の「横浜毎日新聞」が創刊されてからとされる。その後、七七（明治十）年以降、一気に活版印刷の時代が訪れるのだが、そうした変化がこの本にも表れている。もっとも、木版印刷業者も負けないほどに掲出されているから、明治十年代初頭は新旧せめぎあいの時期だったのだろう。

日本中を網羅した明治中期の『日本全国商工人名録』

一八九二（明治二十五）年発行の『日本全国商工人名録』は全国版で、市町村別に都道府県単位でまとめられたもの。当然、掲出されている店の数も多く、業種別に細かく分類されている。もはや店ではなく会社というべき時代なのかもしれないが、本としての性格は経営者の名簿であり、小さなところもかなりありそうだ。商工事業者全員のリストかもしれない。紋章の意匠はかなり整理され、細かな変化形は少なくなっており、定型的な紋章が増えている。

アルファベットを使った紋章もちらほら目につく。筆墨硯卸商の項のなかに鳩居堂の名もあった。ここで鳩居堂は向かい鳩の商標のほかに「丸にK」の暖簾紋を掲出している。後述するが、鳩居堂は「向かい鳩」の商標で有名だ。しかし、このころにはすでに現在も店舗などに表示している「丸にK」の紋章を並行して使用していたことがわかる。

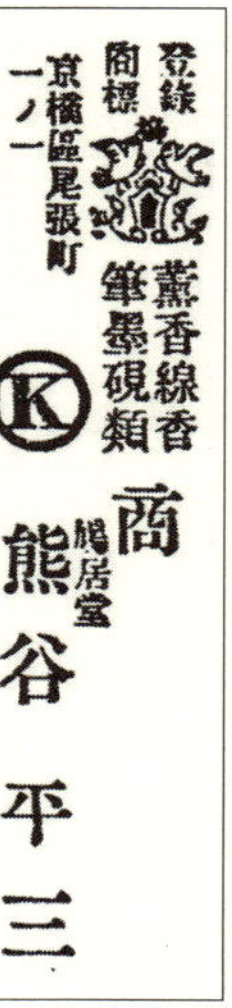

商標の「向かい鳩」と「丸にK」の紋章。鳩居堂熊谷平三（日本全国商工人名録、国会図書館蔵）

暖簾紋を表示していない店（会社）もかなり多い。日本で最初の銀行である第一国立銀行の設立は一八七三（明治六）年で、この名簿ができたころには全国に銀行ができあがり、この名簿には各銀行のかなりの数の支店が記載されているが、銀行はすべからくマークを記載していない。ほかにも紋章を記載しないところが多く、理由は不明だが二割以上が不記載だ。

時の流れと地域の違いは暖簾紋に変化を生じさせたか？

暖簾紋を見た最古の史料である『商人買物獨案内』が発行された一八一九（文政二）年は、いわゆる化政文化の時代で、江戸の町人文化が花開いた時代である。このときから明治維新を経て、普通選挙が始まり帝国議会が開かれ、日清戦争の直前になって『日本全国商工人名録』が発行された一八八九〜九二（明治二十二〜二十五）年まで、明治以降は海外輸入品を扱う業種が目立ち始めた程度で、暖簾紋の傾向にさほど大きな変化は見られない。この時期に屋号や紋章にかかわる商人文化が一定の完成を見たということになろうか。

とはいえ、とりあげた史料には約八十年間の時の流れがあり、そのなかで若干の変化も感じられる。ひとつは、幕末期まで紋章の細かな変化形が増え続けていたが、明治に入ってからはそのバリエーションも整理される傾向が出てきて、やや単純化されるようになった。これは個人経営の店から会社組織へと変化していく流れに沿ったものかもしれない。あるいは、後述するが、株仲間が禁じられて暖簾分けの制度が変わり、支店や暖簾分け店が増加していったことが関係しているのかもしれない。

もうひとつは、明治期に入ってアルファベットを使用したマークが出始めたこと。医薬や化粧品などの分野では海外をイメージさせる意匠もある。海外との取引がある商品は、その影響を受けたということだろう。

全国を見たことで、多少は地域特性の違いも感じられた。東京、大阪、京都以外は意匠の種類が比較的少ないことが確認できた。一方で、暖簾分けの際に、紋章に「●」「丶」「○」「△」などの小さな印をつけることがあるが、これが地方では少々多めだ。とくに東北ではその印象が強かった。確認しようもないが、店舗数そのものが少なく、分家や暖簾分け店などなんらかの関係のある店が相対的に多いからといった類推も成り立ちそうに思える。

家紋と暖簾紋では、使用される意匠が異なる

暖簾紋を多く見ていくなかで、家紋の意匠との違いもある程度わかってきた。ここでは暖簾紋の特徴をふたつあげておきたい。

外郭の意匠で囲うのが暖簾紋のスタイル

いうまでもなく、家紋と暖簾紋の意匠は方向性がきわめて似ており、家紋がそのまま暖簾紋として使われている例も多数見られる。しかし、全体として眺めるとかなり異なる傾向がある。

まず、暖簾紋ではなんらかの意匠を外郭で囲う例が非常に多く、なんと八割に達する。家紋を使用数から研究した事例は見かけないため、家紋の傾向がどうなっているのかはっきりしないが、約二万七〇〇〇点の暖簾紋を見た印象からは、違いのひとつだといってよさそうだ。

外郭として使用される意匠はそれほど多くはない。完全に囲いきるものとして、丸（輪、雪輪など）、三角（鱗）、四角（平角）、菱形、長方形（垂れ角）などがあり、「枡形」「井桁」「井筒」、「扇」「地紙」なども使用された。数は少ないが「梅」「桜」などの植物紋も例がある。また、上部のみを囲う「山形」、

二方向を囲う「曲尺《かねじゃく》」も外郭として多用された。内側に空間のある意匠はすべて使われたという印象だ。なお「地紙」は扇子の紙の部分のことで、その紙の形が紋章となった。

外郭に使用する意匠で圧倒的に使用率が高かったのが「山形」だ。次ページに暖簾紋の状況を示したが、「山形」は全部で一万三六五例、全体の約四割に使用されている。地域特性としては、大坂が時期の異なる各史料を通じて四割五分前後になっており、他府県よりやや比率が高い。ほかには九州が四割ちょうどぐらいで、それ以外は三割台だ。細かすぎて表には示せなかったが、「山形」が単独で使用された例はわずかで、ほとんどはなんらかの意匠の上に配置されている。これとは別に「文字」紋に分類したなかに、「山」の字を「山形」のかわりに使用した例も、多くないが存在する。

「山形」は多く使われているだけにその変化形も多い。主要な「山形」紋の種類は、一般的な「山形」のほか「入り山形」「出山形」「違い山形」「富士山」などがあり、それぞれにさらに細かな変化形がある。同系列はなるべくひとつにカウントするようにしたが、それでも約二五〇種の変化形があった。

なぜこれだけ多くの暖簾紋が「山形」になっているのか理由はわからない。ただ、「山」は神の領域で、神聖な場所という意味合いがあり、どんな仏教宗派とも競合しにくい。さらにどんな意匠でも、「山形」の下に配置すれば形が整うという使いやすさがありそうに思える。

「曲尺」も外郭として使われ、三四八〇例あり、全体の一三パーセント弱を占めている。「曲尺」は大工のいわゆる三種の神器のひとつで、正確に測るというイメージと〝信用〟という商人の価値観が重なっての人気だと思われる。また二方向を直線で囲うことで、どんなものもバランスよく囲えることから、使いやすさがあったのかもしれない。逆に単独で紋章になっているのはわずかしかない。単独ではデザインとして少々心もとないからだろうか。

熊本商家繁盛図録	佐賀商家繁盛図録	商人買物獨案内	日本全国商工人名簿											計	%
			東京	大阪	京都	九州	四国	中国	近畿	中部	関東	東北	北海道		
17	24	99	866	513	334	532	184	236	325	1,035	515	483	85	7,057	25.5
0	1	3	9	9	6	6	7	5	5	9	26	3	0	120	0.4
1	4	43	268	246	89	79	59	59	66	184	119	71	8	2,069	7.5
1	1	9	60	15	16	19	2	17	8	40	60	41	0	406	1.5
0	0	1	10	54	4	10	3	8	4	15	8	5	0	219	0.8
0	0	0	23	69	17	32	29	49	20	67	18	32	8	494	1.8
0	0	0	5	6	2	0	8	3	4	21	3	3	1	109	0.4
2	0	34	37	11	16	4	5	6	14	17	9	5	1	432	1.6
1	0	7	7	5	3	1	4	2	21	13	4	4	0	165	0.6
9	10	49	357	259	131	344	198	163	216	578	286	213	61	3,480	12.6
0	0	3	36	7	18	7	4	5	11	21	16	10	3	203	0.7
0	0	4	39	14	9	1	1	4	9	23	20	7	3	240	0.9
0	1	31	68	42	46	13	24	15	40	68	36	31	4	762	2.8
0	0	4	1	1	0	0	0	0	5	2	1	0	0	35	0.1
4	3	39	224	118	85	33	47	47	58	183	114	80	11	1,561	5.6
0	0	1	8	9	0	0	0	0	0	0	0	0	0	43	0.2
0	0	2	8	6	2	2	2	3	4	15	9	6	2	80	0.3
0	0	1	0	2	0	0	3	0	0	3	0	0	2	22	0.1
0	0	13	63	23	14	3	7	8	18	24	21	23	6	360	1.3
1	2	12	40	30	30	24	10	16	18	46	18	7	1	365	1.3
0	1	7	53	3	4	3	5	7	6	27	21	11	5	257	0.9
0	0	12	19	9	12	2	4	6	2	16	17	2	3	183	0.7
1	0	35	175	64	76	28	43	33	44	239	91	102	30	1,318	4.8
33	29	143	784	429	379	501	224	327	360	889	336	331	85	6,270	22.6
0	1	25	197	91	47	31	35	37	114	163	105	124	73	1,300	4.7
0	1	10	39	12	3	8	1	8	10	9	5	5	0	119	0.4
0		3	6	5	2	0	0	0	3	5	2	0	1	33	0.1
70	78	590	3,402	2,052	1,345	1,683	909	1,064	1,385	3,712	1,860	1,599	393	27,702	
0	1	9	46	31	16	7	6	7	23	40	10	11	6	335	
56	10	109	591	169	351	404	269	326	485	1,120	489	504	130	8,248	
126	89	708	4,039	2,252	1,712	2,094	1,184	1,397	1,893	4,872	2,359	2,114	529	36,285	

外郭から整理した場合の暖簾紋の状況

分類			商人買物獨案内	江戸買物獨案内	京都買物獨案内	大坂商工銘家集	甲府買物獨案内	浪花買物獨案内	東京商人録	浪華の魁	東京名家繁盛図録	今様京都羽二重	東京商工博覧絵	商工技芸崎陽図
自然紋	山形	山形	393	459	36	338	103	50	53	197	15	80	58	27
		富士山	4	8	1	4	3	1	1	4	1	2	2	0
		入り山形	215	146	8	164	36	18	18	130	3	18	16	1
		出山形	4	46	0	12	33	2	6	6	1	1	6	0
		違い山形	21	6	4	38	0	1	1	24	1	0	0	1
		その他の山形	36	8	0	30	4	5	2	34	0	7	4	0
	月星・日足・稲妻		14	13	3	5	1	0	1	9	5	0	0	2
植物紋			61	121	11	36	24	1	1	5	4	2	4	1
動物紋			24	39	4	14	4	0	0	7	0	1	0	0
器物紋	曲尺		98	119	11	146	46	18	13	101	5	23	23	3
	枡		8	22	0	13	4	0	2	6	1	2	1	3
	地紙		31	32	3	20	2	3	3	10	0	1	1	0
	その他（扇子、轡、蛇の目、輪鼓、鍵など）		82	84	13	88	18	11	4	22	1	11	5	4
神・人（布袋、達磨、おたふくほか）			5	7	1	3	1	1	0	3	0	0	0	0
建造物紋	井桁・井筒		104	176	4	62	35	14	19	56	8	15	18	4
	千木		4	1	0	12	0	0	0	8	0	0	0	0
	澪標		3	6	0	5	0	0	2	2	0	1	0	0
	その他		5	0	0	2	1	2	0	1	0	0	0	0
文様	鱗		14	76	2	14	2	1	8	10	1	3	4	2
	菱形（花菱、小字菱などを含む）		23	24	5	15	7	4	3	11	0	9	1	8
	引両		9	59	1	12	6	0	7	3	0	5	2	0
	その他（亀甲、巴、木瓜、目結ほか）		6	37	2	17	7	0	0	5	2	2	1	0
	角（平角、撫で角、垂れ角など）		62	138	5	32	33	2	22	22	8	21	9	3
	丸、輪		251	406	24	191	68	42	52	199	15	85	58	29
文字	文字による紋章		46	121	0	30	14	1	24	8	2	0	10	1
	アルファベット中心の紋章		0	0	0	0	0	0	0	0	0	0	6	2
図譜	五芒星、六芒星、クルス、源氏香など		0	3	0	0	0	0	1	0	0	2	0	0
合計（採取した紋章数）			1,523	2,157	138	1,303	452	177	243	883	73	291	229	91
判読できず番外とした紋章			27	41	5	25	3	0	0	8	0	3	7	3
暖簾紋を表示しなかった店舗数			541	183	50	186	14	303	29	856	0	937	115	21
総計（掲出店舗数）			2,091	2,381	193	1,514	469	480	272	1,747	73	1,231	351	115

それより多く使われているのは「丸」紋だ。家紋でいう「輪」で、二割強の六二七〇例もある。家紋でいう「輪」は線の太さにより「太環」「中環」「細環」と区別されるが、商家の紋章では太さによる違いははっきりせず、「まる」とよぶ例が多い。そこで、本書では「輪」は「丸（まる）」と表記することにする。ちなみに○（丸）には、円満・和合のほか、太陽や宇宙のような広大無辺の意味が含まれるという説もあるようだ。

囲うという意味では四角形がもっともわかりやすい。「丸」ほどではないが、正方形の「平角」、長方形の「垂れ角」など、角とよばれる意匠を合わせれば一三一八例もあった。

『江戸買物獨案内』『商人買物獨案内』における主要な外郭の例……

紋章のよび方、意味は似た形でも考案者、使用者によって異なることが多い。
ここでは家紋の分類、名称に従っておく。

・山形……もっとも多く外郭に使用された形。多くの変化形がある。

「山形に二」糸物問屋　嶋屋長右衛門（江戸買物獨案内）

「入り山形に万」糸物問屋　山形屋三郎九衛門（江戸買物獨案内）

「出山形に菱」針問屋　菱屋藤兵衛（江戸買物獨案内）

「違い山形にカ」てぐす売所　紙屋佐兵衛（商人買物獨案内）

「富士山にト」御鷹野股引所　駿河屋藤助（江戸買物獨案内）

・曲尺……大工道具のスケールの形。

「曲尺に甚」絵草子紙問屋　金子甚兵衛（江戸買物獨案内）

・地紙……扇子の紙の部分の形。外郭に使われることが多い。数は少ないが扇子が外郭に使われることもある。

「地紙に利」革鼻緒卸　村田屋藤兵衛（江戸買物獨案内）

・角……正方形の枠は「平角」、長方形は「垂れ角」とよぶ。角を切り落とした形状は「隅切り角」、角が丸くなったものは「撫で角」とよぶが、商家の紋章ではほとんど見ない。

「平角に大」下り傘問屋　勝田屋善蔵（江戸買物獨案内）

「隅切り角に二」下り酒問屋　鴻池屋喜之助（江戸買物獨案内）

「垂れ角に松源」絵草紙錦絵問屋松澤屋源右衛門（江戸買物獨案内）

・枡……正方形の枠に斜めの線が入るのが基本型で、枡掻き棒が上下左右のどこかに添えられることがある。正方形の内側に文字などが入ってしまえば、斜め線が消えるので「平角」と区別できなくなり、枡掻き棒の有無だけが判別の基準になる。

「枡」鼈甲櫛笄売買所　枡屋源蔵（江戸買物獨案内）

「枡に大」下り傘問屋　遠州屋園蔵（江戸買物獨案内）

・丸（輪）……丸に文字を入れる形は、きわめてに使用例が多い。文字ばかりでなく、ほかの紋章などを入れることもある。

「丸に岡」八幡革鼻緒卸　岡田屋藤助（江戸買物獨案内）

「丸に中」革鼻緒卸伊勢屋安兵衛（江戸買物獨案内）

・菱形……正方形を斜めにした形は「隅立て平角」とよぶが、商家では少ない。

「菱に大」糸物問屋大黒屋重右衛門（江戸買物獨案内）

「菱にヱ」瀬戸物問屋　住吉屋平兵衛（江戸買物獨案内）

・鱗（三角）……三角形は龍の鱗と見なされる。単独で使われることも多い。

「鱗に丁」糸物問屋　湯浅屋長十郎（江戸買物獨案内）

「鱗に星」下り傘問屋　河内屋長兵衛（鱗に「星」が入った紋章は赤穂浪士のひとりである赤垣源蔵が使用していたことから「赤垣鱗」とよばれることも）（江戸買物獨案内）

・井筒・井桁……一般的な家紋の区別では、「井」の形を井筒、菱形のようになったものを井桁というが、暖簾紋の場合、紋章のよび方はわからないが、菱形になった井桁の形であっても屋号は井筒屋という例が大半で、井桁屋という屋号の例は見かけない。

「井筒に松」御入歯所　竹澤博次（江戸買物獨案内）

「撫で井筒に太」萬糸組所　伊勢屋太兵衛（江戸買物獨案内）

「井桁に口」糸組物所　井口喜兵衛（江戸買物獨案内）

・亀甲……通常は子持ちの六角形で、内側に細い線が入る。

「亀甲に三階松」御袋物所　相生屋薪兵衛（江戸買物獨案内）

「亀甲に小」小倉蕎麦所　亀屋平兵衛（江戸買物獨案内）

「六角形に大」醤油酢問屋　大国屋勘兵衛（江戸買物獨案内）

動植物由来の暖簾紋は驚くほど少なく、主役は文字

武家の家紋は、徳川家が「葵」、豊臣家は「桐」、織田家は「木瓜《もっこう》」といった具合で、植物や動物に由来するものが少なくない。ところが各買物案内から採取した紋章のなかには、植物は菊、桐、丁子《ちょうじ》、蔦、松、笹・竹など三三種、動物紋は鶴・亀、雁金、蜻蛉《とんぼ》、鷹、龍、虎、鳳凰など二七種あったが、それぞれの数量は少なく、すべてを合わせても六〇〇点に満たない。同様に器物紋、建造物紋、文様紋なども、種類はあるが総数としては決して多いとはいえない。

ここから類推される理由は、これらの紋章では商売の内容や屋号を代表する意味を持たせにくいということである。動植物などの暖簾紋の多くは、創業者の家紋をそのまま引き継いだものや朝廷などから承ったもので、暖簾紋が確立した後で新規に採用されることは少なかった。そう考えれば種類が多く総数は少ないことの説明はつくが、どうだろうか。

では、かわって中核を担う意匠はというと、

暖簾紋と文字の関係

			数量	%
文字を使った紋	自然紋		9,323	33.7
	動物紋・植物紋		7	0.0
	器物紋		3,489	12.6
	建造物紋		445	1.6
	文様紋	角	1,177	4.2
		丸・輪	6,235	22.5
		鱗ほか	438	1.6
	文字紋		1,419	5.1
	小計		22,533	81.3
文字を使わない紋	自然紋	山形	1,042	3.8
		月星ほか	109	0.4
	動物紋・植物紋		590	2.1
	器物紋・神紋		1,231	4.4
	建造物紋		1,261	4.6
	文様紋	鱗	727	2.6
		角	141	0.5
		丸・輪ほか	35	0.1
	図譜		33	0.1
	小計		5,169	18.7
	合計		27,702	

圧倒的に文字が多い。前ページ下に掲げた表は外郭から見た分類で、文字という項を設けたが、そこでカウントされているのは文字のみで構成されている紋章である。中心となる意匠が文字の暖簾紋も、それぞれの外郭に分類されたものに含まれており、文字が中核の意匠である紋章を数えてみると、じつに八割に及ぶ。文字が使われるのは。江戸期における庶民の識字率向上と関連しているのかもしれない。

使われる文字は、屋号、創業者の名前などに由来するもののほか（①〜⑥）、商品に由来するものなどもあり、創業者名は別として、難しい漢字ではなく、ひらがなをはじめとする庶民でも読める文字がなんらかの外郭に囲まれている構造が大多数だ（⑦〜⑨）。

当然、文字だけで構成された暖簾紋もある。単純に文字をそのまま紋章としたものもあれば（⑩〜⑫）、文字の先端部分を両刃の剣型にしたものも見かける（⑬、⑭）。家紋で山文字、木文字などとよばれる、文字の変化形を組み合わせることもある（⑮〜㉑）。

文字を崩して別の意味を加えたものもある。意匠の例をあげると『江戸買物獨案内』の飲食編でうなぎの蒲《かば》焼を食べさせる店だと思われる小舟町三丁目の山田庄蔵が、「うなぎ」の「う」と「ぎ」を下部でつなぎ、間に「な」を小さく挟んで紋章のような形にしている（㉒、㉓）。現在もうなぎ屋さんでは似たような意匠の暖簾を出している店があることを考えると、古くて新しい意匠といえそうだ。

小田原屋の例は、「小」の文字は屋号の頭文字だが髭《ひげ》文字書体となる。もっとも、当時は見慣れた書体だったのだろうとも思われる。（㉔）。

①「曲尺に松」蕨縄問屋　松田屋嘉市（江戸買物獨案内）

②「丸に濵」義太夫抜本問屋　濵松屋幸助（江戸買物獨案内）濵は濱の異字体

③「丸に太」針問屋　三栖屋太兵衛（江戸買物獨案内）

④「入り山形に羽」羽根問屋　羽根屋作兵衛（江戸買物獨案内）

⑤「丸にや」紙問屋丸屋彦兵衛（江戸買物獨案内）

⑥「丸に大と二」白粉歯磨問屋　大坂屋嘉右衛門（江戸買物獨案内）

⑦「山形に次」蕨縄問屋　小川屋勘助（江戸買物獨案内）

⑧「山形にセ」乾物問屋　伊勢屋三郎兵衛（江戸買物獨案内）

⑨「井桁にイ」打鉄鍋物問屋　日野屋伊八（江戸買物獨案内）

⑩「て文字」銘茶所大坂屋重兵衛（江戸買物獨案内）

⑪「吉の字」紙問屋　大橋屋小左右衛門（江戸買物獨案内）

⑫「福文字」御料理所　八百屋膳四郎（江戸買物獨案内）

⑬「山に一」煙草問屋　坂本三右衛門（江戸買物獨案内）

⑭「剣山に一」瀬戸物問屋　坂本屋平八（江戸買物獨案内）

⑮「天台宗山文字」御乗物師　吉村典兵衛（江戸買物獨案内）

⑯「天台宗山文字」御乗物師　吉村典兵衛（江戸買物獨案内）

⑰「大文字」下り酒問屋　千代倉屋次郎兵衛（江戸買物獨案内

⑱「丸に大」京糸組物所　大黒屋藤右衛門（江戸買物獨案内）

⑲「三つ星に上」下り酒問屋　紙屋八九衛門（江戸買物獨案内）

⑳「山形に林文字」地本問屋　伊勢屋利兵衛（江戸買物獨案内）

㉑「松文字に一」筆墨硯問屋　松川一方（江戸買物獨案内

㉒「丸にう」御伽羅之油商　宇野九甚五郎（江戸買物獨案内）

㉓「うなぎ文字」蒲焼商　山田庄蔵（江戸買物獨案内）

㉔「丸に小」乾物類卸問屋　小田原屋源次郎（江戸買物獨案内）

「吉」紙問屋　大橋屋小左衛門（江戸買物獨案内）

暖簾紋の不思議

前節では暖簾紋と家紋とで異なる部分をあげた。細かな変化形が増加し、明治維新以降は減少する傾向になったとも述べた。そこにはいくつもの意匠作成ルールが存在したと思われるが、その伝承はわずかしか見つけることができなかった。わかったことは順次説明することにして、ここでは、疑問のまま残ったものをいくつかあげておく。どんなルールがあったのかをご存じの方は、ぜひご教示願いたい。

「一」「二」「三」はなにを意味するのか？

文字の使い方にも特徴的なものがある。そのひとつが「一」「二」「三」などの数字である。これらの数字を中核に置き、「山形」「曲尺」「鱗」「菱」などの外郭で囲った暖簾紋が存在する。数字は「一」がもっとも多く、「二」と「三」もある程度はある。数は少ないが「十二」までは全国で例を見かけた。

家紋で有名なのは毛利家と渡邊家で、毛利家は三つ星の上に「一」がついており、渡邊家の紋章では下に「一」がついている。三つ星は将軍星であり、武将を表す。「一」は一番槍など、大きな武勲をあげること、あるいは一番であるといった意味合いがあるという。つまり、最高の武将であることを誇示しているわけだ。家紋の研究書によれば「一」には物ごとの始まりという意味もあるらしい。

「山形に一」の紋章は一五七例。「山形」の変化形である「入り山形」「出山形」「違い山形」などと「一」の組み合わせを含めれば三五〇例になり、同一意匠としては決して少ない数ではないのだ。しかも全国に散らばっている。「山形」の下に文字などなんらかの意匠が入り、さらにその下に「一」がつけられるものは四五例（①）。「山に一」とは逆に「山形」の上に「一」が置かれたものが一二三例（②）、さらに右肩や下部に小さな文字や星などがつけられたものも数例あった。単純に「一」をそのまま紋章に使用したものもある。また、丸で囲んだ「一」も一一九例あった（③）。ほかの外郭パターンも同様だ。なんらかの意匠の上または下に「一」が置かれたものもあり、「一に三つ巴」といった例も少なくない（④）。「伍」の字の上の「一」部分を大きくして「一」と読めるようにしたものもある（⑤）。商家で使用する「一」を家紋の意味から類推すれば、業界で一番とか、地域で一番などを誇示する、あるいはそれを目指すための決意表明と思えば自然だ。本家を示すというケースもあるかもしれない。

では、ほかの数字はなにを意味しているのだろうか。「山に二」「山に三」は合計で三七〇例ある。「入り山形」「出山形」などの下にも「二」「三」がつくものがあり、合計では五四三例になる。ほかにも「一」を囲う外郭の意匠は、ほぼすべて「二」「三」も囲った事例がある。

家紋では「三」は三嶋神社への信仰、「八」は軍神である八幡神社を表し、末広がりの縁起のいい数字、「十」は終わりという意味があるようだ。「十」は十字架を表すという説もあり、これは江戸期のキリスト教信仰の歴史を思えば当然ともいえる。では「二」はというと、"二番目"を表すとは思いにくいから、分家や暖簾分けなどを示すものではないかとも考えてみたが、わからないままだ。事例にあげる『江戸買物獨案内』の三河屋は「鱗」に「三」、もちろん別の事情によるものもあろう。

を入れた紋章だが、これは屋号の三河からきているものと思われる（⑥、⑦）。三河は徳川家の出たところだから、屋号には地域的な意味があったのだろう。創業者などの名前からきている事例も少なくない。この場合はどんな数字もあり得るわけだ。

数字の紋章はまだある。「千」（⑧）と「万」（⑨）が全国に点在した。吉祥の意味もあり、大きさを誇る意味にも取れるので当然ともいえるが、不思議なことに「百」は見当たらなかった。

「一九」、「八一」（⑩）、「九十」、「九一」（⑪）もあった。意味は不明で、二桁の数字なのかふたつの数字を並べたのかも判断できないが、「八上」（⑫）といった紋もあるから、二桁数字ではないかもしれない。中国では「九」は天の数とされ、皇帝の数ともされた。また、竜とのかかわりも深く、九×九で八一枚の鱗を持つともいわれた。九×九（八十一）で最大の数字という考え方もあり、「九」にはほかにもいろんな伝承があるようだ。これらがこの数字を紋章とした背景にあるのかもしれない。

また、明治期には百をはるかに越える国立銀行が連番の名で存在したから、その社名の数字がマークに反映されていた例があるが、そのすべては調べきれなかった。ここでいえるのは、多くの数字が暖簾紋になっているということだ。

ところで、「四」の紋章は一例だけだった（⑬）。店主名の四郎兵衛からきたものと思われる。ほかに例が見られないのを現代的禁忌で考えれば「死」の連想から避けた結果ということになろうか。

①「山形に三つ星に一」（山形に渡邊星）鰯魚〆粕油問屋　和泉屋三郎兵衛（江戸買物獨案内）

②「一に山形に小」銘茶所　小野寺重兵衛（江戸買物獨案内）

③「丸に一」針問屋　三栖屋仙右衛門（江戸買物獨案内）

④「一に三つ巴」薬種問屋　斗枡屋忠七（甲府買物獨案内・国会図書館蔵）

⑤「伍文字」鍋釜類商　日向屋弥左エ門（甲府買物獨案内、国会図書館蔵）

⑪「山形に九一」不前火油仕入所　近江屋久兵衛（京都買物獨案内）

⑭「出山形に九」煙管問屋　寺本屋九郎右衛（江戸買物獨案内）

「丸に五」草履問屋　丸屋石坂吉兵衛（江戸買物獨案内）

「山形に二」蕨縄問屋　白子屋彌兵衛（江戸買物獨案内）

「丸に久と一」釘鉄鍋物問屋　釘屋四郎兵衛（江戸買物獨案内）

⑫「八上」紅問屋　紅屋清兵衛（江戸買物獨案内）

「丸に十」乾物問屋　川村十兵衛（江戸買物獨案内）

「山形に六」薬種問屋　伊勢屋六右衛門（江戸買物獨案内）

⑥「鱗に三」棉打道具問屋　三河屋甚兵衛／半兵衛（江戸買物獨案内）

「イに一」鰯魚〆粕油問屋　水戸屋次郎右衛門（江戸買物獨案内）

「分銅に十二」塗物道具仕入所　十二屋宗兵衛（京都買物獨案内）

⑬「山形に十」乾物問屋　川村十兵衛（江戸買物獨案内）

⑨「入り山形に六」青物荷受所　わたや六兵衛（商人買物獨案内）

⑦「井筒に三」塗物問屋　三河屋仁兵衛（江戸買物獨案内）

「地紙に一」下雪踏問屋　近江屋惣兵衛（江戸買物獨案内）

⑧「山形に千」木綿刺帆仕入所　榎本善兵衛（浪華買物獨案内）

「十一」真綿問屋　村田屋吉兵衛（江戸買物獨案内）

「曲尺に七」鍋釜稲扱所　金屋七三郎（商人買物獨案内）

⑬「菱に四」足袋問屋　菱屋四郎兵衛（京都買物獨案内）

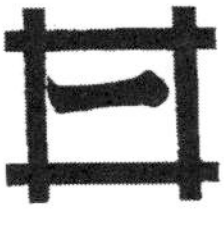

「井筒に一」薬種問屋　大坂屋六兵衛（京都買物獨案内）

⑨「丸に万」古帳紙諸反古問屋　萬屋長兵衛（京都買物獨案内）

⑩「八一」紙煙草入問屋　大坂屋平八（江戸買物獨案内）

「平角に八」薬種問屋　大坂屋宗八（江戸買物獨案内）

「山形に五」草履下駄問屋　錦屋五郎兵衛（江戸買物獨案内）

「入り山形に二」魚仲買　湊屋与八（甲府買物獨案内、国会図書館蔵）

（注）図はわかりやすくするため、①から順に並べた。そのため本文との関連を示す番号は前後している

「久」「大」「山」「又」「ー」は特別な字か？

屋号や創業者名などとは関係なさそうなのに、多く使われている文字もある。「久」「大」「山」「入」「又」「上」「ー」などである。丸で囲ったり「山形」の下に置いたりという事例が多く、ほぼすべての外郭に囲われた事例があるが、外郭に囲われず単純に文字として意匠化されているものだけで、「久」は九三例、「大」は六七例、「入」は七九例、「山」は一二例、「又」は一五例であった。それ以外にもほかの意匠との組み合わせで使用されている例も多く、印象としてはかなり多い（①、②、③）。

「上」は外郭に囲われた事例も多いが、ほかの文字などと同化させて意匠の一部となっている例もある（④、⑤）。

また、「ー」はなにかの意匠との組み合わせで使われており、役物《やくもの》の形としては長音記号だが、実際はなにを示しているかわかっていない。大文字屋の事例は屋号の「大」を強調した記号ともとれる（⑥）。日本橋の繰棉《くりわた》（綿）問屋《どいや》なのだが、大文字屋といえば現在まで続く大丸の初期の名称だ。大丸の暖簾紋は「丸に大」だから大丸とは別の店と思われるが、さて……。

「久」「大」は長く続く、大きくなるといった縁起かつぎの文字といわれれば納得しやすい文字である。となれば「久」は永久を願うといった意味も思いつくし、「上」は上位、上級といった意味、「山」は神聖な場所であり、高みを目指すといったニュアンスにもなりそうだが、実際はどうなのだろうか。

これらの文字は小さな「●」や「○」「ヽ」、小さな文字などがつけられて、暖簾紋の中心的な意匠になっている例が多いのも特徴のひとつだ。小さな「●」などが添えられる場所はさまざまだ。

「曲尺に大と星」線香問屋　熊野屋作兵衛（江戸買物獨案内）

「大の右に棒、下に久」紙問屋　伊勢屋源兵衛（江戸買物獨案内）

③「丸に山」紙問屋森田屋平兵衛（江戸買物獨案内）

「菱に久」木綿問屋川喜多屋平四郎（江戸買物獨案内）

①「久文字」紙問屋　伊勢屋武右衛門（江戸買物獨案内）

「鱗に大と星」萬黒焼薬所　酢屋嘉七（江戸買物獨案内）

「大文字」真綿問屋　大黒屋三郎兵衛（江戸買物獨案内）

「山文字」御乗物師吉村典兵衛（江戸買物獨案内）

「丸に久とメ」煙管問屋　釘屋茂兵衛（江戸買物獨案内）

「久とト」絵具染草問屋　北川屋儀右衛門（江戸買物獨案内）

「井筒に八と星」紫根水問屋　大坂屋庄助（江戸買物獨案内）

「丸に大」薬種問屋・線香問屋　殿村（江戸買物獨案内）

④「菱に上」萬羽根問屋　堀越七郎右衛門（江戸買物獨案内）

「鱗に久」紙問屋小津清左衛門（江戸買物獨案内）

「曲尺に久」木綿問屋　伊勢屋権右衛門（江戸買物獨案内）

「丸に八と星」丸藤問屋　大坂屋庄左衛門（江戸買物獨案内）

「大と一」木綿問屋　大黒屋吉右衛門（江戸買物獨案内）

⑤「三つ輪に上」土佐鰹節所　豊島屋忠兵衛（江戸買物獨案内）

「入り山形に久と星」萬塗物所　伊勢屋清兵衛（江戸買物獨案内）

「山形に久」藍仲買問屋　西宮屋重次郎（江戸買物獨案内

「入り山形に又」紙問屋　多田屋新兵衛（江戸買物獨案内）

「大と三」木綿問屋　大黒屋三郎兵衛（江戸買物獨案内）

⑥「大の右に棒」繰棉問屋　大文字屋次兵衛（江戸買物獨案内）

②「隅立て角に大」呉服問屋　菱屋善兵衛（江戸買物獨案内）

「枡に久」木綿問屋　枡屋七左衛門（江戸買物獨案内）

小さな「星」、小さな「鱗」、小さな「文字」はなにを表す？

一の字の下に「久」を書き、さらにその下に小さな黒丸（星＝●）をつける暖簾紋がある（①）。この形はかなり頻繁に出てくるが、どんな意味があるのかわからない。「一」は一番槍とか無数の意味合いを持つと前述したが、「久」の字につけられるとどんな意味になるのだろうか。もちろん、「一」は上につくこともあれば、一がなくなって「久と小さな黒丸」の場合もある（②）。

小さな「星」、つまり●の印は紋章の下部につくばかりでなく、上部または中央についていたり、ふたつつくこともある。暖簾分けの項で触れるが、これは分家、別家などの際に本家との違いを示すために、別家側がなんらかのキズを加えたのだという伝承もある。しかし、数多くの暖簾紋を眺めていると、すべてについてその考え方があてはまるわけではなさそうだ。なにか別の法則もあるのではなかろうか。「●」ばかりでなく、カタカナなどの文字を小さくしてつけているもの、読点のような「丶」がつけられている例も少なくない。位置もさまざまで、縦棒の中央右についているものはうっかりするとカタカナの「ト」と読んでしまいそうだ（③、④）。近江屋新八の暖簾紋は「山形」の左右に小さな「●」がついている（⑤）。これもなんらかの意味があるに違いないが不明だ。

後述するが、ヤマサ醤油は現在も山形の右上に「上」の字をつけた紋章を商標として使用しており、これには分家、別家などとはまったく異なる理由がある。幕末期に醤油価格が高騰したことがあり、幕府は醤油価格を制限したが、その際に一二軒は高品質を認められて制限を逃れた。そのときの品質へのこだわりを忘れないために「上」の字を現在もつけている、というのがヤマサ醤油の説明だ。

これと同様に、カタカナであっても「●」であっても、あるいは漢字であっても、なんらかの意味があったに違いない。『日本全国商工人名録』に掲出された例（⑥）で、二店の掛け物製造で砂糖商と菓子商があり、同じ「井筒に上」の紋章を使いながら、三浦屋だけ「本」の文字がついている。これは本家と分家の関係を示しているようにも見えるが、本家の側に印がついていることになる。片方には屋号の表記がなく、明確な判断はできない。なお、掛け物は掛け軸のようなものをいうが、キャンディのような砂糖菓子の意味もあり、ここでは砂糖菓子と考えれば砂糖商と菓子商の関係が納得できる。

川井屋の事例（⑦）では、縦の棒の右上と右下に小さな「●」と「ヤ」がついている。同じく越中屋は「出山形」の下に小さな星が添えられた縦棒が入っている（⑧）。この縦棒の形も無視できない程度に数があるが意味は不明なままだ。小さな字をあしらうのはカタカナが多いが、漢字もないわけではない。湊屋の事例をあげておく（⑨）。

伊勢屋の事例は、輪に入っているのは「太」とも読めるが、点の位置が微妙に異なり、屋号にも関係がなさそうなのであげておいた（⑩）。この形もちらほらと出てくる。

蠟問屋大坂屋の例では、「二」の右に入り込むように小さな「三つ星」がついている（⑪）。

「鱗に星」とした近江屋の例は星がしっかりした大きさであり、ほかの小さな星の事例と異なり、家紋では「赤垣鱗」とよぶ紋章かもしれない（⑫）。この事例は多いとまではいえないが、特別に珍しいわけでもない。ただし、「赤垣鱗」は外郭の「鱗」がこの例より太く力強い。また、この例は下に「カ」がついている。

甲府の土文字屋の事例では、暖簾紋の「石」の中に「丶」が入っているばかりでなく、店名の「土」の字にも「丶」がついている⑬。

「枡に星」茶問屋　長崎屋瀬兵衛（江戸買物獨案内）

⑧「出山形に棒と星」御珠敷所　越中屋宗五郎（江戸買物獨案内）

「丸に棒と星」呉服太物問屋　丁子屋伊兵衛（江戸買物獨案内）

「山形にエ、右上に星」煙草商　村田屋善十郎（甲府買物獨案内、国会図書館蔵）

①「一に久と星」畳表問屋　藤井屋熊次郎（江戸買物獨案内）

「丸に久と星」茶問屋　西村屋新次郎（江戸買物獨案内）

「曲尺に中、下に星」足袋股比企商　鈴木金兵衛（日本全国商工人名録、国会図書館蔵）

掛物製造菓子商
三浦屋
入村榮藏
神田區鍋町
十七

⑥「井筒に上、下に本」掛物製造砂糖商　入村榮蔵（日本全国商工人名録、国会図書館蔵）

掛物製造砂糖商
水落三四郎
京橋區鎗屋町
三

⑥「井筒に上」掛物製造砂糖商　水落三四郎（日本全国商工人名録、国会図書館蔵）

②「久に星」瀬戸物問屋　溜屋藤兵衛（江戸買物獨案内）

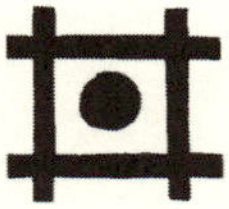

「井筒に星」下り蠟燭問屋　下野屋又兵衛（江戸買物獨案内）

「丸に辻、下に星」木綿問屋　田邊正助（日本全国商工人名録、国会図書館蔵）

③「山形に棒、横に読点」袋物細工所　鳥羽屋庄右衛門（甲府買物案内、国会図書館蔵）

「山形に上と星」銘茶所　山上軒玉井重兵衛（江戸買物獨案内）

「入九に星」木綿金巾染治問屋　川村庄兵衛（日本全国商工人名録、国会図書館蔵）

④「棒に星」地本問屋　錦耕堂山口屋藤兵衛（江戸買物獨案内）

「曲尺に万と星」絵具染草問屋　萬屋市右衛門（江戸買物獨案内）

「轡、中に星」縮緬卸問屋　齋木忠太郎（日本全国商工人名録、国会図書館蔵）

⑦「棒に星とヤ」醤油酢問屋　川井屋彌兵衛（江戸買物獨案内）

「丸に久と一、横に星」絵具染草問屋　半田屋次兵衛（江戸買物獨案内）

⑤「山形に十、左右の肩に星」乾物類卸　近江屋新八（江戸買物獨案内）

⑫「鱗と星にカ」線香問屋　近江屋加七（江戸買物獨案内）

⑪「二の右肩に三つ星」蝋問屋　大坂屋吉川（江戸買物獨案内）

「轡に一、右肩にセ」諸紙商　今村善太郎（日本全国商工人名録、国会図書館蔵）

⑨「平角に久と吉」線香問屋　湊屋源三郎（江戸買物獨案内）

「八に星」下り傘問屋　大坂屋庄左衛門（江戸買物獨案内）

⑬「山形に石、中央に読点」御伽羅之油商　土文字屋藤助（甲府買物獨案内、国会図書館蔵）

「平角と大に文」雪駄問屋　大坂屋文禄（江戸買物獨案内）

「曲尺に大とサ」太物問屋　奈良屋坂本作次郎（日本全国商工人名録、国会図書館蔵）

「加に星」茶問屋　太和屋三郎右エ門（江戸買物獨案内）

「山形に大と白星」出版販賣所　大川錠吉（東京買物獨案内）

「山形に二、右肩にカ」米穀問屋　小林勝三（日本全国商工人名録、国会図書館蔵）

「上に星」煙草入問屋　中村屋藤江太七（東京買物獨案内）

「山形に平」薬種商　横田平助（日本全国商工人名録、国会図書館蔵）

「ふたつ引に本」醤油味噌蠟燭商　松下利平（日本全国商工人名録、国会図書館蔵）

「平角に土と読点」絵具染草問屋　美濃屋吉兵衛（江戸買物獨案内）

「八一にキ」小間物卸問屋　大坂屋喜三郎（江戸買物獨案内）

「山に星」清酒醸造所　大槻佐右衛門（江戸買物獨案内）

「山形にキ、右肩に本」搾油商　山本屋芳賀長蔵（日本全国商工人名録、国会図書館蔵）

「ふたつ引にサ」清酒醸造所　松下佐次郎（日本全国商工人名録、国会図書館蔵）

⑩「丸に大と読点」塗物問屋　伊勢屋甚八（江戸買物獨案内）

「丸に一カ、右肩に八」清酒醸造問屋　馬場長兵衛（日本全国商工人名録、国会図書館蔵）

「曲尺に増と鱗」筆墨硯問屋　清水佐太郎（日本全国商工人名録、国会図書館蔵）

「一」と「●」が意味するものはなにか？

「●」と「一」で構成された暖簾紋があるが、残念ながら意味がわからない。「●」を「一」で挟んだ形は、「ふたつ引きに黒餅（石持）」という家紋があるが、ここで掲げた例は黒餅が少し小さくて「星紋」ではないかという疑問が残る（①、②）。また、「一」と「●」の組み合わせはどう考えればいいのか（③、④、⑤）。家紋の読み方で普通に読めば「一」は数字であり、「●」は星ということになろう。すると「一文字一星」ということになりそうだ。事例としてあげた上総屋長右エ門は菓子店で、屋号も経営者名も「一」とは合致しない。「一」は一番の意味があり、「●」は将軍星と考えれば一番を目指すといった意味が感じられるが、実際はどうだろうか。

①「一に星と一」唐和薬種問屋　小西長九衛門（江戸買物獨案内）

②「一に白星と一」唐和薬種問屋　小西利九衛門（江戸買物獨案内）

③「一に星」御菓子所　上総屋長右エ門（甲府買物獨案内、国会図書館蔵　所は異体字）

④「平角に一に星」足袋商　河内屋喜助（甲府買物獨案内、国会図書館蔵）

「曲尺に一に星に一」絵具染料問屋　小西安兵衛（日本全国商工人名録、国会図書館蔵）

⑤「一に星」蝋燭商　増田新三（日本全国商工人名録、国会図書館蔵）

「平角に大と白星」川筋舩積問屋　三河屋次郎右衛門（江戸買物獨案内）

鱗紋の不思議

三角形を龍の鱗と見なして「鱗」紋というが、この三角形が不思議な場所についていることもある。地紙の下に三角形がついたものは、扇子の要の位置を示しているようにも見え、上皿てんびん式重量計のように、地紙のバランスをとっているようにも見える（①）。

三角形はまた「入り山形」の内側についていることもある（②）。たんなる意匠のようにも見えるが、なにかを意味しているのだろうか。また、「山形」の代用のように文字の上に「鱗」紋をのせたものもある。

「三つ鱗」紋は鎌倉幕府執権の北条氏が用いた家紋として有名だが、商家の暖簾紋では外側の線だけにした「抜き鱗」が大半だ。文字などを入れる外郭に使える、少し軽いイメージになるなどの理由が考えられ、そのあたりが商家で好まれた理由ではないかと推察される。

①「地紙に中と重ね鱗」繰綿問屋　嶋屋半兵衛（江戸買物獨案内）

「鱗、中央に一」水油仲買　伊勢屋惣兵衛（江戸買物獨案内）

②「入り山形に鱗と丸」下り藍仲買問屋　徳蔦屋一郎兵衛（江戸買物獨案内）

「鱗に吉」藍玉問屋　阿波屋林右衛門（江戸買物獨案内）

「鱗に棒」蝋燭問屋　大倉屋利八（江戸買物獨案内）

「鱗にり」藍玉問屋　藍屋直四郎（江戸買物獨案内）

「出山形に中に鱗」水油問屋　蔦屋半兵衛（江戸買物獨案内）

「山形変化形に田と鱗」呉服太物古着商　田辺勘助（日本全国商工人名録、国会図書館蔵）

「鱗に一」水油仲買　山崎屋源右衛門（江戸買物獨案内）

「出山形に十」呉服太物古着商　野坂久五郎（日本全国商工人名録、国会図書館蔵）

「輪鼓」紋、「ちきり」紋、「千木」紋、「澪標」紋の不思議な関係

不思議な一致が見られる紋章もある。

「輪鼓《りゅうご》」紋は鼓のように胴の中央部がくびれた形の紋章だ。別の言い方をすれば、三角形が上下に向かい合っている形ということになろうか（①）。平安時代に、鼓の中央のくびれの部分に二本の棒にくりつけた紐を巻きつけて、棒を持って回したり、投げ上げたりする遊びがあった。そうした芸を見せる曲芸師がいたともいわれる。この遊びに使う鼓を意匠としたのがこの紋章で、くびれの部分の中央に横線が入るもの（②）、左右に●がつくものもある（③）。横線は紐を表し、●は紐の断面を表しているとされる。

後述するが、この紋章で困るのは、百貨店のそごうのマークで、そごうが「ちきり」とよんでいる紋章と区別がつかないことだ。そごうのマークは丸で囲まれてはいるが、「輪鼓」と同じに見える。初代の十合《そごう》伊兵衛の家紋だったという。明治の実業界の巨人である渋沢栄一の実家の暖簾紋も「輪鼓」の横線が入った意匠で、現在の澁澤倉庫に引き継がれており、全国に同じ紋章が約九〇例あったから、特定の一族だけの紋章ではないと思われる。紋章の実例を眺めた限りでは、糸、布、織物といった織機に関係する職種に多かったという印象だ。

さらに面倒なことに、家紋で「ちきり」とよばれる紋章は別にあって、四角形を三つ線でつないだような形をしている。紡績機械の一部で、調べ糸をかけて回転させる部品を表したともいわれる。ただし、暖簾紋を見た範囲ではこの紋章は見かけていない。

家紋における「ちきり」

これらから類推されるのは次のようなことである。紡績関係の機械部品から生まれた二種類の紋章が「ちきり」とよばれるようになり、そのひとつが結果として鼓の遊具から生まれた「輪鼓」という紋章と同じ形になった。「輪鼓」と異なる意匠の「ちきり」は武家で家紋として使用されたため、家紋の研究書に反映されたが、「輪鼓」と同じ意匠の「ちきり」は商家だけで使用されたため、家紋の研究では出てこなかった。たんなる推測だが実際はどうだったのだろうか。

おもしろいことに、この形の下部の横線をとり去ると漢字の「又」の字のようになるが、この形は澪《みお》標《つくし》を表す紋章になる（④）。家紋における「澪標」紋は、中央から下方に向かう縦線がついたり、中央に横線があったりするものが基本で（⑤）、浅瀬に立てられた水路の標識というもとの澪標の形をイメージしやすい。文昌堂の事例は縦線の替わりに十字と小星がついたもので珍しい例といえる（⑥）。実際には縦横の線がなくても「澪標」と認められるようだ。ただし、商家の暖簾紋における「澪標」は、縦の線が入ったものは見られず、ほとんどが「又」字形や、これに横線が加わった意匠である。これも家紋と暖簾紋で異なる例ということになろうか。

また上下の横線をとり去ってX形にすると、「直違《すじかい》」または「千木」と同形になる。家紋では「千木」も中央に横線が加わるのが本来のようだが、横線がなくても「千木」でいいようだ（⑦、⑧、⑨）。

家紋も暖簾紋も形を単純化する方向で意匠として完成させる。そこが西洋の紋章と大きく異なる点のひとつなのだが、単純化するほどほかの意匠との類似性が強まるのはやむを得まい。別の例をあげれば、「三つ引両」と「算木」もほとんど区別がつかない（⑩、⑪）。数字の一、二、三なども、ゴシック型の角が直角になった書体があり、これも「算木」「引両」と区別はつかない。結局のところ、区別できないものはその意匠の使用者に本来の意味を聞くしか方法がないのであり、これらの形はその例ということになろうか。

「輪」についても、前述したように家紋では太さで分類分けとするが、暖簾紋では太さによる違いははっきりせず、「まる」とよぶケースが多い。

以上、暖簾紋を眺めて湧き出てきた疑問をいくつかあげてみた。ほかにも多くの慣習的ルールが数多くあったはずだ。

①「輪鼓」魚問屋　濱松屋甚十郎（甲府買物獨案内、国会図書館蔵）

「曲尺に横輪鼓」水油仲買　森田屋善吉（江戸買物獨案内）

②「輪鼓変化形」御乗物師　星野重三郎（江戸買物獨案内）

「横輪鼓に棒」塗物問屋　西村屋清八（江戸買物獨案内）

「丸に横輪鼓変化形」鍋釜類商　鐵屋卯兵衛（甲府買物獨案内、国会図書館蔵）

③「輪鼓変化形」木綿問屋　田端屋次郎左衛門（江戸買物獨案内）

④「澪標変化形」鰯魚〆粕油問屋　栖原屋三九郎（江戸買物獨案内）

⑤「澪標変化形」金物類卸　和泉屋吉蔵（江戸買物獨案内）

⑥「澪標に十字と星」書籍廛（てん）文昌堂長島恭三郎（東京買物獨案内）

「澪標変化形にキ」海産物問屋　西川米吉（日本全国商工人名録、国会図書館蔵）

⑦「千木鰹魚木」紙入問屋　宮川長八郎（江戸買物獨案内）

⑧「直違」砂糖・黒砂糖類商　平野屋惣兵衛（商人買物獨案内）

⑨「山形変化形」下り酒問屋　米屋房太郎（江戸買物獨案内）

⑩「丸に三つ引」畳表問屋　清水屋八郎右衛門（江戸買物獨案内）

⑪「算木」真綿問屋　須賀屋清兵衛（江戸買物獨案内）

第二章

大企業グループと百貨店は暖簾紋を重視した

三井

松坂屋

三越

松屋

住友

伊勢丹

三菱

大丸

高島屋

三大企業グループのマークは暖簾紋が生きている

日本を代表する企業グループといえば三井、三菱、住友であることに異論はあるまい。この三大企業グループの統一商標は誰もが知っていると思われるが、いずれも家紋または暖簾紋を背景にしていることには気づかないかもしれない。また、グループの名称も、三井と住友は当初の「屋号」からきており、三菱グループも家紋が名称の背景となっている。三グループのなかでは後発の三菱も、まだ江戸時代の文化がそのまま残り、商法も商標についての決まりもない一八七〇（明治三）年のスタートだから、当然ともいえよう。また、マークの変更は業態の変化に合わせて行うのが一般的だが、三大企業グループはもともと多分野に系列企業を抱え、業態変化には別会社の設立により対応してきたことがその背景にある。とはいえ、近年はその傾向にも少々変化が訪れている。

本書は、企業名と商標の始まりを見ていくのだが、まずはこの三大企業グループから始めたい。

三井の「丸に井桁三」マークは「天・地・人」の三才を示す

三井グループの創業ストーリーはつとに有名だが、屋号と暖簾紋を中心に整理しておきたい。

三井広報委員会のサイトに記された三井家の発祥は次のようになる。平安中期の関白太政大臣である藤原道長の六男・長家から五代目の藤原右馬之助信生が、平安末期の一一〇〇年ごろ、京を離れて近江に地方官として赴任し、武士となって土着した。あるとき琵琶湖に面した領地を視察中に三つの井戸を見つけ、そこに財宝があったことから、これを祝して三井姓を名乗ったという。これらは家伝であり、史実の確証はないとのことだが、歴史の長さが感じられるエピソードだ。

信生から十二代目の三井出羽守乗定は男子に恵まれず、当時仕えていた守護大名の六角佐々木氏から養子を迎えた。その養子が三井備中守高久と名乗り、家紋を佐々木氏と同じ「隅立て四つ目結《ゆい》」とした。また、高久以降、三井一族の当主は名前に「高」の字をつけるようになった。

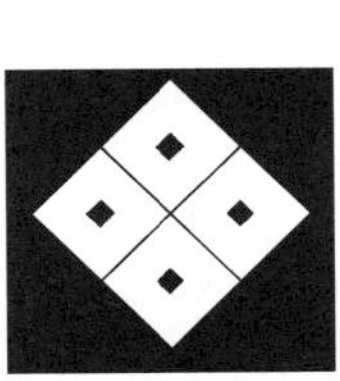

家紋における「隅立て四つ目結」紋

高久は琵琶湖の東にある鯰江《なまずえ》に居城を構えたが、高久から五代目の高安の時代に、主家の六角氏は織田信長に滅ぼされた。三井一族は伊勢の地に逃れ、松坂の近くの松ケ島を安住の地とした。この高安が三井グループの祖である三井高利の祖父で、「三井家の遠祖」とよばれる。

高安の子の高俊は武士を捨て、松坂で質屋、酒・味噌などの商いを始めた。高安の官位が越後守だったことから、「越後殿の酒屋」とよばれるようになった。これがのちに「越後屋」の屋号になっていく。高俊は商いには関心が薄く、商いは妻で伊勢の大商家の娘だった殊法が仕切った。殊法は三井の商売の祖とされるほど商才に富んだ女性だった。

高俊と殊法の間には四男四女があった。長男の俊次は早くから江戸へ出て、本町四丁目に小間物屋を開店。のちに呉服業も手がけるようになり、同じく江戸へ下った三男の重俊とともに店を繁盛させた。一六二二(元和八)年に生まれた末子が三井家の家

『江戸名所図会 駿河町三井呉服店』(国会図書館蔵)

江戸城とその向こうに富士山が見える。江戸一番の商業中心地である日本橋駿河町の北側は、浮世絵では「富士山」を中心に置き、左右に三井越後屋呉服店を描くのが定番だった。大御所絵師たちも、葛飾北斎は『冨嶽三十六景　江都駿河町三井見世略図』、歌川広重は『名所江戸百景　するがてふ(駿河町)』と、『東都名所　駿河町之図』と、歌川国貞は『駿河町越後屋 店頭美人図』、『江戸名所百人美女　駿河町』で、美人画とともに描いている

祖となる高利で、一六三五（寛永十二）年に十四歳で江戸へと旅立った。

高利は兄の俊次のもとで商才を発揮したが、二十八歳のとき、母の面倒を見るために帰郷した。妻帯して自分の子たちが育つと江戸に送り、さらに目をかけた若者たちも手代見習いとして送り出し、江戸での商いの基礎固めを行った。

一六七三（延宝元）年、俊次の死を契機に高利は改めて江戸に進出する。江戸本町一丁目に間口九間の店を設け、「越後屋三井八郎右衛門」の暖簾を掲げて「三井越後屋呉服店」を開業した。京には仕入れ店を開き、江戸店は次男の高冨、京店は長男の高平に任せ、自らは松坂から遠隔操作した。越後屋の屋号は松坂の店を受け継いだもの、八郎右衛門は高利の字《あざな》の八郎兵衛に合わせたもので、この名は三井惣領家当主が代々受け継ぐことになる。

三井越後屋呉服店は「店前売り《たなさきうり》」「現銀（金）掛値なし」「切り売り（反物を切って販売する）」、「仕立て売り」などの新しい販売方法を実施していく。その成功ぶりとそれまでの商習慣を壊したことへの反発から、同業者の営業妨害を受け、九年後の一六八二（天和二）年、駿河町に移転する。現在の日本橋室町、つまり日本橋三越本店の所在地である。

暖簾紋は、当初は三井家の家紋である「隅立て四つ目結」紋を使用していたが、他店との違いをはっきりさせるために「丸に井桁三」紋に切り替えた。三井広報委員会の見解では、時期ははっきりしないが駿河町移転の前で、一六七七（延宝五）年ごろではないかとしている。「丸に井桁三」の着想は高利の母・殊法によるもので、丸は天、井桁は地、三は人を意味し、「天・地・人」の三才を表すとして

『江戸時代商標集』掲出の三井越後屋呉服店の広告

いる。ただし、『史料が語る三井のあゆみ』（三井文庫編）によれば「（江戸の）丸の内に三井の意で、高利が見た夢のお告げによる」としており、やや異なる由来があるようだ。いずれにせよ、寛文年間（一六六一～七三）には松坂で金融業に進出しており、駿河町に移転した際には両替店を併設するから、金融への進出にあたって、武士の時代の家紋だった「隅立て四つ目結」紋から、商人の暖簾紋に切り替えたという言い方ができそうだ。

井桁は一般には井戸を表し、後述するが、商人が好んで使用した意匠のひとつである。水を必要とする職種も少なくなかっただろうし、とくに江戸では井戸を掘っても塩分を含む場所が多く、水道でまかなうしかなく、良水の出る井戸は貴重だったという事情もあろう。

両替商に進出した越後屋は大きく事業が拡大した。高利は松坂、江戸、京などに広がった三井家の結束のために、六本家、三連家の九家（のちに一一家）を三井一族と定めた。高利の死後、高平は一七一〇

現在の東京都中央区兜町にあった国立第一銀行の建物。5層で見晴台があった。もとは三井が銀行設立のために建築した三井組ハウスで、三井と小野組が合同で銀行を運営することになり、1872（明治5）年の竣工の2カ月後に譲渡した。和洋折衷の擬洋風建築として、明治期を代表する建物である（明治大正建築写真聚覧、国会図書館蔵）

駿河町通り。左は三井越後屋棉麻売場、右も三井越後屋だが、絹売場から両替店となり、明治期には為替バンク三井組を経て三井銀行となる（明治大正建築写真聚覧、国会図書館蔵）

（宝永七）年、三井の全事業を統括する「大元方《おおもとかた》」を置いた。現在のホールディングスにあたる組織である。明治以降、三井越後屋呉服店は三越となり、グループの一事業になった。グループは大財閥として発展し、現在も巨大企業グループとして発展し続けている。

「丸に井桁三」の暖簾紋はグループ企業全体の商標となり、昭和の時代までは多くの系列企業がこのマークを使用したが、経済環境の変化などにより、現在は三井広報委員会加盟二四社で見ると、新たな商標を使用している企業が大多数で、三井物産が「井桁三」、三井倉庫ホールディングスが「丸に井桁三」、三機鉱業が三角の変化形「井桁三」を使用しているだけだ。三井の名称は半数の一二社が冠している状況だ。広報委員会加盟会社以外にも三井グループには多くの企業があり、これで全体を代表しているとはいえまいが、雰囲気を感じることはできよう。

三井越後屋呉服店は古くからの商法である座売り（番頭が接客し、小僧さんなどに品物を取りに行かせて販売）から、展示陳列に切り替えた。客は入口で履物を預け、畳や絨毯の上で買い物をしたという（明治期のポスターより）

1900（明治 33）年 10 月、展示陳列販売として、リニューアルオープンした。6 時の開場前に押し寄せた買い物客の行列。その数 8500 人あまりで、あまりの数の多さに混乱を防ぐため、わずか 1 時間で閉じたという（明治大正建築写真聚覧、国会図書館蔵）

（この項の資料提供　三井広報員会）

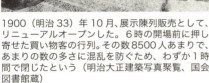

三菱の「スリーダイヤ」はどこから生まれたか

三菱グループは、岩崎彌太郎が九十九《つくも》商会で海運事業を開始したのが始まりとされる。

岩崎彌太郎は土佐の郷士の家に生まれ、のちに最高学府である昌平黌《こう》の教授、安積艮斎《あさかごんさい》の私塾・見山楼で勉学に励んだが、父のトラブルに巻き込まれ、帰郷した後に投獄される。出獄後、吉田東洋の小林塾で学び、後藤象二郎らの知遇を得た。一八六七（慶応三）年、藩の商務組織である開成館の長崎商会主任、長崎留守居役に抜擢され、樟脳《しょうのう》、鰹節などの土佐藩の特産品販売、武器や軍艦の購入など、藩の貿易に従事した。そのころ脱藩していた坂本龍馬が許され、竜馬が運営して商売を行っていた亀山社中が土佐藩の外郭団体的な組織の海援隊に変わると、隊の支援も行うようになった。一八六九（明治二）年に大坂へ異動し、貿易と海運に辣腕を発揮し、大坂藩邸の責任者になる。翌年、廃藩置県により藩の事業が禁止されると、後藤象二郎、板垣退助らが九十九商会を設立し、藩の海運事業を譲り受け、藩船三隻を借り受けて、岩崎彌太郎に経営を一任し海運事業を開始した。この九十九商会が三菱グループの母体である。

九十九商会はその後、三川《みつかわ》商会と名乗り、続いて一八七三（明治六）年、岩崎彌太郎が社主となり、三菱商会に改称する。翌年本拠を東京に移して三菱蒸汽船会社と称し、二年後の明治政府の海運助成策を機に、郵便汽船三菱会社と改称した。その間、一八七四（明治七）年の台湾出兵、一八七七年の西南戦争で政府軍の輸送を一手に引き受けて、政府との信頼関係を強めた。並行して鉱山事業、造船にも手を広

1909（明治42）年ごろの一丁倫敦の街並み。右手前が三菱一号館、1894（明治27）年に竣工した、ジョサイア・コンドル設計の洋風建築。関東大震災で崩壊したものの、2010（平成22）年に復元され、現在三菱一号美術館として営業している（東京風景、国会図書館蔵）

1900（明治33）年の長崎三菱造船所。自社所有汽船・機器の修理施設の必要を感じた三菱は、1884（明治20）年、工務省長崎造船局を借用して長崎造船所とし、経営を開始した。1887（明治17）年には払い下げを受けた、以後、長崎造船所は官営時代にはできなかった鉄船建造に着手し、積極的な設備投資を行った。これが三菱重工業の基となった（日本之名勝・国会図書館蔵）

明治期の三菱會社荷物取扱所・平井小市（京の魁）

げ、三菱グループを形成していくことになる。

さて、三菱グループのマークである「スリーダイヤ」はどのようにして生まれたのか。九十九商会のスタート時、藩の所有だった船舶には、船旗として土佐・山内家の「三つ柏」紋がつけられていたが、私企業化するにあたり「三角菱」紋にした。岩崎家の祖先は甲府の武田家ゆかりとされ、家紋は「三階菱」である。そのため、「三角菱」は「三つ柏」と「三階菱」を合体させたものといわれ、これが現在の「スリーダイヤ」マークに変化したと考えられている。船の紋章から始まったマークであり、これを暖簾紋というかどうかは微妙なところだが、山内家と岩崎家の家紋に由来することは、三菱広報委員会の公式見解である。また、マークの制定は社名を「三菱」と定めるきっかけともなった。

なぜ「三角菱」が現在の「スリーダイヤ」に変わったのか、その理由はいまではわからなくなってしまった。また、変わった時期もはっきりしないが、一九一〇(明治四十三)年には変わっていることが確認されている。

ちなみに現在、社名に三菱がつく会社は国内だけで約三〇〇社存在する。また、三菱広報委員会の会員三六社のうち「スリーダイヤ」をハウスマークに使用しているのは一八社ほどである。

三菱のマークの変遷

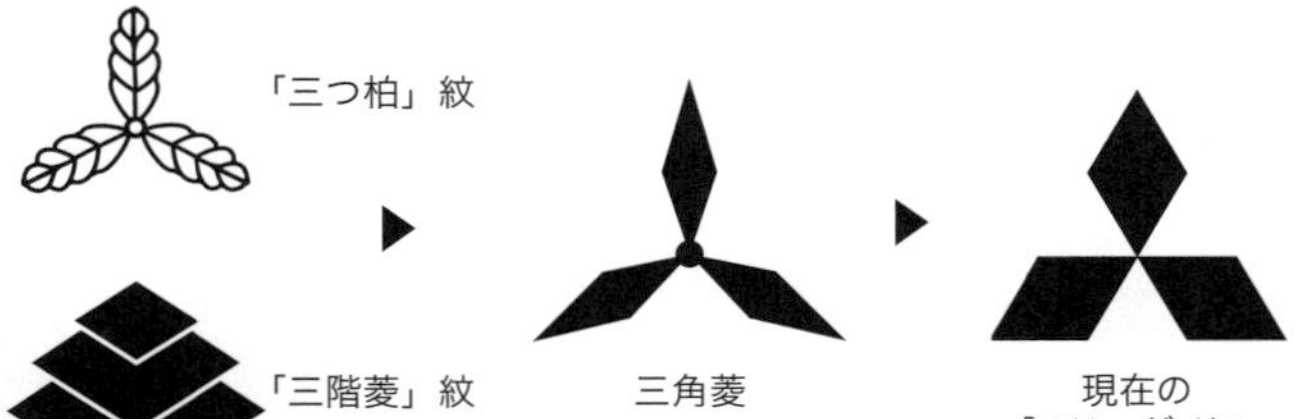

(この項の資料提供　三菱広報委員会)

住友の「菱井桁」マークは二代目の実家の暖簾紋

住友家の家祖は住友政友である。政友は一五八五（天正十三）年、武家の子として越前に生まれた。十二歳で京に出て出家し、新興の涅槃《ねはん》宗に入門する。やがて涅槃宗は天台宗に併合されたため、政友は僧籍を離れ、寛永年間（一六二四～四四）に僧形のまま富士屋嘉休を名乗り、京に薬種と書籍を扱う富士屋を開業した。信仰は捨てずに、旧門弟たちの心の支えとなったという。

その門弟のひとりに蘇我理右衛門がいた。政友の姉が理右衛門に嫁ぎ、ふたりの縁はより深まった。政友の長子死去で住友家の相続が危うくなったため、理右衛門の長子である理兵衛友以《とももち》が政友の婿養子になり、住友の二代目となる。

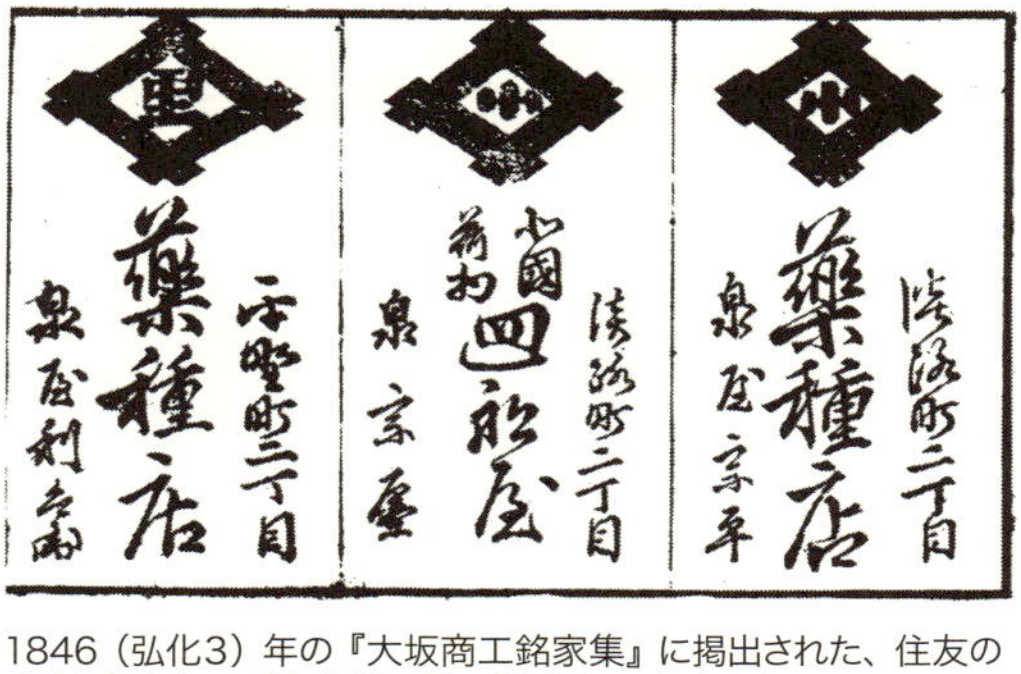

1846（弘化3）年の『大坂商工銘家集』に掲出された、住友の前身と思われる「太井桁」紋。「泉屋」の分家か？

理右衛門は大坂（あるいは堺）で生まれ、一五九〇（天正十八）年に十九歳で上洛し、銅吹き（銅の精錬）と銅細工を業とする「泉屋」を開業し、粗銅《あらどう》から金銀を分離する精錬技術「南蛮吹き」を開発した人物である。この技術は当時としては画期的で、鉱業史上においても経済史上においても注目すべきものであり、その後の住友の躍進の土台となった。

政友の娘婿となった友以は、分家して京都三条孫橋町に銅精錬と銅製品販売の「泉屋住友家」を興した。一六二三（元和九）年には水運に有利な大坂に移転し、やがて日本で代表的な銅精錬所になるとと

住友倉庫川口支店安治川沿岸（戦前の絵葉書より）

1926（大正15）年に竣工した大阪市第1号繋船岸壁。倉庫の横に「菱井桁」の住友マークがあしらわれ、通称を住友桟橋といった。幕末期から大阪の再生に欠かせないものとして、港湾整備が必要とされていたが、大阪市の財政事情がそれを許さず、大正期に着工されたものの中止となった。そのため第15代住友吉左衛門が、南岸桟橋の建築工事を肩代わりして、7年をかけて完成させた（戦前の絵葉書より）

もに、南蛮吹きの技術を銅吹き業者たちに分け与え、宗家のような地位を築いた。一方では長崎を通じて海外に銅の販売を開始している。これには初代政友が関与した涅槃宗信者が北九州に広く存在し、早くから海外からの情報がもたらされていた可能性が高いと考えられている。

こうして成功した友以だが、まだ満ち足りないことがあった。銅山の所有である。その想いは子孫に引き継がれ、三代目の友信は三十九歳の壮年期に隠居したため、四代目の友芳が銅山開発に尽力する。一六八一（天和元）年に備中（山陽道）の吉岡銅山の採掘に着手。出羽（山形県と秋田県）の幸生《さちゅう》銅山の経営も手がけるが、なかなか思うようにならなかった。一六九〇（元禄三）年、伊予（愛媛県）の別子銅山を手がけるとこれが成功し、住友の基盤を確立していった。

さて、住友の商標である「菱井桁」は、蘇我理右衛門が営んでいた「泉屋」の暖簾紋である。泉を表すものとして「井」を採用したとされる。「井桁」紋は多くの商人に好まれ、さまざまな業種、店舗の暖簾紋に使用されていたため、一九一三（大正二）年、独自の形状・寸法割合を創案した。現在もこれが踏襲されている。なお、「泉屋」の屋号はかなりの期間使用されたと思われ、各地の鉱山開発で名前が出てくる。

現在、住友グループ広報委員会の会員会社三三社のうち、井桁マークを使用しているのは住友化学をはじめとする一八社で、そのすべてが「住友」を社名の最初につけている。残る一五社のマークはそれぞれ異なり、日本電気のように外資系との合弁でスタートし、最初から住友の名称がつかない会社もあるが、近年資本系列の異なる会社との合併などの歴史を持つ会社が多い。それも金融系、ＩＴ系など市場環境の変化が大きい業種に集中している。企業グループの商標にも経済環境の変化が表れているといえそうな気もする。

デパートは、創業当時の暖簾紋を大事に使っていた

百貨店は明治期後半に成立した業態である。長らく、そこでの買い物がステイタスにつながるような方針をとってきたことから、自社あるいは店舗のイメージを大事にしてきた。多くが呉服店からの転身で、その歴史の重みも宣伝の大きな要素だった。そのため百貨店はすべてといっていいほど、業態が確立した後も、創業時からの暖簾紋を商標として打ち出してきた。戦後の高度経済成長が終わって経営環境に変化が訪れたころに、CIを導入したところもあり、近年は経済環境の激変により合理化を余儀なくされ、合併などにより商標を変えたケースも多いが、それでも店舗には従来の商標や店名を使用していたりする。

ここでは三越伊勢丹ホールディングス、J・フロントリテイリングと髙島屋、松屋をとりあげた。地方百貨店とよばれる各地の百貨店にも、同様の傾向があることを付記しておく。いまではなくなってしまったが、月賦百貨店とよばれた百貨店も同様である。H_2Oリテイリングほかの鉄道系百貨店は、設立が商法成立よりも後であり、親会社の紋章とのかかわりも深いので、ここでは省略した。

「丸越」三井越後屋呉服店の流れをくむ三越

三越伊勢丹ホールディングスは、二〇〇八（平成二十）年に経営統合によりスタートした会社である。配下に三越、伊勢丹、丸井今井、岩田屋の百貨店ブランドを持つ。まずは三越から見ていきたい。

三井グループについては別掲したとおり、三越は一六七三（延宝元）年に三井越後屋呉服店として開業した。当初の暖簾紋は三井家家紋の「隅立て四つ目結」紋だったが、一六八一（天和元）年ごろ「丸に井桁三」紋に切り替えた。

明治になり、三井は政府から呉服部門を分離し、銀行設立に専念せよとの内示を受ける。そこで一八七二（明治五）年、三井家の経営機関である大元方（現在のホールディングスに相当）から経営を分離して三越家が経営することになり、同時に暖簾紋を「丸《まる》

三越呉服店マーク

三井越後屋暖簾紋
（1872 ～96= 明治5 ～
明治29 年）

越《こし》」紋に改めた。一八九三（明治二十六）年、越後屋を合名会社三井呉服店に改組し、一八九五年に高橋義雄が理事に就任すると、座売りの一部を陳列販売に変え、大福帳を西洋式帳簿に改めるなどの経営改革を行い、翌年には暖簾紋を「丸に井桁三」紋に戻した。

一八九八（明治三十一）年には、のちに〝百貨店をつくった男〟といわれた日比翁助が入店し、一九〇〇（明治三十三）年には座売りを全廃し、全館を陳列販売にした。さらに四年後の一九〇四（明治三十七）年に株式会社三越呉服店を設立して、日比は初代専務に就任し「デパートメントストア宣言」を出した。これが日本の百貨店の始まりとされる。そのころには髙島屋、いとう呉服店（のちの松坂屋）、白木屋などが次つぎに陳列販売などに切り替え始めており、それらの成功を見て、明治末期から大正にかけて、各地で呉服店が百貨店スタイルに変えていく動きがあり、百貨店という業態が定着していく。

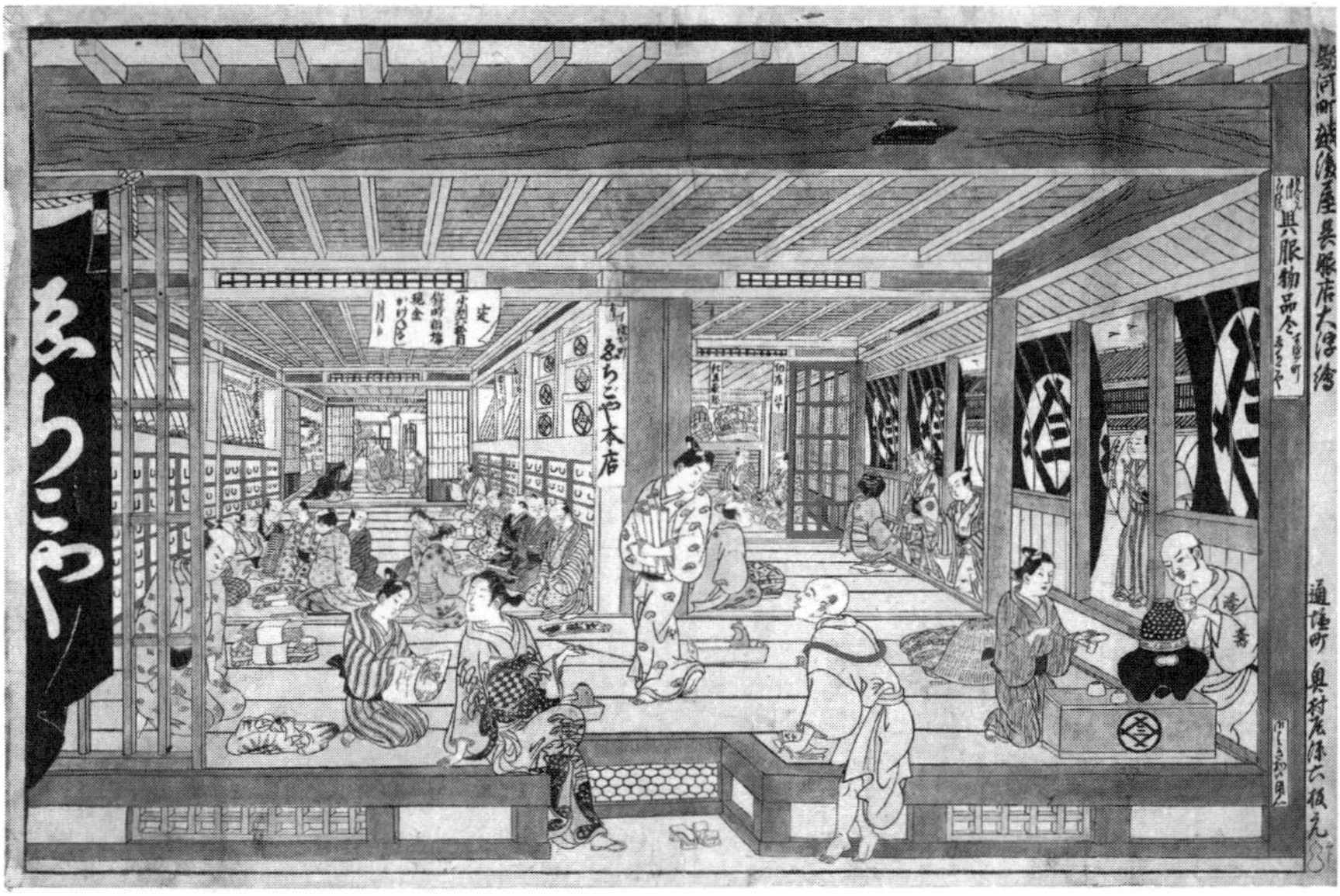

奥村政信による『浮絵駿河町呉服屋図』。越後屋店頭畳敷き大広間での座売りの様子。番頭・手代・小僧さんが客の対応に追われている横で、客サービスだろうか茶の接待も行っている。梁には「現金かけねなし」の札、奥の部屋では武士の客の姿が見える

一九〇六（明治三十九）年、日比は海外視察を行い、ロンドンのハロッズ百貨店の経営に強い刺激を受けたとされる。一九一四（大正三）年には日本橋にルネサンス様式の新店舗を建設した。「今日は帝劇、明日は三越」というキャッチフレーズもそのころのものだ。

1887（明治20）年ごろの三井越後屋外観

1885（明治18）年の『東京商工博覧絵』に掲出された三井越後屋。駿河町通りの店先には人力車、馬車など、たくさんの人が行き交う姿が見える。右奥には江戸時代よりの定番のスタイル「富士山」が小さく描かれている

一九一二（大正十）年ごろの『東京風景』に掲出された新店舗越後屋店内。呉服売場の店員も客の女性もすべて着物姿（国会図書館蔵）

さて、三越呉服店設立時には再度店章を「丸越」にしたが、このとき跳ね先などのかすれを七五三に整えた。その後も店章は店ごとに少しずつ異なるものがあったが、一九八六（昭和六十一）年にＣＩを行い、現在の書体に統一している。

三越のもうひとつのシンボルとして、入口のライオン像があるが、この像は日比が欧米を視察した際にイギリスで発注したものである。ロンドンのトラファルガー広場にある、ネルソン記念塔の下の獅子像がモデルとされ、イギリスの彫刻家メリフィールドがかたどり、バルトンが鋳造したもので、日本橋の本店新館落成と同時に店頭にライオン像が設置された。

一九一一（明治四十四）年、橋口五葉画による『此美人』が、三越呉服店の懸賞広告図案で第一等を受賞。着物を着た「ひさし髪」の女性が、美人画版本を手にする様子は、当時流行した江戸回顧やアール・ヌーボー様式を反映している。このとき審査側だったのが杉浦非水。非水は次の懸賞広告で一等を受賞し、以後三越でアール・デコ様式のモダンなブランドデザインを展開していくことになる。これらの宣伝効果も相まって、三越は以後もっとも粋でオシャレな若者たちが集まり、最新情報を発信する場所となっていく

そろいのユニフォームで整列した、自転車による商品無料配達を行うメッセンジャーボーイたち（戦前の絵葉書より）

帝国劇場とタイアップした「今日は帝劇、明日は三越」のキャッチコピーで有名な竹久夢二によるポスター。いかにも大正時代を感じさせる

（この項の資料提供　三越伊勢丹）

「丸に伊」創業時の伊藤屋を表した伊勢丹

伊勢丹は一八八六（明治十九）年、小菅丹治が東京・神田旅籠町に伊勢屋丹治呉服店を開いたときから始まる。「伊勢屋」の屋号は、創業者の養家である伊勢又から分家して受け継いだものとされるが、伊勢又についての伝承は残っていない。創業と同時に初代丹治は暖簾紋として「丸に伊」の紋章を制定した。「伊」は屋号の頭文字で、書体は丹治が自ら筆を執ったという。一九二三（大正十二）年の関東大震災で店を焼失するが、翌年には再建し、同時に座売りを陳列方式の百貨店方式に切り替えた。

一九三〇（昭和五）年、株式会社伊勢丹に組織変更し、新しい出店地を新宿に決めて、翌年、東京市電気局は所有の土地を落札し、一九三三（昭和八）年には神田店を閉鎖して新宿本店をオープンした。さらに、その二年後には隣にあった百貨店のほてい屋を買収し、建物を一体化した。

戦後になり、一九六六（昭和四十一）年には伊勢丹会館をオープンし、一九六八（昭和四十三）年、北側に隣接していた百貨店の東京丸物《まるぶつ》新宿店を買収して「男の新館」とするなど、現在の新宿本店をほぼ形成し、一方では海外を含めた全国的な店舗展開を行い、現在に至っている。

一九七五（昭和五十）年、同業の百貨店に先駆けてマークを変更し、オレンジ色を基調とした花の形のデザインにし、英文ロゴタイプを小文字の「isetan」とした。さらに創業百周年の一九八六（昭和六十一）年にはCIを一新し、現在まで続く「ISETAN」のマークを採用している。白抜きの○が入った「I」の文字はISETANの「I」であり、私（消費者）の「I」で私の店を意味し、日本一、世界一を目指す「I」の意味を含み、未来に伸びていく企業のイメージを表す。「I」の中の○印は未来を見とおす目、視野の確かさ、よさを表すのだという＋。

「丸に伊」の紋章も廃止したわけではなく、現在も社章などに使用し、本館屋上にも示している。二〇〇八（平成二十）年に三越と経営統合したのは前述のとおりである。

1901（明治34）年の伊勢屋丹治呉服店外観

1933（昭和8）年の新宿本店開店当時

1933（昭和8）年の新宿本店のモダンな新築竣成記念ポスター

（この項の資料提供　三越伊勢丹）

「丸に大（まるにだい）」創業時の屋号「大文字屋」を表した大丸

二〇〇七（平成十九）年、大丸と松坂屋ホールディングスが経営統合してJ・フロントリテイリング株式会社を設立、二〇一〇（平成二十二）年には傘下となっていた百貨店の大丸と松坂屋が合併して株式会社大丸松坂屋百貨店となった。ただし店舗は大丸と松坂屋の名称のままで存続し、大丸が九店舗、松坂屋が五店舗となった。また、関係店として博多大丸、高知大丸がある。

大丸は一七一七（享保二）年、下村彦右衛門正啓が十九歳のとき、京都・伏見に「大文字屋」を屋号とする小さな店を開業したときを創業としている。この創業者を大丸では〝業祖〟とよび、それから三十年ほどの間に次つぎに店舗展開を進めていく。一七二六（享保十一）年、大

中央の日除け暖簾に大丸前身の「丸に松」の「松屋」の暖簾紋が見える（1798＝寛政10年　摂津名所図会より部分、国会図書館蔵）

『浪華百松屋呉服店（大丸）』歌川芳瀧画。文久期から慶応期（一八六五〜六八）にかけて制作。一七二六（享保十一）年創業の「松屋」は大丸の前身。「丸に大の字」の暖簾紋を掲げているが、大坂店の屋号「松屋」は、傾いていた名跡を譲り受けたものといわれる（国会図書館蔵）

一八五六（安政三）年、歌川広重による『江戸名所八景　大伝馬町こふく店』より。看板の暖簾紋横に「げんきんかけねなし」の文字が見える。右の集団は大工棟梁を家まで送り届ける上棟式を終えた後の、鳶や左官などの職人たち（国会図書館蔵）

京都・松原店（明治中ごろ）

坂・心斎橋筋に大坂店「松屋」を開き、二年後には名古屋本町に名古屋店を開いて、初めて「大丸屋」と称した。一七三七（元文二）年には京都東洞院船屋町に総本店を開店し〝先義後利〟の店是掛け軸を全店に配布した。

この店是は、中国の儒学の祖のひとり、荀子《じゅんし》の栄辱篇にある「先義而後利者栄」（義を先にして利を後にする者は栄える）から援用したもので、企業の利益はお客様・社会への義を貫き、信頼を得ることでもたらされるとの意味。大丸グループ共通の精神、営業方針の根本となってきた。

この店是に関連して、大丸にはひとつの逸話が残っている。一八三七（天保八）年に大坂で大塩平八郎の乱が起き、富豪や大商人の多くは焼き討ちに遭ったが、大丸の家風や営業方針はよく知られており、大塩が「大丸は義商なり、犯すなかれ」と部下に命じたため、焼き討ちを免れたという。基本理念と並べてみると、なかなか興味深いエピソードである。

一七四三（寛保三）年には江戸大伝馬町に江戸店を開くが、この店開きにもエピソードが残されている。開店の五年前から、江戸の得意先に京呉服を送る際は、荷物に「大丸」紋を染め抜いた大きな風呂敷を大量に入れた。当時は荷運びに風呂敷はなくてはならないもので、大風呂敷は便利だったから、取引先の小僧さんたちは皆、この風呂敷で包んだ荷物を背負って江戸の町中を歩いた。つまり動く広告塔の役目をはたしてくれたわけだ。こうして「大丸」の名が知れわたったころを見計らい、店を開いたのだという。

広告戦略のエピソードはもうひとつ残されている。開店と同時に「大丸」紋を描いた傘を大量に用意し、にわか雨の際に顧客ばかりでなく、困った通行人にも貸し出す借傘を始めた。これが大丸名物となり、歌舞伎『たばこ切佐七』の舞台にもこの傘が登場し、浮世絵に描かれるほどのPR効果があったとされている。これらのPR戦略が大成功への第一歩となり、この店がやがて呉服商日本一になる。

さて、「大丸」紋について、J・フロントリテイリングでは「大という字は、一と人を合わせたもので、○《まる》は宇宙・天下を示すことから、天下第一の商人になろうという、業祖・下村彦右衛門正啓の志と決意が込められたもの」と説明する。この紋章は京都伏見で創業した際に考案し、大坂店で正式に採用。名古屋店を開業したときにこの紋章を生かして「大丸屋」という屋号にした。名古屋店は名古屋城に通じる本町通にあったので、徳川宗春が自ら来店したこともある御用達となり、入口の「大丸」紋を染め抜いた暖簾が擦り切れるとまでいわれる大繁盛店となった。

一九〇七（明治四十）年、合資会社大丸呉服店を設立する。そのころ「大丸」紋は暖簾や風呂敷など幅広く使われていたが、店によって統一を欠くこともあり、また他社が類似の商標を用いたため、一九〇八年、左右両端を五裂に定めて各店に通達を出して統一させ、一九一三（大正二）年には、第一画左端を三裂、「人」の字の両端を左五裂、右七裂（七五三）と改定し、商標登録した。一九二八（昭和三）年には商号を「株式会社大丸」に変更している。

その後、一九八三（昭和五十八）年に梅田店開店と同時にＣＩを導入・展開し、ロゴマークを変更して企業イメージを一新。二〇〇七（平成十九）年のＪ・フロントリテイリング株式会社設立後は松坂屋と経営統合し、二〇一〇（平成二十二）年には「大丸」「松坂屋」の商標・商号を継続しながら、株式会社大丸松坂屋百貨店として百貨店事業を一社化している。

1913（大正2）年、池田蕉園による美人画スタイルのポスター

DAIMARU

シンボルマークは大丸のシンボル「孔雀」をデザイン化したもの。羽を表す右上がり斜線は、飛躍発展の思いが込められている

JFR
JFR GROUP
大丸松坂屋百貨店

現在のロゴマーク

1885（明治18）年の大丸（東京商工博覧絵）

（この項の資料提供　J. フロントリテイリング資料館）

「丸に井桁藤」「いとう丸」とよばれる、創業者名を表した紋章　松坂屋

現在、大丸とともにJ・フロントリテイリングを形成している松坂屋は、江戸時代に入ったばかりの一六一一（慶長十六）年の創業だ。

創業者は織田信長の小姓だった伊藤蘭丸祐道である。信長の死後は清須に住んでいたが、城下町が建設されつつあった名古屋に移り、名古屋本町で呉服小間物商「いとう呉服店」を開いた。ここから松坂屋の歴史が

歌川広重による『名所江戸百景　下谷広小路』。安政大地震の翌年にあたる1856（安政3）年のもの。日除け暖簾には暖簾紋と「いとうまつさかや」の文字、そろいの傘や衣装を着た花見の一団が見える（国会図書館蔵）

始まる。なお、祐道は大坂夏の陣で豊臣方に与して戦死している。

一六五九（万治二）年、祐道の遺児・伊藤次郎左衛門祐基が名古屋茶屋町に移転する。一七三六（天文元）年に太物商に転じて正札販売を開始し、その四年後には尾張徳川家の呉服御用となった。一七六八（明和五）年、上野の松坂屋を買収して江戸に進出、買収相手の屋号を残していとう松坂屋と改称し、寛永寺、尾張徳川家、加賀前田家などの御用を承る大店となった。一八〇五（文化二）年には江戸大伝馬町に木綿問屋の亀店《かめだな》を開業。これは問屋と小売りを兼ねることで価格の引き下げをねらったものだった。明治期になると、一八七五（明治八）年には大阪にも進出、高麗橋の呉服店恵比寿屋を買収し、ゑびす屋伊藤呉服店とした。

一九〇七（明治四十）年、上野店では座売りから陳列立ち売りに改め、雑貨、家庭用品なども扱うようになった。一九一〇（明治四十三）年には株式会社いとう呉服店を設立し、名古屋市栄に名古屋初の百貨店を開業した。銀座への出店は一九二四（大正十三）年で、それまでは下足番が履物を預かる方式だったが、このとき大型店舗としては初めて土足入場にした。ここから大衆化が本格化していく。一九二九（昭和四）年に新築した上野店は、エレベーターを一〇基備え、日本初のエレベーターガールが登場した。

松坂屋はほかにも初の試みが多い。一九一〇（明治四十三）年の名古屋店では、百貨店初の多目的ホールを設けている。翌年にはいとう少年音楽隊

明治期特有のガス灯や鉄道場所が行き交う、にぎやかな上野広小路の松坂屋（1885＝明治18年『東京商工博覧絵』）

を組織しており、これは現在の東京フィルハーモニーにつながっている。また、一九一八（大正七）年には他店に先駆けて制服を定めた。縞の木綿にモスリンの帯という和服で、規定縞と称した。この制服は大阪店がオープンした際に、大評判を得たという。一九三〇（昭和五）年には百貨店で初めて、上野店を地下通路で地下鉄と直結した。一九三六（昭和十一）年には名古屋店で名店街を設置しており、これも初の試みだった。同時に松坂クラブと称するカルチャーセンターも開設している。さらに、モータリゼーションの進展が見え始めた一九六三（昭和三十八）年には、銀座にパーキングビルを設けて

1917（大正6）年竣工のモダンな建物の上野松坂屋（『明治大正建築写真聚覧』国会図書館蔵）

1924（大正13）年、大型店舗としては初めて下足番を廃し土足入場とした。大流行したカンカン帽を被り、商品をのぞき込む男たち。オシャレな若者たちは昭和になると「モダンボーイ、モダンガール＝モボ・モガ」とよばれるようになり、デパートが社交場となった

1929（昭和5）年に日本初の制服姿のエレベーターガールが登場（上野店）。当時は「昇降機ガール」とよばれ、上下降の操作を行い、フロア案内までこなすという重労働だったが、これが大評判となった

いる。

また、一八八一（明治十四）年には伊藤銀行を設立しており、のちの東海銀行（現在の三菱ＵＦＪ銀行）のルーツとなっている。

さて、当初の屋号であるいとう屋は、創業者の名字からとったものである。暖簾紋は「いとう丸」とよばれ、丸に井桁に「藤」の字で構成される。「井」と「藤」で「いとう」を表している。

松坂屋の屋号は、伊勢白子出身の太田利兵衛が江戸で呉服店を開いた際、出身地の名称を屋号とした。これが上野店の前身で、いとう屋がこの店を買収したとき、松坂屋の屋号が知れわたっていたため、屋号をそのままにしたほうが有利と判断したものである。大坂進出時も同様で、買収したゑびす屋の屋号をそのまま使用した。屋号を統一したのは一九二五（大正十四）年で、名称から呉服店を外し、株式会社松坂屋に改めて、全館を松坂屋に統一している。

なお、暖簾紋ではないが、一九五七（昭和三十二）年にカトレアをシンボルフラワーに定め、現在まで包装紙などに使用している。

商号を統一したのは 1925（大正14）年
（この項の資料提供　J. フロントリテイリング）

「丸に髙」「まるたか」とよばれる出身地を示した紋章　髙島屋

主要な百貨店は経営統合などで経営革新を行い、地方百貨店は系列入りしたり、姿を消す状況が続く。経営環境の変化で厳しい状況が続く百貨店業界にあって、髙島屋は独立独歩を維持している。

創業者の飯田新七は、越前国敦賀出身の中野宗兵衛の子に生まれ、京の角田呉服店に奉公に出た。すると、その働きぶりに感心した米穀商髙島屋の飯田儀兵衛が娘婿に迎え入れる。やがて新七は養家の近くに古着と木綿を扱う店を出した。創業は一八三一（天保二）年。屋号は養家と同じ髙島屋である。この屋号は義父の出身地である近江国高島郡（現在の滋賀県高島市）からきている。暖簾紋も同じく丸に「髙」の字を組み合わせた「まるたか」である。ただし、「髙」の字はいわゆるハシゴ高と山形を「組み合わせた文字である。商標登録したの

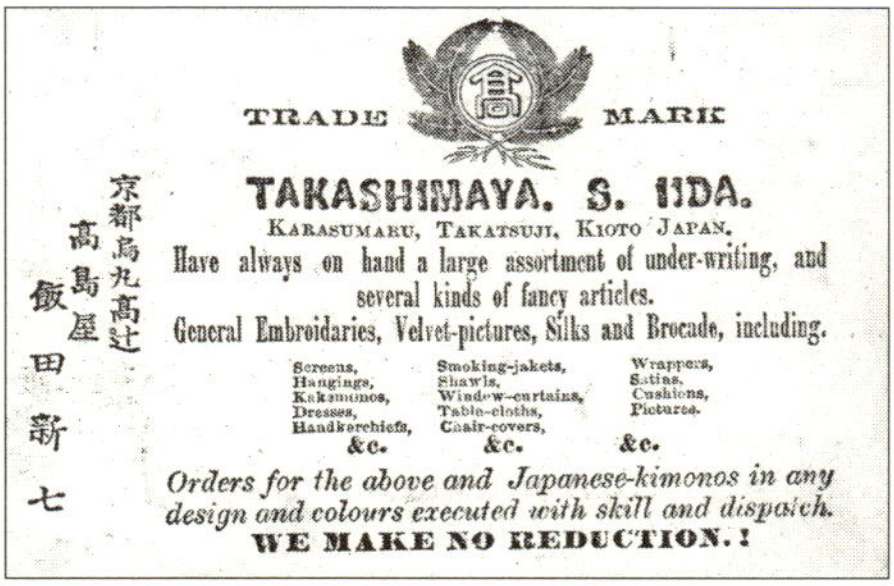

若松を巻いたマーク入りの名刺。1886（明治19）年ごろ

は、商法が生まれ日本でも商標登録が始まった翌年の一八八六（明治十九）年で、この暖簾紋が現在まで商標として続いている。また、丸ではなく「若松」を外郭に使用したこともあったようだ。

一八五五（安政二）年には古着をやめて呉服太物商となる。一八七六（明治九）年、外国との取引を開始し、一八八七（明治二十）年には貿易部を設置する。この貿易部門は髙島屋飯田株式会社として独立し、のちには丸紅飯田株式会社となる。一方で、一八九八（明治三十一）年には心斎橋筋に大阪店、一九〇〇年には京橋に東京店を開店する。また、一八一九（大正八）年に株式会社髙島屋呉服店を設立して組織を改め、一九三〇（昭和五）年には株式会社髙島屋に商号変更して、現在の組織の基本ができあがった。

なお、商標には変更がないが、一九五二（昭和二十七）年、包装紙にバラのデザインを採用し、以降、バラが髙島屋のシンボルとなっている。

商標の話から少しそれるが、髙島屋は、旧字の「髙」の文字、いわゆるハシゴ髙にこだわり続けている。同様の例に日本製鉄があげられる。二〇一九（平成三十一）年に商号変更して日本製鉄としたが、それまでの新日鐵住金、合併前の新日本製鐵、さらにその前の八幡製鐵、富士製鐵など、製鉄会社は

烏丸店。1889（明治22）年ごろ

大阪心斎橋店。1900（明治33）年ごろ

「鐵」の字にこだわるところが多かった。また、鉄道会社にも同じこだわりのある会社もある。これは「鉄」という字の偏と旁《つくり》を別に読むと「金を失う」につながるからとされている。髙島屋も紋章の構造と意味を大事にしているのだろう。文字には言霊があるということになろうか。

1915（大正4）年、北野恒富による美人画スタイルのポスター

大正時代のポスター「現代婦人キモノ博覧會」

一九三七（昭和十二）年のポスター「巴里萬国博覧會日本館出品展示會」

（この項の資料提供　髙島屋広報・IR室）

「松鶴（しょうかく）」紋
ふたつの屋号を表した暖簾紋
松屋

松屋の創業は一八六九（明治二）年。初代古屋徳兵衛が横浜・石川町に鶴屋呉服店を開業したところから歴史が始まる。当時の横浜は港が開かれ、繁華街や関内、本町通りは競争相手が並び活気に溢れていた。鶴屋呉服店が開業した石川口は、中心街からはずれた辺鄙《へんぴ》な場所だったが、繁華街でなくても、店の前の地蔵坂は毎日上り下りする人や、車の数は相当なもので、坂の上の山手一帯には外国人の住居もあったことから、人通りが多く繁盛していたという。

松屋サイトの沿革では、一八八〇（明治十三）年に古屋組を組織し、規則を制定して店員教育を実施したという。創業から十年を経て、店の組織がしっかりしてきたと類推できる。また、このころ婦人の洋服、

1879（明治12）年、亀の橋鶴屋呉服店外観。五姓田義松画による『横浜亀橋通』

ショール、黒襟などが流行したとも記されている。横浜はほかの地域より西洋化が少し早かったのだろうか。

一八八九（明治二十二）年、鶴屋は神田区鍛冶町今川橋の松屋呉服店を買収し、翌年には「今川橋松屋呉服店」の屋号で開店した。さらに一九〇一（明治三十四）年には店を改装して陳列棚を設置している。このころの流行が男物洋日傘、インバネス、パマナ帽、婦人ひさし髪だった。ちなみにインバネスとは、明治初期に入ってきたケープつき袖なしの外套《がいとう》のことで、和服の外套に改造され明治中期に流行した。明治期を表現するのに便利なコートで、映像作品にもよく出てくる。

閑話休題。一九〇二（明治三十五）年に年棒を月給制に変更、その四年後には初めて女性社員を採用。さらに一九〇七（明治四十）年には今川橋松屋呉服店を三階建て洋風に増築して、東京で初の百貨店式の外観を備えた建物にしている。さらに一九一〇（明治四十三）年には亀の橋の鶴屋呉服店も同様の外観に

1898（明治31）年、今川橋洋館上棟式の日

1912（明治45）年、増築後の今川橋松屋呉服店外観。洋風3階建て

増築するなど、この時期に近代的な経営への切り替えを図った。
今川橋の店舗増築と同じ年、商標に松葉と鶴を組み合わせた「松鶴マーク」を導入する。松と鶴をかたどったのだから、東京と横浜の店舗の融合を考えたのだと思われる。蛇足ながら、松も鶴も吉祥を表し、江戸時代から商家の屋号などに多く用いられていたものである。なお、それまでの暖簾紋は、鶴屋は「正」の字を丸で囲った「まるしょう」紋、今川橋松屋は入り山形に「松」の字を配置した「いりやまつ」紋である。

さて、一九一三（大正二）年には神田区南乗物町に松屋呉服店和服裁縫部を創設する。これは松徳学園（現在の東京ファッション専門学校）に発展し、現在まで続いている。

一九一九（大正八）年、株式会社松屋鶴屋呉服店を設立し、会社組織に切り替えた。さらに銀座への進出を図って銀座ビルディングと賃貸契約を結ぶ。一九二三（大正十二）年の関東大震災で主要店舗をすべて焼失し、店員の一時帰休まで実施せざるを得ない被害を受けるが、一年で横浜市伊勢佐木町の吉田橋際に鶴屋を開店、今川橋松屋は新築開店し、同時に商号を株式会社松屋呉服店に改めた。一九二五（大正十四）年には銀座店を開業し、

一九一六（大正五）年、今川橋松屋呉服店の美人画スタイルのポスター

1925（大正14）年５月、開店当時の銀座店

一九三一（昭和六）年には浅草に出店して、現在の店舗ができあがった。「松鶴マーク」は一九七八（昭和五十三）年のCI導入により、新しいマークに切り替えられた。さらに一九八九（平成元）年にはCIに手直しが加えられ、二〇〇一（平成十三）年にも微修正が加えられている。

暖簾紋・マークの変遷

1890 年鶴屋
（1869 年創業）
「まるしょう」紋

1890 年松屋
旧松屋の屋号を
そのまま使用
「いりやままつ」紋

1907 年「松鶴マーク」
両店統一

松屋

1963 年書体開発
デザイン・亀倉雄策

松屋 MATSUYA

2001 年より使用されているマーク
デザイン・仲條正義

（この項の資料提供　松屋）

1931（昭和6）年 11 月、開店当初の浅草店

1956（昭和31）年９月、銀座店中央ホール空中エスカレーターが完成

暖簾紋　外伝

「斧に一文字」の白木屋

すでになくなってしまったが、江戸時代、越後屋（現・三越）、大丸屋（現・大丸）とともに、江戸で三大呉服店と称されたのが「白木（しろき）屋」である。『江戸買物獨案内』にも繰綿、真綿、呉服などいくつもの広告が掲出される大店だった。

創業者である初代大村彦太郎可全（よしまさ）は、慶安年間（一六四八～五二）に京で母方の材木商を手伝ったのち、独立して材木商白木屋を開業した。この店は木綿、日用品も扱っていたとされる。やがて江戸に出て、一六六二（寛文二）年、日本橋通りに小さな小間物商の白木屋を開き、規模を拡大していった。天保の改革の奢侈禁制によって低迷するが、明治になると業態を変え、百貨店の先駆けとなった。さらに阪急梅田駅に出張店を開いてターミナルデパートの先駆けともなった。

しかし、関東大震災で打撃を受け、その後も初の高層建築火事の事例となるなど、不運に見舞われる。戦後は進駐軍に店を接収されるなど、厳しい状況下での経営が続き、やがて東急に買収された。一九六七（昭和四十二）年、日本橋白木屋は東急デパートとなり、現在はコレド日本橋である。

白木屋の暖簾紋は、一見すると「入り山形に一文字」紋に見えるが、じつは「山形」ではなく、二本の手斧を交差させた意匠だ。京の材木商だったときから使っていた紋章だという。「材木を扱って一番」という意味だと考えれば、わかりやすくふさわしくもある紋章ということになろう。

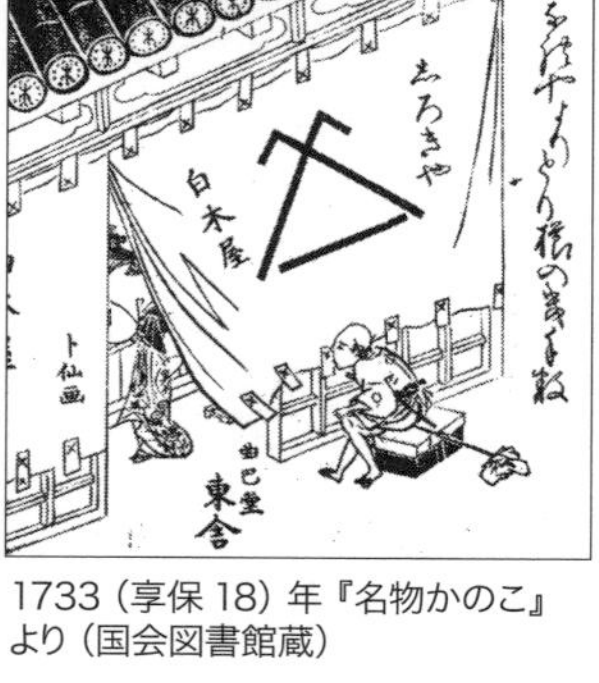

1733（享保 18）年『名物かのこ』より（国会図書館蔵）

歌川広重による『江戸名所百景　日本橋通一丁目略図』（国会図書館蔵）。白木屋の店先で、大傘の下でにぎやかに練り歩くのは、大道芸「住吉踊」の連の一行。ほかに三味線を弾く太夫や、瓜売り、そば屋の出前、傘を差して出歩く人など、所せましとひしめいているのが見える

（江戸買物獨案内）

第三章

商人に人気の山形紋と曲尺紋

古河機械金属

ヤマサ醤油

やげん堀中島商店

山本山

ホワイトローズ

伊勢半

にんべん

豊島屋

榛原

神聖な形の「山形」に文字を組み合わせた紋章

「山形」の紋章が、暖簾紋でもっとも多く使用される意匠であることは前述した。ただし、ほとんどが外郭として使用され、その下に文字や各種の紋章を配置する。その使用例は全体の四割近くに達しており、使用数が多い分だけ変化形も多く、類似の紋章も各種ある。

切妻側壁面の破風《はふ》または破風板の下に、紋章をあしらった家や蔵が地方に残っていることも前述した。かつての江戸や大坂では、商家の家屋ばかりでなく、運河に並んで建てられた蔵の水面から見える位置に紋章が配置されていたことも、多くの浮世絵や明治・大正期の写真などで確認できる。これは「蔵印」とよばれ、荷受けの際の目印になったと思われる。この紋章は遠くからでも判別できるという意味で実用性があったばかりでなく、権威の象徴でもあったのだろう。現在ほとんど見あたらなくなったのは、物流が舟運からトラック輸送に変わり、運河が埋め立てられてなくなっていったからに違いない。

ところで、この紋章をその上部の屋根または破風とともに眺めると、「山形」の下になんらかの意匠が置かれた紋章と同型に見えまいか。案外、商家の暖簾紋に「山形」が使用される例が多いのは、そんなところにも理由があるのかもしれない。

ここでは、まずその変化形を眺めてみたい。

「山形」の家紋は、曲線と直線の意匠に大別される

いうまでもなく、山は神聖な場所であり、古来信仰の対象となってきた。そこから家紋の意匠が産まれたとされており、その意匠は大きくふたつのタイプに分かれる。ひとつはある程度具象的に示すもので、山頂を丸いシルエットで示し、山麓を「霞」で切るか「丸」などの外郭で囲む。山頂が三つに分かれている意匠もあり、これは富士山を示しているとされる。山に対する信仰のなかでも富士山へのそれは特別で、山頂には浅間神社があり、後述するが江戸時代には富士講が流行した。そうした特殊性から「富士山」とよばれる紋章ができたと思われる。

もうひとつは直線を折り曲げて山を表すタイプである。漢字の部首で「介」「今」などの部首を「ひとやね」または「ひとがしら」とよぶが、暖簾紋ではこの形を「山形」として使用する。「山形」のほとんどは「ひとやね」と同じ直線で表現された形状の「山形」とその変化形で、前掲した各種買物案内で採取した暖簾紋の四分の一強、七〇五七例に及ぶ。さらにその変化形も三三二五例と、「ひとやね」形の「山形」には遠く及ばないものの、ほかの紋章よりははるかに多い。

変化形には、ふたつの「山形」を少しずらして重ねた「違い山形」、重ねた線の内側を短くした「入

家紋に見るさまざまな富士山形と山形の変化形

「山に霞」

「花山形」

「富士山に霞」

「違い山形」

「丸に遠山霞」

「入り山形」

「山形」

「出山形」

り山形」、外側を短くした「出山形」などがある。ほかにも線が一本増えたり減ったり、ふたつの「山形」の片方を反転させて重ねる「横違い山形」、「入り山形」「出山形」を三角形や菱形などの図形とつなげたりと、変化はさまざまだ。どんな変化形があるかは、その一部を一一二〜一一四頁に事例としてあげておいたので参照いただきたい。ただし、くり返すが、これらはほぼすべてが外郭として使用され、中央にはなんらかの紋章が配置されている。「山形」またはその変化形が単独で使用された例はないわけではないが、非常に少ない。

「山形」紋と類似する紋章たち

「山形」の変化形にはほかの紋章と区別がつきにくいものがかなりあり、先にあげた数字にはそうした紋章が一部交じっているかもしれない。少し遠回りするが「山形」と類似する紋章を見ておきたい。とくにわからないのは普通の「山形」の上部が突き抜けたもの、つまりX形に交差した二本の線の意匠を「山形」とするかどうかだ。ほぼ「ひとやね」形の「山形」と同様に使用されているのだが、問題はXの線の交差点の位置である。使用例では交差する位置より下が長いもの、交差する位置が中央の二タイプがある。

　では、X形に交差する家紋にはどんなものがあるかというと、まず「破風《はふ》」と「千木《ちぎ》」がある。破風は切妻造り、入母屋造りの屋根の妻側部分の部位を示す名称で、屋根の下につけて吹き込みを防ぐ化粧板のことだ。建築用語では破風板という。また、神社に現在まで残っている建築様式のひとつとして、屋根の切妻部分の上部に突き出るように板を組み合わせた飾りがある。これが千木で、本来、千木と破風板は一体で、破風板の端が屋根から突き出して交差した構造だったが、後年、破風板の幅や反りが大きくなるなど屋根の形状が複雑になったためか、千木を飾りとして別に設置するようになったようだ。屋根の飾りとしては、千木のほかに何本もの横にした木を並べる。これは鰹魚木《かつおぎ》といい、茅葺《かやぶき》屋根の押さえとして発生したとされ、千木と鰹魚木を合わせた家紋もある。

「破風」紋は実際の破風と同様に、中央から左右に直線が下がっていく意匠。反りが入り、上部で交差して飛び出したものもあるとされるが、家紋の本でも掲出されているのは一部で、調べた二万七〇〇〇点の暖簾紋ではまったく見かけなかった。「山形」と類似形のために、見ただけでは区別できないのかもしれない。

「千木」の意匠は中央で交差したX形である。これは本来の構造である破風と千木が一体をなしていると類推される。Xに横棒が入ったものは「千木鰹魚木」で、斜めの線に強風対策のための穴を表現し、さらに鰹魚木を表す横の線が交差の中央に入る。斜めの線は左右が垂直に切れている。なお、鰹魚木のみの紋章は見かけない。

X形の形状は「直違《すじかい》」紋とも同型だ。「直違」は家の壁面などに斜めに入れる補強のための柱である。建築構造と同様に、斜めに交差した二本の直線で示す。家紋の意匠では線の太いもの、細いものの両方があり、ふたつの「直違」をずらして重ねたり三本で組み合わせたものもある。

整理すると、「ひとやね」形の紋章は「山形」と「破風」、X形の交

「破風」を表す紋章か？ あおやき商 遠州屋甚兵衛（七十五日、国会図書館蔵）

「直違」　「千木」　「千木鰹魚木」

神社の屋根構造（東京・牛天神）。下は家紋での「直違」「千木」「千木鰹魚木」

差した線の紋章は「千木」と「直違」があり、X形の下が長い意匠は「破風」紋に存在するようだが、確認はとれていない。ただし、X形の紋章は「山形」の変化形のようにも見える。実際に「山形」と同様に外郭として使用される例も多く、一定程度は「山形」に分類すべきものが混じっていると思われる。

細かく説明しているのは、斜めの線が交差した意匠が、採取した暖簾紋のなかにかなりの数で存在し、例外的な意匠として無視することができないためだ。しかもその変化形がいくつも存在する。両方の線が二本ずつまたは三本ずつあるものもあり、これは家紋にあてはめれば、同じ意匠を少しずらして重ねることで新たな意匠とする、「違い」という手法によるものだと考えることもできるが、片方の線だけが二本になっていたり、「入」の字のように片方だけが飛び出したものもある。これらの変化形は「入り山形」「出山形」の変化形のようにも見える。この二種類には、「出山形」の上に菱形をのせたようなもの、「入り山形」の内側に三角形がついたもの、といった具合に、さらに変化が広がっている。

X形の変化形のひとつ「キヤマ」

これらの変化形のなかで、下が長い交差形で左側だけが二本の線になっている紋章を「キヤマ」とよんでいる会社がある。武田信玄の時代に創業し、現在も甲府で石油を中心としたビジネスを展開している吉字屋という会社である。上杉謙信が武田信玄に塩を送ったという有名なエピソードがあるが、同社によれば、吉字屋の創業者はこのとき越後から甲府に塩を運んだ当事者だという。以来、この会社は塩を扱

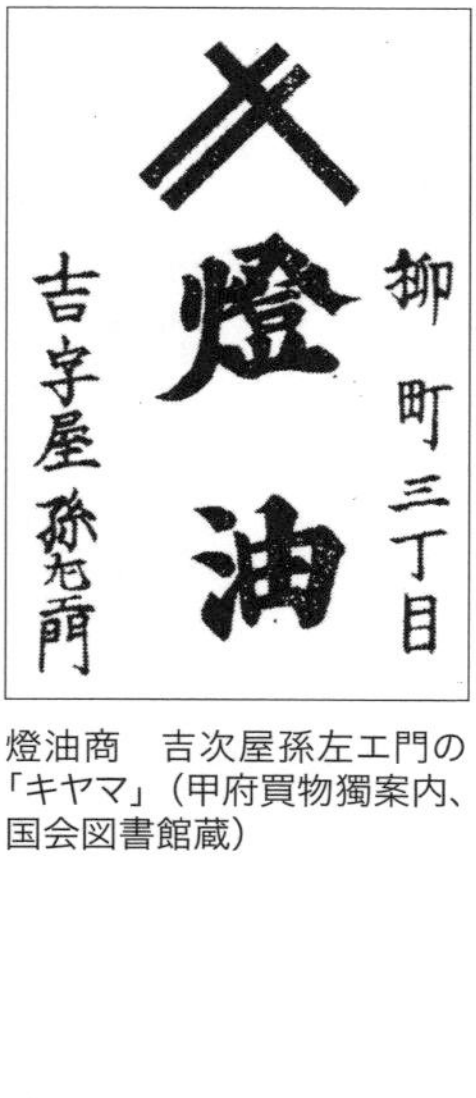

燈油商　吉次屋孫左エ門の「キヤマ」（甲府買物獨案内、国会図書館蔵）

い、続いて灯火油を扱い、明治になってからは石油を扱い、イギリスのライジングサン社（現在のシェル）と直接取引を行って、日本最古の石油販売特約店になったという歴史を持つ。

「キヤマ」とよんでマークにしている紋章は、いわれてみればカタカナの「キ」に読めるから、〝キの字形の山形〟という意味で納得がいく。この意匠に独立した名称があるのだから、ほかのX形意匠にもそれぞれ名前があるかもしれないと思わせる。

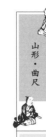

X形の紋章は、下が長いものは「山形」と考える

家紋にせよ暖簾紋にせよ、日本の紋章は単純化されてできあがっていく。その紋章の意味は形だけでは判断しきれず、作った人の意図を探らなければわからないものも多い。また、本書で見ているのは明治半ばごろまでの紋章である。ロゴタイプの入稿データなどまだどこにもなく、印刷版作成のたびに職人が書き起こしていた。その手の動きで長さや太さなど細かな部分にずれが生じることもあったに違いない。こうした紋章を形だけで正確に分類することはほとんど不可能で、その紋章を採用した当人にしか、いわれを説明できないケースも少なからずあるだろう。

いい基準があればありがたいのだが、どこにも見あたらない。そこでやむを得ず、本書でX形にかんして分類するにあたり、線の中央で交差しているものは「千木」、より下部が長いものは「キヤマ」を含めて「山形」の変化形とすることにした。

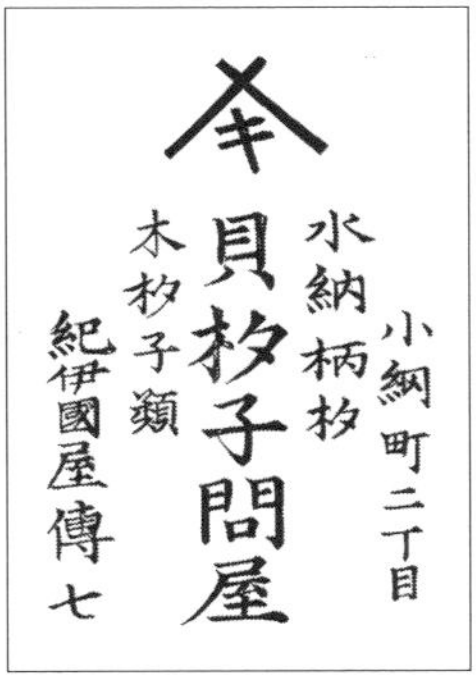

「X形の山形変化形にキ」貝杓子問屋　紀伊國屋傳七（江戸買物獨案内　図中の杓の字は俗字）

●山形

暖簾紋曼荼羅

「重ね山形変化形に星」薬種問屋　伊藤清安（京都買物獨案内）

「丸に違い山形」化粧紅粉問屋　下村山城掾（江戸買物獨案内）

「子持ち山形にサ」御扇子仕入所　佐和屋新助（京都買物獨案内）

「山形」鍋釜問屋　山崎屋外兵衛（大坂商工銘家集）

「山形に楠」煙草入商　なんばや横山林造（浪華の魁）

「山形変化形に富」大釜所　富屋彌兵衛（大坂商工銘家集）

「山形に一とヱ」鶏卵問屋　加嶌屋金蔵（江戸買物獨案内）

「山形に逆山形と一」諸品依託問屋　一宮半助（日本全国商工人名録）

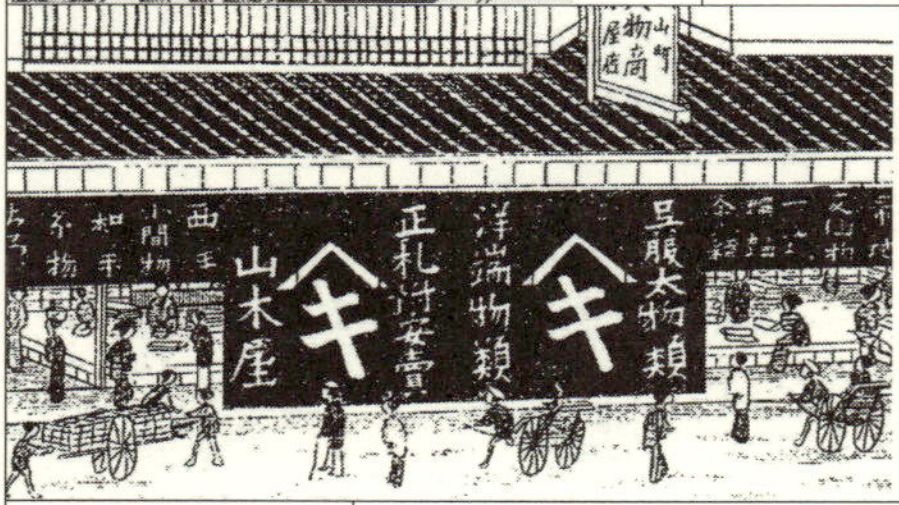

「山形にキ」呉服太物問屋　山木屋内田勇三郎（筑肥有名家獨案内）

「山形変化形に十」醤油醸造所　山本又三郎（全国醸造物登録商標便覧表）

「丸山形に一」地糖商　遠州屋浦島平蔵（日本全国商工人名録）

「三つ重ね丸山形に良」醤油醸造所　安森常次郎（全国醸造物登録商標便覧表）

「一に山形」御煙草細工所　宮田伊右衛門（江戸買物獨案内）

万
日本橋通四丁目
疊表蚊帳問屋
西川甚五郎

現在も続く寝具メーカーの西川は、初代西川仁右衛門が戦国時代の 1566（永禄 19）年に蚊帳の商売を始め、1587（天正 15）年八幡町で山形屋を開業したといわれる。二代目甚五郎が緑に赤い縁をつけた近江蚊帳を創案し、これが大ヒットする。そして 1615（元和元）年に日本橋で畳表蚊帳を扱う店を開店。現在は文字のみのマークとなっているが、この時点では本店には「やまや（山形にや）」、支店は「角万（平角に万）」の暖簾紋を使用している（東京商工博覧絵）

「入り山形」川筋船積問屋　市川屋庄衛門（江戸買物獨案内）

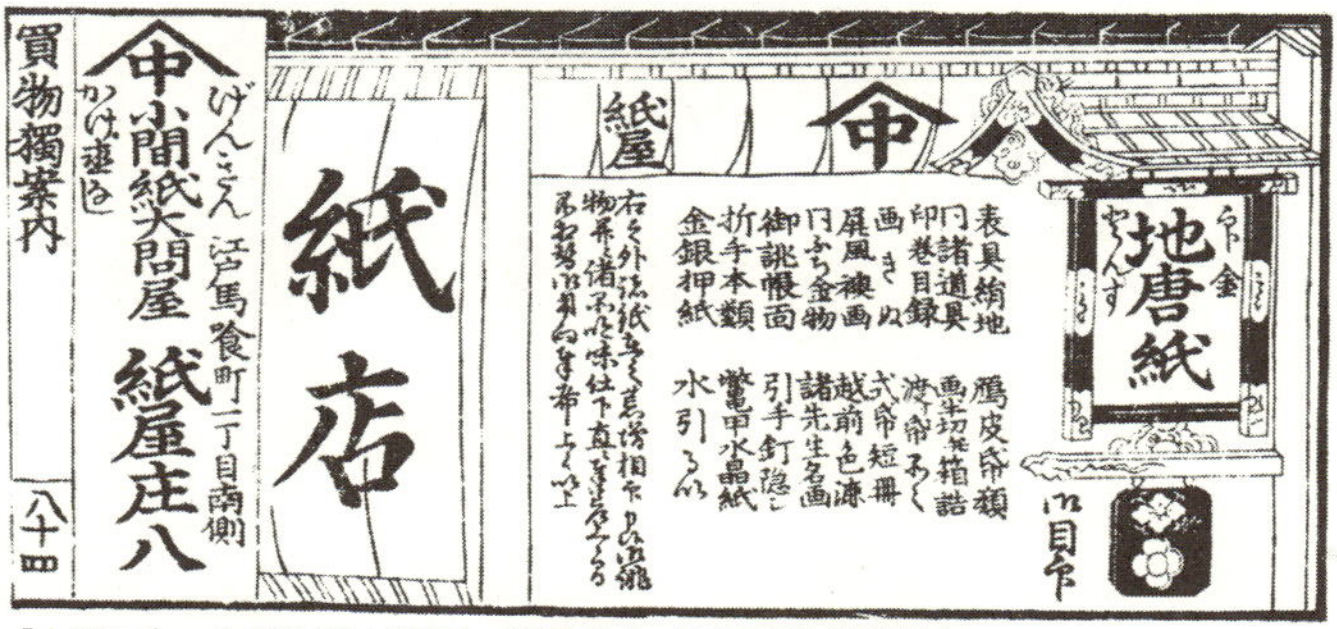

「山形に中」小間物紙大問屋　紙屋庄八（江戸買物獨案内）

「入り山形変化形に上」塗物類商　たてぐや清兵エ（甲府買物獨案内、国会図書館蔵）

現在も続く紙卸商社中庄は、1783（天明 3）年に初代庄八によって紙店を開業する。

右の立て看板に見える「地唐紙」とは、本来は中国（唐）からの輸入紙のことを指していたが、この時代では地元江戸で作った唐紙のことをいう。また、看板に下がっているのは襖用の引き手金具で、これも販売していたことを示す

「入り山形に泉」各国御商人定宿　岩村鉄五郎（日隅薩商工便覧）

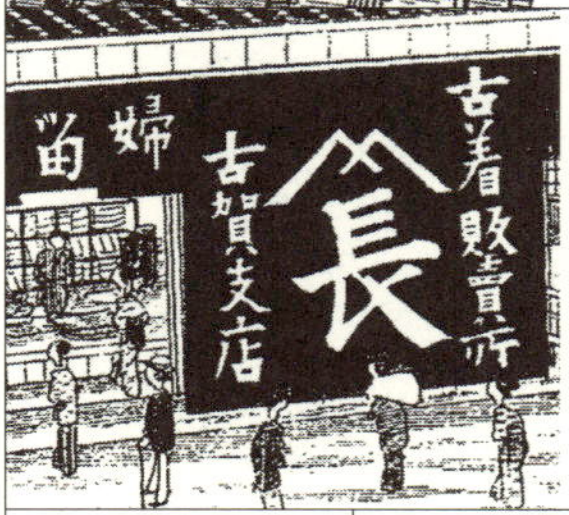

「入り山形に長」古着商　古賀屋（筑肥有名家獨案内）

「入り山形に布」信州更科蕎麥所　布屋太兵衛（江戸買物獨案内）
「更科蕎麦」は、一七八九（寛政元）年に江戸で創業。「藪」「砂場」とともに蕎麦屋の老舗である。もともとは保科松平家の御用布屋であったが、八代目から蕎麦屋に転向して評判となった。『江戸買物獨案内』広告上部にある「御膳」とは、将軍家御用を承ったことを示す

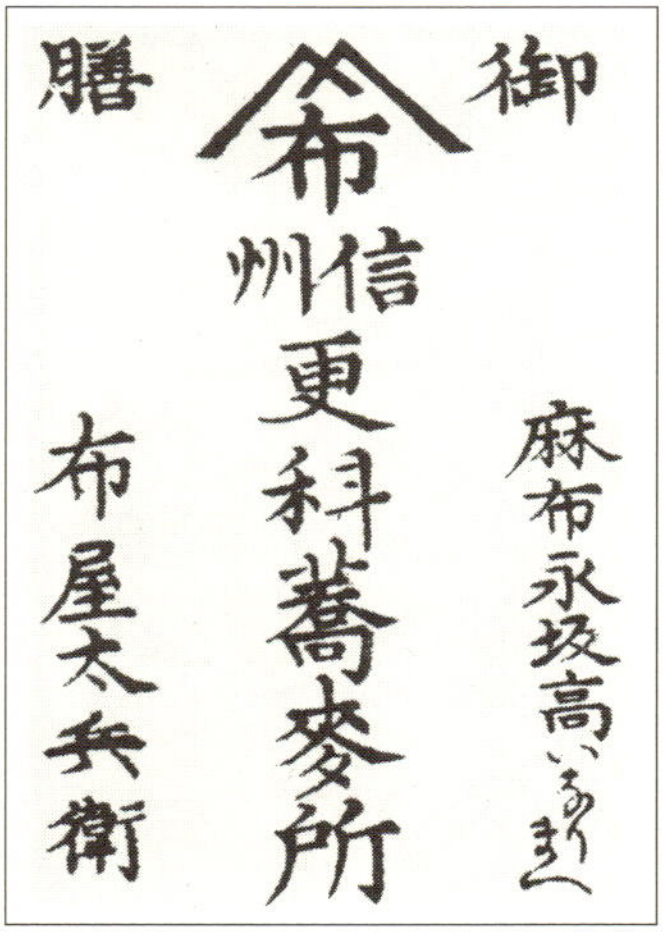

「出山形に銭」薬種問屋　小林鶴吉（日本全国商工人名録）

「出山形に鱗」乾物類卸問屋　萬屋源助（江戸買物獨案内）

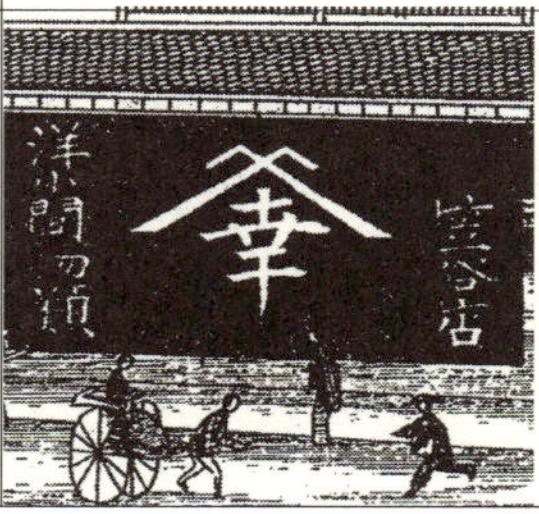

「出山形に幸」質屋洋小間物問屋　笠谷商店（中越商工便覧）

「入り山形変化形に福」清酒醸造所　福地麻五郎（住吉堺名所豪商案内）

「出山形変化形に土」呉服太物問屋　土川宗左ヱ門（北越商工便覧）

「出山形変化形」嶋木綿染地類仕入所糸物屋孫四郎（大坂商工銘家集）

「二重キヤマと藤」和洋小物商　藤井光蔵（日本全国商工人名録）

「キヤマ（出山形変化形）」傘雪駄商　萬壽屋儀平（甲府買物獨案内）

「出山形の変化形に一と白星」ガラス商　みのや田島伊右ェ門（東京商工博覧絵）

「重ね出山形変化形」菓子卸商　村尾小太郎（日本全国商工人名録）

「出山形変化形に隅立て平角」太物問屋　伊勢屋尾崎善兵衛（日本全国商工人名録）

「三つ違い山形」合羽桐油所　大和屋七兵衛（大坂商工銘家集）

「違い山形変化形」石見産紙買捌店　石見産紙会社（日本全国商工人名録）

「違い山形」鉄劔銑諸地金類商　鉄屋十右衛門（大坂商工銘家集）

「横違い山形」蠟燭鬢附所　天王寺屋長右衛門（大坂商工銘家集）

「キヤマ変化形に岡」砂糖商　藍田萬蔵（日本全国商工人名録）

「富士山変化形に十」醤油醸造販売所　金子源兵衛（全国醸造物登録商標便覧表）

「富士山変化形に星」醤油醸造販売所　内田敬三（日本全国商工人名録）

「富士山変化形に上」ミリン焼酎醸造所　森本六兵衛（全国醸造物登録商標便覧表）

「富士山変化形に中」萬小間物商　丹波屋粂藏（京都買物獨案内）

「富士山」旅人宿　富田屋富田庄太郎（日本全国商工人名録）

「富士山に佐」萬小間物卸商　富士や佐平三輪半七（吉備の魁）

「富士山変化形」質商・醤油醸造所　鳥山直卒（参陽商工便覧）

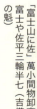

「山一（やまいち）」旧古河財閥の源流企業 古河機械金属

古河機械金属は非鉄金属・産業機械の大手メーカーで、明治期に成立した古河財閥の中核企業、古河鉱業を前身とする。戦前に事業を起こした古河グループの企業群は、すべてこの会社の一部門としてスタートした子会社だといってよい。現在も古河電気工業、富士電機、富士通などとともに古河グループの中核企業である。

古河財閥の創始者である古河市兵衛は、小野組（江戸時代は井筒屋を名乗った豪商）の使用人として生糸輸出、米穀取引、蚕糸などにかかわり、幕末期には糸店を預かる番頭になった。さらに一八七二（明治五）年からは秋田県の鉱山開発にかかわったが、小野組が破綻したため、市兵衛は一八七五（明治八）年

古河財閥の創始者・古河市兵衛

1921（大正10）年ごろの「山一」のマーク

に独立し、個人経営の古河本店として鉱山経営を開始した。

一八七七（明治十）年に足尾銅山を譲り受けると、銅山の発展を基盤にさまざまな産業への展開を開始した。一九〇五（明治三十八）年には会社組織に変更して古河鉱業会社となり、古河合名会社を経て、一九一八（大正七）年、鉱業部門を独立させた古河鉱業株式会社を設立。さらに一九四一（昭和十六）年、古河合名会社と合併して現在の古河機械金属の原型ができあがった。古河鉱業は多くの事業分野に取り組み、それらが次つぎに独立して、古河グループが形成されていくことになる。戦後はいわゆる財閥解体によって持ち株会社としての機能を失い、再出発することになった。一九八九（平成元）年、社名を

1920（大正９）年の足尾銅山

足尾鉱業事務所前。1911（明治 44）年に、現在の日光市足尾町の古河掛水倶楽部に隣接して建てられた。門には「山一」紋がかけられ、蔦がはっている。左右の提灯には「山一」紋の下に「鬼蔦」紋が配されている

「鬼蔦」紋は創業者の家紋（左は上写真の部分拡大）
一般的な「鬼蔦」紋（下）

（この項の資料提供　古河機械金属）

現在の古河機械金属株式会社に変更し、二〇〇五（平成十七）年には分社化によりグループ経営体制に移行している。

さて、古河機械金属の屋号、名称の変遷は前述のとおりだが、古河本店時代からの「山一」の紋章を現在まで使用し、古河機械金属の子会社でも同じマークを使用している。古河本店は当初は創業者が若いころから手がけていた生糸業を行っていたが、一八七七（明治十）年にはこれを廃業し鉱山に専念した。そのころから〝山一筋〟を表現した「やまいち」の紋章を商標として使用するようになった。

ただし、「山形」と「一」の組み合わせは古河グループのみの紋章ではない。前出の買物案内では七三例があり、ほかに「入り山形」「出山形」など山形の変化形と「一」の組み合わせでは約一四〇例があった。「山」も「一」も好まれた紋章の意匠といえるのかもしれない。なお、商家の紋では山形と「二」「三」など、ほかの数字との組み合わせの例も少なくないことを付記しておく。

「山形にサと上」銚子の醤油醸造大手 ヤマサ醤油

醤油メーカーには歴史のある企業が多い。ヤマサ醤油の創業は一六四五（正保二）年。以後、千葉県銚子の地で四百年近く続いている長寿企業だ。

醤油の発祥は紀州由良にある興国寺の覚心という僧侶によるとされる。覚心が中国で覚えた味噌の造り方を紀州湯浅の村民に教えていたときに、仕込みを間違えて偶然たまり醤油に近いものができた。これが醤油の原点で、この湯浅から醤油造りが日本全国に広がっていった。

ヤマサ醤油初代の濱口儀兵衛は、湯浅の隣村である広村（現在の広川町）の出身。銚子に渡ったのは、同じ紀州出身で新漁法で成功して銚子外川港を開いた、崎山次郎右衛門に刺激されたからだという。醤油発祥の地の近くで育ち、醤油生産になじみがあったことから、醤油醸造業を開始したところ、銚子の気候は醤油造りに適しており、高品質の醤油が製造できた。

創業時の屋号は「廣屋儀兵衛商店」。近くの大消費地である江戸の人口が急増した時代でもあり、「廣屋」の商売は順調に伸びていった。銚子は野田と並ぶ醤油の大生産地となり、多くの醤油生産業者が登場したのである。なお、銚子周辺には儀兵衛の親族をはじめ多くの広村出身者がいたと思われるが、廣屋はその人びと共通の屋号だったようだ。

暖簾紋は「山形にサ」。その由来として、ネット上では「山形」の下にカタカナの「キ」を入れる暖簾紋を考えたが、出身地である紀州徳川家の船印と同じだったため遠慮し、キを横向きにするとサと読めることから「ヤマサ」としたと語られている。おもしろい話ではあるが、これは事実ではないというのがヤマサ醤油の公式見解である。紀州藩の船印は「キ」ではなく漢字の「紀」であり、創業者の出身地という以外には紀州藩とは関係がない。では「ヤマサ」のマークはどこからきたのかというと、もはや伝承が途絶えてしまい、わからなくなってしまったという。

現在のヤマサのマークは「山形」の上に小さく「上」の字が

一斗樽（上）と大樽（下）

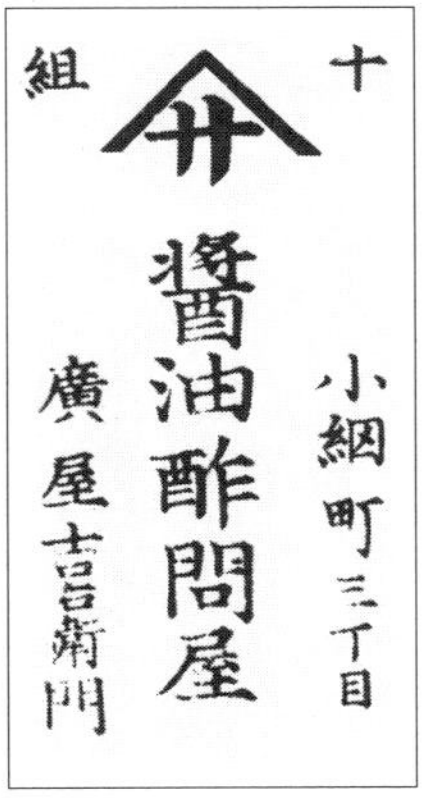
十組
醤油酢問屋
小網町三丁目
廣屋吉右衛門

『江戸買物獨案内』（一八二四＝文政七年）に掲出された「山形にサ」紋。廣屋吉右衛門店は、江戸における大手醤油問屋。ヤマサ醤油の創業者である濱口儀兵衛の兄一族が代々吉右衛門を継承し、儀兵衛の西濱口家に対して東濱口家とよばれた。初代吉右衛門は濱口儀兵衛と同時期に銚子に移り醤油製造を行った。三代目が江戸で廣屋を開業し、大正期に入るころまでヤマサ醤油の販売を手がけた。『江戸買物獨案内』には奥河川筋舩積問屋、下り藍仲買問屋としても掲出されており、幅広い商いを行っていたことがわかる。明治期には、一族から国会議員、ヒゲタ醤油社長を輩出するなど、醤油業界に影響を与えた。醤の字は異体字

1945（昭和 20）年ごろまで使用した印半纏。背の上部に「山形にサ」紋。裾模様は旧字の「醬」。衿は「株式会社」しか見えないが、ヤマサ醤油の社名が染め抜かれている

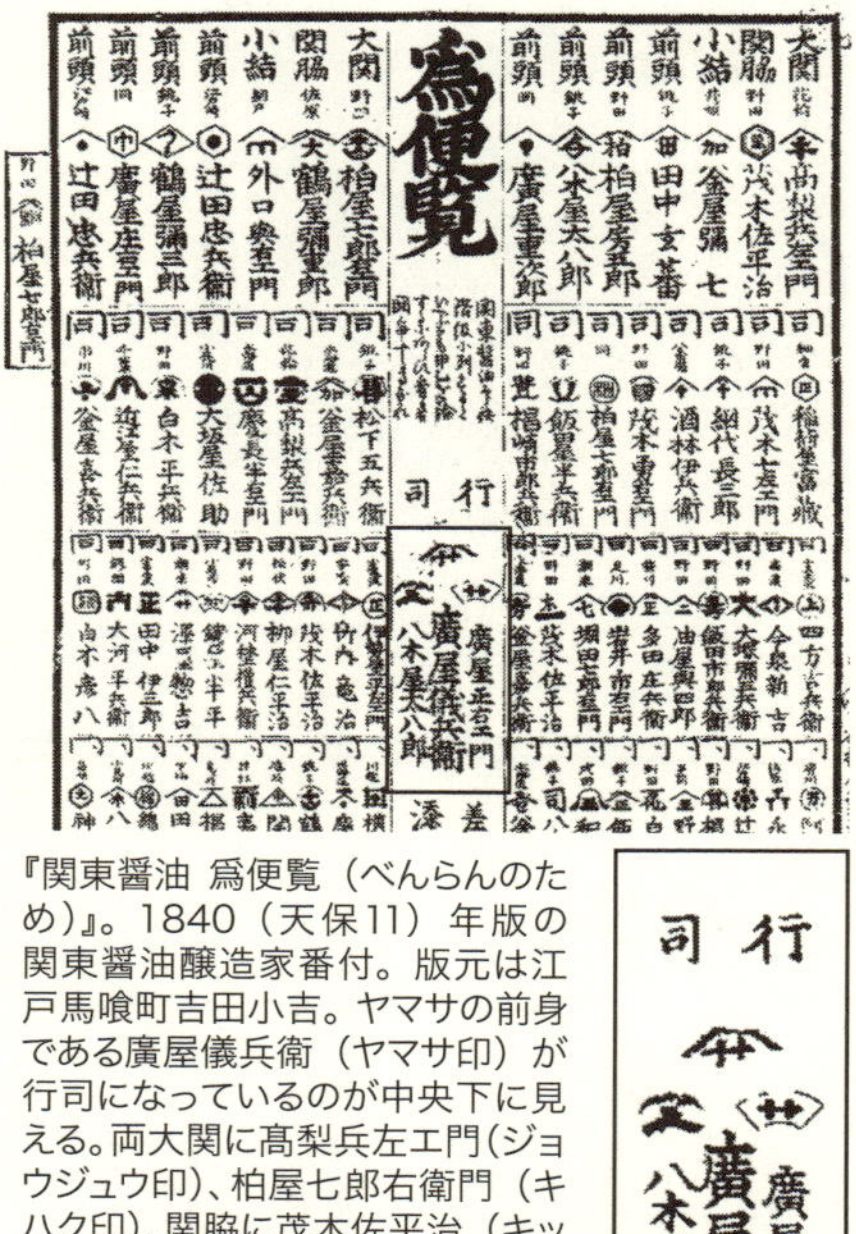

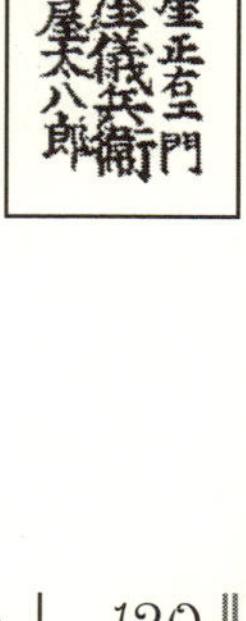

『関東醤油 爲便覧（べんらんのため）』。1840（天保11）年版の関東醤油醸造家番付。版元は江戸馬喰町吉田小吉。ヤマサの前身である廣屋儀兵衛（ヤマサ印）が行司になっているのが中央下に見える。両大関に髙梨兵左エ門（ジョウジュウ印）、柏屋七郎右衛門（キハク印）、関脇に茂木佐平治（キッコーマン印）があり、いずれも野田の大手醤油醸造家で、キッコーマンの前身（野田歴史博物館蔵）

のっている。これは江戸時代末期の一八六四（元治元）年からである。当時、開国の影響による急激な物価上昇に手を焼いた幕府が、醤油蔵に対しても値下げを命じたが、最上級と認めたいくつかの銘柄については価格据え置きを認めた。そのとき、ヤマサ醤油は幕府から「最上醤油」の称号を得て、値下げを免れた。そこで、幕府から認められた最上品質の証しとして「上」の字をつけたという。

その後、工場の機械化、近隣の醤油醸造元の吸収合併などにより、昭和に入るころには「廣屋」の生産量は数十倍に拡大した。一九二八（昭和三）年には株式会社に改組し、同時に社名をブランド名に合わせてヤマサ醤油としている。当時は屋号や地名を社名にする同業者が多かったが、あえて消費者に知名度が高く商標の読みと一致するブランド名を社名にしたのである。

現在のヤマサ醤油は醤油トップブランドのひとつとして海外展開を行い、医薬分野への進出などもは

たしているが、紋章は四百年前の創業期から現在に至るまで「山形にサ」紋を使い続けている。変化は幕末期に「上」の字を加えただけである。幕府から認定された品質のいい醤油造りの初心を忘れないためだという。

なお、幕末期に幕府から「最上」の認定を受けたのはわずか七ブランドのはずだが、後年、「最上」の文字をラベルに表示した醤油が少なからず出回るようになった。江戸幕府がなくなり、表示に強制力がなくなったため、自社の上級銘柄を「最上」と表示する醤油メーカーが現れたものと思われる。さらには「山形」と「上」の字を合体させて「上山形」と称する紋章も登場した。これは灘の銘酒ブランド名だった「正宗」が、書体を含めて全国で使用されるようになり、現在まで続いている例と似ている。

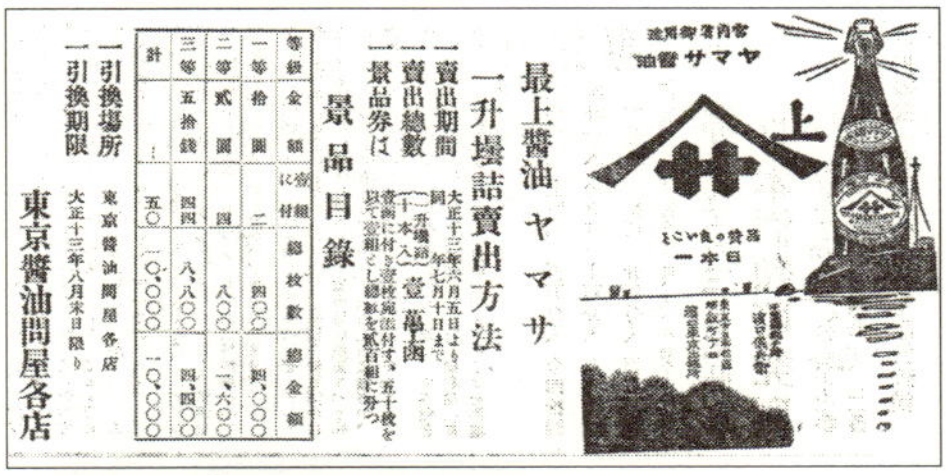

1924（大正13）年、「東京酒類仲買小売商同業組合月報」の醤油の広告（上）

1928（昭和3）年、伊東深水による美人画スタイルポスター（左）

1955（昭和30）年ごろの復興期、醤油を運んだオート三輪。それまでは大八車やリヤカーで運んでいたが、輸送力が強化され、販売エリア拡大に寄与した。映画『ALWAYS　三丁目の夕日』にも登場する

「山に徳（やまとく）」七味唐辛子の老舗 やげん堀中島商店

東京・浅草にある七味唐辛子の老舗「やげん堀七味唐辛子本舗」は、一六二五（寛永二）年の創業である。創業者のからしや徳右衛門は、漢方薬をヒントに唐辛子に各種の素材を加えて七味唐辛子を考案した人物だ。当時は薬効が期待されており、江戸の食文化の伝播とともに全国に広がっていった。

屋号の「やげん堀」は創業場所の地名からきたものだ。現在の東日本橋一丁目に店を構えたが、この地に当時は堀があり、底面がV字型の形状で薬研《やげん》*に似ていたことから薬研堀とよばれ、そこからあたりの地名も薬研堀になった。周辺に医師が住み、薬種問屋も多かったことから医者町ともよばれた。現在の浅草に店舗を移したのは、戦時中の一九四三（昭和十八）年である。また、「やげん堀七味唐辛子本舗」の名前で商売を行っていたが、一九五二（昭和二十七）年に合資会社中島商店に組織変更した。名称は創業家の名字からきている。

暖簾紋は「山徳《やまとく》」とよばれる。中島商店によれば、その由来は「三代将軍家光公

薬研
薬の原料を粉砕して細かい粉にする器具のことである。中央がへこんだ船形をしており、へこんだ部分に材料を入れ、中央に軸を通した円盤状の道具で材料を磨りつぶす

の御時代は　寛永二年長月　菊の御宴のみきりに　将軍家に献上奉りますれば　ことのほか御感に入り徳川の徳の字を賜って　山徳の商標を付けることと相成りました」としている。七味唐辛子を考案して店を出した年に、将軍家から「徳」の字を許されたということになる。そこから「山形」の下に「徳」の字を入れた「山徳」が暖簾紋となった。

この暖簾紋の物語と創業者名の「徳」はいかにも関連がありそうだが、残念ながら戦争で史料となるものはすべて焼失してしまったのだという。したがって「山徳」の紋章も、創業当時から現在の意匠だったかどうかはわからない。ただ「徳」の字は中に「一」が加わった旧字体で、昔ながらの意匠であるこ

一九四三（昭和十八）年、浅草移転時の店舗（上）
現在の「やげん堀」の店舗外観（左）

とを感じさせる。

ところで、七味唐辛子は販売方法も独特で、寺院の門前で材料を並べ、客の好みを聞いて調合量を変えていた。その際の説明話法にも独特のものがあったという。いわば香具師《やし》の販売手法である。七味唐辛子の店は全国に広がっていったが、この販売手法も同時に広まった。七味唐辛子売りの様子は各種風俗図にも描かれている。客に合わせて店頭で調合を変える販売手法は、現在も直営店などでは行っているという。

七味唐辛子はもともと上方の名称で、江戸では七色唐辛子などとよばれていた。それはさておき、日本三大七味とよばれる七味唐辛子の老舗がある。

薬研・担ぎ箱

現在の七味唐辛子の調合

江戸時代より唐辛子売りは、棒手振り商人が派手な赤の服装に大きな唐辛子模型を担ぎ販売していた、街頭に店を構え七味唐辛子の薬効を唱えながら販売する方法は、現在も屋台などで同じスタイルを見ることができる。一八三五（天保六）年の『近世商賈盡狂歌合（右）』と『近世流行商人狂哥絵図（左）』（国会図書館蔵）

東京・浅草門前のやげん堀（中島商店）、京都・清水寺門前の七味屋本舗、長野・善光寺門前の八幡屋磯五郎で、この三店は共同して「七味三都物語」というパンフレットを作り、サイトの情報でも協力しあっている。共通するのは歴史の長さとともに、歴史のある大寺院の門前に店を出していることだ。ただし、製品の原料は各店で異なり、それぞれに特色がある。

店頭看板には「山に徳」の暖簾紋があり、中島支店の文字が見えるが、木村の名が大きく表示されているので、やげん堀の暖簾分け店だったと推測される。入口右に「椎野のせき妙薬」の文字も見えるので、薬種店を兼ねた販売店と思われる。やげん堀中島商店の見解も、「この店の情報は残っていないが、看板からすると暖簾分け店と思わざるを得ない」というものだ。なお、唐辛子を看板に大きく扱うのは七味唐辛子販売の基本といえる（戦前の絵葉書より）

やげん堀の出張販売時の口上例

そもそもやげん堀の七味唐辛子とは
由緒いわれ故事来歴がございます。
今を去ること三百有余年前……
かの徳川の御名君と謳われた
三代将軍家光侯（ママ）の御時代は
寛永二年長月
菊の御宴のみぎりに
将軍家に献上奉りますれば
ことのほかの御感に入り
徳川の徳の字を賜って
山徳の商標を付ける事と相成りました。
やげん堀の七味唐辛子とは
何が入っているかと申しますと
まず最初に取り合わせまするは
武州川越の名産で黒胡麻
次は紀州有田名産でみかんの粉
江戸内藤新宿は八ツ房の焼き唐辛子
四国へ参りまして高松の国は唐辛子の粉
東海道を上りまして静岡は浅倉の粉山椒
大和のけしの実
野州日光の名産で麻の実
七色が七色ともに香り
大辛・中辛・小辛に辛ぬき
何しおう、お江戸のやげん堀
家伝で合わす七色は
世の皆様のお好みに
叶う元祖の匙加減
お江戸のやげん堀の出張販売でございます。

「山に嘉」創業者名の文字を組み合わせた茶の老舗　山本山

「上から読んでも山本山、下から読んでも山本山」のＣＭコピーで知られる株式会社山本山の社名は、じつは上下ばかりでなく左右も同型なのだが、一般にはあまり気づかれていないようだ。一六九〇（元禄三）年の創業で、創業者は山本嘉兵衛、屋号は創業者名をそのまま使い「山本嘉兵衛店」。現在はＣＭの影響で海苔の印象も強いが、茶の老舗である。

　創業者がどういう人物だったかはほとんどわかっていない。墓碑ほかの史料から類推されるのは、京から江戸に進出した商人で、京では「鍵屋」と称して、江戸と京を行き来していたということだ。茶と茶器のほかに紙も扱い、「紙屋嘉兵衛」の名も用いていた。京の「鍵屋」はしだいに仕入れ店に変化したと思われ、幕末期に消滅している。また、一八六九（明治二）年まで、約百十年間にわたり両替商でもあったことがわかっている。

六代目嘉兵衛

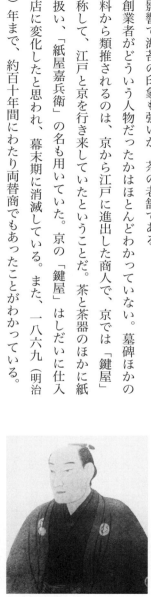

さて、茶商「山本嘉兵衛」の名を高めたのは煎茶の販売である。一七三八（元文三）年、山城国宇治田原郷の住人永谷宗円（現在の永谷園創業者の祖先）が煎茶の精製に成功し、江戸に売り込みを図った。永谷宗円が山本嘉兵衛店を訪ねたとき、嘉兵衛はその上品な味を認め、小判三枚で買い取るとともに翌年の購入を約束した。嘉兵衛はこの茶に「天下一」の号を付して売り出し、この茶によって山本茶の名声が高まった。このことは明治期の茶業通鑑に記されているという。つまり、日本初の煎茶商というこ

一勇斎国芳画による『山本屋正面の景』

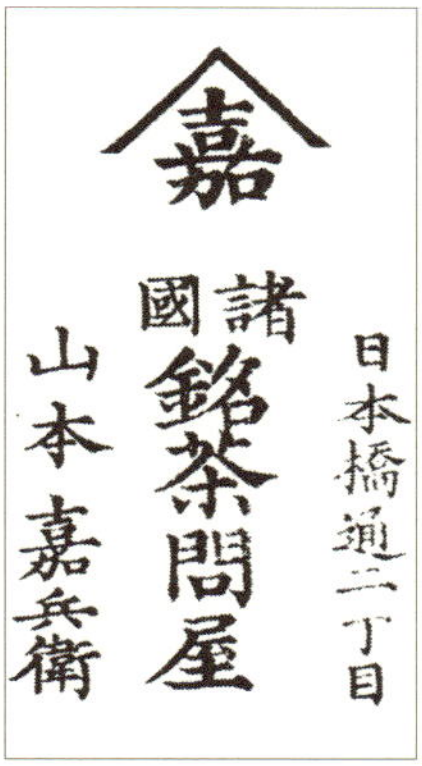

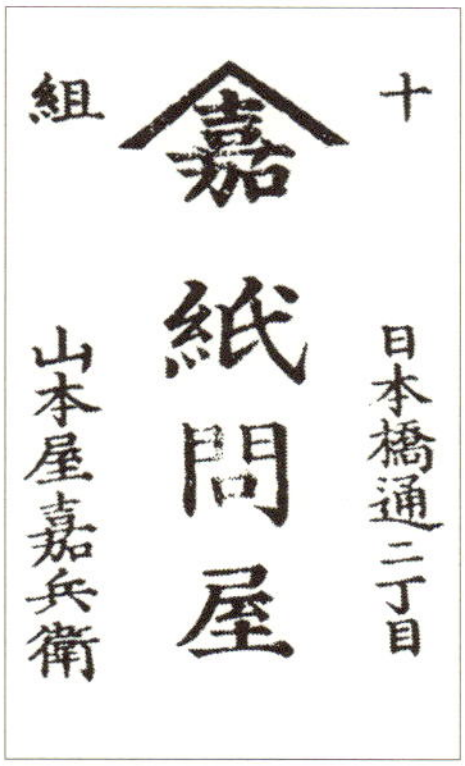

『江戸買物獨案内』での山本山一族の広告。日本橋通二丁目　銘茶問屋の山本嘉兵衛と紙問屋の山本屋嘉兵衛。「屋」の文字が紙問屋にはあるが、同名、同暖簾紋、同番地内の店なので、扱い商品の違いで変化をつけたものと類推される

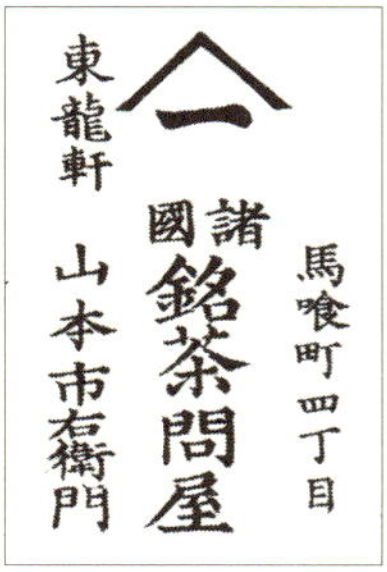

馬喰町四丁目　銘茶問屋　東龍軒山本市右衛門

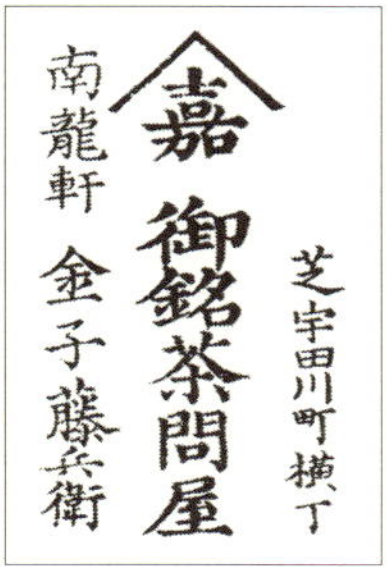

芝宇田川町横丁　銘茶問屋　南龍軒金子藤兵衛

とになる。

一八一六（文化十三）年に一橋卿、幕府本丸御用茶師となり、その後、西御本丸・東叡山・御三卿（田安・一橋・清水）御茶御用を務めるようになる。

一八三五（天保六）年、六代嘉兵衛が玉露を発明する。十八歳だった六代嘉兵衛（徳翁）が葉の育て方を工夫し、宇治郷小倉の木下家茶製造場に視察に行った際、自ら蒸葉をかき混ぜたところ、乾燥するにしたがい小団形の茶ができ、甘露のような茶が得られた。これを江戸に持ち帰ると絶賛され、以後は江戸名物のひとつになったという。これは偶然の産物ではなく、山本家代々の経験と知識が結実開花したものというのが、一九七六（昭和五十一）年発行の社史『山本山の歴史』における主張である。また、六代目は経営者としての資質ばかりでなく、狂歌で知られる文化人であった。

明治になり両替商からは撤退したものの、煎茶販売事業は好調で、一九三四（昭和九）年には貿易部

1855（安政2）年に刊行された『狂歌茶器財集（徳翁著）』。左に六代嘉兵衛徳翁と妻の西江の姿が描かれている

幕末再建の山本山店舗正面（1887＝明治20年ごろ撮影）

を設置して、リプトン紅茶の東洋総代理店となっている。しかし、そのころから戦時色が強まって統制経済となり、茶も配給制となって売り上げが大きく減少した。一方で戦時倍額課税への対応のためにやむなく貿易部を廃止し、一九四一（昭和十六）年、組織を変更して株式会社山本山とした。なぜこの社名にしたかは伝承が途絶えており、今日ではわからない。主要製品の茶袋の名称が「山本山」だったことから、認知度が高いと判断したと思われているが、推測の域を出ない。

海苔の製造販売を開始したのは戦後になってからで、一九四七（昭和二十二）年の発売開始である。和紙の製造技術を海苔の製造に生かしたのだという。

暖簾紋は「山形」と創業者名の「嘉」の組み合わせで、創業以来変わらない伝統の商標である。

摘み取った茶葉から水分を蒸発させる工程（大正期）

1938（昭和13）年4月1日の山本山店頭

1939（昭和14）年ごろの茶摘み風景

嘉 山本山
YAMA
MOTO
YAMA
現在のロゴマーク

（この項の資料提供　山本山）

「山に長」ビニール傘のパイオニア ホワイトローズ

誰もが使ったことがあるビニール傘の元祖が、ホワイトローズ株式会社である。社名や製品だけを見ると戦後の会社というイメージだが、じつは一七二一（享保六）年創業の超老舗企業だ。

創業者は甲斐国の住人だった武田源勝政で、江戸・駒形に出て煙草商人となり、初代武田長五郎と名乗った。屋号は「武田長五郎商店」、暖簾紋は「山に長」で、代々、長五郎を襲名した。雨具商に転じたのは四代目から。傘販売も開始し、大名国内屈指の問屋となった。五代目は幕府御用を許され、大名行列の雨具一式を大量納入したという。六代目は人力車の帆張り、天幕なども扱った。明治期には洋傘も扱うようになり、傘問屋系の洋傘メーカーとされていた。

戦前からの金庫。「山形に長」紋が刻印されている

しかし、創業からの物語よりも、この会社はビニール傘の開発ストーリーが興味深い。

戦後、洋傘の主流は綿になっていたが、染色技術に課題があり、〝色おち〟の苦情が絶えなかった。こうした問題を解決するために、九代社長の須藤三男は進駐軍が持ち込んだビニールに着眼した。傘を守るためにはビニールのカバーを掛ければいい！　このアイデアから生まれた「ビニール製傘カバー」は飛ぶように売れた。しかし昭和三十年代になるとナイロンが登場し、傘の素材として急速に普及した。防水強度もアクリル樹脂加工で大幅に向上し、「ビニール傘カバー」は数年後には必要とされなくなった。

次なるアイデアはビニールフィルムを直接傘骨に張ってしまうことである。傘の構造、製造方法を開発し、各種の特許を取得した。ところが、当時の洋傘は繊維素材のカバーを使用することが伝統であり格式でもあった。傘職人が手を触れることのない製法のビニール傘は、西欧伝来の生産様式を破壊するものとして排除された。老舗の雨具屋、傘の小売店からは見向きもされず、やむを得ず委託販売で細々と新たな一歩を踏み出した。

一九六四（昭和三十九）年の東京オリンピックが千載一遇のチャンスとなった。観光客として来日した米国大手洋傘流通のバイヤーが、ビニール傘を見てオファーをくれたのである。これで量産化を開始できたが、数年後には米国特恵関税国だった台湾に工場ができてしまい、注文が止まった。

次には大手の店から「骨が見える透明度の高いビニール傘」の話が舞い込むが、納入直前に頓挫。大量の在庫を抱えてしまった。やむなく上野から銀座にかけての路面店に、ゲリラ的に店頭委託販売の営業をかけて置いて回った。すると、テレビで「銀座では透ける傘が流行している」と紹介され、瞬く間に透明ビニール傘の存在が全国に知れわたる。最先端のファッションとして受け入れられたのだ。現在のビニール傘には安価な間に合わせ傘というイメージがあるが、昭和四十年代にはさまざまな色や柄を印刷できるファッション性の強い、シルク製と同じ高価格品だったのである。

その後のビニール傘は大量生産による低価格品になっていったが、須藤社長はもはや廉価品には手を出さなかった。顔が見える選挙演説用の傘、傘に舞い込んだ風が抜けて強風でも壊れない特殊構造の傘、雨の日の墓前でも僧侶の姿が見える大型の傘をはじめ、高機能製品に特化した。二〇一〇（平成二十二）年には宮内庁御用となり、美智子皇太子妃（当時）に園遊会でお使いいただき、マスコミをにぎわした。そして現在まで唯一の国産高級ビニール傘メーカーである。

さて、一九五三（昭和二十八）年に組織変更して有限会社武田長五郎商店とした後、一九七六（昭和五十一）年に現在のホワイトローズ株式会社に改めた。扱い商品が変わり、社名も社長の武田長五郎襲名も、社会状況とフィットしないという判断による。社名の由来は、当時は、ビニール傘をたたむと乳白色に見えることから「ホワイト」とよばれていたこと、バラの色が流行だったことに由来する。紋章はそれまで創業者名に由来する「山形に長」だったが、新社名に合わせてバラのマークに切り替えている。

ビニール傘が最初にヒットしたころの製品

傘に舞い込む風を外に逃がす特許技術

White ROSE

現在使用するロゴマーク

（この項の資料提供、ホワイトローズ）

「山形にサ」最後の紅屋を謳う総合化粧品メーカー
伊勢半

伊勢半は伝統的な紅作りの技術を、今も受け継ぐ総合化粧品グループである。

紅花の原産地はエチオピアとも中近東ともいわれ、はっきりしないが、シルクロードを経て、三世紀半ばに中国から日本に入ってきたようだ。近畿地方から全国に広がり、室町末期ごろからは藍茜、紫根とともに代表的な染料植物として京染などに用いられた。産地として知られるのは山形県の最上川流域で、十九世紀を通じて最盛期になり、最上川舟運を背景に、近江商人と山形商人の活躍の場となった。最上紅花と阿波の藍玉がこの時代の二大染料とされたという。紅花は京に集められて加工された後に江戸などにも送られた。やがて現在の埼玉県桶川市などでも作られるようになり、江戸の商人も参画して競争が激化したようだ。こうした紅花を背景にした時代小説もある。たとえば佐伯泰英の「居眠り磐音」シリーズでは、主人公の元婚約者が最上川流域の紅花商人に嫁入りするが、悪徳商人につけこまれて苦労するエピソードが描かれ、なかなか興味深い。

神聖な形の「山形」に文字を組み合わせた紋章

紅花は着物などの染料となるばかりでなく、化粧品としての用途もあった。江戸時代の化粧品は単純にいえば白粉《おしろい》の白と鉄漿《おはぐろ》の黒、紅花などを原料とした紅の赤の三種で、色を感じさせるのは紅だけだった。頬紅としても使われ、きわめて高価な化粧品である。

さて、伊勢半は一八二五（文政八）年、日本橋小舟町で澤田半右衛門が創業した「伊勢屋半右衛門」から始まる。半右衛門は現在の埼玉県川越市の生まれで、江戸に出て紅白粉問屋に奉公して紅の製法を学んだ。澤田姓の創業者が伊勢屋を名乗ったのは、伊勢屋という呉服店から株を買い取って店を開いたためと伝えられる。やがて屋号と創業者名が合わさった「伊勢半」が通称となり、現在の社名につながっている。

伊勢半は、原料は最高のものを使うために、最上紅花を京から取り寄せたという。独自の研究により玉虫色に輝く「小町紅」を開発し、三代目のころには数十人の職人を擁する、戸で評判の紅屋となった。

しかし、幕末の開国により中国産の紅花が入るようになり、さらに欧米からもたらされた化学染料が普及してくると、紅花は産地も事業者も急速に衰退していく。東京では二二店あった製造業者が組合をつくるなどして防戦したが流れは止められず、一八八七（明治二十）年ごろまでに同業者は相次いで店を閉じたり、化学染料のビジネスに切り替えていった。伊勢半も一等地である小舟町の店を維持できず、埋め立て地で

紅を保管したり卸売りするための紅箱。箱には「山形にサ」の暖簾紋が描かれている

『今様美人拾二景　てごわそう』渓斎英泉画、一八二二～二三（文政五～六）年ごろ（紅ミュージアム蔵）笹紅化粧中の女性。笹紅化粧は玉虫色の紅を下唇に重ね塗りすると緑色(笹色)になり、化政期（一八〇四～三〇）ごろに流行した。高価な紅をふんだんに使う化粧法のため、庶民には手が出ず、まず墨を塗ってから紅をのせ、玉虫色に近い輝きをつくりだしたという

ある箱崎町、さらに樽正町、本所若宮町へと移転を繰り返さざるを得なかったが、それでも伝来の本紅作りにこだわり続けた。やがて競争相手が姿を消し、さらに京都の紅屋が扱っていた中国の上質紅花を直接仕入れるルートを開拓したことなどから、事業を軌道に乗せることができた。一九二六（大正十五）年には皇室への納入も始まった。記録に残る納入先から見て食品着色料と思われる。関東大震災では経営者が家族とともに被災、五代目が死去する打撃を負う。さらに昭和恐慌などの困難にも遭遇するが、紅の売れ行きはむしろ拡大した。

昭和に入ってからは、満州、中国など、顔料系口紅の海外輸出も増え、一九二五（大正十四）年ごろには店名を通称に合わせて「伊勢半本店」とした。油性口紅の研究も行い、「キスミー」のブランドを立ち上げ、一九三六（昭和十二）年には商標登録も行ったが、新製品のリップスティックは売れなかった。軍部が力を持ち始めた時代であり、敵性語といった感覚があったのかもしれない。

戦争中も在庫の原料で製品を作り続けたが、一九四五（昭和二十）年三月の東京大空襲で家族も従業員も失い、わずかに蔵だけが焼け残った。終戦になると、焼け残った蔵にあった原料を使い、油紙でキャンディのように包んだ口紅を作ることから始めた。この形なら口紅の容器がなくても出荷できたのである。もののない時代で、それでも売れた。

翌年、飯田橋に移転し、「キスミー化粧品本舗澤田半右衛門商店」の看板に切り替えた。戦争ですべてを失ったところからの再出発にあたり、

1885（明治18）年の伊勢半（東京商工博覧絵、国会図書館蔵）

創業の意気を注ぎ込むとの決意を表したものである。同年、「キスミー特殊口紅」を発売し、「口唇に栄養を与える」のキャッチフレーズで、初のヒット商品となった。昭和初期の「キスミー」ブランドにようやく時代が追いついたということだろうか。広告宣伝も雑誌の裏表紙に出稿するなど、当時としては斬新な手法で実施した。

一九四七（昭和二十二）年には組織変更を行い、それまでの通称を社名にして株式会社伊勢半とした。さらに一九五五（昭和三十）年発売の「キスミースーパー口紅」が、「キッスしても落ちない」という、当時としては大胆なコピーとキス寸前の写真を使った広告で、製造が追いつかないほどの大ヒットとなった。高度経済成長が始まろうとする時代の空気にフィットしたのだろう。伊勢半は急速な拡大期を迎え、総合化粧品会社に脱皮していく。現在はグループ八社で構成され、多くのブランドを持つ企業となっている。

さて、伊勢屋半右衛門の暖簾紋は「山形にサ」である。「サ」は半右衛門の姓である澤田からきているものと思われる。ただし、戦争によってほとんどのものが焼けてしまい、それを証明するものは残されていない。

1952（昭和27）年元旦の毎日新聞に掲出された広告。化粧品業界初のカラー広告だった

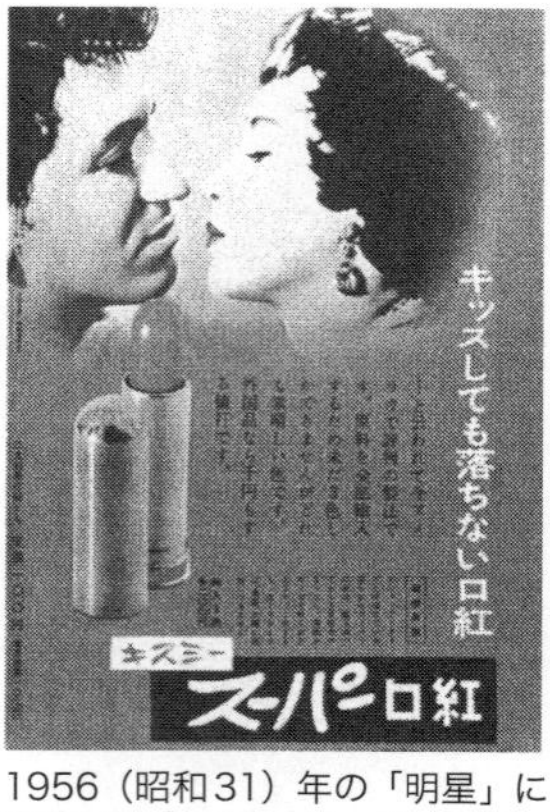

1956（昭和31）年の「明星」に出稿した「キスミースーパー口紅」

（この項の資料提供、伊勢半）

富士山信仰と富士講、「山形」の関係

富士山への信仰は万葉の時代から認められ、縄文時代にその原型があったとする説もある。古くは霊山としての信仰だったが、奈良時代に火山活動が活発化すると、火山神として浅間信仰が広がった。浅間は「あさま」とも「せんげん」とも読み、語源は諸説あってはっきりしないが、火山を意味するようだ。長野県と群馬県にまたがる浅間山の名称と語源は同じと思われる。平安時代には富士山を祀る浅間神社ができて各地に広がり、江戸期には江戸を中心とする関東で富士講が流行した。江戸末期には〝八百八町に八百八講八万人〟などといわれるほどだった。富士講の双六まであったのだから、一般庶民に深く広がったと思われる。

富士講は浅間講ともいい、戦国時代から江戸初期にかけて富士山麓の人穴で修行し、悟りを開いたといわれる修験道者の行者、角行の教えに由来する。定期的に行われる「拝み」という行事と富士登山からなっており、既存の宗教に属さない、地域や村落の代参講として、富士山に多くの参拝者をひきつけた。

夏の開山期になると、富士講の代参拝者たちは登山のために河口や富士吉田に向かった。信者たちの世話をしたのが御師（おし）で、宿坊を提供

豊島区長崎富士神社（東京都豊島区）の境内にある富士塚（左）と、月三十七夜椎名町富士講による記念碑（下）

『滑稽富士詣』より。北口登山で富士参詣に出かけようとする一団。図には数人の女性も見える。もともと女性は登山禁止だったが、江戸期に参拝が増えると、徐々に解禁され、1832（天保3）年に初めて男装の女性が山頂に登った。制限がなくなったのは江戸末期のことである（国会図書館蔵）

し角行の教えを指導した。最盛期の上吉田には一〇〇軒近い御師の屋敷があったといわれる。御師と信者は一度縁を結ぶと師弟関係になり、ほかの宿坊に泊まることはなくなるため、御師たちは閉山期には積極的に講社回りをしたという。

一方で、信仰のよりどころとして、各地の浅間神社に富士山を模した富士塚が築造された。

富士塚は自然の山や古墳などを富士山に見立てたものもあるが、土や石を盛って築造されたものも多く、なかには富士山の溶岩を積み上げたものもある。麓から頂上まで雷型の道を作り、山頂には富士山頂の浅間神社奥宮を模した宮を置き、中腹右に小御獄神社を表す石祠、左に烏帽子岩を配置する構造が一般的だ。五合目あたりに人穴を模したものを構築することもあったようだ。富士塚に登れば富士登山と同じ霊験が得られるとされ、疑似的に富士登山を体験できるようになっていた。天保期（一八三一～四五）まで、女性は富士入山を許されなかったが、富士塚へは女性も登ることができた。

富士塚は、千駄ヶ谷の鳩森神社がもっとも古いとされており、豊島長崎の富士塚（豊島区高松）、江古田の富士塚（練馬区小竹町）、下谷坂本の富士塚（台東区下谷）など五カ所が国の重要有形民俗文化財に指定されている。

ところで、富士塚には三つの丸い山頂を持つ富

（右）駒込富士神社（東京都文京区）境内にある谷中根津講社の碑。「富士山山形」紋の下に「丸に官位」講の紋と「元講」の文字が見える

（上）入谷の小野照崎神社（東京都台東区）の境内にある1836（天保7）年の東講記念碑。浅間神社の化身である猿の下に「富士山山形」紋、「月星にノの字」、浅草新堀同行の文字が見える

士山型の「山形」紋がつきものだ。富士講は石碑の奉納が一般的とされ、角行が修行した人穴の周辺には多くの石碑が並んでいる。それと同じ事情かどうかはわからないが、どの富士塚にも石碑が多数奉納されている。その石碑には必ず「富士山」紋と奉納者の紋章が付されている。長崎富士塚の例では「富士山」紋の下に「月三」の紋が付されており、これはこの塚を築造した月三椎名町元講を示していると思われる。江古田富士塚の場合は、江古田浅間神社の神紋である「丸に羽団扇」紋が「富士山」紋の下にある。練馬区下練馬の富士塚には、ひとつの石碑に多くの「富士山」紋と各種の紋章の組み合わせが列挙されている。多くの人が合同奉納したものと思われる。

　富士塚に奉納されたこれらの石碑の多くは、平たい石に紋章などを刻んで建てる構造だが、なぜか上部の尖った構造が多い。これは険しい山を模しているようにも見えるが、どうだろうか。

　ところで、富士塚には猿の像がつきものだ。ある日、突然雲霧が晴れて富士山が出現したが、それが庚申の年だったという伝説があり、そこから富士山の神獣は猿ということになったという。そこで富士塚でも、猿の像がどこかに配置されることが多い。一般の神社が狛犬や獅子が入口を守っているると同様に、猿がその役目を果たしていることもあり、子を抱いた母猿の像が使われることもある。

(上) 下練馬の富士塚石碑（東京都練馬区浅間神社内）。石碑には12の講の名前が見える。現在の大旅行ツアーのように、小さな講が集まって、みんなで富士詣でに出かけたことがわかる

(左) 池袋富士塚（東京都豊島区池袋氷川社社内）に置かれている子を抱いた猿。子抱きの猿は珍しい。右にも猿像があり、夫婦で入口を守っている。池袋富士塚は1912（明治45）年築造の新しい富士塚。後方には十七夜（立ち待ち月）石碑が見える。本来は月待ちの精進行事だが、ここでは富士山まで行って月待ちをしたオツな楽しみ方をした可能性がある

(右) 池袋富士塚の石碑。総元講は落合の宇田川熊治郎。富士山の下に「丸に三の字」紋が見える

暖簾分けの関係、人形の吉徳と久月

人形の吉徳は、誰もが知る日本人形の老舗だ。創業は一七一一（正徳元）年。赤穂浪士討ち入りの九年後である。

初代治郎兵衛は浅草茅町に人形玩具店を開き、六代将軍家宣から「吉野家」の屋号を賜って「雛人形手遊問屋の吉野屋治郎兵衛」を名乗った。当時は玩具のことを手遊びとよんでいたようだ。六世以降は「徳兵衛」と改名し、その後の当主は襲名を続けている。

一八七三（明治六）年、明治新政府は、五節句廃止令により、それまでの祝日を廃して皇室の祭祀に基づく祝祭日を制定した。これは国家意識の高揚をねらったもので、陰暦から新暦（太陽暦）への切り替えと同時だったため、一時は節供品の販売禁止を含んでいたと類推される。節句人形の業界は多大な影響を受けたに違いない。吉徳の年表には「節句品販売の存続を陳情して廃止令を覆した」という趣旨の記述がある。

五節句とは七種の節句（正月七日）、桃の節句（三月三日）、端午の節句（五月五日）、七夕（七月七日）、菊の節句（九月九日）で、現在も休日にはなっていないものの、民間行事として節句を祝う習慣がしっかり残っているから、吉徳の頑張りは文化を守る一助となったのかもしれない。

同じ年に吉野家は、それまで吉野家徳兵衛の略称だった「吉徳」を、正式に店名にした。

吉徳は人形に関する文化事業にも多く携わり、伝統的な人形ばかりでなく、戦後は植毛ビニール人形、ぬいぐるみ人形に進出するなど、業界を先導する活動を行っている。テレビ広告も早くから実施しており、「人形は顔がいのち」というキャッチフレーズはよく知られる。

現在は、毛筆書きの社名ロゴを使用しており、それはそれで日本人形にふさわしいマークだが、『江戸買物獨案内』では「入り山形に吉」が描かれており、この時代にはこれが暖簾紋だったことがわかる。また、『江戸名所図会　十軒店雛市』では、引幕に「三蓋松」の紋章が一部のぞいている。これは吉野家（吉徳）創業家の家紋だと吉徳のサイトで説明されている。

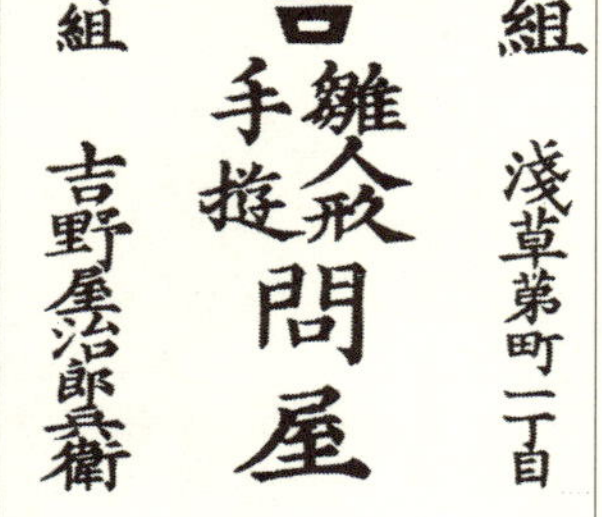

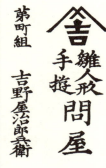

「入山形に吉」。『江戸買物獨案内』掲出の吉野屋治郎兵衛

さて、吉野家（吉徳）は暖簾分けをした時期があり、『江戸買物獨案内』には茅町のほかに馬喰町で吉野家助七の名がみえる。暖簾紋は「山形に吉」だから、吉野屋の暖簾分け店ではないかと思われる。そうした暖簾分け店の中に現在の久月もあった。

久月の創業は、一八三五（天保六）年。神田川のほとりに、横山久左衛門が「人形師久月」の表札を掲げた。商人ではなく職人であり、すなわちメーカーとしてスタートしたのである。ただし、久月によれば人形師としてはなかなか食べていくのがむずかしく、当初は子ども用玩具を並行して制作し、生活を支えたという。

二代目は父の手助けをしていたが、三十歳のときに決断し、三代目となるはずだった十歳の息子を吉野家に奉公に出す。すでに大問屋だった吉野家で商いを学ばせることにしたのである。三代目は二番格の番頭にまで上りつめて暖簾分けを許され、吉野家九兵衛の名で人形問屋を開いた。

明治になり、四代目が吉野家九兵衛店を継ぐと、初代の屋号である「久月」を復活させた。人形業界で初めて正札販売を導入するなど、流通の変化を感じとる経営者だったという。

それから百五十年ほどを経て、どちらも業界を代表する企業になっている。

「山形に吉」馬喰町三丁目　吉野家助七江戸買物獨案内）

『江戸名所図会　十軒店雛市（部分）』吉野家の店頭上部の引幕に「丸に三階松」の家紋が見える（国会図書館蔵）

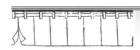

遊女のランキングは「山形」で示した？

遊女や芸者など水商売の女性は「蔦」紋を好むと、多くの家紋本に書かれている。これには客を逃さないように蔦でからめとる縁起をかついだなどの説明がなされることが多い。ところが、いくら浮世絵などで検証してみても、水茶屋の高島ひさなどは別として、遊女に「蔦」紋が多いという印象はない。ようやく見つけたのが、歌川国貞の春画で「蔦」紋の小袖を着た絵柄だ。そんな具合で、どうも遊女と蔦紋の関係には疑問が残る。

遊女を知るには、吉原を知ればいい。そこで吉原の案内本である『吉原細見』を眺めて見た。ところが、掲出されている紋章は店のものだけだ。安永年間（一七七二〜八一）までに太夫、格子女郎は絶え、最上位は散茶女郎になるのだが、遊女にはなんの紋章も示されず、かわりに「違い山形」と「山形」が遊女名の上に掲出されている。これは遊女のランク表示であり、一種の料金表といってよかろう。好みの遊女をよぶための予算を知らせる工夫だと思われる。印の見方は『吉原再見』に記載されていたらしい。

いくつかの『吉原再見』を見比べて、およそのランク順を別掲しておいた。わずかな史料を比べただけだからほかにもあるかもしれないが、イメージは把握できよう。「違い山形」と「山形」が

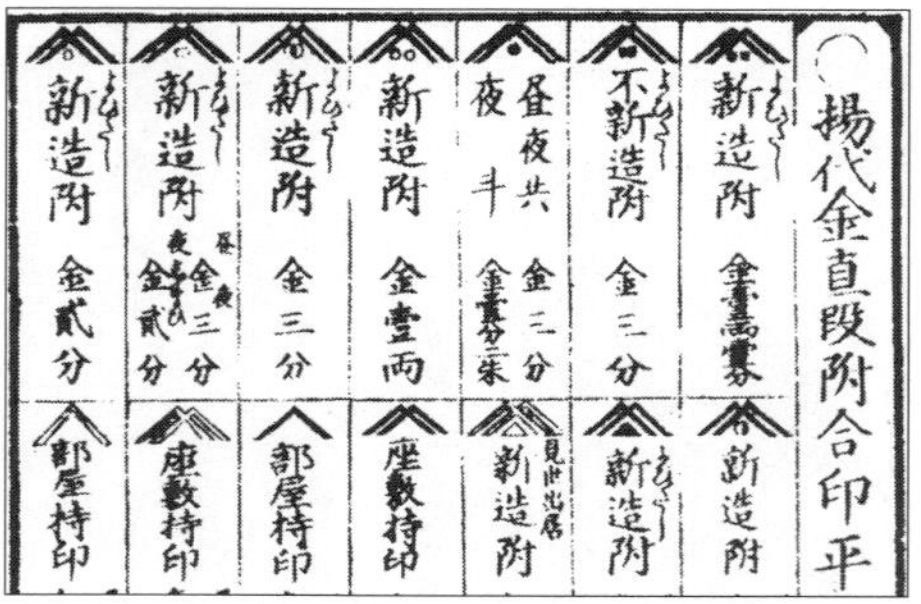

『吉原細見』における一般的なランク表示
1860（安政7）年、玉屋発行の「新吉原細見記」。よび出し散茶女郎の揚代金が新造附で金１両１分と、「違い山形に星ふたつ」で表されている（国会図書館蔵）
1「違い山形」＋「●●」
2「違い山形」＋「●」
3「違い山形」＋「○○」
4「違い山形」＋「○」
5「陰違い山形」（「違い山形」のアウトライン）
6「山形」
7「陰山形」（「山形」のアウトライン）
＊「●」と「○」のどちらが上位かはその本によって異なる

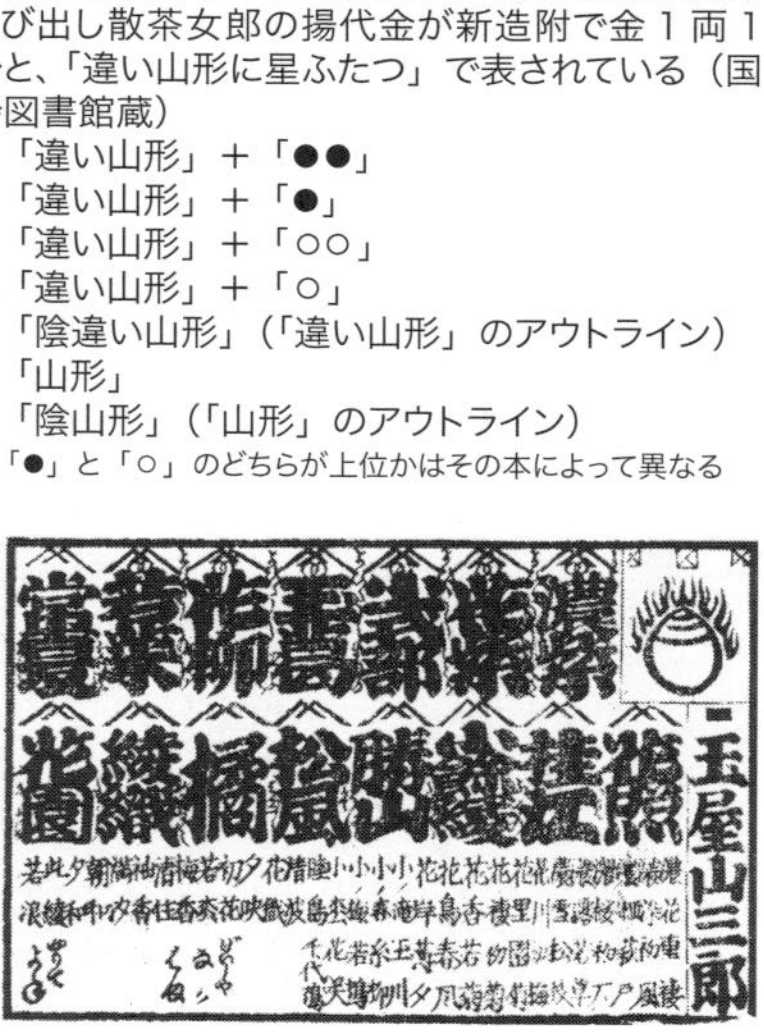

上と同じく『新吉原細見記』の「玉屋」の散茶女郎案内。よびだし散茶女郎トップは濃紫、花紫、小式部、玉島、花柳、若菜で、以下常夏、花照と一五人が続いている（国会図書館蔵）

遊女や芸者などに多いとされる蔦紋小袖を着た芸者。歌川国貞による春画より（個人蔵）

基本の印であることはどの本も同じだ。

このランク表示の手法は遊女ばかりではない。江戸期にはきわめて多くの業種別番付ができているが、確認できた範囲では、すべて「違い山形」「入り山形」「山形」で表示されている。そこで、これがこの時代の定型とも思われるが、そう一直線でもない。

京都学園のレポートで祇園芸者の細見である『祇園細見芸者名鑑全盛糸音色』を見ると、『吉原細見』における「違い山形」のように、芸者名の上に「●」が一〜四個並んでいたり、「△」「▽△」「マイアリ」「上ルリ」「江戸ウタ」「糸ヨシ」などといった書き込みがある。芸者だからどんな芸ができるかといった符丁だろう。江戸と上方では町人文化もやや異なるわけだ。

ところで、話は戻るが、吉原でも京の祇園でも遊女と蔦紋の関係は感じられない。そこで思いだすのが蔦屋重三郎だ。この有名な出版人は『吉原細見』の発行元でもあり、吉原の生まれ。しかも暖簾紋は「蔦」紋だ。もしかすると「遊女は蔦紋が好き」説は、これがもとだろうか？

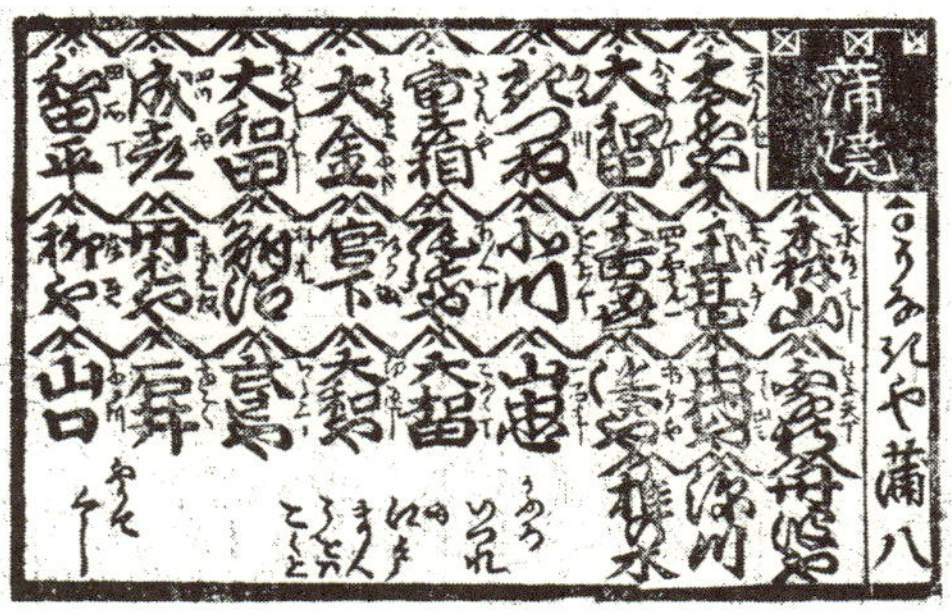

一八五三（嘉永六）年の『歳盛記』「蒲焼」の項より（花咲一男編『江戸のたべものや』より転載）

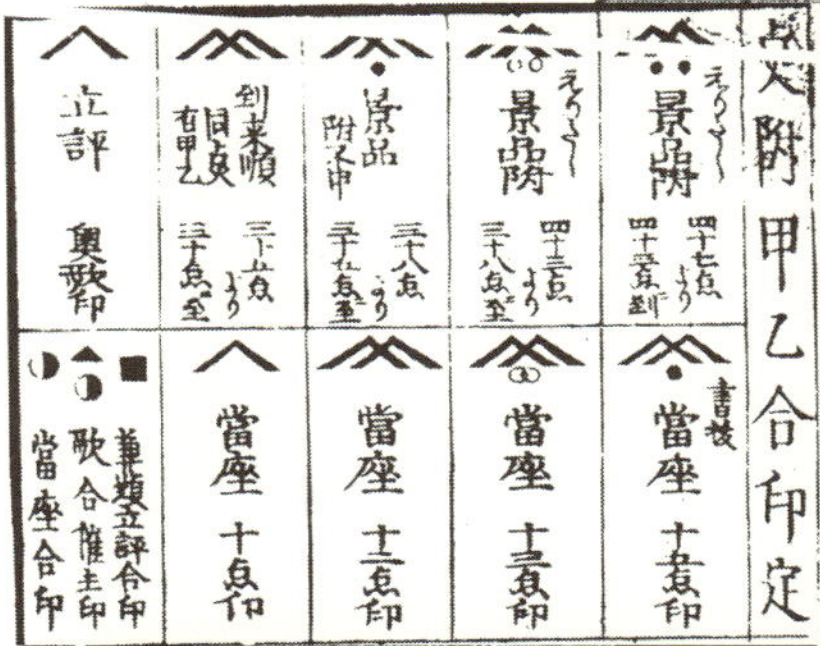

『吉原細見』に見立てて作られた『狂歌読人名寄細見記』。ここでも狂歌人が「違い山形」で格付けされている（1821＝文政４年　国会図書館蔵）

「入り山形に七」紋の玉木屋

佃煮・煮豆の老舗、新橋玉木屋は「入り山形」に「七」を組み合わせた暖簾紋を本店入口に提げている。創業は一七八二（天明二）年。越後蒲原郡田巻村の七兵衛が江戸片側町（現在の新橋一丁目）に店を構えたことから始まる。屋号は出身地から、暖簾紋は創業者名からきていると思われる。

主要製品のひとつは座禅豆である。がんくい豆とよばれる黒豆の一種を砂糖で味つけしたもので、名前の由来は、寺で座禅を組む際に食したことから座禅豆と名づけたという説と、座禅を組む際の足の形ががんくい豆と似ているからという説があるそうだが、どちらにせよ、「ざぜん、ざぜん」と連呼しながら売り歩いたのが始まりだ。この座禅豆をはじめとする玉木屋家伝の煮豆は、江戸の風流人・方外道人が著した『江戸名物詩』でもとりあげられている。

もうひとつの名物は佃煮である。三代目七兵衛は、佃島漁民が小魚で作った保存食の佃煮に着目し、独自の煮方、香り、艶に工夫を加え、江戸佃煮を完成させた。これが現在まで二百年以上続く「保存できる即席食品」の始まりで、世界でもまれな存在なのだという。この江戸佃煮は座禅豆とともに江戸中に名前が知れわたり、明治維新のころには、年越しの食材として、店頭に長いお客の行列ができるようになった。

この二種の名物に茶漬け、ふりかけ、姿煮など、煮物全般に範囲を広げ、一方では百貨店や空港などへの店舗展開も行い、伝統の味を提供している。

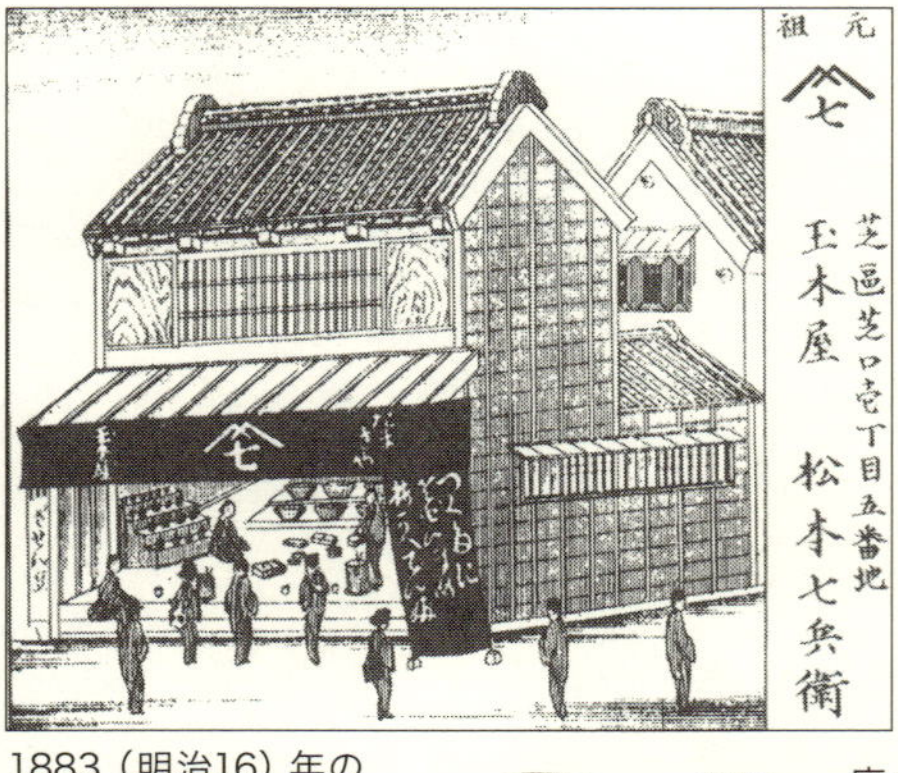

1883（明治16）年の玉木屋店頭（東京名家繁昌図録）

「入り山に七」佃煮所玉木屋吉兵衛（東京買物獨案内）

芝口一丁目玉木屋製の「座禪豆所」広告（江戸時代商標集）座は俗字

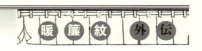

寸法を測り、堅いイメージの「曲尺」紋は、商人に大人気

曲尺《かねじゃく》は鉄製のL字型スケールである。長さを測るばかりでなく直角を確認でき、墨などで線を入れる際のスケールでもある。金尺、鉄尺、矮尺の文字もあてられ、指金《さしがね》、曲《ま》がり金《がね》ともよばれる。ほかにも差金、指矩などとあてることもある。

昔の大工は墨壺、釿《ちょうな》と合わせて〝三種の神器〟といい、さらに玄翁《げんのう》（金槌）、鉋《かんな》、鑿《のみ》、鋸《のこぎり》を加えて七つ道具といった。これらを使いこなせるようになって初めて大工を名乗れたのだという。ただし、曲尺は専門職が持つ特殊な道具ではなく、一九六六（昭和四十一）年にメートル法が完全実施になり、尺が長さの単位として使用されなくなるまでは、日曜大工をするような家ならどこにもあり、日常的に長さを測る道具として使用していた。メートル法が普及するころには、曲尺の表裏に尺とメートルの両方の刻み印が入っていたこともあった。

「曲尺」の紋章は家紋ではわずかしか認められないが、商家では好んで暖簾紋に使用した。前述の買物案内には一三六〇例があり、外郭に使用する意匠としては「山形」「丸」に続く人気だった。正確に測る、硬いといった物理的な特性があり、人びとの信用、信頼といったイメージと結びついたのだと思われる。正しく測る、商売が堅いといったイメージもあった。また、お金を表すこともあったようだ。

単独で紋章として使用する例は少なく、「曲尺」をずらして並べて車輪のような形にする例、三つの「曲尺」を組み合わせる例、「丸」の中に入れる例などがある程度で、ほとんどは文字やほかの意匠の外郭として使用された。縦横の線の長さの比率が中に入れる意匠により変化するだけで、変化形はほとんど見かけられず、わずかに逆向きの外郭として使用する例、内側に四角の形になる補助線がついた例などが少しある程度だ。内に入れる意匠はどんなものでも紋章としてまとまりやすく、それも好まれた理由かもしれない。

●曲尺

暖簾紋曼荼羅

「曲尺」鍋釜商　金屋與助（大坂商工銘家集）

「丸に曲尺」清酒醸造所　鍵屋吉兵衛（京都買物獨案内）

「曲尺に星に斜め棒」和洋呉服商　能久治（石川県下商工便覧）

「逆向き曲尺に星」縮緬卸問屋　稲垣藤兵衛（日本全国商工人名録）

「曲尺に鱗」糠問屋　灘屋粂蔵（江戸買物獨案内）

「重ね曲尺に枡」萬帳箪笥細工所　ますや清兵衛（大坂商工銘家集）

「曲尺に枡」蝋・砂糖商　枡屋中村武次郎（北越商工便覧）

「曲尺に縦棒」魚類問屋　山田又吉（日本全国商工人名録）

「曲尺に二」昆布商　小桝甚兵衛（浪華の魁）

「曲尺に田」洋反物呉服問屋 森定次郎（吉備の魁）

「曲尺に石」石割り商　石割七左衛門（堺名所並に豪商案内）

「曲尺変化形に定」白締油商　豊嶋屋定七（大坂商工銘家集）

「曲尺にフと一」歯磨き粉商　金尾勇吉（日本全国商工人名録）

「曲尺に井」銘茶所 伊勢屋平八（江戸買物獨案内）

「曲尺に太」醤油味噌醸造・陶器卸問屋　伊達専次郎（日隅薩商工便覧）

「三つ曲尺回り」各国御宿泊所　住山長左ヱ衛門（商工技芸飛騨之便覧）

「曲尺に棒と星」醤油醸造所　都倉屋与兵衛（大坂商工銘家集）

「丸に八つ曲尺回り」醤油醸造所　高田太郎（全国醸造物登録商標便覧表）

「曲尺に正」半衿問屋　小高勝兵衛（浪華の魁）

「八つ曲尺回り」御伽羅油商　兒嶋千蔵（江戸買物獨案内）

「二重曲尺に岡」足袋商　岡操旭堂（浪華の魁）

「曲尺に人偏（にんべん）」暖簾紋の通称が社名に発展したにんべん

鰹節の老舗として知られる株式会社にんべんは、一九六九（昭和四十四）年に鰹削り節の「フレッシュパック」を業界に先駆けて発売し、大ヒットさせた会社である。その商標は曲尺と、文字の部首である〝にんべん〟の組み合わせだ。にんべんではこの商標を「かねにんべん」とよんでいる。三百余年も続く由緒ある暖簾紋である。

創業者である初代髙津伊兵衛は幼名を伊之助といい、伊勢四日市（現在の三重県四日市市）の生まれ。十二歳で江戸に出て日本橋小舟町の雑穀商、油屋太郎吉で年季奉公を始める。十八歳になるころには早くも商才を認められ、店主の名代として上方へ出張するまでになったが、同僚にねたまれて無一文で店を出る。

一六九九（元禄十二）年、伊之助が二十歳のとき、魚の干物や鰹節の露

初代伊兵衛の肖像画（部分）

天商として創業、日本橋四日市の土手蔵に戸板を並べ商売を始めた。にんべんではこの年を創業年としている。土手蔵は日本橋と江戸橋の間の大路のことで、現在の日本橋一丁目、野村證券の本社付近である。当時は近くに魚市場もあり、さまざまな市が立つ繁盛地だった。

伊之助はわずか五年で二〇〇両を蓄え、豪商が軒を並べる日本橋小舟町に鰹節店を構えた。翌年、伊兵衛と改名し、屋号を「伊勢屋」とした。このとき屋号と自分の名前も伊兵衛の「伊」からとりだした「イ《にんべん》」と曲尺を表す「カギ」を組み合わせた暖簾紋を作った。その紋が一般に認知され、いつしか江戸の人びとは伊勢屋とよばず「にんべん」とよぶようになった。

伊勢屋を屋号とした理由は、にんべんには史料が残されていない。出身地であるとともに、伊勢出身を標榜することが商人として有利だったからだと推測される。伊勢は大坂、近江と並んで商人を輩出した土地柄で、江戸では伊勢屋という店名が非常に多かった。

さて、伊勢屋伊兵衛は一七二〇（享保五）年、日本橋瀬戸物町（現在の室町二丁目）に鰹節の店を移す。これが現在まで続くにんべんの本店である。このとき伊兵衛は「現金かけ値なし」の看板を自ら書き記して商売の基本とした。三井高利が一六七三（延宝元）年に開いた越後屋呉服店（のちの三越）と同様の商法である。

本枯鰹節

江戸時代の店舗（明治期に撮影）

当時の商いの中心は〝下り物〟とよばれる高級品で、黒田、前田、酒井、佐竹など、大部分が大名家御用達だった。六代目の時期の一八四九（嘉永二）年には幕府の御用達を承り、徳川五人衆となり、主は名字帯刀を許された。その少し前の天保年間（一八三〇～四四）、銀製の商品切手「イの切手」を創案し流通させた。ただし、間を置かず和紙に墨書した切手に切り替えており、大正時代には印刷した商品券に形を変えて発行した。

この話には後日談がある。一九〇四（明治三十七）年六月一六日、中傷記事が出て、午後になるとその記事に煽動された数千人の群衆が商品切手を持って押しかけた。日本橋の交通は麻痺し、行列は翌日まで続いたが、にんべんは同業者や魚河岸の協力を得て現物を取り寄せ、一日で五万四〇〇〇枚の切手を現品と引き換えた。次の日にきた人びとは、店頭に積み上げられた鰹節の山を見て安心して帰ったという。このとき、上質品のみを量目以上に渡したため、にんべんの信用は逆に高まった。

銀製商品切手（レプリカ）

初代伊兵衛が自ら大書した「現金かけ値なし」の看板

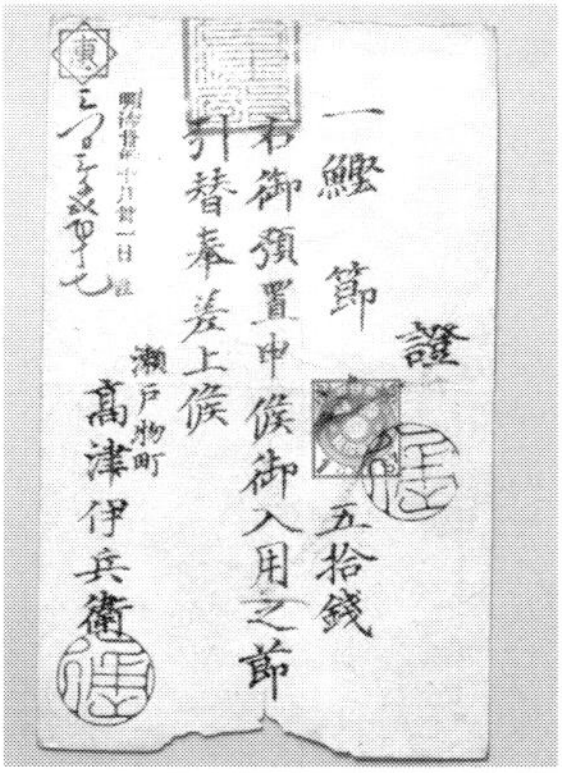

商品切手（明治期）

一九一八（大正七）年、個人商店から法人に改め株式会社高津商店とした。その五年後に関東大震災で本店を焼失するが、すぐに新店舗を建設し、宮内省、三井本家、岩崎家、渋沢栄一家をはじめ、多くの顧客に鰹節を納入し商売は絶頂期を迎える。しかし、大東亜戦争（太平洋戦争）が始まると店は統制物資の配給所となり、さらに空襲によりまたも本店が焼失した。

戦後には商売を再開し、一九四八（昭和二十三）年に社名を株式会社にんべんとした。社名よりブランド名のほうが親しまれているとの判断による。ただし、マークは一貫して「かねにんべん」のままである。

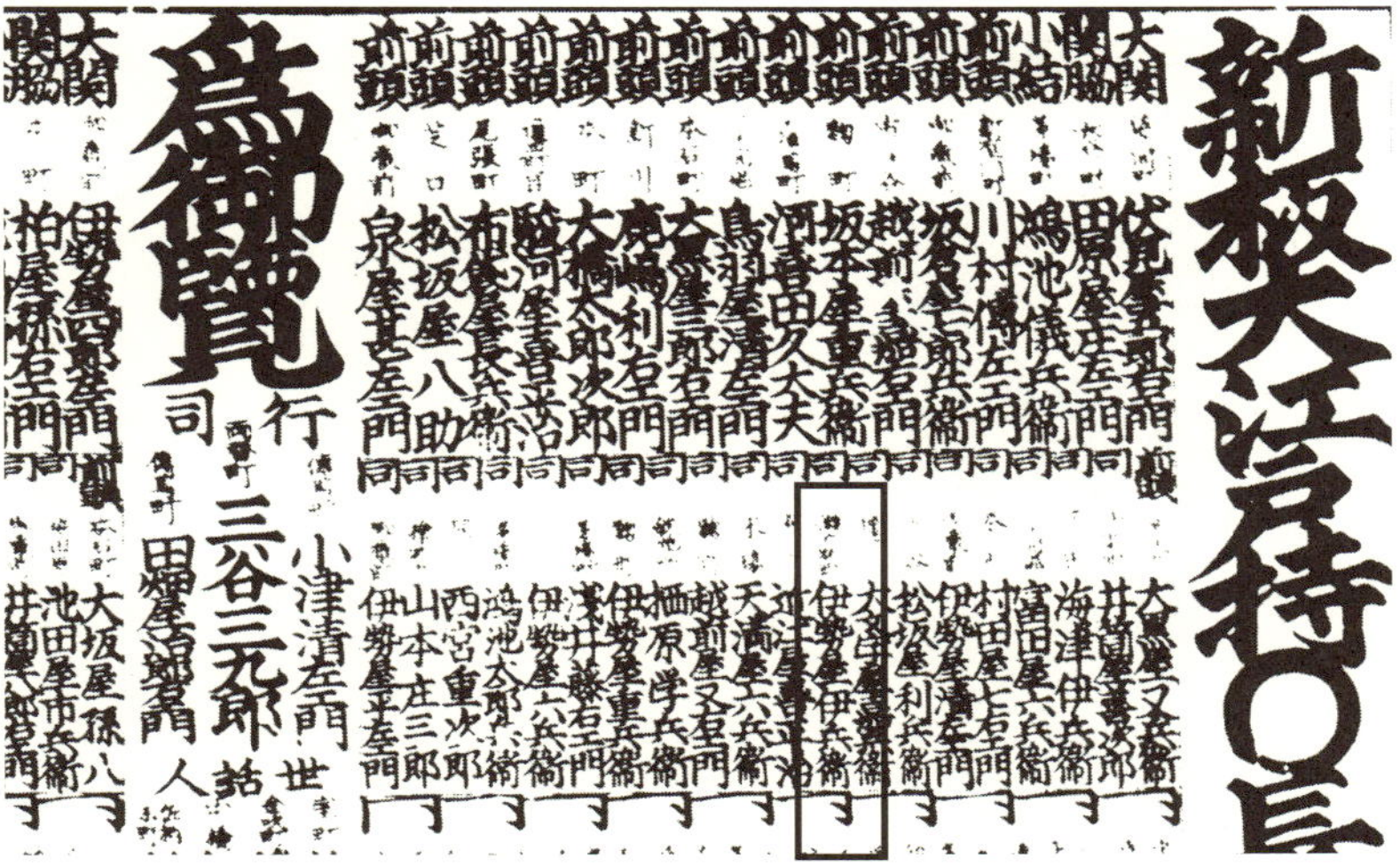

一八四六（弘化三）年の『新板大江戸持丸長者鑑』部分。三段目中ほどの東前頭に瀬戸物町伊勢屋伊兵衛の名が記されている。衛は異体字。

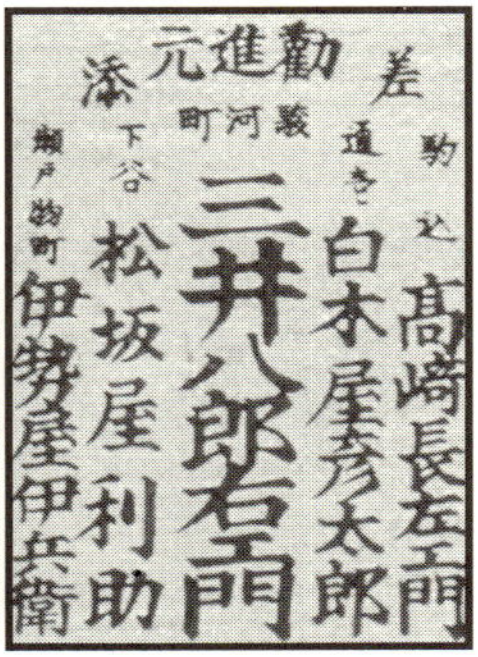

一八七六（明治九）年に刊行された、当時の財産家を歌舞伎俳優に見立てた浮世絵『持丸俳優力量競』部分。伊勢屋伊兵衛が中央の勧進元中央部分に記されている（右拡大）

さて、にんべんにはもうひとつの暖簾紋がある。「みつかねにんべん」と称して「かねにんべん」を三つ組み合わせたものである。これには、「鰹節を使うお客様、鰹節を創る人、鰹節の商いをする人の信頼関係ができたときに商売をさせていただける」という意味が込められているという。近江商人の「三方よし」という商売の考え方に近いように思われる。

なお、創業家の家紋は「二重石持《こくもち》」である。宝暦の大火（一七六〇＝宝暦十年）の際に三代目伊兵衛が店の全力をあげて被災者を救援し、大量の餅を寄贈したことが評判となり、筑前黒田家から鏡餅をかたどった紋を下賜された。女性は「琴柱《ことじ》」を使用しているが、この紋章の由来は伝承が途切れてしまっている。

関東大震災後の社屋

現在のにんべん本社

にんべんの暖簾紋と家紋

「かねにんべん」

「みつかねにんべん」

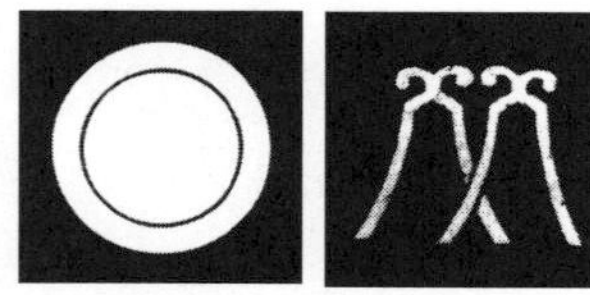

創業家家紋「二重石持」と女紋「琴柱」

（この項の資料提供　にんべん）

「曲尺に十字（かねじゅう）」時代小説にも登場する江戸で最古の酒舗　豊島屋

一五九六（慶長元）年創業の豊島屋本店は、東京は神田猿楽町に本社を置く東京では最古の酒舗であり酒蔵である。

慶長年間は徳川家康の天下普請によって江戸城が大拡張された時代である。城造りのために鎌倉に集積された石材や木材が大量に江戸に運ばれたが、当時、江戸城本丸にもっとも近い荷揚げ場所が、現在の神田橋付近、平川（のちの日本橋川、神田川）の河口部だった。そのためこの地は鎌倉河岸とよばれるようになり、一帯は港町のようになっていった。荒波をかいくぐった男たちが集まるのだから、酒と女はつきものといえよう。元吉原ができるまで駿河から移転した十数軒の遊女屋も置かれたという。水運貨物の集積地であることから、近くの神田周辺に問屋街を形成する原動力ともなったようだ。鎌倉河岸は明治維新まで荷揚げ場として使用され、その遺構は現在も残っている。

さて、鎌倉河岸が活気づき始めたころ、初代豊島屋十右衛門が店を開いた。さまざまな品物を扱ったが、とくに重点を置いたのが灘や伊丹から運ばれる酒の販売で、問屋業の一方で、酒屋兼一杯飲み屋を開いた。豊島屋では「酒は原価で提供し、肴に豆腐に味噌を塗って焼き上げる豆腐田楽が好評だった」としている。原価の意味ははっきりしないが、問屋価格で販売しては問屋の主要顧客である小売店が困るから、小売価格ということになろうか。それで十分に利益も出せたはずだ。現在でも商品販売の傍ら

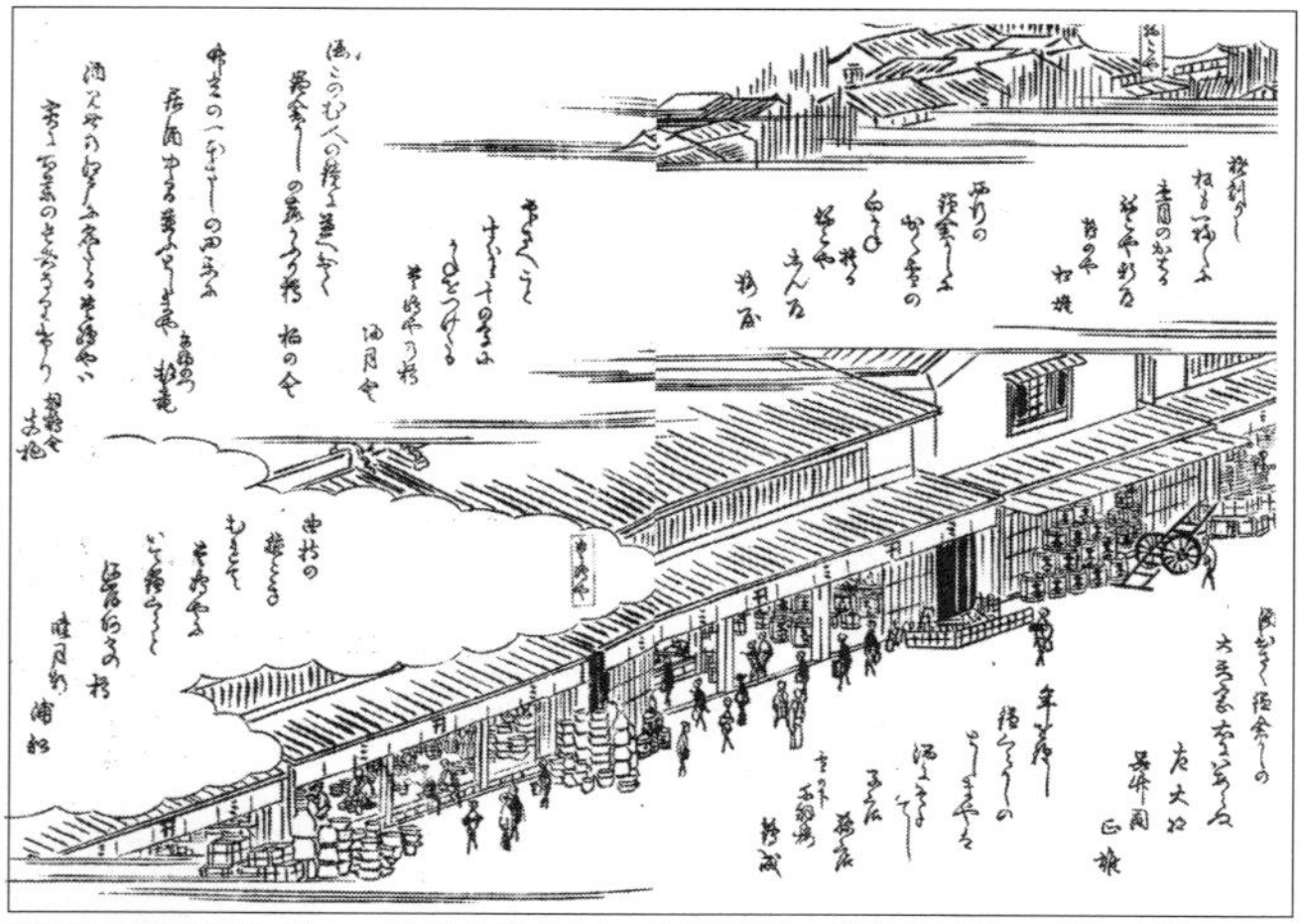
『狂歌江都名所図会』。普段の豊島屋の店頭風景。豊島屋を詠んだ狂歌集で、ここでは5つの狂歌が詠まれている。「曲持の腕こきむれて豊島やに　いて鎌くらと河岸のかしの樽」（左下）（国会図書館蔵）

『江戸名所図会　鎌倉町豊島屋酒店白酒を商ふ図』。左上に「是を求んとて　遠近の輩　黎明より肆（ミセ）前に市をなして賑へり」とある。豊島屋の繁盛の様子がうかがわれる図。中央の看板には「酒醤油相休申候」(さけしょうゆあいやすみもうしそうろう)とあり、この時期には普段の酒・醤油の販売はやめ、白酒の販売に専念したことがわかる。入口の櫓の上や路上で、鉄棒を持ち「豊」字の入った法被を着た出入り鳶が客を整理している。店の奥には大樽、店頭には角樽を担ぐ棒手振商人が見え、右下には大量の空の角樽が積み上げられている。『江戸名所図会』のなかでも類を見ないこの客数の多さは、白酒を庶民が気軽に買える値段だったことを示している（国会図書館蔵）

乾き物などを置いてコップ酒を飲ませる酒屋があるが、その原型がここにあったわけだ。そればかりでなく、この店が日本で最初の居酒屋だったというから、あらゆる飲食店の原型ということにもなろう。江戸という新しい都市が育ち始めた時期に、新しい商売のかたちを生み出したのである。

「豊島屋」の屋号は店を開いた鎌倉河岸が豊島郡にあったことに由来する。この時代の豊島郡は現在の千代田区、中央区、港区、台東区、文京区、新宿区、渋谷区、豊島区、荒川区、北区、板橋区、墨田区の南部分、練馬区の大半が含まれる広大な地域である。

一八二四（文政七）年発行の『江戸買物獨案内』には醤油酢問屋、瀬戸物問屋なども掲出されているから、少なくとも江戸後期にはそれだけ手広い商売をしていたことになる。

豊島屋は、やがて雛祭りのために〝白酒〟の醸造を開始し、これが江戸中で評判になっ

『江戸買物獨案内』に掲出されている豊島屋の他業種の数々。上右から「下り傘問屋」「蕨縄問屋」「畳表問屋」「醤油酢問屋」「瀬戸物問屋」。「釘鉄銅物問屋」の市兵衛は支店か。また豊島屋の島の字は「嶋」や「嶌」と表記されている

三代歌川豊国による『金龍山千本初花』より「五変化所作事の内　白酒」。助六と白酒売りの新兵衛の、ふたりのかけ合いが客を沸かせる歌舞伎演目。江戸時代の白酒は「山川白酒」とよばれていた。白酒売りは歌舞伎だけでなく、絵草紙などにも数多く登場し、吉原花魁や町屋の女から人気だった

た。当時は瓶がなく顧客は桶を持って買いに訪れた。そのにぎわいが『江戸名所図会』にもとりあげられている。さらに、明治中期からは酒造りも開始した。

暖簾紋は「かねじゅう」とよぶ。曲尺の中に初代十右衛門の「十」が入った意匠で、豊島屋では「曲尺は大工道具で安定の象徴であり、繁栄につながる。実直な商いと商売の安定・繁栄を祈って懸命に働いた初代の志を表している」としている。

ところで豊島屋は、その名も売り物もそのままで、時代小説の人気作家佐伯泰英の小説「鎌倉河岸捕物控」シリーズに、主要な舞台のひとつとして登場している。佐伯泰英は江戸時代の史料をもとに執筆していて、ある時期まで現在まで続いている会社であることを知らなかったという。これもひとつの老舗の力といえよう。

近年、豊島屋を有名にしたのは、佐伯泰英の「鎌倉河岸捕物控」シリーズだが、ほかにも十辺舎一九のおなじみ『東海道中膝栗毛』や、時代小説では池波正太郎『鬼平犯科帳老盗の夢』、柴田錬三郎『御家人斬九郎』、平岩弓枝『夜鴉おきん』などにもたびたび登場する

戦前の美土代町の店舗。酒樽の運搬には荷馬車が使用されていた

昭和初期の美土代町の店舗。看板に「江戸の草分　自慢白酒大売出し仕」と書かれている。売り場には客が並んでいる

1940（昭和15）年の美土代町の店舗。「大売出し」の看板の下にはたくさんの酒樽が積み上げられている

この項の資料提供、豊島屋）

「曲尺に壽」

雁皮紙をきわめた和紙舗 榛原（はいばら）

榛原は和紙および和紙を用いた便箋や熨斗《のし》袋などのステーショナリー類、小物で知られる和紙舗の老舗である。

創業は一八〇六（文化三）年。創業者は中村佐助といい、書物問屋須原屋茂兵衛で奉公した後、老舗の書物問屋である金花堂を譲り受けて独立し、金花堂須原屋佐助を名乗って、唐本、和本、仏書、石刻を扱った。さらに紙問屋の今井・榛原を買い受けて、屋号を「榛原直次郎」とした。

和紙舗の榛原は紙、墨、薬などを扱った。やがて江戸の庶民に初めて雁皮紙《がんぴし》を売り出すと、これが評判となり、「雁皮紙榛原」の評判が江戸中に広まった。榛原の雁皮紙は筆のすべりがよく、文字がきれい

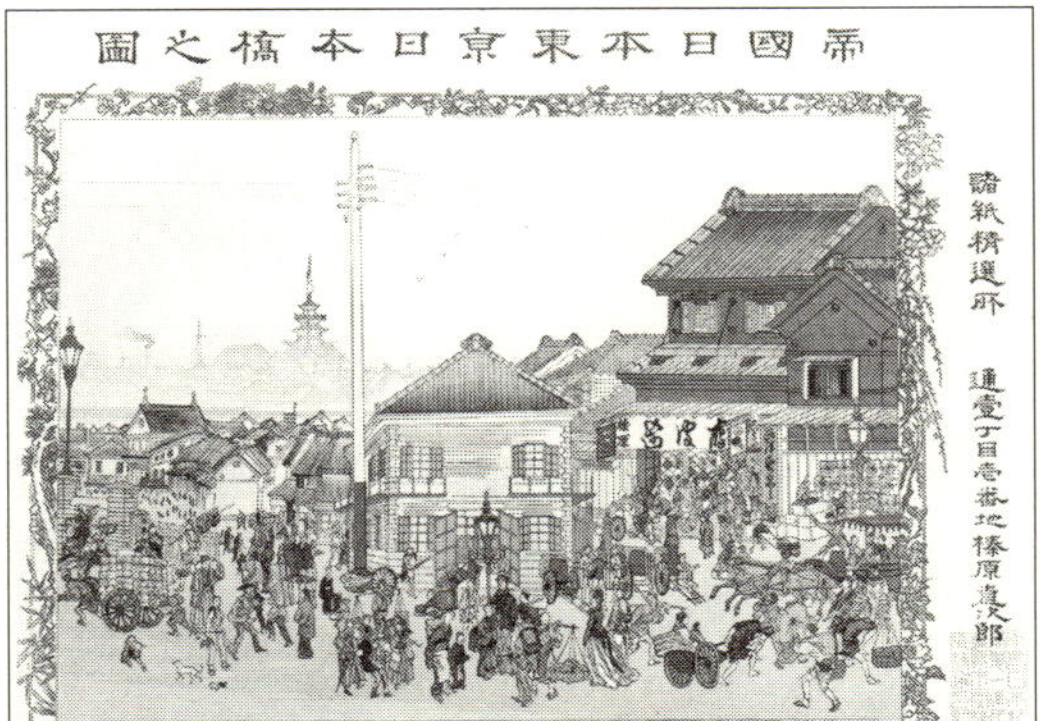

明治期の『帝国日本東京日本橋之図』の榛原店舗

に書けるという評価を得たのである。雁皮紙はジンチョウゲ科の植物である雁皮の樹皮から作る紙で、繊維が細く短いため緻密な紙になる。なめらかで鳥の子色（赤系クリーム）の色合いと光沢が美しく、丈夫で虫害にも強く、細字用の紙として手紙などに用いられた。

また、当時は団扇絵に人気が高かった時代であり、有名画家の描いた木版刷りの団扇も初夏の風物詩となるほどの人気商品で、雁皮紙と双璧をなす商品となった。ほかにも千代紙、便箋など多くの商品があった。

幕末から明治にかけては、一八六二（文久二）年の第二回ロンドン万国博覧会に向けて和紙を送ったのを皮切りに、各種博覧会など

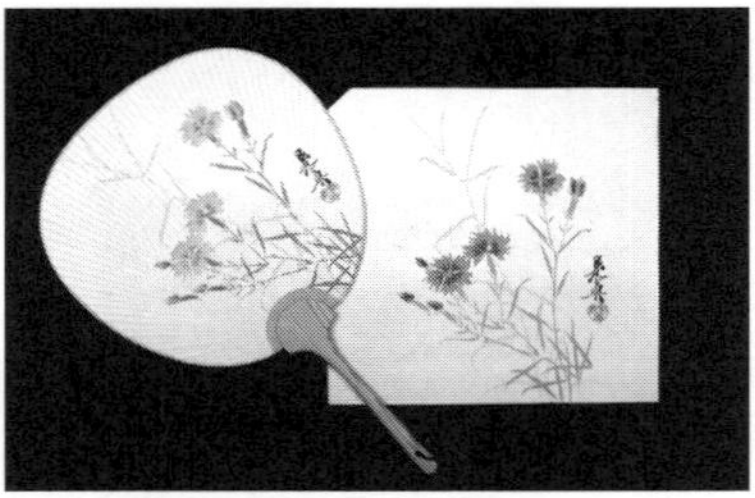

榛原木版団扇絵。柴田是真画による「なでしこ」（榛原所蔵）

榛原木版団扇絵。河鍋暁斎画による「鶏図」（榛原所蔵）

1885（明治18）年の「東京商工博覧絵」の榛原店舗。寿の文字は異字体の変化したもの

を通じて和紙を欧米に紹介し、ジャポニスムに影響を与えた。その一方で日本に西洋紙を取り入れ、積極的に販売に取り組んだ。また、団扇絵の伝統を発展させて、多くの一流画家との交流を深め、団扇、扇子、木版刷り製品などの下絵を数多く彼らに依頼した。そのころ集まった下絵は〝榛原デザイン〟とよばれ、現在まで製品として生き続けている。こうした流れのなかで竹久夢二との関係も深くなり、便箋、封筒、団扇、千代紙、広告など多くの図案が残されている。

一九一九（大正八）年には、日本で初めて計測記録計の用紙を開発・生産し、現在は和紙関連事業と並ぶ主な事業の柱に成長している。同年組織を変更して株式会社榛原商店とし、一九八一（昭和五十六）年には株式会社榛原に社名変更している。

さて、榛原の屋号は創業者が買い受けた紙問屋の名称を、そのまま引き継いだものである。前述のとおり創業者は中村佐助だが、当主は榛原直次郎を名乗り、以後、直次郎の名を代々襲名した。『江戸買物獨案内』では、金花堂須原屋佐助の名で書物問屋としての掲出があり、暖簾紋は「隅立て井筒に須」紋である。「須」は須原屋を表しており、須原屋から暖簾分けされた店であることを示している。

ほかに、榛原屋仙次郎の名で二店が確認できる。ひとつは単に紙問屋となっており、暖簾紋は「曲尺に大」。もうひとつは雁皮紙専門と思われる問屋で、こちらは暖簾紋を表示していない。『江戸買物獨案内』はいくつもの版があるようだが、ここで見ているのは一八二四（文政七）年版で、雁皮紙が軌道に

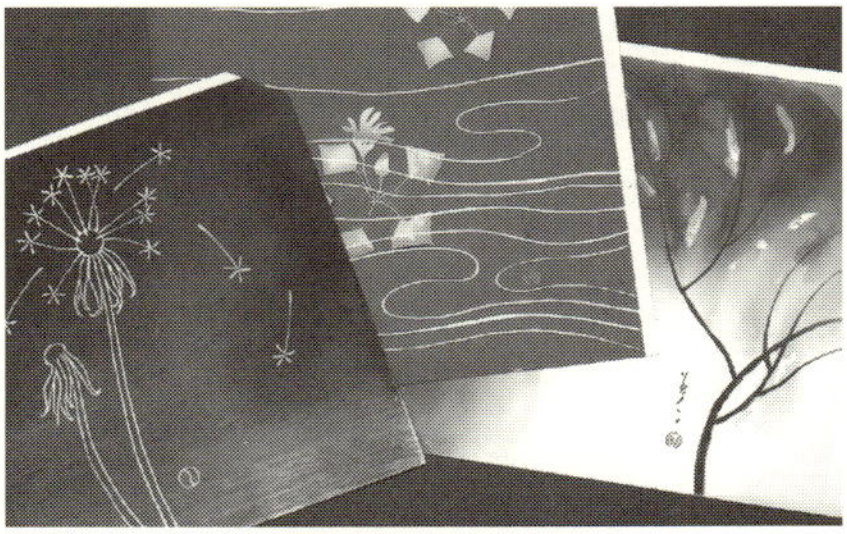

竹久夢二画による榛原木版団扇絵（榛原所蔵）

乗った時期と思われるが、榛原は震災などで史料を失い、現在は確認できないという。一八八五（明治十八）年の『東京商工博覧絵』にも掲出されており、この時点での暖簾紋は「曲尺に壽」である。

現在のマークは三代目が作った紋章をもとに、四代目が引き継いだもので、一九三〇（昭和五）年ころから社屋にも掲示している。社内でもとくに名前はないそうで、家紋にも類似意匠は見あたらない。新しいデザインのマークということになろう。しいて家紋風にいえば「朧輪に細輪とはいばら」とでもいうことになろうか。

現在の榛原の暖簾と店舗の外観（この建物は 2016 年度グッドデザイン賞受賞）

現在の榛原のマーク

日本橋通四丁目
唐本 和本 書物問屋
佛書 石刻
金花堂 須原屋佐助

十 大 組
日本橋通一丁目
下り傘問屋
榛原屋仙次郎

十 大 組
日本橋通一丁目
紙問屋
榛原屋仙治郎

日本橋萬町
豆州熱海 今井半太夫製
雁皮紙問屋
聚玉堂 榛原 千次郎

『江戸買物獨案内』に掲出されている榛原屋。右より書物問屋　日本橋通四丁目「金花堂須原屋佐助」、下り傘問屋　日本橋通一丁目「榛原屋仙治郎」、紙問屋　日本橋通一丁目　「榛原屋仙治郎」、雁皮紙問屋　日本橋萬町「聚玉堂榛原千次郎」。榛の字体は異字体を変形したもの

（この項の資料提供　榛原）

第四章

もっとも種類が多い植物の紋章

海老屋總本舗

司牡丹酒造

栄太樓總本舗

笠仙

梅園

国の紋章も内閣の紋章も植物由来

植物に由来する家紋は非常に多い。家紋は約二万種類あるとされるが、そのなかに一〇大家紋とよばれるものがある。柏、酢漿草《かたばみ》、桐、鷹の羽、橘、蔦、藤、茗荷、木瓜《もっこう》、沢瀉《おもだか》で、公家、武家、町人の区別なく広く使用されている。文様紋の木瓜、動物紋の鷹の羽以外の八種が植物紋で、このことからも植物紋の多さがわかろうというものだ。

なかでも「菊」紋と「桐」紋は、国と大きなかかわりを持つ紋章なのでその経緯を示しておきたい。「菊」の紋章のなかでも「十六葉八重表菊」は天皇および皇室の紋章であり、日本を代表する紋章である。後鳥羽上皇が愛好し、以後の天皇家で慣例的に使用されるようになったことから、権威が高まっていったというのが通説だ。

後鳥羽上皇以後、「菊」紋はしだいに皇室の紋章として定着するようになり、その後、天下人となった足利尊氏、織田信長、豊臣秀吉に「菊」紋と「桐」紋が下賜され、さらに彼らから功のあった武将たちに下賜されていったため、「菊」紋を使用する大名家が増加した。秀吉は「桐」紋を自らアレンジして使用し、「菊」紋の使用は禁じてその権威を守ろうとした。しかし、徳川家康が「菊」紋、「桐」紋の下賜を拝辞したため、禁制は無効化し市中に広まったとされる。

明治になり、一八七一（明治四）年までのいくつかの布達で、「十六葉八重表菊」が皇室の紋章と定められ、皇族以外の菊紋使用が禁じられた。その後、社寺などについては一部使用止が認められ、陸軍の軍旗や旗頭、海軍艦艇の艦首などにも使用された。また、一九二〇（大正九）年にパスポートの表紙に国章を記すように国際会議で決まったが、日本には明確な国章がなかったため、一九二六（大正十五）年から「菊」の紋章を使用している。戦後は皇室儀制令が廃止され、明確な法律はなくなったが、慣例として国章に準じた扱いになっており、在外公館では戦前から引き続き菊花紋章が飾られている。一般に目につくところでは、「十六葉八重表菊」とは少しデザインが異なる「十六葉一重表菊」紋が、戦前に引き続きパスポートに使用されている。つまり、実質的な国章ということになろう。

一方「桐」紋はというと『蒙古襲来絵詞』で天草の大矢野氏が旗印に使っているのが確認できる最古のものとされるが、もともとは奈良時代に吉祥文様として中国から伝播した鳳凰文様の一部だったようだ。鳳凰は聖天子が治める世にのみ現れるとされ、梧桐《あおぎり》のみに止まり、百二十年に一度しか実らない竹の実を食すとされる。その文様は皇室で衣装などに使用され、「桐」紋もそこから生まれた。前述のように、「菊」紋と同様、足利尊氏、織田信長、豊臣秀吉も「桐」紋を下賜され、彼らはさらに家臣たちに与えている。江

十大家紋と「菊」紋

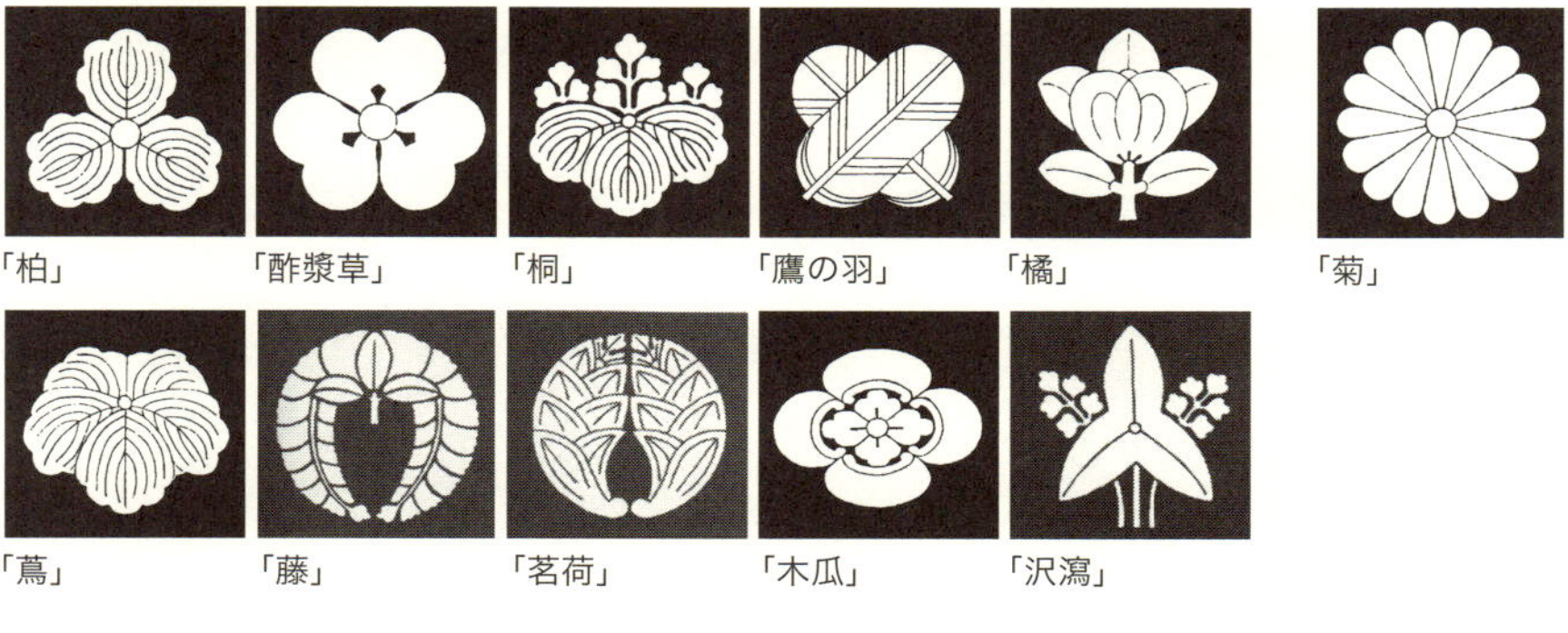

「柏」「酢漿草」「桐」「鷹の羽」「橘」「菊」

「蔦」「藤」「茗荷」「木瓜」「沢瀉」

戸時代、武家にとって「桐」紋を持っていることは、戦国時代までの祖先に勲功があった証しとなったため、使用する家も多く、武家の二割強が使用していたとされる。

桐の紋章は現在もテレビで毎日のように目にする機会がある。内閣官房長官が記者会見をする際に使用する机の正面に、「五七の桐」紋がついている。これは日本国の紋章だからである。明治政府が定めて現在まで続いているもので、皇室や政権担当者が用いていた伝統に則したものと思われ、首相官邸サイトのトップ画面には「五七の桐」紋があしらわれている。ただし、内閣府は首相直属であっても行政官庁なので、家紋とは異なる新しいマークを使用している。

ちなみに、植物紋がそのまま自治体の紋章になっているものもあり、たとえば鎌倉市の紋章は「笹竜《ささりん》胆《どう》」紋である。周知のとおりこの紋章は源頼朝の家紋である。鎌倉幕府が開かれた地という意図からだろう。ほかにも市町村で植物紋の使用例があるから、ご自身の住まいの紋章を確認してみてはいかがか。

さて、商家で植物紋がどう扱われたかというと、前述の買物案内ほかの史料で確認できた植物紋は三四種。それぞれの変化形もあり、使用された紋章の種類は少なくないが、使用総数は四七七例で、二万七〇〇〇点の総数からすると少ない。その理由は不明なのだが、前述した江戸初期の暖簾紋と中期以降の暖簾紋の意匠が異なるという事情が通底しているように思える。すなわち、植物紋はその家の象徴である家紋には多く使われたが、商売や店の象徴である暖簾紋には適合しなかったという推論である。創業者たちは顧客に商品や商売の内容が伝わりやすい意匠を暖簾紋に選んだに違いないから、植物紋を暖簾に掲げる店は、江戸初期からの紋章を大事にすることにメリットがある意味ということになろう。

これを検証するために、『江戸買物獨案内』で使われた植物紋を少し詳しく見ると、使用している店の業種が限定されていることがはっきりする。計一三七店舗のうち菓子舗が五二店、料理店が三八店で、

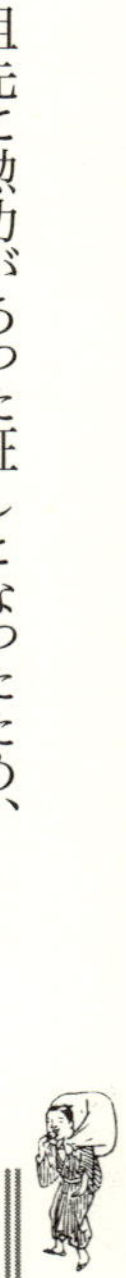

食にからむこの二業種だけで六割を超えている。さらに、薬種関連と楽器関連で三割弱、それ以外の業種は一割に満たない。その一割弱のなかにも硝子細工、煙管師などがあり、ほとんどが職人技や専門知識を必要とする職種である。いずれも庶民ではなく、大名家や富裕商人層が主要顧客だと思われる。貴族や大名家などとの関係が深く、家紋を下賜された店もあるだろう。すると、暖簾紋も特定顧客に古くから知られている紋章が商売に有利ということになり、古くからの家紋が残った例が多かったと考えられよう。下賜された家紋ならそれ自体が権威になるし、逆に使わなければ関係がむずかしくなるに違いない。なお、楽器関連としたのは箏、三味線などの製造販売、あるいはそれらの「師」の表示がされていて、製造職人または演奏技術に関連する職種と類推されるものだ。

一方、紋章の種類で見ると、一九種あったなかで「菊」「桐」「柏」「梅」の四種で半数を超える。前述のように「菊」と「桐」は皇室や大名家との関係が深い紋章だ。ほかの紋章も貴族や大名家で使用されているものが多く、やはり貴族や大名家との関係を感じさせる。また、「松」「竹」「梅」「丁子」などは瑞祥的な意味もある。商家における植物紋はこれらの性格を持つと考えてよかろう。

付け加えるが、こうした業種の暖簾紋がすべて植物紋というわけでなく、暖簾紋らしい意匠を使う店も多い。植物紋を使用する店がここにあげた業種に限られているのであって、それだけ植物紋を使用する店が限定されているといえようか。

『江戸買物獨案内』における植物紋の使用状況

紋の種類	使用数
菊	25
桐	18
柏	15
梅	11
藤	9
橘	7
蔦	7
桔梗	7
酢漿草	6
牡丹	5
沢潟	5
笹・竹	4
丁子	4
茗荷	4
瓢箪	3
松	3
銀杏	1
稲	1
梨	1
杉	1
	137

業種	使用数
菓子舗	52
料理店	38
薬種関係	21
楽器関係	16
煙管師	2
書店	2
硝子細工	1
足袋	1
糸物	1
呉服太物	1
白粉紅	1
釣り具	1
	137

暖簾紋曼荼羅

「沢潟」京御菓子所　花澤屋近江（七十五日、国会図書館蔵）

「沢潟」御料理所　平石（江戸買物獨案内）

「抱き稲」清酒醸造所　田中醸造所（尾陽商工便覧）

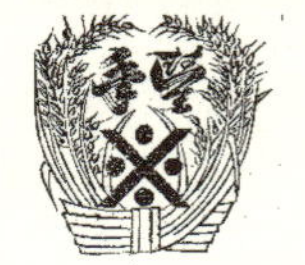
「抱き稲」清酒醸造所　石﨑合資会社（全国醸造物登録商標便覧表）

「三つ柏」会席御料理所　酔月楼萬彦（江戸買物獨案内）

「五徳柏」楽器道具師　吉野屋伊兵衛（江戸買物獨案内）

「丸に三つ柏」御料理所　大津屋仁兵衛（大坂商工銘家集）

「結び柏」青筵一式賣捌元問屋　綿谷清八（京都買物獨案内）

「隅立ち隅切り角に梶の葉」即席御料理所　福山（京都買物獨案内）

「鬼蔦」京菓子司　加賀屋田佐助（江戸買物獨案内）

「桃」本護膜櫛・桃太郎団子商　みよや茂助（江戸時代商標集）

「菊に水」佐賀煙草問屋　菊水商店西村弁吉（東京買物獨案内）

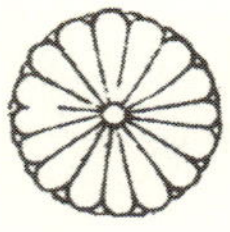
「十六菊」御菓子所　菊屋大和大掾藤代清貞（江戸買物獨案内）

「十菊」醤油醸造所　鎌田善治郎（全国醸造物登録商標便覧表）

「菱菊」御菓子製所　鈴木若狭城藤原保豊（江戸買物獨案内）

「橘」御料理所　呑亭（甲府買物獨案内、国会図書館蔵）

「橘」助惣焼（どら焼）橘屋佐兵衛（川柳江戸名物、国会図書館蔵）

「井桁に橘」御料理所　上総屋半兵衛（江戸買物獨案内）

「五七の桐」御菓子所　福本越前掾（江戸買物獨案内）

「五三の鬼桐」御料理所　平清（江戸買物獨案内）

「踊り桐」楽器道具師　桐星単語（江戸買物獨案内）

「丁子」呉服太物問屋　丁子屋小林吟次郎（日本全国商工人名録）

「抱き丁子」髪油蝋燭商　丁子屋木佐藤清三郎（吉備の魁）

「六丁子」　薬種問屋　鶴慶亭（大坂商工銘家集）

「丸に違い丁子」呉服問屋　丁子屋下田五兵衛（東京商工博覧絵）

「椿」漬物製造所　垣川徳次郎（全国醸造物登録商標便覧表）

「丸に酢漿草」御料理所　金波楼平吉（江戸買物獨案内）

「剣酢漿草」会席料理所　亀清楼（東京買物獨案内）

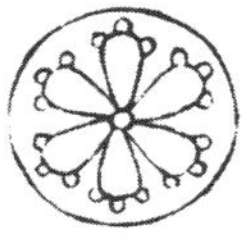

「丸に六丁子」薬種問屋　とらや世右衛門光家（大坂商工銘家集）

「桔梗」繰綿足袋商　岡忠次（石川県下商工便覧）

「梅鉢」清酒醸造所　日下部兵蔵（全国醸造物登録商標便覧表）

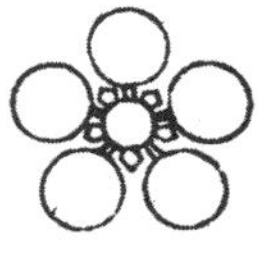

「梅鉢」御菓子所　高砂屋藤兵衛（江戸買物獨案内）

「梅」京御菓子司　和泉屋管原堂（江戸買物獨案内）

「桔梗」御菓子製所　桔梗屋吉久（江戸買物獨案内）

「剣桔梗」厚板煎餅商　山口屋平木藤原重與（江戸買物獨案内）

「下がり藤」御料理所　清水庵友八（江戸買物獨案内）

「上がり藤」京御菓子司　小泉伊勢大掾藤原善従（江戸買物獨案内）

「梅」粟おこし所　津国屋清蔵（浪華の魁）

「丸に抱き茗荷」京御菓子所　茗荷屋平兵衛（江戸買物獨案内）

「抱き茗荷」京丸山かる焼所　茗荷屋九兵衛（江戸買物獨案内）

「違い大根」種物商大野屋丑五郎（甲府買物獨案内、国会図書館蔵）

「蕪」味噌醸造所橋下庄三郎（全国醸造物登録商標便覧表）

「回り藤」御菓子所藤井近江掾（江戸買物獨案内）

「抱き柊に一」御料理所　中村屋（京都買物獨案内）

「おもと鉢植」葡萄酒醸造所　五十嵐孝義（全国醸造物登録商標便覧表）

「牡丹」御菓子所翁せんべい　翁屋和泉掾（江戸買物獨案内）

「牡丹」御菓子所吉川福安（江戸買物獨案内）

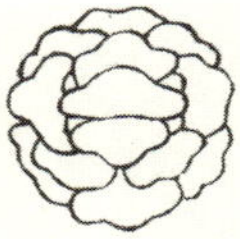

「牡丹」本護膜櫛発売元　むくぼたん大西榮輔（東京買物獨案内）

「桜にさ」びんつけ油製造所　松倉治助（熊本県下商工技芸早見便覧）

「石持ち地抜き梨切口」御料理所車屋萬兵衛（江戸買物獨案内）

「丸に欄」清酒醸造所　山本九郎左衛門（全国醸造物登録商標便覧表）

「紅葉」清酒問屋長崎宇太郎（全国醸造物登録商標便覧表）

「三つ銀杏」御伽羅之油商　松本庄左衛門（江戸買物獨案内）

「桜」御料理所　志んばし花月楼（東京買物獨案内）

「剣桜」ビール醸造所　櫻田麦酒醸造所（全国醸造物登録商標便覧表）

「抱き杉葉」最中饅頭御菓子所　林家善助（江戸買物獨案内）

「丸に八重桜」蠟燭本舗　日本石蝋商会（東京買物獨案内）

「違い桜」蝋燭商神明堂河中治兵衛（東京買物獨案内）

「蔦と丸にい」創業者の家紋をアレンジ
海老屋總本舗

東京・吾妻橋に佃煮の老舗、海老屋總本舗がある。この店の歴史は次のようなものだ。

創業者の川北三郎兵衛は伊勢の武士だったが、幕末期に身分を捨てて江戸に出た。一時は下総に住んで、近くの印旛沼で採れるエビ、フナ、ワカサギなどの加工法を習得し、再び江戸に出て、大川橋（吾妻橋）のたもとに新居を構えて小魚の佃煮を生業にした。これが海老屋總本舗の始まりで、一八六九（明治二）年のことである。当時の墨田川は白魚、エビ、フナなどがよく採れた。それらを原料に、川北三郎兵衛はタレをつけ串に刺して焼きあげた。それまでの佃煮は醤油で煮ただけのものだったこともあり、こうした工夫は界隈で好評となった。大消費地である浅草の近くでもあり、商売は繁盛した。

二代目は関西に修業に出て上方の味を学んだ。そのころまで紫蘇、生姜、胡麻、山椒などを使った繊細な味付けは上方の独壇場だったためだ。当時、上方の甘口に対して、江戸改め東京では辛口が当然だったが、修業から戻った二代目は、当時の東京では常識外れだった砂糖を加えることで、佃煮に独特の味わいを持たせることに成功した。以来、海老屋總本舗の味は現在に至るまで、少し甘めなのが特徴なのだという。一九四八（昭和二十三）年に現在の株式会社海老屋總本舗に組織変更し、現在は五代目で、直営店のほか多くの百貨店に販売店を展開している。

さて、海老屋總本舗の屋号は創業時の主力商品である「海老の鬼がら焼き」にちなむとともに、海老が跳ね上がるのにあやかり、商売も跳ね上がりたいという意味でつけられた。また、暖簾紋は「蔦」紋に「丸にい」を重ねた比翼意匠である。川北家の家紋である「蔦」紋に加え、「い」は「いの一番」からとって最高であると誇示したのだという。これは現在、登録商標になっている。

「蔦」紋は家紋では使用例が多い。蔦は地をはってはびこるから、子孫繁栄のめでたい印とされたようで、徳川吉宗が葵のほかに蔦紋も使用したといわれ、大名家でも少なくない。また、デザインの変化形も多い。

「蔦」紋はその形から女性に好まれたという。関西を中心に、男性が使う家紋とは別に女性が使う「女」紋があった。使い方の決まりは地域によりさまざまで、男系で伝わる家紋に対して、女系で伝わる紋だったり、生家の紋だったりするが、装飾目的で良家の子女が遊びで着るものつける個人的な紋もあり、その場合は蔦が好まれたといわれるのだが、実際はどうだったのだろうか。

海老屋總本舗本店　（この項の資料提供　海老屋總本舗）

「牡丹」山内一豊の土佐入りに従った創業者
司牡丹酒造

関ヶ原の戦いから三年後の一六〇三（慶長八）年、山内一豊が初代藩主として土佐に入り、このとき一豊に従った首席家老の深尾和泉守重良は佐川一万石を預かった。その深尾氏に従って佐川に入った商家のなかに、酒造りを業とする「御酒屋《ごしゆや》」の名もあった。以来、佐川の地で酒造りが受け継がれていくことになる。「御酒屋」の家業は順調に発展し、時期ははっきりしないが、名字帯刀を許されて竹村を名乗り、「黒金屋《くろがねや》」の屋号を許された。これが司牡丹酒造の前身である。

一九一八（大正七）年、佐川の酒造家が結集して「佐川醸造株式会社」を設立した。その翌年、酒銘を「司牡丹」とした。「牡丹は百花の王、さらに牡丹のなかの司たるべし」という意味だ。

会社設立時に専務取締役を務めていた竹村源十郎は、徹底した品質主義を唱えた。佐川には四万十川を上回る清流、仁淀《によど》川水系からくる軟水の湧水があり、それが古くから酒造りが盛んな理由である。竹村は日本全国を回って、この軟水に適した醸造法は広島杜氏の技術が最適だと知り、一九三一（昭和六）

年、広島杜氏の第一人者だった川西金兵衛を招聘する。その技術を得てからは品評会で数多くの受賞歴を誇るようになり、現在では司牡丹流といえる醸造法に発展している。

さて、司牡丹には暖簾紋といえるような紋章は存在していなかった。一九六二（昭和三十七）年に、フラッグシップともいうべき「デラックス豊麗司牡丹」を発売した。この製品は大吟醸酒市販の先駆けだったといわれ、現在も販売されているのだが、このとき、化粧箱のデザインに初めて採用したのが「牡丹」である。このマークが現在の司牡丹の暖簾紋にあたる意匠となっている。

牡丹は中国原産で、富貴草、貴花、百花王、花王、花神、花中の王など多くの別名がある。平安時代から衣服などの文様として用いられ、『日本紋章学』（沼田頼輔）によれば、建保・承久年間（一二一三〜一二二二）に近衛家の牛車の文様として用いられていたという。ほとんどの牛車の文様は家紋にも用いられており、この文様も「近衛牡丹」とよばれる家紋に切り替わっていった。

ところで、牡丹の紋章は年配の映画好きにはなじみが深いはずだ。東映の任侠映画が人気絶頂だった高度成長時代、その人気シリーズのひとつ『緋牡丹博徒』で、主人公の女博徒・緋牡丹のお竜は緋牡丹の刺青を背負っていた。お竜を演じた藤純子はこのシリーズで高倉健と並ぶ大スターとなる。一方、高倉健の背中の刺青は牡丹と唐獅子を組み合わせた「唐獅子牡丹」だ。この紋章の名

昭和初期に撮影された司牡丹の倉庫と瓶詰工場

前を聞くと、高倉健の映画『昭和残侠伝』シリーズと〜……背中で泣いてる唐獅子牡丹♪という挿入歌を思い浮かべる人もいるに違いない。藤純子も高倉健もクライマックスで背中の紋章を見せつけるのがお約束だった。古代からあった刺青は江戸期には侠客、鳶、飛脚などに広がり、浮世絵や歌舞伎などでも取り上げられるようになった。明治政府は強く規制したが、仁侠筋ばかりでなく粋とされた職種などでも好まれた。任侠映画はこうしたいわば文化を背景にしており、一九六八（昭和四十三）年には東大駒場斎で、イチョウの刺青を背負ったイラストと「背中の銀杏が泣いている」というコピーで構成したポスターが橋本治によって作成され、大きな話題となった。

こうしたことから、「唐獅子牡丹」はやくざ者の紋章という印象を持つ人もいただろう。ところがこの紋章は立派な家紋で、中国からもたらされた由緒正しい文様だ。『日本紋章学』によれば、仏説で獅子は仏母《ぶつも》の三昧耶形《さんまやぎょう》であり、本誓《ほんぜい》を表すものだという。どうやら獅子は仏教の教えを象徴するものらしい。その獅子は牡丹を愛して食べ物にした。獅子に牡丹を配するのはそうした意義によるという。平安期から社寺堂宇に彫刻されたり調度器具などに使われていたが、室町時代のころからは百獣の王である獅子と百花の王である牡丹が、勇猛と優美を兼ね備えるとして武家に好まれ、甲冑の装飾などに用いられ、家紋としても多く使用されるようになった。

別のいわれもある。獅子は寄生虫によって命を脅かされることがあり、その虫を抑える薬が牡丹の花に溜まる夜露で、そのため獅子は牡丹から離れられないのだという。この寄生虫が「獅子身中の虫」という言葉のもとである。歌舞伎の獅子の舞踊には牡丹が飾られることが多いようだが、このいわれを背景にしているのではなかろうか。

現在使用している
ロゴマーク

（この項の資料提供　司牡丹酒造）

「五三の桐」紋、永代団子の佐原屋

江戸庶民の菓子といえば団子である。現在まで続いているものに向島の言問団子、根岸の羽二重団子があるが、途切れてしまったものの、現代にその名が伝わるものがいくつかある。永代団子もそのひとつである。

この団子を売っていた佐原屋は永代橋の西際に二店舗あった。柳沢吉里の四男で大和国郡山二代目藩主の柳沢信鴻（のぶとき）が書いた『松鶴日記』の一七八九（寛政元）年八月の記述に贈答品として出てくるから、寛政年間（一七八九～一八〇二）には有名になっていたと思われ、ほかにも多くの本に登場する。永代橋を渡れば深川であり、橋詰の茶店は深川を語るにはちょうどいい素材だっただろう。

暖簾紋は「五三の桐」紋で、肩書は佐原屋下総掾となっている。「掾」は地方官の役職名で、江戸期には皇室や貴族から与えられる名誉称号だから、佐原屋は貴族となんらかのつながりがあったのだろう。あるいは京の菓子屋の流れといったことも想像できるが、むろんいまとなってはわからない。

（江戸買物獨案内）

『紫草』より（国会図書館蔵）

（上）永代橋西詰の永代団子佐原屋。水引暖簾に「五三の桐」紋と行灯看板が見える。当初、団子はひと串に五つで五文だったが、四文銭が登場し、ひと串四つの四文となった（『春色英対暖』国会図書館蔵）。（左）『新版御府内流行名物案内双六』のなかの永代だんご部分（国会図書館蔵）

江戸の飴屋、桐屋と川口屋

関東最古の目黒不動尊は江戸時代から知られた行楽地で、参詣者が土産として名物の飴を買い求めた。『江戸名所図会』には「目黒飴」の桐屋が紹介されていて、「目黒飴　此地の名物として是を商ふ家多し　参詣の輩（ともがら）求めて家土産（いえづと）とす」と記述される。

江戸時代の飴は、水飴に少量の砂糖を加えて作られたさらし飴が中心だった。砂糖は輸入品で希少かつ高価なため、庶民にはとても手が出なかった。砂糖（和三盆）がようやく登場するのは、吉宗の時代よりかなり後になる。

この桐屋の店頭の日除け暖簾には大きな「五三の桐」紋が見え、暖簾には桐屋の屋号と暖簾紋が見える。店内右手ではふたりが飴を引き伸ばし、

「五三の桐」紋が見える目黒の飴屋桐屋の店頭風景。上図は右部分の拡大図（『江戸名所図会』より国会図書館蔵）

お客にお茶を出す女中、店頭では袋詰めをしている女将らしき人、右手ではひょうきんな男が（あるいは見世物師か）飴を宙に放り投げて口に入れようとし、売り子の女中を笑わせている。

この桐屋は、菓子が登場人物の絵草紙『名代干菓子山殿』の茶屋の場面に登場し、さらに池波正太郎は『鬼平犯科帳』の「俄か雨」に「……五三ノ桐の紋所を刷り込んだ桐屋の黒飴の袋の紐を大刀の鞘の鍔際へ掛け、右手に竹の杖、左手は軽く懐ろへ差し入れた長谷川平蔵が、行人坂をのぼりきって……」と雰囲気たっぷりに登場させている（ただし、当時は砂糖の入った黒飴ではなく白いさらし飴だ）。

桐屋の大店店舗とは反対に、フットワークのいい「傘の下商人」という露天商いの店も多かった。なかでも「丸に蔦三つ柏」の暖簾紋を使用した、飴屋の二大ブランドである雑司ヶ谷の川口屋は有名で、鬼子母神前では川口屋と名乗る店が何店も現れるまでになった。

『川柳江戸名物』では職人が飴を伸ばしている様子が描かれているが、これは水飴などを伸ばすことで空気を混入させ固めるためである。また「傘の下商人」の傘は、日差しで飴が溶けることを防ぎ、雨を除けるためといわれる。

川口屋は絵草紙や町案内などの版本で、繁華街にたびたび登場している。『どうけ百人一首』では、商品台の前に「川口屋」と書かれており、『絵本江

『どうけ百人一首』での傘の下の川口屋の露天商い部分。傘下には飴を入れる袋が吊り下げられているのが見える（江戸末期　国会図書館蔵）

『絵本江戸みやげ』に描かれた両国橋詰の雑踏での川口屋の露天商い部分。ここでは傘を用いていない（1753＝宝暦３年、復刻版より）

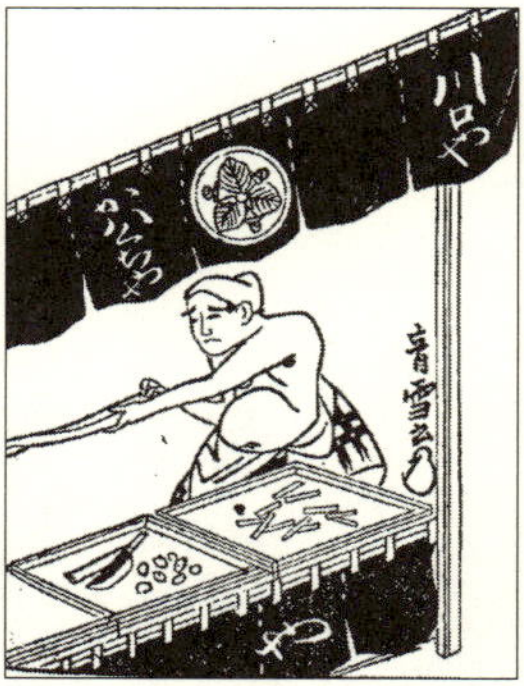

『川柳江戸名物』での「丸に蔦三つ柏」紋の川口屋飴。職人の作業中の姿。飴はまだ長いままの状態で、これから細かくカットするようだ（国会図書館蔵）

戸みやげ』では、にぎやかな両国橋詰で商いをする川口屋が描かれている。

桐屋などで商っていた飴は「三官飴」といった。この三官は、一六一三（慶長十八）年の『見聞軍抄』（柳亭種彦著）には、飴を伝えた唐人を指すと記述されているが、どうやら中国ブランドの意味合いのほうが強く、特定の人物はいないようだ。このブランド志向から、飴売りには唐人の格好をし、チャルメラを吹き、大道芸的な要素をもつ「唐人飴売り」スタイルがはやり、多くの風俗画資料が残されている。大道芸スタイルは唐人以外にもさまざまに変化し、なかには三味線を弾きながら粋な歌を披露するものも登場する。これを歌舞伎の『飴うり千太郎』として持ち込んだのが、十三代市村羽左衛門（のちの五代尾上菊五郎）。市村家の家紋である橘と、飴売りの紋である渦巻模様の入った衣装の浮世絵が残っている。

『川柳江戸名物』には「陳三官　桐屋治右衛門」と記される。上には若衆と町娘の逢い引きか、ふたりのまったりとした様子が描かれる（国会図書館蔵）

江戸店との関係は不明だが、飴屋川口屋の名前は江戸以外でも見受けられる。上図は『尾張名陽図会』でのにぎやかな川口屋店頭風景（国会図書館蔵）

（左）歌川豊国の描く歌舞伎演目「飴売り仙太郎」。ここでは「橘」紋と「渦巻き」紋を染め抜いた浴衣を着た市村羽左衛門が見得をきる（国会図書館蔵）。国貞以外にも歌川芳幾、歌川国明が、同じ羽左衛門の三味線を持ち鎌倉節を歌う飴売り姿を描いており、似たような演目がなんども演じられたようだ。また一八五三（嘉永六）年の『守貞漫稿』には、江戸の飴店は看板にかならず渦巻の絵を描き、行商の飴売りも渦巻を描いているとあるが、その図柄は残念ながら未だ確認できない

吉祥の紋章、松竹梅

松竹梅がめでたい吉祥の植物であることは日本人なら誰でも知っている。もとになったのは中国宋代の文人画で画材として好まれた歳寒三友《さいかんさんゆう》である。松と竹は寒中にも色褪せず、梅は寒中に花開くことから、清廉潔白・節操という文人の理想に合うものとされた。中国では吉祥を表すものではなかったが、日本に伝わるといつしかめでたいものという認識に変わり、吉祥の植物とされるようになった。門松がわかりやすい例である。

「松」紋は、家紋では根幹と枝葉、実の松ぼっくりが素材として使用される。枝は一本と三本があり、三本の場合は左右に違いがある。若い松の枝は全体を植物の葉のように使って、左右違いや輪にする意匠がある。松葉は短枝とよばれる枝の一種に二枚の葉がついた様子を示したもので、チューリップのような形から出た二本の線からなる。この線を湾曲させたり折ることで、菱形や花弁、山形などに応用する。平安時代に日野氏が鶴との組み合わせで、牛車の文様に使用した例があるようだが、松単体での家紋は室町時代からのようだ。

竹の実は百二十年に一度結実するとされ、鳳凰の食餌にされるという伝説から、竹も瑞物《ずいぶつ》として認められている。家紋における「竹」紋には幹、根、葉があり、直線状の幹だけの場合を「竹」紋、幹を輪にしたものは「竹輪」紋という。幹を切った形状のものを「切竹」紋ということもある。根がついた状態を表現したものは「根竹」紋、または「竹株」紋といい、雀、虎、岩などと組み合わせて別の紋章にすることもある。葉のみを使用する場合は「笹」紋という。竹と笹は同じイネ科タケ亜科の植物で、厳密には種類が異なるが、家紋では混然としているのでここでも同列に扱う。なお、竹と雀がセットになることもある。

「梅」紋は花を意匠に使う。具象的な「梅」紋と、花びらを丸で表したより図形的な「梅鉢」紋に大別される。太宰府天満宮が「梅」紋、湯島天神が「梅鉢」紋を神紋としており、時代劇では加賀藩の「梅鉢」紋がよく出てくる。「梅鉢」紋は「六曜」紋と構造が同じだが、中央の丸が外輪の丸より小さい。一方の六曜は中央の丸が外輪より大きく、間違うことはない。

松竹梅のいずれも商家の暖簾紋では外郭として使用するなど、文字と組み合わせることが多かったようだ。暖簾紋に植物紋の使用例が少ないことは前述したが、松竹梅の紋章は比較的使用例が多い。

代表的な松竹梅家紋

「松葉菱」「ひとつ松」
「三つ追い松葉丸」「三階松」
「雪持ち笹」「五枚笹」
「笹竜胆」「根笹」
「光琳梅」「梅」
「裏梅」「梅鉢」

暖簾紋曼荼羅

「梅」即席御料理所　松野庵幸吉（甲府買物獨案内）

「丸に梅鉢」京菓子所　近江伊勢（江戸買物獨案内）

「星梅鉢」御料理所　松屋庄吉（江戸買物獨案内）

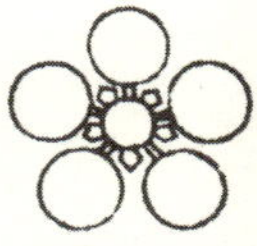

「梅鉢」御菓子所　高松屋（江戸買物獨案内）

「梅鉢」針商　みすや福井藤原勝秀（都の魁）縫針というと「みすや針」が有名。図は一八八三（明治十六）年ごろの京都三条河原町みすや本店の様子。右上に見えるのは暖簾紋入りの竜吐水

「梅鉢」あわおこし　本家津國屋清蔵（浪華買物獨案内）

「八重梅」薫物線香商　小山惣五郎（日本全国商工人名録）

「光琳梅」紺屋合灰商　八村忠兵衛（日本全国商工人名録）

「九枚笹」御伽羅之油商　本笹屋利仙（江戸買物獨案内）

「亀甲に五枚笹」醤油醸造問屋　諸房半兵衛（全国醸造物登録商標便覧表）

「雪持ち五枚笹」御足袋所　ささや五左衛門（江戸買物獨案内）

「五枚笹」京菓子司　永田印旛大掾藤原光政（江戸買物獨案内）

「梅に水」梅酒醸造所　伊東常四郎（全国醸造物登録商標便覧表）

「五枚笹」御菓子所　よもんや八右衛門（江戸買物獨案内）

「笹竜胆」あい焼商　笹屋八郎兵衛（江戸買物獨案内）

「木瓜に五枚笹」御伽羅之油商　五十嵐兵五郎（江戸買物獨案内）

「竹囲み」清酒醸造所　松本源七（全国醸造物登録商標便覧表）

絵草紙に登場するいくよ餅（新文字ゑつくし・国会図書館蔵）

「三つ回り藤」が暖簾紋の幾世餅ふじや（七十五日・国会図書館蔵）

「三階松」いくよ餅　小松屋喜兵衛（紫草・国会図書館蔵）

焼いた丸餅に餡をのせたいくよ餅。元祖は浅草寺門内の藤屋だったというが、その後、小松屋が吉原の遊女であった妻幾世と一緒に、両国橋で売り出したところ大あたり。藤屋は大岡越前守に訴えるが、裁きは双方ともに江戸の外れで商いをせよというものだった。仕方なく示談とし、一件落着……。この話は落語にも登場するほどで、当時のいかに庶民からの人気が高かったを示すものだ

「光琳松」葡萄酒醸造所　松村彌兵衛（全国醸造物登録商標便覧表）

「丸に三階松囲みに一」御三味線師　石村近江（江戸買物獨案内）

「丸に三階松」菓子所　会津屋和泉掾（江戸買物獨案内）

「三階松」畳表問屋　松屋長左衛門（江戸買物獨案内）

「松竹梅」醤油醸造所　武石伊兵衛（全国醸造物登録商標便覧表）

「松葉菱に正」萬履物商　高﨑庄三郎（日隅薩商工便覧）

「松に王」醤油醸造所　草薙晟光（全国醸造物登録商標便覧表）

「四つ松葉に香」御伽羅之油商　玉井香太郎（江戸買物獨案内）

「松葉桔梗」ラムネ製造所　新潟ラムネ株式会社（全国醸造物登録商標便覧表）

「片折れ松葉に忠」提灯所　松葉屋忠兵ヱ（甲府買物獨案内、国会図書館蔵）

「松葉菱にト」鰻蒲焼商　黒駒屋佐兵衛（甲府買物獨案内、国会図書館蔵）

「松」御料理所　松田石川孝之助（東京買物獨案内）

「松に榮太樓（七段松）」
江戸期から京まで知られた甘味処
榮太樓總本舗

榮太樓總本舗の歴史は一八一八（文政元）年に始まる。武蔵国飯能で菓子商をしていた細田徳兵衛がふたりの孫を連れて江戸に出府し、九段坂に煎餅の店「井筒屋」を開いた。この店が現在まで続く和菓子業の礎である。「井筒屋」はこれ以前に飯能で数十年の和菓子屋の歴史があるが、榮太樓總本舗では江戸で店を開いた年を創業年としている。徳兵衛には二男一女の孫があり、長孫の安太郎は「井筒屋」を継ぎ、次孫の安五郎は別の菓子店に勤めた後に独立して「伊立屋」を開いた。しかし、一八五二（嘉永五）年、はやり病のため兄弟は相次いで他界した。井筒屋はいったん店を閉じ、安五郎の子である榮太郎が一族を背負うことになる。

父と伯父の死後かどうかははっきりしないが、あるとき榮太郎は日本橋南詰に屋台を開いた。彼が焼く金鍔《きんつば》は、近くの魚河岸商人や軽子（魚

細田榮太郎（三代目細田安兵衛）

河岸の荷物運搬事業者）たちの評判をよび、やがて噂は江戸中に広まっていった。

一八五七（安政四）年、榮太郎は日本橋西河岸町（現在の本店である榮太樓ビルの地）に独立の店舗を構えた。当初は「井筒屋」の屋号で商売を始めたが、数年後には自らの幼名にちなんで屋号を「榮太樓」と改める。顧客が「えいたろうの店」「えいちゃんの店」としかよばなかったため、それに合わせたのだという。

榮太樓總本舗の看板商品である「梅ぼ志飴」が生まれたのは安政年間（一八五四～六〇）で、日本橋に店舗を構えた時期と重なる。文久年間（一八六一～六四）には甘納豆の元祖である「甘名納糖」、明治に入り「玉だれ」「黒飴」を創製した。「梅ぼ志飴」の名称はその姿形が梅干しに似ていることから、洒落好きな江戸っ子が名づけたものだ。

江戸末期、上方の旦那衆が江戸にきた際、「梅ぼ志飴」を芸妓への土産にすることが流行したという。すでに江戸では超有名な飴だったのだ。明治から大正期にかけては、「梅ぼ志飴」を唇に塗ってから口紅をつけると、口唇が荒れずに照りが出るといわれて、上方の芸妓や舞妓たちが東京土産に請うたという逸話も残っている。

昭和に入ってからは東京随一の繁盛店として知られ、一九四〇（昭和十五）年には有限会社に組織変更し、大東亜戦争で日本橋店舗・工場を焼失したが、戦後すぐに復旧した。

一九五一（昭和二十六）年には、日本初の食品名店街で、デパ地下のルーツともいうべき東急東横のれん街にも尽力した。この経験が生きて、榮太樓總本舗は全国の百貨店にデパ地下が開設されると出店し、全国展開を果たす。また、「みつ豆」「あんみつ」の缶詰を茶の間に定着させたのも榮太樓總本舗で、本店内に併設した喫茶室で提供していたものを缶に詰めたものである。

一九七二（昭和四十七）年には株式会社に改組し、七四年から展開したテレビCMでは「はーい、えいたろうです」のサウンドロゴを人びとの耳に焼きつけることに成功した。

暖簾紋は当初は井筒屋の「井筒」紋を使用したが、その後、松の枝葉の中に「榮太樓」の文字を組み込んだ、現在の紋章に変わった。

この紋章は榮太郎（三代目細田安兵衛）が元旗本の屋敷を購入したことがあり、その屋敷の庭に将軍から下賜された松の大木があったことに因んだと伝えられている。この紋章は一般的な家紋の名称から考えると「ひとつ松」ということになりそうだが、社内では葉の盛り上がり部分の数から「七段松」とよばれている。旗本屋敷にあった松は高さ六メートル、周囲は二一メートルに及ぶ大木と伝えられているから、この木

「日本製菓子舗 榮太樓本店製造場略図（明治18年）」万国発明品展覧会に出品する際に描かれたもの

『東京買物獨案内』（1890＝明治23）年の榮太樓の広告

1877（明治10）年ごろの本店

にも〝七段〟を連想させるなにかがあったのではないかと思いたくなる。

前出の『東京買物獨案内』には「七段松」の紋章とともに「井筒」の紋が掲出されているから、少なくともこの時期まで「七段松」はブランドマーク、「井筒」紋は「井筒屋」の時代から、店を代表する際の紋章という使い分けがなされていたものと思われる。

なお、ここでいう「井筒」の紋章は菱形になっているので、家紋のよび方では「井桁」ということになるが、屋号との関連があるので、ここでは「井筒」としておく。家紋では四角になったものを「井筒」紋、菱形になったものを「井桁」紋ということになっており、「井桁」と思える意匠を「井筒」とよぶ例はほかにも少なからず存在するが、井桁屋という名称は聞いた記憶がない。明確な整理がなされないままに、現在に至っているのだと思われる。

1933(昭和8)年1～3月の仮店舗。店頭看板に「七段松」の暖簾紋が見える

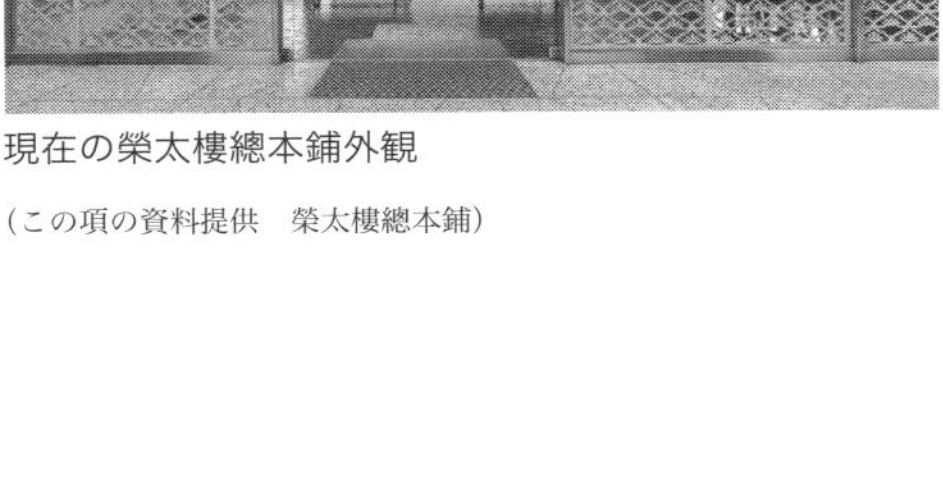

現在の榮太樓總本鋪外観

(この項の資料提供　榮太樓總本鋪)

「五枚笹竹丸」
江戸小紋、浴衣の呉服屋
竺仙（ちくせん）

竺仙は江戸小紋、江戸染浴衣などを製造販売する呉服メーカーである。江戸小紋は武士の裃《かみしも》に用いられて発達し、羽織、着尺《きじゃく》などにも使用されるようになった。型紙を使う一色染めで、遠目には無地に見えながら近くによれば無数に広がる小さな柄の模様である。

竺仙の創業は一八四二（天保十三）年。浅草に店を構え、風流、古雅、渋みのある意匠で知られた染物屋だった。初代の橋本仙之助は多くの文化人と親交を結んだ粋人だ。背が低かったことからチビ仙といわれており、あるとき洒落でちんちくりんの仙之助を縮めて「竺仙」としたところ、これが仙之助のよび名となり、店も「竺仙」とよばれるようになった。

仙之助は知人の画家たちから新しい構図の知識を得るとともに、古代模様などを組み合わせて、次つぎに新しい小紋柄を考案し、一方で、染め方にも新たな技術を生み出した。竺仙以前の江戸期までの浴衣は、白無地か絞り染めだった。当時は藍染めだったが、水分を含むと藍が肌についたりする。仙之助は藍とドイツの染料を一定の比率で混合することで色落ちを解決した。また機械で紡いだ均質で細い糸で織った浴衣地を使うことで、細かな文様を可能にした。神田紺屋町には何十軒もの染工場があった。仙之助は厳しい注文をつけるのが常だが、かわりに工賃も五割増しだった。染工場は必死にその注文に応えたという。

仙之助の浴衣地はまず芸能人や粋筋の評判をよんだ。それから一般家庭に普及して「浴衣は竺仙」といわれるようになり、ブームを巻き起こした。その後も新意匠を多く創案し、人気を博している。

戦争中は事業を中断し、戦後、同じ浅草で営業を再開したが、昭和三十年代に入ると卸売業が盛んになったため日本橋に移転した。現在も明治期に流行した型紙を多数保持し、職人が昔ながらの勘で染め上げる製法にこだわり、手彫りの型紙で一反ごとに手染めする。一方では能衣装、古代文様、正倉院文様などにも力を入れている。製品は「竺仙鑑製」を謳い「鑑」を規範としている。この「鑑」の文字には手本になる目利きなどの厳しい意味があるのだという。

竺仙の暖簾紋は竹の幹を丸にして五枚の葉を配した意匠である。社内では単純に「竹」紋とよぶ。当初は暖簾紋といえるような紋章は使用しておらず、時期は不明だが三代目が考案したものだという。屋号からの発案と類推される。

「竺仙鑑製」のタグ

現在の「竺仙」本店

(この項の資料提供　竺仙)

「梅に園」
浅草寺別院梅園院の一隅に開いた
甘味処　梅園（うめその）

江戸時代の浅草では、現在の仲見世通りあたりに浅草寺末寺が並んでいた。一八五四（安政元）年、そのひとつである梅園院《ばいおんいん》の一隅に茶店を開いたのが梅園の始まりで、初代の工夫が「あわぜんざい」である。梅園では粟ではなく餅きびを使う。黄色の雑穀である餅きびを半搗《つ》きし、練ったこし餡《あん》と合わせる。これが評判を得て、茶屋帰りの朝、粋人が立ち寄るようになった。明治以降は浅草観光での定番となり、その味は永井荷風の小説『踊子』でも紹介されている。

一八九二（明治二十五）年には梅園の隣に二代目清水文蔵が梅園勧工《かんこう》場《ば》*を建てた。二階建て木造建築で、屋上には円錐型屋根の時計塔があり、塔の周囲は回廊になっていた。この梅園勧工場が浅草における勧

明治期の店舗

工場の嚆矢とされ、仲見世にあることから知らぬ者はいないとされるほど有名になった。二年後には一軒置いた並びに、共栄館勧工場ができている。

　勧工場は一八七八（明治十一）年に内国勧業博覧会の残品処分のために、東京府が丸の内に開設したのが最初で、明治中期には主要都市に乱立するほど栄えたが、明治末期に百貨店が本格的に開店していくと急速に衰えていく。梅園勧工場は一九二一（大正十）年ごろまで営業して廃館となり、二年後の一九二三（大正十二）年に関東大震災で焼失している。

　戦争の時代には東京大空襲であたりは焼け野原になった。梅

焼け残った暖簾紋入りの水甕

現在の店舗

手前の塔が梅園勧工場、奥の塔が共栄館勧工場（戦前の絵葉書より）

勧工場
関西では勧商場といい、ひとつの建物にいくつもの店が入り、定価で販売する、貸店舗方式の商業施設。いわばひとつの施設内にまとまった商店街。一八七七(明治十)年の内国勧業博覧会の売れ残り品を、東京府が麴町の評定所跡で展示販売したのが始まり。数年後に民営になり、全国に広がった。それまでの「座売り」に対して、土足で入り、展示された商品を正札で買える販売方式が画期的で、人気を博した。しかし百貨店が普及してきた明治末期には衰退していった。それでも、現在までなお各地で勧工場と同様にひとつの建物内に多くの店舗が並ぶ商店街をみることができる

園も跡形もなく焼けたが、暖簾紋の入っている水甕だけが残り、店のあった場所を知る手がかりになったという。

現在、甘味処とともに和菓子の販売を行い、百貨店ほかで数十カ所の販売店を展開している。屋号の「梅園」は、梅園院のゆかりとしての名前で、暖簾紋も、名をそのまま表している。

第五章

鳥、昆虫、伝説の霊獣まで、幅広い動物の紋章

森八

キリン

三宅本店

鳩居堂

豆政

福砂屋

本家伴久

鶴屋吉信

廣貫堂

亀屋陸奥

鳥と昆虫が多い動物紋

動物紋

商家の紋章の多くは吉祥にからむ

動物といえば犬と猫がいちばん身近だが、家紋では見かけない。その一方で馬、鹿、兎、蝙蝠《こうもり》といったところが家紋になっている。鳥類は鶴、鳩、雁、雀、烏、鶏、千鳥などがある。見て愛でるものということになろうか。家紋も暖簾紋も使用例は多くはない。前出の買物案内などの調査では、二万七七〇二例のなかでわずか一八二例である。「雁金《かりがね》」紋が目立つ程度で、ほかには吉祥の動物である鶴と亀、想像上の霊獣などがある。これらの紋章は菓子舗、薬、化粧品、酒などの業種に多い。また、店を代表するコーポレートマークというよりは、商品を示す絵柄、ブランドマークとしての使われ方が多いように感じる。

鶴と亀は暖簾紋でもいくつもの意匠があり、鶴では「鶴丸」紋、「下がり鶴」紋といった意匠のほか、「梅」紋との合体など、使用例数がさほど多くないわりに変化形が多彩だ。文字のハネの部分などに頭をつけた「文字鶴」紋もときどき見かける。文字はいくつも種類があるようだ。「山形」などの外郭と合わせて使用されることもある。亀は丸に首と手足と尻尾をつければ誰にもわかる意匠になるので、これも変化形が多い。

昆虫は揚羽蝶《あげはちょう》と蜻蛉《とんぼ》を見かける程度だ。「揚羽蝶」紋は平家の紋章とされているが、実際には平家の一部のようで、むしろその郎党などの流れで使用されているほうが多いのかもしれない。

ところで、植物で松竹梅が長寿の象徴になっているのと同様に、「鶴は千年、亀は万年」という言葉どおりで、丹頂鶴と蓑《みの》亀も長寿の象徴である。「蓑亀」紋は尻に毛のようなものがある絵柄で、尻部に藻が付着していることを示している。亀の甲羅に蓑に見えるほどの藻がつくことはあり得ないのだが、長い期間を示す寓意であり、すなわち長寿の象徴である。浦島太郎の絵本の図柄にはいまも蓑亀が使われていることがある。ただし、鶴亀も松竹梅も吉祥としているのは日本だけのようだ。

動物紋

吉祥の意匠にはどんなものがあるか

吉祥の意匠は数多くあるので、一部をあげておきたい。富を象徴するものとしては、仏教に由来する七宝がある。『無量寿経』においては「金、銀、瑠璃《るり》、玻璃《はり》、蝦蛄《しゃこ》、珊瑚《さんご》、瑪瑙《めのう》」、『法華経』では「金、銀、瑪瑙、瑠璃、硨磲《しゃこ》、真珠、玫瑰《まいかい》」があげられている。瑠璃はラピスラズリ（青金石）のこと、玻璃は水晶、蝦蛄はシャコガイの殻。玫瑰は赤色系の宝石とされるが、よくわかっていない。連続してくり

家紋に見る代表的な動物紋

「鶴丸」

「ひとつ亀丸」

「揚羽蝶」

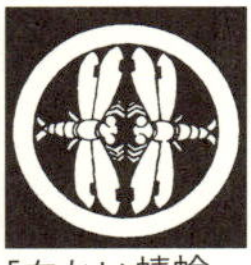
「向かい蜻蛉」

「雁金」

「文字鶴」

「鶏丸」

「ふくら雀」

返す吉祥文様としては、七宝柄も縁起のいい柄とされる。輪を四分の一ずつ四方に重ねていく意匠で、「四方」が転じて「七宝」の名がついたようだ。ほかにも唐草、麻の葉、紗綾形《さやがた》、入子菱、青海波《せいがいは》、石畳、流水、雪輪などがある。植物では松竹梅のほかに桜、橘、菊、椿、瓢簞《ひょうたん》、朝顔、牡丹、柊《ひいらぎ》などもあげられる。

宝づくしとよばれる文様もある。吉祥柄を集めた文様で、七宝のほかにも隠蓑《かくれみの》、隠傘、丁子、宝珠、打ち出の小槌、金嚢《きんのう》、宝鍵《ほうけん》、宝巻《ほうかん》、軍配《ぐんばい》、分銅などが使われる。たとえば打ち出の小槌は日本では富の象徴だ。ヒンドゥー教のシヴァ神が密教に取り入れられて大黒天となった。もとは戦いと富貴爵禄の神だが、やがて神道の大国主と習合して七福神の一体となり、食物や財福をつかさどる神となった。その持ち物が打ち出の小槌である。丁子、鍵、宝珠、嚢《ふくろ》、分銅なども暖簾紋に取り入れた商家が少なくない。さらにいえば、熨斗や宝結び、籠目《かごめ》、鈴、扇なども吉祥の紋章である。当然、宝船も吉祥意匠の紋章で、暖簾紋に散見される。

動物にも吉祥の意匠は少なくない。鶴亀ばかりでなく、海老は腰が曲がるまでという長寿の象徴、蜻蛉は勝ち虫とよばれて尚武《しょうぶ》の昆虫だ。白鹿《はくろく》は神の使いともいわれ、鹿の〝ろく〟という発音は禄に通じるともいわれる。鹿角は刀掛けや兜の前立てに使われる尚武の印でもある。鯛、蝶、さらには鮫肌も小紋文様で使われるし、鱗も吉祥とされ、北条氏で知られる家紋だが、暖簾紋の使用例も多い。

現在の日本ではいささか違和感を覚えるが、中国、台湾などでは蝙蝠も富や長寿を象徴する動物だ。中国音で「福」と「蝠」が同じところからきているという説もある。日本でも

家紋に見る代表的な吉祥紋

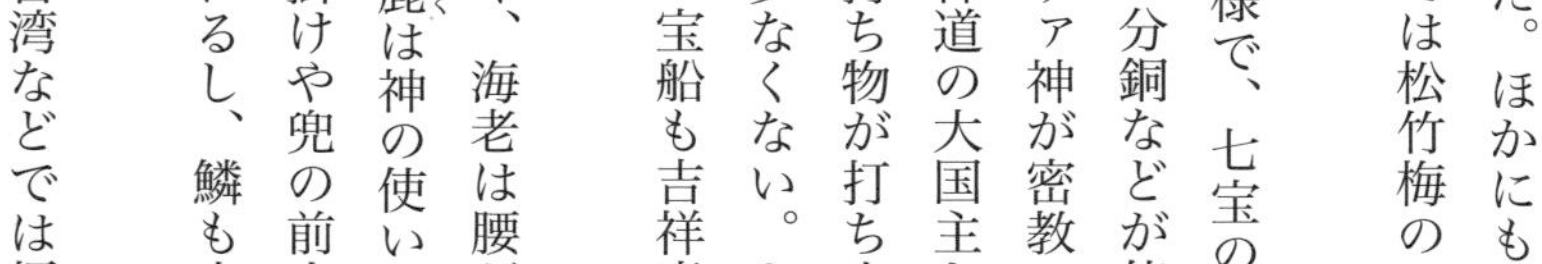

「槌」　「七宝」　「蝙蝠」　「向かい鴛鴦」　「洲浜」　「宝結び」

（「家紋大図鑑」より転載）

江戸時代までは富の象徴とされ、カステラの福砂屋はこの紋章を使用している。ところが、西欧では蝙蝠を不吉としており、明治以降、日本にもこうした見方が浸透した。アメリカンコミックスのヒーローであるバットマンは、これが下敷きになって生まれたものと思われる。暗闇に潜む蝙蝠は恐怖の象徴であり、悪人を殺さずに悪事をやめさせるには恐怖を与えればいいと考え、あえて蝙蝠の覆面をしているという設定らしい。

夫婦円満は鴛鴦《おしどり》が番《つがい》で暮らすことから、中国、韓国、日本では婚礼の際の贈答品などに使われ、石榴《ざくろ》は中国、ペルシャなどでは多産の象徴とされたようだ。ただし、実際の鴛鴦は毎年相手を変えるらしい。鯉は中国、日本では立身出世の象徴だが、西欧では貪欲というイメージがあるという。どんな吉祥の象徴も、国や地域、時代によって変化するわけだ

●動物

暖簾紋 曼荼羅

「鶴丸」書物地本問屋　鶴屋喜右衛門（江戸買物獨案内）

「文字鶴」味噌醸造所　長谷川与兵衛（全国醸造物登録商標便覧表）

「下がり鶴」御菓子所　鶴屋柳袋子（江戸買物獨案内）

「梅鶴に悦」清酒醸造所　鳥居半三郎（全国醸造物登録商標便覧表）

「万年亀」足袋商　亀岡善兵衛（浪華の魁）

「蓑亀」御菓子所　亀屋大和掾（江戸買物獨案内）

「蓑亀」股引たび所　亀屋治郎兵衛（江戸買物獨案内）

「雁金」萬羽根問屋　伊藤屋源兵衛（江戸買物獨案内）

「丸に違い鷹の羽」御料理所　海老屋喜右衛門（江戸買物獨案内）

「蝙蝠」青貝細工所　なり田や卯兵衛（大坂商工銘家集）

「丸に烏」葡萄酒醸造所　妹尾壽太郎（全国醸造物登録商標便覧表）

「フクロウ」麦酒醸造所　淺田甚右衛門（全国醸造物登録商標便覧表）

「丸に揚羽蝶」御茶漬所　小川屋富五郎（江戸買物獨案内）

「揚羽蝶」清酒醸造所　葛原専治（全国醸造物登録商標便覧表）

「丸に揚羽蝶」薬種問屋香具類　烏犀園小見山宗法（尾陽商工便覧）

「熊」葡萄酒醸造所　市川喜七（全国醸造物登録商標便覧表）

「馬」酢醸造所　氏原馬三郎（全国醸造物登録商標便覧表）

現在も続く言問団子は、江戸末期創業の団子屋。在原業平が東国を旅したときに詠んだ和歌より「言問団子」と名づけたといわれる。デザインパターン化していない鳩を、現在でも包装紙に使用しているのはこの店だけ。この店は、池波正太郎の時代小説「鬼平犯科帳」にも登場するが、その時代に店は創業していない

「鳩」言問団子　植佐（江戸時代商標集）

「蜂」西洋酒問屋　近藤利兵衛（全国醸造物登録商標便覧表）

「矢と百足の蔵印」松本佐右衛門（石見国商工便覧）百足も前にのみ進むことから「勝ち虫」と称される。脚の多さ、速さから「客足が増え早く売れる」とされ「当たり矢」も加えて縁起のいい紋章

蜻蛉は前にしか進まないこと、生態が獰猛なことから「勝ち虫」と称され、武家に好まれた。武田軍団の板垣信方は「勝ち虫」などを家紋としている。前田利家の兜にも蜻蛉が配されている

「蜻蛉」清酒醸造所　近藤利兵衛（全国醸造物登録商標便覧表）

「鯉に登」清酒醸造所　小藪太乙（全国醸造物登録商標便覧表）

「海老に熨斗」清酒醸造所　木原熊吉（全国醸造物登録商標便覧表）

「海老」諸国茶問屋　龍草軒海老屋幸三郎（東京買物獨案内）

「鯛に槌」清酒醸造所　中村又二（全国醸造物登録商標便覧表）

「蟹」葡萄酒醸造所　池田濱吉（全国醸造物登録商標便覧表）

右は歌川広重による『江戸名所百景・上野山下部分』の御料理屋伊勢屋。下は明治期の名古屋雁なべ丸万支店（尾陽商工便覧）

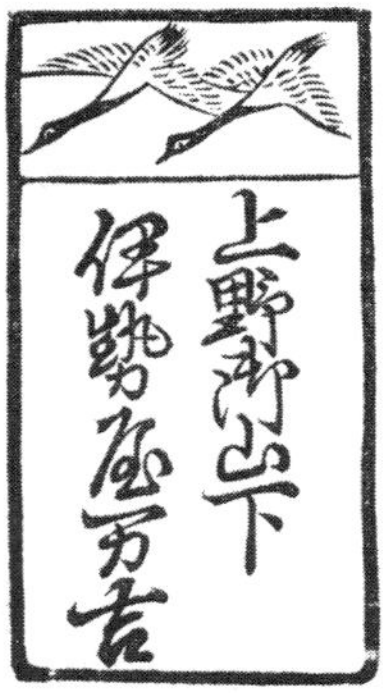

「下がり並び雁」　御料理屋所　伊勢屋万吉（江戸時代商標集）

『江戸名所百景』が描かれた十年後の一八六八（慶応四）年、彰義隊と新政府軍による「上野戦争」が起こる。このとき彰義隊による高台からの砲撃に対し、新政府軍はこの伊勢屋の二階から砲手の狙撃を行なったといわれる。

伊勢屋の屋根上部には雁の模様があり、明治になり「伊勢屋」から「雁鍋」と店名を改める。のちに雁鍋は政府御用達の高級料理店となり、森鷗外の小説『雁』にも登場するようになる。しかし、明治後期に廃業している。

右下図は上野伊勢屋との関係は不明だが、名古屋の雁なべの店「丸万支店」である

「ライオン」歯磨き粉商　小林富次郎（東京名物志）

「象」洋酒醸造所　小室松次郎（全国醸造物登録商標便覧表）

「虎」薬種問屋　虎屋久左衛門（浪華買物獨案内）

「虎」葡萄酒醸造所　中川藤八（全国醸造物登録商標便覧表）

「ライオン」葡萄酒醸造所　平井松太郎（全国醸造物登録商標便覧表）

「鶏」薬種問屋　保全堂波多海蔵（東京買物獨案内）

「牛」醤油醸造所　福岡萬次郎（全国醸造物登録商標便覧表）

「蛙」薬種問屋　大西代造（京都買物獨案内）

「鼠」薬種問屋　石田甚助（京都買物獨案内）

「向かい鳩」源頼朝以来八百年を超えて続くブランドマーク　鳩居堂

鳩居堂の祖先である熊谷次郎直実《なおざね》は、平安末期から鎌倉時代初期の武士である。保元の乱、平治の乱では源氏の指揮下で戦い、その後は平家に仕え、一一八〇（治承四）年の石橋山の戦いに参戦した後、源頼朝に臣従する。一一八六（文治二）年に一の谷合戦で平敦盛を討つなどの武功があり、『平家物語』や『吾妻鏡』に登場する平安末期の有名人だ。平敦盛を討つ場面は、文楽や歌舞伎の『熊谷陣屋』でくり返し演じられている。

源頼朝に仕えた熊谷直実は頼朝から「向かい鳩」の家紋を授かった。歌舞伎で『熊谷陣屋』が演じられる際、舞台に張られる陣幕に向かい鳩が描かれているが、それは熊谷直実の家紋に由来するわけだ。鳩は平和を表すから武将と

幕末明治期の絵師豊原国周による五代目市川團十郎が演じる「熊谷直実」(左)。「向かい鳩」の家紋が見える（国会図書館蔵）

はそぐわないと感じる人がいるかもしれない。鳩は西洋では平和のシンボルであるため、明治以降そうしたイメージが広まったが、日本の鳩は藤原時代から軍神である八幡大菩薩の使いなのである。また、向かい合う鳩の形は「八」の字に見える。これも八幡大菩薩を示しているといわれる。つまり、武人に適した紋章なのである。

さて、一六六三（寛文三）年、二十代目の熊谷直心《じきしん》が京都寺町の本能寺門前で、薬種商の鳩居堂を創業した。屋号の命名は儒学者の室鳩巣《むろそうきゅう》で、中国の『詩経』の召南篇にある「維鵲有巣、維鳩居之」からとったものである。鵲《かささぎ》の巣に鳩がいるという意味で、鳩は巣作りが下手で鵲の巣に平気ですんでいる、すなわち借家住まいということから、「店はお客さまのもの」という謙譲の意を込めたものだ。また、室鳩巣の雅号と熊谷家に伝わる家紋「向かい鳩」にちなんだものでもあった。

その後、一七〇〇（元禄十三）年ごろから、薬種の原料が香と共通することから、薫香・線香の生産を開始した。また、薬種の輸入先である中国から書画用文具を輸入し販売を開始した。一七八九（寛政元）年ごろからは頼山陽をはじめとする文人墨客との交流が深くなり、筆や墨も製造するようになった。

頼山陽との交流では、屋号について逸話が残っている。あるとき四代目が、老舗として繁盛し店もあるのに、借家住まいという屋号はおかしいといわれ、返答に窮した。そこで頼山陽に助言を求めたところ、「家であれ国家であれ、先祖代々受け継いできたもので、いわば先祖の家に借家住まいしているよ

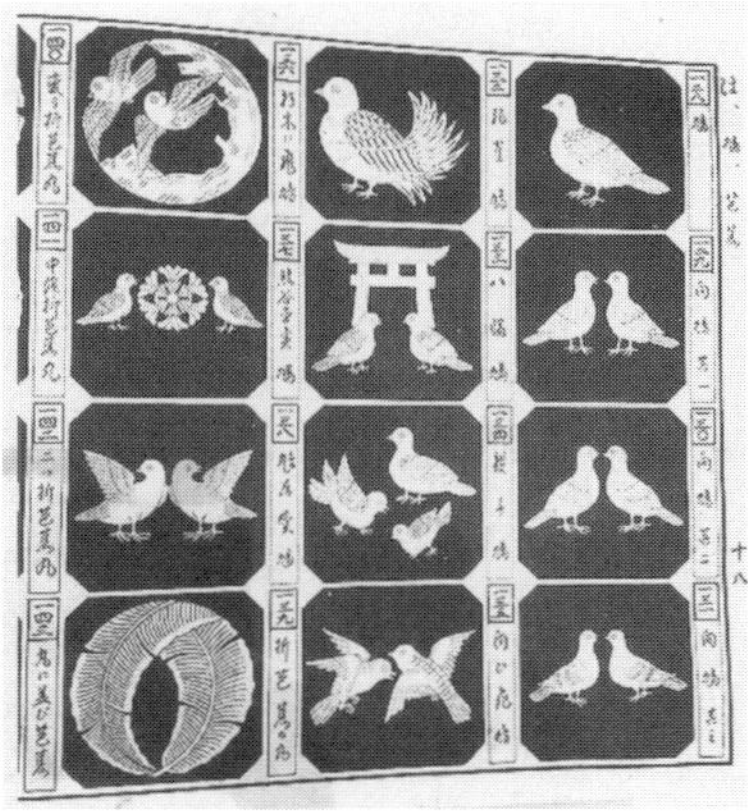

古い家紋帳『平安紋鑑』に記された「鳩」紋。「向かい鳩」にも多くの変化形があることがわかる

うなもの。店は先祖からの預かりものだ。鳩居堂は店を自分のものだと思わず、慎み深くやっているから繁盛していると思えばいい」とアドバイスされる。以来、鳩居堂は「店はお客様のもの」という謙譲の心が込められたこの屋号を、先祖から後世への戒めの言葉と受け止め大切にしているのだという。屋号に関するこれらのエピソードは、頼山陽の『鳩居堂記』に記されている。

　幕末のころ、七代目の熊谷直孝は教育に熱心で、教育塾を開設し、これが小学校開設のもととなり、一八六九（明治二）年、柳池小学校の開校につながった。一八七七（明治十）年には三条実美から九百年にわたり伝承されてきた「宮中御用の合せ香」の秘方を伝授され、一子相伝として現在まで伝えられている。

　一八八〇（明治十三）年、宮中御用を務める必要から、銀座尾張町（現在の銀座五丁目）に東京出張所を開設。一九四二（昭和十七）年、個人商店経営だった鳩居堂を法人に改組し、製造部門の鳩居堂製造、販売部門の京都鳩居堂、東京鳩居堂に三分割した。

　なお、直実の家紋は寓生《ほや》を加えた「熊谷寓生」とよばれる。寓生はヤドリギのことである。なぜ寓生との組み合わせなのかについて、江戸の昔からさまざまな考察がなされてきたが、結論は出ていない。近年の『日本紋章学』（沼田頼輔）の推論は、概略、寓生は常緑植物で、寄生する木の葉が落ちる冬でも緑がしたたるような樹勢で、植物鑑賞の盛んだった藤原時代に文様にとり入れられた。しかも寓生は関東に多かったため、この時代の関東武士の尚美感覚と、八幡大菩薩への信仰が結びついたというものである。

1800（寛政12）年ごろ、儒学者頼山陽の指導で筆や墨の改良が試みられ、望みどおりの品ができたことを喜んだ山陽は、自ら「鳩居」や「筆研紙墨皆極精良」と揮毫したり、「鳩居堂記」という長文の巻物を残した

一方、鳩居堂の「向かい鳩」は寓生のかわりに計量器のような形が示されている。これがなにを意味しているのか鳩居堂でもわからないが、古くからこの形なのだという。この「向かい鳩」のマークはあまりにも有名だが、鳩居堂にはもうひとつマークがあり、「鳩」の文字を丸で囲った意匠が、これも昔から使用されており、社内では「まるきゅう」または「まるはと」とよぶ。どちらも明治期から商標登録されたマークだ。

さらに、明治期には「丸にK」のマークが使われていたことが、『日本全国商工人名録』で確認できる。この人名録には、ほかにもアルファベットを紋章に使用する企業が何社も掲出されている。幕末期の開国によって貿易が盛んになった社会状況を示しているといえようか。

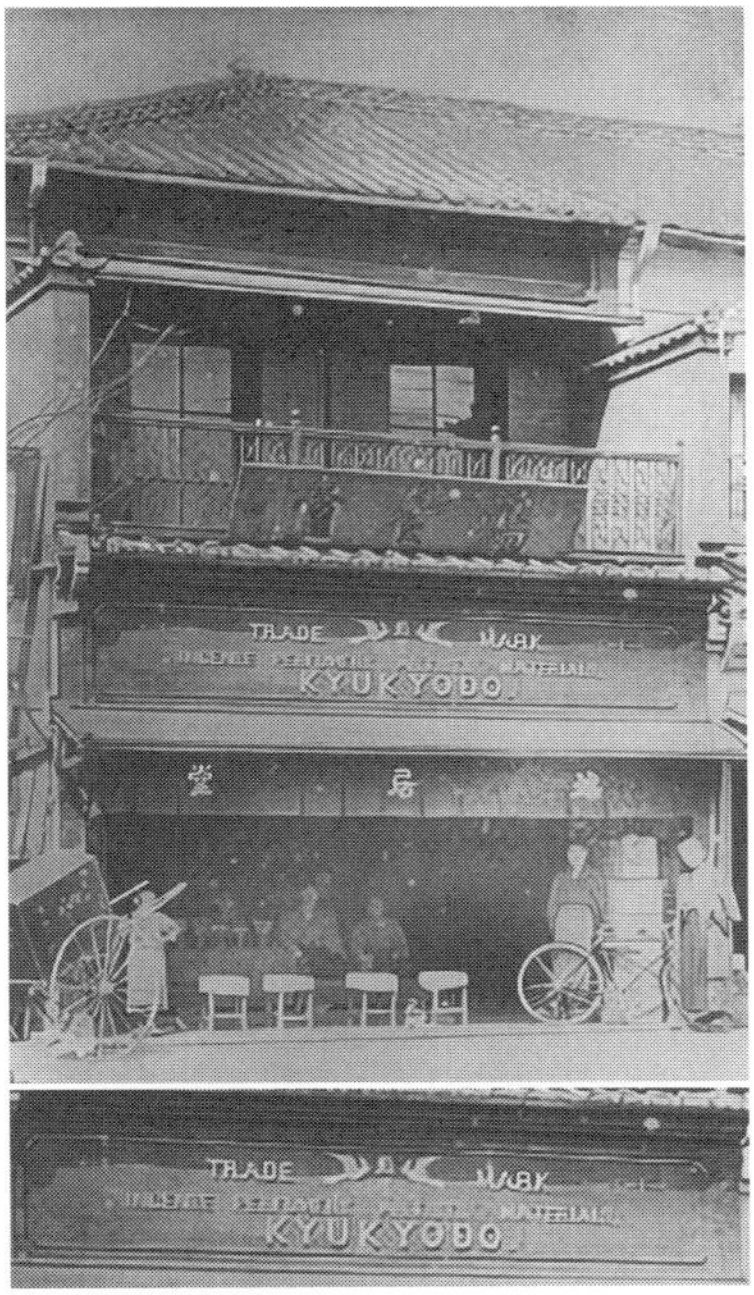

1880（明治13）年、宮中御用の必要から、銀座尾張町に木造平屋建て（明治初年に外国人が初めて建築した建物）の東京出張所を開設した。中央に見える「向かい鳩」マークは、かなり平たく、リアルな形で使用されている

家紋・紋章の変遷

1894（明治27）年、旧定価表カタログに使用された商標

戦前に使用していた輸出志向の商品パッケージ用には、MとAを重ねて菱形で囲ったマークが見られる

「熊谷寓生」紋
『家紋の事典』より

「まるきゅう」

（この項の資料提供　鳩居堂）

「鳩に豆」
京名物「夷川五色豆」を生み出した豆政

一八八四（明治十七）年、初代角田政吉が京都市中京区夷川《えびす》通柳馬場西入北側で、雑穀・煎り豆業を創業し、屋号を「豆政」とした。京都周辺では昔から六波羅地域のえんどう豆、丹波の黒豆、大豆、小豆、山城のそら豆など、良質な豆がとれていたのである。

三年後の一八八七年、それまで白一色だった砂糖掛豆に四色を加えて「五色砂糖掛豆」を売り出した。ニッキ粉、青海苔などで着色し好評を得た。同じころ店舗を少し南に移したが、その店が現在の本店だ。

一九〇八（明治四十一）年には「五色砂糖掛豆」を京都駅構内で販売を開始。これが京都名物としての評価を定着させるきっかけとなった。大正期には皇室御用を承り、百貨店にも販売網を拡大していった。その後も順次販売網を拡大し、戦後は京都観光ブームに乗って、「五色砂糖掛豆」の名を「夷川五色豆」に改め、京名物のひとつになっている。

豆政の屋号は扱い商品である「豆」と創業者名の「政」を合わせたもの。暖簾

「五色豆マーク」

紋である「鳩に豆」は社内では親しみとともに「鳩マーク」とよぶ。この紋章は一九二三（大正十二）年に本店を新築した際、扁額にデザインしたのが最初。代表商品である「五色豆」に合わせて、五色のさやえんどう豆を鳩が両側から支える意匠になっている。鳩と豆はなんとなく相性がいいような気もするが、そうした理由からではなく、豆政にはかつて「鳩豆」という名称の商品が存在した。炒ったえんどう豆である。紋章制作時にはこの商品を意識し、また、明治期以降に一般的になった鳩が平和のシンボルというイメージも加味して、豆菓子店としての特性と平和への想いを込めたトレードマークだった。扁額は代表商品である「夷川五色豆」に合わせて、豆の部分を五色に色づけしたというが、現在では色が消えてわからなくなった。

これに先立つ一九二〇（大正九）年、三重の隅立て角を使った「五色豆マーク」を制定し、商標登録した。枡をイメージしたもので、この紋章も暖簾紋として使用し続けている。

1937（昭和12）年、皇太后お買い上げ品

1937（昭和12）年の本店

現在の店舗

（この項の史料提供　豆政）

「ふくら雀に丸廣」〝富山の薬売り〟が結集
廣貫堂

廣貫堂はいわゆる〝富山の薬売り〟をルーツとする会社である。

第二代富山藩主前田正甫《まさとし》は、自ら医薬の研究に励み、薬の調合を行うなど、領民救済に尽力したといわれる。正甫侯が腹痛に襲われた際、備前岡山藩の医師・万代常閑《まんだいじょうかん》が作った「反魂丹」を飲んだところ痛みが治まった。以来、常備薬とし、万代常閑に製法を学び領内に広めていった。

あるとき江戸城内で、三春藩（現在の福島県三春町）の藩主が激しい腹痛に見舞われ、正甫が常備していた反魂丹を与えたところ、たちまち痛みが消えた。この件は諸大名の知るところとなり、富山の薬が評判をよんだ。正甫は薬御用達松井屋源右衛門に製薬を命じ、反魂丹をはじめとする富山の薬を他藩へ販売するようになった。

反魂丹役所　扁額（富山藩主前田正甫の直筆）

「用を先にし、利を後にし、医療の仁恵に浴せざる寒村僻地にまで広く救療の志を貫通せよ」というのが正甫の理念だった。薬を配置しておき、使った分だけ代価を受け取り、新しく薬を補充するという、いわゆる〝富山の薬売り〟である。

富山藩は配置員の保護と育成にも力を注いだ。一七六五（明和二）年、六代藩主・利與《としとも》は反魂丹を扱う役所を設立し、配置員の身分証明、製薬の指導などを行って売薬業の発展に努めた。薬の配置先データは懸場帳とよばれる帳簿に記入され、配置した薬の種類、使用状況ばかりでなく、顧客の家族構成や健康状態まで書き込まれたデータベースになっていた。

明治になり廃藩置県にともない富山藩が消滅すると、反魂丹役所も消滅した。新政府は医薬業界を国家統制のもとに置くために、藩が行っていた漢方売薬を廃止に追い込んだ。そこで、存亡の危機を感じた配置薬の売薬業者数百人が集まり、一八七六（明治九）年、富山廣貫堂を設立した。製薬会社を目的としたのではなく、配置薬を供給できる組織の維持を目指したという、ほかに例がなさそうな創業であった。そ

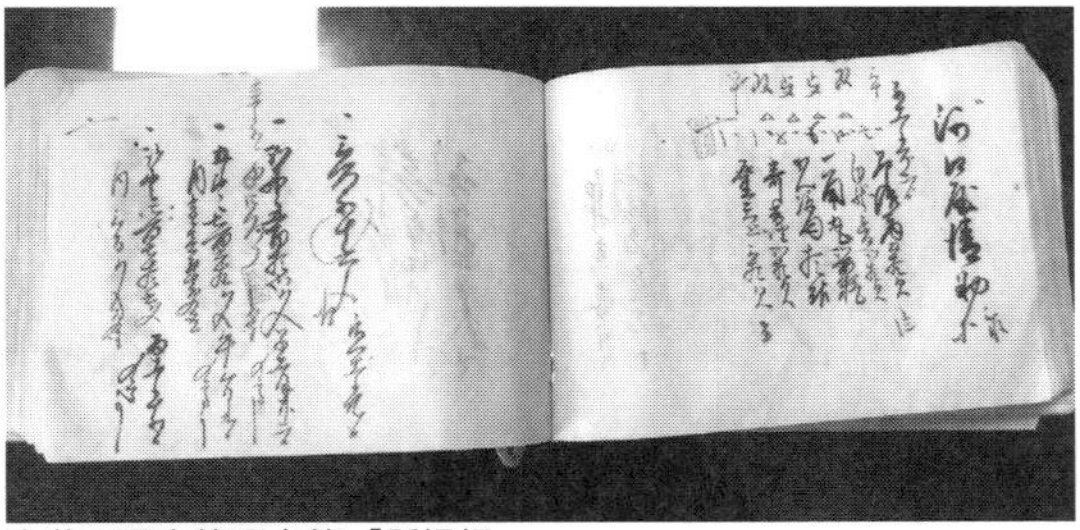
売薬の顧客管理名簿「懸場帳」

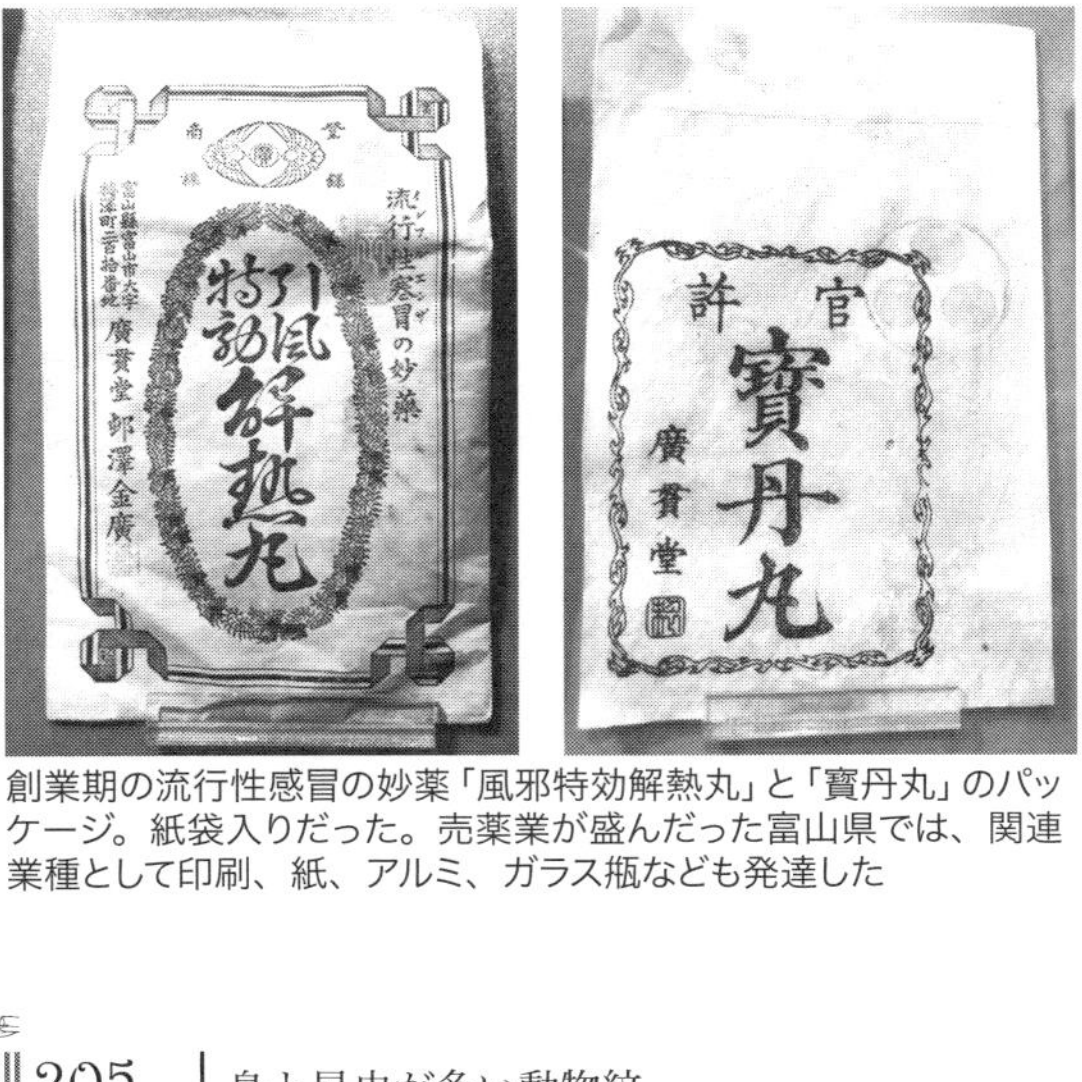

創業期の流行性感冒の妙薬「風邪特効解熱丸」と「寶丹丸」のパッケージ。紙袋入りだった。売薬業が盛んだった富山県では、関連業種として印刷、紙、アルミ、ガラス瓶なども発達した

のため反魂丹役所に勤めていた元武士たちをそのまま雇用した。

明治政府の医学西洋化の方針に対応して、薬学の専門知識を持つ人材を養成するために、一八九四（明治二十七）年に共立薬学校を設立（現在の富山大学薬学部）した。その後も一九三九（昭和十四）年に廣貫堂薬学青年学校、一九五五（昭和三十）年には廣貫堂薬学院を設立している。

国は医学の西洋化を目指してさまざまな規制を実施。一九一四（大正三）年には売薬法を制定して、製薬における薬剤師の関与義務化や、過当宣伝の禁止などを行った。同年、廣貫堂は株式会社に組織変更した。その後は薬剤会社数社を吸収合併し、子会社を次つぎに設立しながら、全国のみならず海外展開も行い、製薬会社としての規模を拡大しながら現在に至っている。

屋号は前田正甫の「廣く救療の志を貫通せよ」という理念から二文字をとったものである。紋章の「ふくら雀」は、日本中で雀が羽ばたいているように、日々の健康のためになくてはならない家庭用配置薬が、全国津々浦々まで広げられるように、との願いが込められたものだ。「ふくら雀」の意匠は反魂丹役所と関連していたようだが、もはや詳しい資料は残っていないためわからない。中央に配置された「丸に廣」は、社名の文字であると同時に、正甫の「広く」という理念を表していると思いたい

宣材用に配られた「ふくら雀に丸廣」マークの紙風船

戦前の廣貫堂（戦前絵葉書より）

（この項の資料提供　広貫堂）

「蝙蝠（こうもり）」幸福をよぶ紋章を持つカステラの福砂屋

福砂屋が長崎の貿易商として創業したのは一六二四（寛永元）年。まだ鎖国は完成しておらず、貿易を積極的に行っていた時代である。当時の貿易商は現在の大手商社と同様に多品目を扱うのが普通で、福砂屋も米穀を中心に多くの品種を扱っていた。福砂屋の屋号は福州の「福」と砂糖の「砂」からきているとされる。当時の砂糖は中国の福州が産地で、大量に長崎へと運ばれており、屋号からも砂糖の扱いが一定の比重を占めていたのだろう。

創業の地は長崎の引地町（現在の桜町、興善町付近）で、当時は住宅地の色合いが強い土地柄だった。一六三六（寛永十三）年に出島ができるまで、日本人とポルトガル人は同じ町で暮らし、日常的に交流があった。

福砂屋の供養塔。「山形に福」の紋章が彫られている

そうした交流のなかでカステラなどの南蛮菓子作りも伝わったというのが福砂屋の伝承である。当時の日本では肉食がタブーとされ、卵も食べる習慣はなかったが、長崎には宣教師なども多く、キリシタンに改宗した者などから食習慣も変わっていった。また、海外との窓口だったことから砂糖が入手しやすく、卵と砂糖を使うカステラも自然に定着していったようだ。カステラを含めた菓子製造に本格的に携わったのは三代目市左衛門で、一七五二（宝暦二）年ごろからだ。創意工夫を続けるなかでしだいに日本人好みの長崎カステラができあがっていった。

一七七五（安永四）年、六代目市良次のとき現在の本店所在地である船大工町に移転した。当時の船大工町は丸山遊郭の近くで、近くに唐人屋敷もできて町としてにぎわっていた。丸山の入口は山ノ口とよばれており、福砂屋は〝山ノ口福砂屋〟と称した。

明治になると、十二代の清太郎はカステラに創意工夫を凝らし、独自のカステラとして卵と砂糖の比率を増やした「五三焼カステラ」を考案した。さらに十三代為三郎の時代には、卵白だけを使った「白菊」、黄身だけを使った「黄菊」などのオリジナルを生みだして、宮中や宮家のご用命を受けるようになっていった。

さて、福砂屋の紋章は「蝙蝠」が有名だが、創業当初の暖簾紋は「山

福砂屋の暖簾紋の変遷

6 代までの暖簾紋　7 代から 11 代までの暖簾紋　12 代から現在の商標

『商工技芸崎陽之魁』に掲出された福砂屋（国会図書館蔵）

形に福」だった。長崎の福済寺にある福砂屋の供養塔には「山形に福」の紋章が刻まれて残っている。この紋章は六代目までで、七代目以降は「入り山形に福」へと変化した。さらに、十二代の清太郎は明治初期に紋章を「蝙蝠」に変更し、新たな商標とした。カステラを長崎を代表する菓子に育てたいという思いを込めたのだという。

砂糖をはじめとする物資・文物を介して、長崎と中国は絶えることのない交流があったが、その中国で「蝙蝠」は慶事、幸運の印として尊重されている。また、カステラは滋養食でもあり、中国の故事で「不老仙菓」として位置づけられていたこと、長崎の唐寺として有名な崇福寺の勧めも背景にあった。こうして、現在の日本人にはなじみ薄い「蝙蝠」が、福砂屋では登録商標となっている。

現在の本店は明治初期の建築で、筆文字で書かれた福砂屋の大きな長暖簾、蝙蝠を染め抜いた小さな暖簾、白壁に格子、当時の輸入煉瓦タイル、瓦屋根など、百年余を経た商家のたたずまいを守っている。「のれんに培われた味と、手作りカステラの伝統を守る」という意志を表しているのだという。

炭火でカステラを焼いていたころの丸釜

（この項の資料提供、福砂屋）

「蝙蝠」紋の流行

歌舞伎役者・七代目市川團十郎は、蝙蝠の「蝠」の字が「福」と同音のため、成田屋好みの文様として、蝙蝠を替紋のひとつとした。さらにこれを舞台衣装として用いたため、この蝙蝠文様は人気の絵柄となった。当然ながら、アイドル團十郎贔屓の江戸っ子たちはこの衣装に反応し、着物だけではなく、手ぬぐいなどの日常の小物まで蝙蝠文様でそろえるようになった。

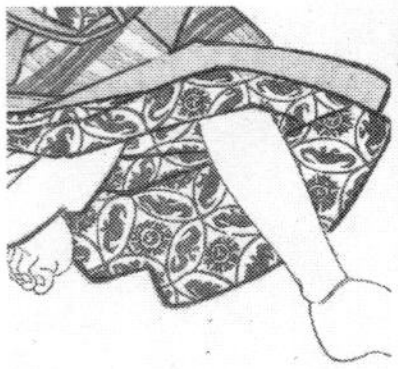

歌川国貞「絹川伊右衛門　市川團十郎」（立命館アートリサーチセンター蔵）

一八二七（文政十）年の市村座「万歳御国歌舞伎」での市川團十郎。團十郎の縞模様の小袖下の内着に、蝙蝠文様が染められている。團十郎が見得を切ったとたんに蝙蝠が見えるという仕掛けだ（下・部分）

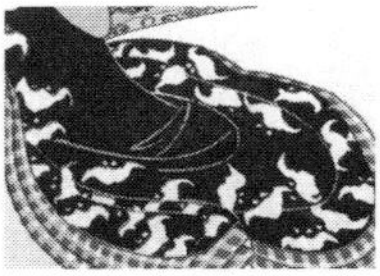

小袖の裾模様は江戸後期から盛んになった江戸好みの粋なもの。右図では黒小袖、鼠色の帯揚げ、渋い色味の帯をゆるりと締め、弁慶縞風の内着、赤いけだしという姿。懐紙を持ち楊枝を加えた姿が、なんとも艶っぽい

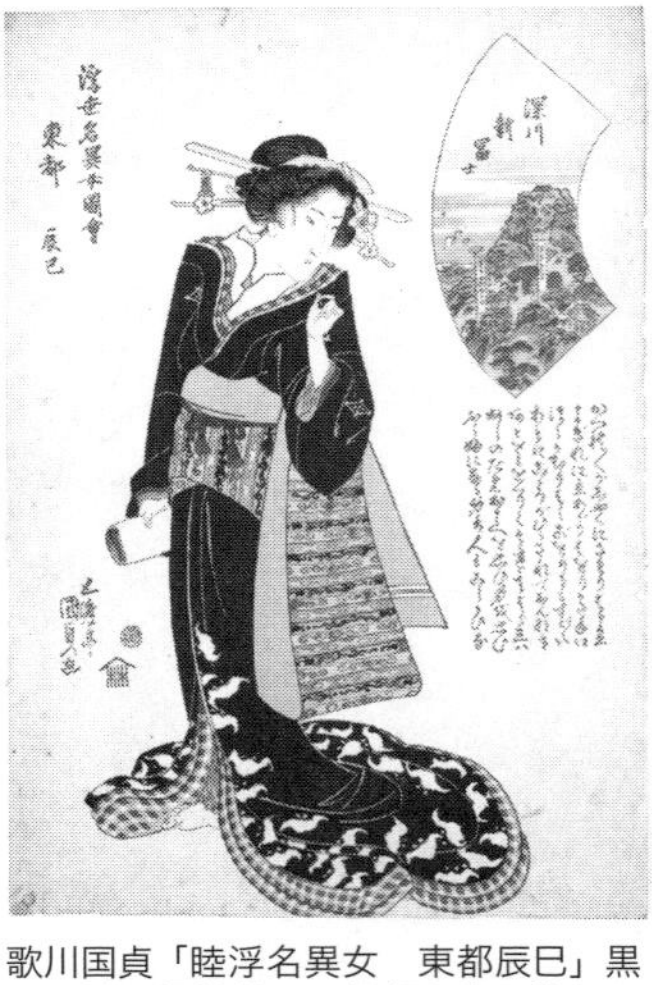

歌川国貞「睦浮名異女　東都辰巳」黒の小袖の裾模様に、蝙蝠を染め抜いた遊女（国会図書館蔵）

歌川国貞「睦月わか湯乃図」。銭湯の湯あがりに、派手な蝙蝠文様の浴衣を粋に着た姉さん（国会図書館蔵）

「丸に揚羽蝶（あげはちょう）」平家の落ち武者が見つけた湯西川温泉　本家伴久

本家伴久は平家の落ち武者の子孫がつくった温泉旅館である。

一一八五（寿永四）年は平家が壇ノ浦で滅亡した年として記憶され、近年では鎌倉幕府成立の年ともされている。本家伴久の言い伝えによれば、この年、平重盛の六男・平忠房（平忠実ともいわれる）が家臣とともに関東へ下り、川治の鶏頂山（現在の栃木県日光市）に隠れ忍んだ。そのとき一族に男子が生まれ、不遇のうちにも慶事として幟《のぼり》を五月の空に上げたところ、源氏方の目に触れてしまった。大敗してさらに逃げ、渓谷沿いに湯西川に至り、その地を永住の地と定めた。この歴史から湯西川温泉ではいまだに鯉幟を上げず、鶏も飼わない風習が続いているという。

ある雪の日、忠房は狩りに出て河原で雪が積もらない場所を発見した。温泉が湧き出ていたのだ。そこで、温泉の出る場所なら子孫の誰かがいずれ掘り起こすだろうと、その近くに藤で作った鞍《くら》や金銀財宝を埋め、温泉のことは誰にも漏らさず、一族とともに深山での生活に甘んじた。

平忠房から十一代目の伴対馬守忠光は、忠房と同様、雪の日に湧き出る温泉と数々の宝物を発見した。これが本家伴久にある温泉「藤鞍の湯」の起源であり、名称の由来である。そして今日の湯西川温泉の歴史へとつながっていく。また、このとき発見した「藤鞍」は本家伴久内に展示されている。なお、伴という姓は源氏から身を守るための隠れ姓である。人偏《にんべん》を「ヒト」と読み、旁《つくり》の「半」の横線を一本上に上げれば「平」になり、「平の人」と読むことができる。

同じころ忠光は先祖を祀る「六地蔵供養塔」を建立した。本家伴久墓所内にあり、「天文十八年」と記されている。もはや平家の出自を隠す必要がなくなったのだろう。ちなみに六地蔵供養塔は六体の地蔵が側面に掘られた供養塔で、この時代には各地で建てられた。九州に多いが関東でも例がある。現在この地でもっとも古い建立物として、日光市の重要文化財に指定されている。

江戸時代初期には、湯西川村は良質な温泉の評判が近隣に聞こえるようになり、一六六六（寛文六）年、湯治宿屋「伴久旅館」を創業した。これが現在の「本家伴久」である。前述のとおり「伴」は創業家の姓だが、「久」の文字には永代にわたる継承への願いが込められている。源平合戦で敗れた先祖にとって、存続のためには人と人、人と自然の絆がなにより大切であった。それが「伴久」の経営理念やもてなしの心として継承され、湯西川全体とともに繁栄しようとする気質を生んでいるのだという。

さて、暖簾紋は平家一門の代表紋といわれる「揚羽蝶」である。平清盛に連なる一族なのだから平

六地蔵供養塔（上）と発掘された藤倉

家の代表紋を使用するのは当然だが、平家がいつから揚羽蝶の家紋を用いたかは、はっきりしない。『日本紋章学』（沼田頼輔）によれば次のようになる。『類従本伊勢系図』という史料に、平貞盛が天慶の乱の勲功により朝廷から賜った、不動明王の鎧《よろい》にあった蝶を家紋にしたという意味の記述があり、これが「揚羽蝶」紋を平家の代表紋とする根拠になっているのだが、平貞盛は平将門を倒した武将で、承平天慶の乱は関東での平将門の乱と瀬戸内海における藤原純友の乱の総称である。平安時代中期のことで、家紋そのものが成立していなかった。忠房の兄である維盛が牛車の装飾文様として蝶を用いており、この牛車の文様が家紋のもとになったと思われるが、同時期に源頼朝も鎧金物に蝶の文様を施していたことから、この時期の蝶の文様は一種の流行であって家紋ではなかった。したがって、「揚羽蝶」紋の家紋となったのはしばらく後のことだという。なお、維盛は重盛の嫡男だが、平家の代将軍として出陣した富士川の戦いなどで敗北し、平氏一族が都落ちをしたのち、戦線を離脱して入水した人物だ。

　本家伴久でいつから「揚羽蝶」紋を使用するようになったかは定かでないが、伴家は平家一族として源氏から隠れる立場を耐え、前述の「六地蔵供養塔」で先祖を明らかにした。そのころから「揚羽蝶」紋も使われるようになっていたと考えても不思議はない。

昭和初期の本家伴久本館

現在の本家伴久本館

暖簾紋が描かれた迎え太鼓

（この項の資料提供、本家万久）

「光琳（こうりん）鶴丸」京菓子の進化とともに歩んだ鶴屋吉信

京菓子の現在のかたちが整ってきたのは文化文政期（一八〇四～三〇）とされる。大御所時代ともいわれ、経済的には引き締め政策がゆるみ、景気が上昇した時代であり、元禄時代に匹敵する町人文化が興隆した。元禄時代が上方中心だったのに対して、この時代は江戸で町人文化が花開くのだが、京流手事《てごと》物とよばれる音楽や京焼のような陶芸品などは上方で発展した。京菓子もこの時代に大きく発展し、ほぼ今日の京菓子のかたちができあがったとされる。

そうした時期の一八〇三（享和三）年、初代鶴屋伊兵衛が現在の京都市上京区で菓子舗の「鶴屋吉信」を創業した。菓子舗は吉祥の象徴である鶴を好んで屋号にする。鶴屋吉信はそこに吉祥の「吉」、信用の「信」を加えて屋号としたと伝えられている。和菓子、京菓子の店には鶴屋という名称が少なくないため、どこかの菓子

旧暖簾紋（上）と
上菓子仲間鑑札（左）

舗の暖簾分けと思う顧客もいるが、そうした事実はなくオリジナルの屋号である。ただし、鶴屋吉信からの暖簾分けで創業した店はある。

やがて鶴屋吉信は、輸入品である砂糖の配分を決めるための、京都所司代認可の上菓子屋仲間に加わった。一八六八（明治初）年には「柚餅」を考案して家業が興隆した。一九五〇（昭和二十五）年、株式会社鶴屋吉信に組織を変更し、一九六〇（昭和三十五）年には東京に進出している。

暖簾紋となっている鶴の紋章は、家紋の一般的な名称では「中陰光琳鶴丸」ということになるが、社内ではたんに「鶴丸」とよんでいる。いつから使われるようになったかはっきりした伝承は残っていないが、明治期の写真には暖簾紋として写っているから、それより以前からだろうというのが鶴屋吉信の見解である。羽の線を省略した意匠は、遠くからでも形がよくわかり、暖簾に染め抜くには好都合だ。

文人画家・富岡鉄斎画伯の揮毫による旧柚餅看板

昭和天皇お買い上げ柚餅謹製の様子

明治大正期の旧本店

本店舗の外観

（この項の資料提供　鶴屋吉信）

「亀に陸奥」陸奥大掾の御宣旨を受け本願寺境内に店を構える　亀屋陸奥

亀屋陸奥は本願寺が建立された一四八三（文明十五）年ごろから仕え、供物や諸事に携わった。一五七〇（万亀元）年に始まる石山合戦では、約十一年にわたって石山本願寺とともにあり、一五九一（天正十九）年に現在の地に本願寺が建立されると、供物司として本願寺境内に移った。

石山合戦*では、三代目大塚治右衛門春近が創製した菓子が兵糧のかわりとなった。小麦粉、砂糖、麦芽糖、白味噌を混ぜて自然発酵させた生地を一文字釜に流し込み、芥子の実を振りかけて焼きあげたものである。この菓子は信長との和睦の後、顕如上人の歌から銘を賜り「松風」とした。その後、門徒にとっては本山に詣でたという証しのようなものになっていった。

亀屋陸奥は「松風」以外にも各種の和菓子をそろえる菓子舗だが、もうひとつ大きな家業がある。本願寺の御供物司としての内容である。供物は落雁、州浜《すはま》、

石山合戦
戦国時代最大の武装勢力である本願寺勢力と、天下布武を唱える織田信長との戦い。この戦いに本願寺勢力が敗れたため、本願寺勢力下にあった各地の一向一揆も力を失う。さらには、江戸期に本願寺勢力が二分する遠因ともなった

松風、饅頭などの伝統菓子である。また、本願寺の寺紋である「下がり藤」をかたどった落雁もある。

　さて、亀屋陸奥の屋号には次のような経緯がある。万治年間（一六五八～六一）に、かつて豊臣秀吉が聚楽第の池に浮かべて興じたという檜作りの大きな亀を、公家を通じて入手した。また、一七一五（正徳五）年、三条大納言から陸奥大掾の御宣旨《ごせんじ》を賜り、以後、これらにちなんで「亀屋陸通」と名乗るようになった。〝陸奥〟が〝陸通〟になった理由は定かでないが、官位を屋号にするのは畏れ多いと考えて、あて字を使ったというのが亀屋陸奥の類推である。「亀陸奥」と名乗った時期もあるようだ。「亀屋陸通」を名乗る前は、寺の賄い方を務めて寺内に居住していたため、屋号は必要なかったと思われる。菓子舗として一般客に菓子を売るようになったのは江戸時代に入ってからである。

豊臣秀吉が聚楽第の池に浮かべて興じたという檜作りの大きな亀

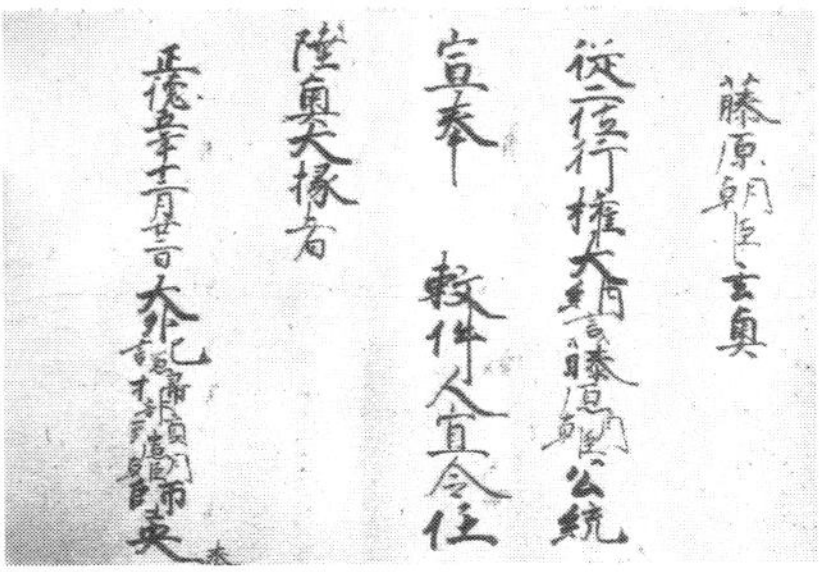

三条大納言からの陸奥大掾御宣旨

日除け暖簾に「亀屋陸通」の名が見える（都の魁）

紋章の外郭は「亀甲」の変化形のように見えるが、檜作りの亀の伝承や屋号に即して、六カ所の突起は亀の首、手足、尻尾を示しており「亀」紋の変化形である。外郭の「亀」と内側の「陸奥」の文字で「亀屋陸奥」と読ませることをねらったもので、屋号と同時に定めたものと思いたくなるが、じつは一九七〇年代に作られた商標である。それまでは創業家である大塚家の家紋である「鶴」紋を使用していたから、暖簾紋ということになれば「鶴」なのである。「鶴」紋は現在も包装紙の意匠として使用されている。菓子舗の好んだ鶴と亀のどちらの紋章も使ってみせた、なかなか洒落のきいた話である。

鶴紋をあしらった「松風」の包装紙

夏用の暖簾

店舗外観

（この項の資料提供　亀屋陸奥）

「くくり猿と楊枝」江戸の伝統を引き継ぐ最後の楊枝専門店、日本橋さるや

現在、日本で唯一の楊枝販売店として、クロモジを原料にした手削りの楊枝を作っている日本橋さるやは、一七〇四（宝永元）年の創業である。照降町（現在の日本橋小網町付近）に店を構え、さるや七郎兵衛を名乗った。この時代の楊枝は房楊枝で、いわば歯ブラシのようなものだった。『江戸時代商標集』（木村捨三）に掲出された当時の商標を見ると、「御白粉　御元結　御楊枝所」となっており、化粧品や小間物も扱ったことがわかる。

楊枝屋は一七五〇年代（寛延ごろ）ころから茶屋とともに盛んになり、看板娘を置いて一種の風俗営業として繁栄した。浅草寺の境内では江戸中期に八三店、文化末期（一八一五年ごろ）には二四九店もあったという。さるやの屋号は、猿の歯が白いからという説と、猿を肩に乗せた主人が道端でクロモジを削ってみせたから、という説がある。江戸期には楊枝店の屋号は「さるや」が決まりのようになっていて、どの店も木彫りの猿を店頭に飾り、看板にしていた。

日本橋さるやの暖簾紋は、現在は猿が楊枝を持つ意匠だが、『江戸時代商標集』では「山形に本」が暖簾紋になっている。「山形」の肩部分に猿の意匠がのせられていた時期もあるようだ。現在のマークは、その猿の部分だけを取り出してアレンジしたものと思われる。ただし、江戸時代の日本橋さるやを描いた浮世絵では、猿の意匠を丸で囲った紋章を染め抜いた暖簾が描かれているから、家紋と暖簾紋は分けていたか、あるいは複数を使い分けていたのかもしれない。

なお、猿の家紋は大小の丸で頭と胴体を表すのが基本の意匠だが、三匹で円形を構成するなど、変化形も多く存在する。

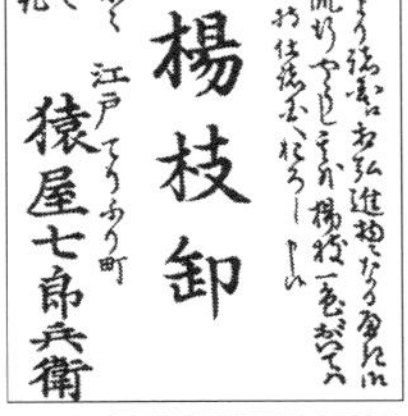

（江戸買物獨案内）

（江戸時代商標集）

『人倫訓蒙図彙』に見える楊枝をくわえた木彫りの猿置物（国会図書館蔵）

『交古勢昔咄』に登場する大きな楊枝を担いだ猿（右）（国会図書館蔵）

瑞祥を表す空想の霊獣、めでたい神

空想上の霊獣といえば、麒麟《きりん》、鳳凰《ほうおう》、霊亀《れいき》、応竜《おうりゅう》が四瑞《しずい》とされる。鳳凰には色違いの別種として鸞《らん》や鵷鶵《えんすう》などがあり、ほかにも獬豸《かいち》、九尾の狐などの霊獣がある。

麒麟は仁の心を持つ君主が生まれると姿を現すという一角の霊獣で、中国の神話に登場する。明智光秀を描いた二〇二〇（令和二）年のＮＨＫ大河ドラマ『麒麟がくる』は、このいわれを背景にしたタイトルだ。鳳凰も中国神話に出てくる霊獣で、古代インドに起源があるとされる。徳の高い王者による平和な治世に姿を現すとされ、朝鮮、日本など東アジア全域の説話に出てくる。日本には仏教とともに伝来し、文様として多く用いられた。

霊亀は治水の才を持つ王が生まれると出てくるという、水をあやつる霊獣である。日本では動物の亀そのものが瑞祥で、前述のとおり、尻部に長い毛が生えた蓑《みの》亀の意匠が家紋にある。応竜は竜の一種で、神話上では中国最初の帝である黄帝に従っていた竜である。天地を行き来し、雨を降らせる力があったとされる。

獬豸は中国で生まれた一角獣で、人が紛争を起こすと理のないほうを突き刺すという、正義と公正の象徴である。大きいものは牛、小さいものは羊に似るといわれ、狛犬の起源ともされる。九尾の狐も中国生まれとされ、名のとおり九本の尾を持つ狐である。太平の世に姿が確認されるという瑞獣だが、美女に化けて人を惑わすともいわれる。
神様も商売に少なからず登場する。商売繁盛を願う神としては、稲荷、日本武尊、山幸彦・海幸彦なども有名だが、七福神の恵比寿、大黒天、福禄寿、毘沙門天、布袋、壽老人、弁財天は現在でも商品に登場することすらある。おかめ、ひょっとこ、おたふく、さらには天狗、達磨《だるま》、鯱鉾《しゃちほこ》まで、多くの神々が暖簾紋、マークに堂々と登場する。日本人の多くは神式やキリスト教で結婚し、仏式であの世に旅立つのを不思議と感じない。意識せずとも八百万の神々という感覚があり、霊獣も神も身近でめでたい存在に感じるのではなかろうか。

家紋における代表的な空想上の霊獣

「龍丸」

「飛び鳳凰丸」

「鳳凰丸」

「龍の爪」

「雨龍」

「獅子牡丹」

（『日本家紋総覧』『家紋の事典』より）

●霊獣・福神

暖簾紋曼荼羅

「大黒天」本栗避醴所　大黒屋新兵衛（七十五日、国会図書館蔵）

「大黒天」酒袋所　五〆屋弥右衛門（大坂商工銘家集）

「大黒天」鶏卵・乾海苔・鰹節商　大黒屋重兵衛（東京買物獨案内）

「壽老人」巻きせんべい御菓子商、竹村伊勢はあんころ餅の「最中の月」と「巻きせんべい」で有名な菓子屋。巻きせんべいは小麦粉の生地を巻いて焼いた筒状の煎餅で、吉原に繰り出す男たちの、遊女へのお土産の定番だったと『守貞漫稿』（1835= 天保６年）に記されている。1768（明和５）年の『吉原大全』にも「巻せんべいは此里第一名高き名物なり、江戸町二丁目角、萬屋太郎兵衛工夫しはじむ。今の竹村伊勢方なり。近頃『最中の月』といふ菓子をも製し出す」とあり、その人気ぶりがわかる。しかし、なぜ壽老人をシンボルとしているのかは不明。また、絵草紙などでは「丸に四つ目結」紋が暖簾紋として描かれることが多い（江戸時代名物集）

「恵比寿と鯛」ミリン醸造所　三橋甚くら（全国醸造物登録商標便覧表）

「恵比寿」日本麦酒醸造　馬越恭平（全国醸造物登録商標便覧表）

「神農」葡萄酒醸造所 小室松二郎（全国醸造物登録商標便覧表）

「大黒天」『絵本御伽品鏡』より（国会図書館蔵）

「恵比寿」日本麦酒醸造　馬越恭平（全国醸造物登録商標便覧表）日本麦酒製造は現在のサッポロビール。1889（明治22）年に現在の目黒区にビール工場を建設した

「布袋」麦酒醸造所 三島閻次郎（全国醸造物登録商標便覧表）

「恵比寿」ゑびすや　呉服問屋　中村安治郎（浪華の魁）

「布袋」糸物所　布袋屋松井伊之助（東京買物獨案内）

「福助」清酒醸造所　陸井麗次郎（全国醸造物登録商標便覧表）

「達磨」白酒醸造所 奥田由太郎（全国醸造物登録商標便覧表）

「布袋」御菓子所 布袋屋吉久（江戸買物獨案内）

「恵比寿」呉服問屋ゑびすや（葛飾北斎『絵本庭訓』文部科学省　部分使用）出典：文部科学省ホームページ（https://www.mext.go.jp/）

「猩々」酒販売所　広瀬忠兵衛（江戸買物獨案内）この中国の空想上の動物は、赤毛で面をつけ、能衣裳を着て酒に酔い踊る姿で表される。能楽「猩々」の構図そのもの

「狐」生糸製造所　宮坂嘉右衛門（日本全国商工人名録）

「稲荷宝珠を背に鍵を啣える狐」清酒醸造所　日下部兵蔵（全国醸造物登録商標便覧表）

「麒麟」ラムネ製造所　玄番萬次郎（全国醸造物登録商標便覧表）

「麒麟」清酒醸造所　高橋門兵衛（全国醸造物登録商標便覧表）

「唐獅子」清酒醸造所　泉仙助（全国醸造物登録商標便覧表）

「鯱鉾（しゃちほこ）」清酒醸造所　松谷常吉（全国醸造物登録商標便覧表）鯱鉾の体は熨斗を表している

「翁面と桜」清酒醸造所　辰馬半右衛門（全国醸造物登録商標便覧表）

「翁面と扇」御菓子所　翁屋治兵衛（東京買物獨案内）

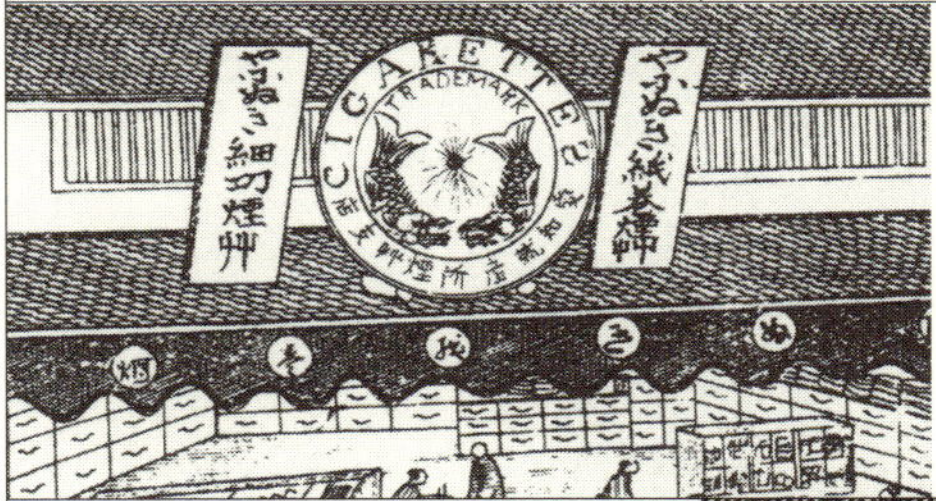

「向かい鯱鉾」煙草商　就産堂（尾陽商工便覧）

「金太郎」御菓子砂糖類商　金時舗松野太次郎（福井県下商工便覧）

「向かい鳳凰と葡萄」果実酒醸造所　瀧口東次郎（全国醸造物登録商標便覧表）

「天狗」漬物製造所　杉浦吉之助（全国醸造物登録商標便覧表）

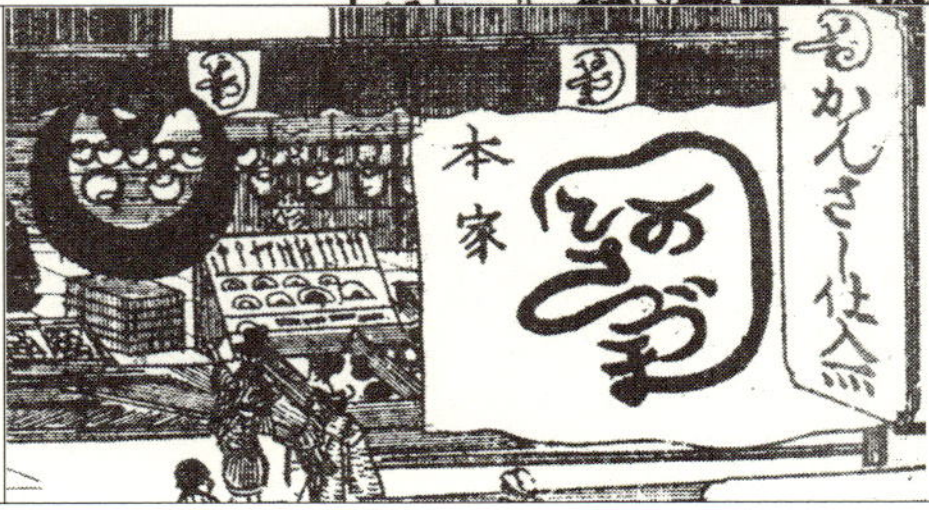

「天狗文字」小間物商　朝妻甚裕（都の魁）

「鳳凰丸」薬種問屋　小橋平兵衛（東京買物獨案内）

「おたふく」漬物製造所　喜多福山田才吉（尾陽商工便覧）

「おたふく」御かもじ小間物所　丸屋三郎兵衛（浪華の魁）

「向かい龍囲み」薬種問屋　浮田桂造五福（大坂商工銘家集）

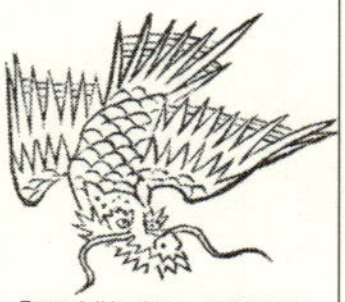

「下がり龍」薬酒醸造所養命酒　沢伊八郎（全国醸造物登録商標便覧表）

「向かい雨龍囲み」醤油醸造所　菊一醤油造合資会社（日本全国商工人名録）

「おかめ」東髪かもじ類商　川北屋矢野岩（東京買物獨案内）

「向かい龍囲み」醤油醸造所　清水壽太郎（全国醸造物登録商標便覧表）

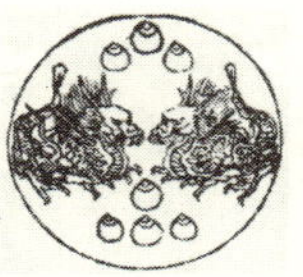

「丸に向かい龍と宝珠」薬種問屋　小林龍斎（江戸買物獨案内）

「宝玉に雨龍」売薬営業　福久屋石黒傳六（日本全国商工人名録）

「人魚」薬種問屋　清心丹　三清堂高木興兵衛（東京買物獨案内）

「清心丹」で知られる1801（享和元）年創業の薬種問屋は、当初は堺屋、明治期は三清堂と名乗っていた。現在も営業している医薬品メーカーである。

人魚を商標としているのは人魚の「不老不死伝説」がもとになっていると思われるが、詳細は不明。明治期の浮世絵では店頭に大きな人魚の模型が飾られているのがわかる。この時期は人魚ブームがあったことが背景にありそうだ（東京自慢名物絵』部分）

「人魚」葡萄酒麦酒醸造所　松本重吉（全国醸造物登録商標便覧表）

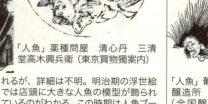

「聖獣麒麟」もっとも認知されて身近な〝麒麟〟キリン

〝聖獣麒麟〟の認知率は九七・二パーセント！　ここで〝聖獣麒麟〟というのは、伝説の麒麟ではなくキリングループのシンボルのこと。キリンは二〇一九（令和元）年に新CIを制定したが、その際の調査結果がこの数字である。しかも、十代の好意度がもっとも高いというから、今後さらに力を発揮すると見込まれるすばらしいシンボルだ。伝説の麒麟の認知度より桁違いに高いに違いない。

ビールが初めて日本に入ったのは、一六一三（慶長十八）年のイギリス船というのが記録で確認できる最古とされるが、実際にビールが広がり始めたのは、ペリー来航後、横浜にできた外国人居留地からである。一八六九（明治二）年には横浜の山手に日本初のビール醸造所であるジャパン・ヨコ

1885（明治18）年ごろのジャパン・ヨコハマ・ブルワリー（イラスト）

ハマ・ブルワリーが開設され、翌年にはスプリングバレー・ブルワリーが設立されて、製品が横浜に出回り始めた。それからの数年間で日本人によるビールの醸造所が次つぎに開かれ、瓶の工場生産も開始された。一方で輸入ビールも増加するなど、ビールの市場が形成されていく。

一八八五（明治十八）年には、スプリングバレー・ブルワリー倒産後の跡地を引き継いだジャパン・ブルワリー・カンパニーが設立される。横浜の在留外国人が中心になって設立した会社で、株主には岩崎彌之助、荘田平五郎、高田慎三、益田孝、渋沢栄一、後藤象二郎、大倉喜八郎らが名を連ねた。これがキリンの前身で、目指すのはドイツ風の本格的なラガービールである。

当時の輸入ビールのラベルは狼などの動物のデザインが多かった。そこで三菱財閥の重鎮のひとりだった荘田平五郎が、「東洋には麒麟という霊獣がいるのだから、それを商標にしよう」と提案したといわれている。その結果、キリンビールという商品名と〝聖獣麒麟〟の商標が決まった。

この会社は外国籍だったため、居留地以外ではビール販売ができず、明治屋を代理店として日本全国に販売することになった。キリンビールの発売開始は一八八八（明治二十一）年である。当初のラベルデザインは〝聖獣麒麟〟が小さく扱われていたが、翌年には大きく扱われるようになり、早くも現在のラベルに近いデザインができあがった。

最初のキリンビールのラベル
（1888= 明治 21 年）

1889 年のラベル

そのころ、日本全国でビール会社は一〇〇社ほどに達していたが、一九〇一（明治三十四）年に麦酒税法が施行されると、中小醸造業者はその負担に耐え切れず、次つぎに市場から姿を消していった。さら

に、一九〇三（明治三十六）年に札幌麦酒会社が関東に進出すると、大手各社は互いの市場に進出しあって、激しい競争を繰り広げることになる。こうした競争を回避するために、札幌麦酒、日本麦酒、大阪麦酒が合同して、市場シェア七割に達する大日本麦酒株式会社が誕生した。

　このときジャパン・ブルワリーも合同の提案を受けたが、販売を担当していた明治屋の米井源次郎社長は、会社を操業状態のまま引き継ぐ決心をし、三菱合資会社の岩崎久彌に資本、人材の支援を求めた。その結果、岩崎家、三菱合資、明治屋関係者によって麒麟麦酒株式会社が設立された。一九〇七（明治四十）年のことで、こうして〝聖獣麒麟〟は、社名、商標ともに現在まで続くことになった。くしくも同じ年に、上野動物園に英語名Giraffe（ジラフ）という動物がやってきた。そして、和名をキリンと名づけられて動物園の人気者になっていく。

　蛇足ながら、キリンの巧みな広報活動の成果なのかもしれないが、〝聖獣麒麟〟の図柄には「キリン」の三文字が隠されているという話が、都市伝説のように流れたことがある。これは事実で、少なくとも一九三三（昭和八）には存在していたことが確認されている。この文字が入った理由は、偶然、偽造防止、デザイナーの遊び心などの説があり、本当のところはすでにキリンでもわからないという。

　伝説上の麒麟の外見は諸説あるが、鹿に似て大きく、顔は龍に似て、牛の尾と鹿の蹄を持つとされ

1907（明治40）年ごろのキリンビール山手工場

宣伝用のナンバーワン自動車

る。日本橋の欄干に立つ麒麟像は翼を有しているように見えるが、これは背びれである。一九一一（明治四十四）年、現在の日本橋の完成時に設置されたもので、旧東京市は日本の道路の起点となる日本橋から飛び立つイメージにしたいと考えたが、検討の結果、翼のような形の背びれになった。また、台座のサイズに合わせるために像は縦に伸び、麒麟のイメージとは少し異なるものになったのだという。

キリンの社名はほかにもないわけではない。一九五八（昭和三十三）年設立のキリン堂ホールディングスは傘下に薬局チェーンのキリン堂ほかを擁する企業で、関西圏での知名度は高い。社名の由来はやはり空想の動物である麒麟だ。余談だが、愛知県の小牧城も麒麟の城といわれる。織田信長がこの城にいたころ、〝麒麟〟の〝麟〟をかたどった花押を使用していたことによる。

1920（大正9）年ごろから、売れっ子画家でデザイナーでもあった多田北烏が「キリンビール」のポスターを手がけるようになった。多田は商品のビールを見せることに重点におき、さらに上図のように耳隠し髪型の、モダンで活動的な女性を描いて、それまでの古典的な美人画との差別化を図った。なかでも下のポスターでは、商標である麒麟マークをもっとも大きく描いているのが特徴

よろこびがつなぐ世界へ
KIRIN

現在のロゴマーク

（この項の資料提供　キリン）

「龍の爪」四百年の歴史を持つ金沢の和菓子舗 森八

森八の始祖は亀田大隅である。亀田岳信または大隅岳信ともいう。清和源氏の末裔で、現在の金沢市の少し北側にある森下町を本拠としており、付近の一向宗徒の頭領だったのち、孫の大隅宗兵衛（もとは亀田姓だったともいわれる）も森下町を本拠としていたと思われるが、慶長年間（一五九六～一六一五）に金沢城下紺屋坂で酒造業を始め、森下屋八左衛門と名を改めた。この八左衛門が「森八」の初代である。

城下の火事で尾張町に移り住んだ二代目八左衛門は、一六二五（寛永二）年、菓子舗に転業し、加賀藩御用菓子司となった。亀田大隅の代から加賀藩主前田家とのなんらかの関係が続いていたのだろう。屋号の「森下屋」は本拠の森下町の名称を表したと思われる。

本店にある「蛇玉」

紙袋に描かれている龍の図柄

三代目八左衛門は加賀前田家の三代目である前田利常に召され、江戸で現在まで続く名菓「長生殿」を創案した。この菓子は落雁で、利常の創意により唐墨に形をならい、小堀遠州の命名と書を得て外形を整えたものである。前田利常は加賀の文化を育てた人物である。小堀遠州は近江小室藩主で多くの城や寺院、茶庵などに携わった建築家であり、遠州流茶道の創始者でもある。華道、七宝などでも知られる文化人だ。こうした経緯もあり、「長生殿」は加賀藩を代表する菓子として、将軍家や朝廷へも献上された。また、漉し餡を求肥《ぎゅうひ》で包んだ「千歳」は、亀田大隅の時代に一向宗徒の兵糧食だったものを上菓子に仕上げた。ほかにも多くの菓子を作り、森八は加賀の菓子文化を現在まで担い続けている。

三代目以降は町年寄役を命じられ、代々町役人を務めた。一八六三（文久三）年、十一代目八左衛門は〝家柄町人〟として名字帯刀を許されて森下姓を名乗る。家柄町人は加賀藩の草創期から前田家に協力した、特権的な門閥商人のことである。一八六九（明治二）年に屋号を「森八」と改めた。いうまでもなく、森下屋八左

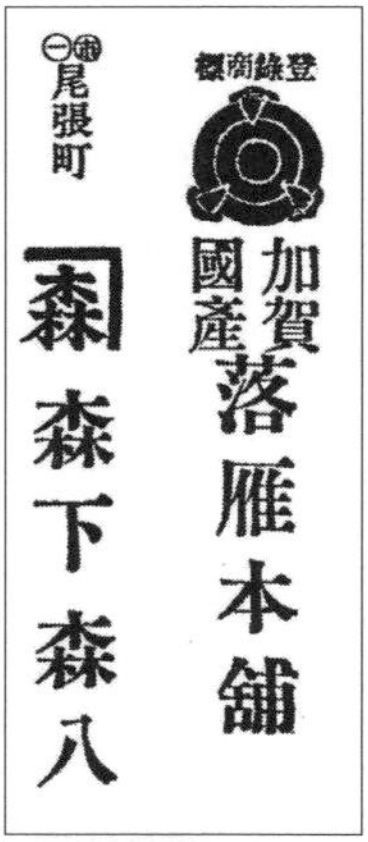

（右）1892（明治25）年の『日本全国商工人名録』では「蛇玉」と「曲尺に森」が併記されている（上左）1882（明治15）年の『石川県下商工便覧』広告の右部分

『石川県下商工便覧』掲出の広告左部分。水引暖簾には「曲尺に森」紋が染め抜かれ、広告右部分には「蛇玉」が描かれている（国会図書館蔵）

衛門の名から二字をとったものだ。一九一一（明治四十四）年、森八合資会社を設立、戦後の一九六七（昭和四十二）年に株式会社森八に改組している。

さて、暖簾紋は森八が「蛇玉《じやだま》」とよぶ龍の爪の意匠である。家紋では「玉持ち龍の爪」紋という言い方もする。この意匠は始祖である亀田大隅の胴丸（鎧の胴の部分）に描かれていたものだという。

一八八八（明治二十一）年の『石川県下商工便覧』には「蛇玉」が掲出されているが、店の画には「曲尺に森」を染め抜いた水引暖簾がかかっており、森八ではこの紋章は店の記号のようなものとしている。もとは「曲尺に森」が暖簾紋で、「蛇玉」はブランドマークのような使い方だったと類推される。大正初期の店舗の暖簾にも「蛇玉」が使用されているから、しだいに「蛇玉」にまとめられていったのではなかろうか。

1926（昭和元）年の本店、「蛇玉」紋が見える

1955（昭和30）年の本店外観

2021（令和3）年の本店外観

（この項の資料提供　森八）

「おふくさん」母と妻を称えたブランドの千福
三宅本店

三宅本店は広島県呉市の清酒蔵元で、主要銘柄は「千福」である。ほかの多くの酒蔵と同様に、社名よりも商品ブランド名のほうがよく知られている。創業は一八五六（安政三）年。創業者は三宅清七で、所在地である鹿田河内の地名にちなんで屋号を「河内屋」とし、当初はミリン、焼酎、白酒の製造を行った。

河内屋が清酒に着手したのは一九〇二（明治三十五）年である。それまで呉の酒蔵は五軒ほどだったが、この年、呉が市制を敷き、翌年には海軍工廠《こうしょう》の開設も決まり、酒の需要急増が見込まれたため、その需要をねらったのである。

河内屋はいくつものブランドをつくった。「呉菊」「呉鶴」は酒銘を呉の地名から得たと思われる。続く酒銘の「吾妻川」「吾妻川正宗」は、蔵の横を流れる吾妻川から得た。この川は酒造りを始めたころは渓流となっていたため、樋で家の内に引き込んで酒米を精白する水車に使用していた。「千福」は五番目の

広島の杜氏
杜氏や蔵人は三浦仙三郎の流れをくむ安芸津町三津で雇用した。三浦仙三郎はその二年前に軟水による酒醸造法を考案して広島酒発展の基礎をつくり、吟醸酒の父ともいわれた人物である

商標で、登録商標となったのは一九一六（大正五）年である。

酒造りを始めてしばらくしたころ、初代三宅清兵衛が「女性は内助の功を称えられるだけで、酬いられることが少ないのは気の毒だ。せめて酒銘だけでも名前を用いたい」と洩らす。清兵衛は三宅清七の養嗣子であり、酒蔵の実質的な創始者である。清兵衛のこの一言から「千福」の酒銘が誕生した。母の名である「フク」と妻の名の「千登《ちと》」に由来する銘である。そして、「千福」のラベルの象徴として「おふくさん」が使用されるようになったといわれている。この酒銘は現在も「百年、大事な女を想い続けたお酒」と三宅本店サイトの最初に大きく打ち出されている。

さて、「千福」が生まれた年に海軍への軍用酒納入が決まっている。これには練習艦に酒を二百日以上積んで、酒の変質具合を確かめるという採用試験があった。赤道直下を何度も行き来する可能性を考

年代は不明。庇に書かれている文字はすべては読めないが「優良〇〇〇〇三宅屋酒店」となっている。1925（大正14）年に三宅清兵衛商店を設立しているので、その後だと思われる「屋」の字がついているので、小売部門なのかもしれない

醸造所（時期は不明）

戦前の工場全景

えてのもので、「呉鶴」がこの試験を受けて合格した。河内屋の酒は海軍の鎮守府（横須賀、佐世保、呉、舞鶴に置かれた）に納入されることになり、発展への第一歩を踏み出した。

一九二三（大正十二）年、「千福」が全国新酒鑑評会で優等第一位を

「呉菊」「呉鶴」「吾妻川」「吾妻川正宗」に続く5番目の商標として「千福」が登場。当初は多くの女性が描かれていた

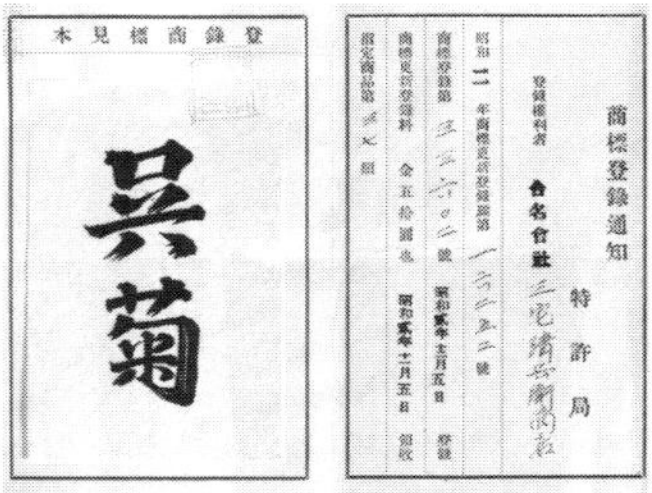

最初の銘柄である「呉菊」の商標登録通知。1936(昭和11)年の再登録なので、書体の変更などがあったと思われる

ふたつ目の商標「呉鶴」のラベル

三つ目の商標「吾妻川」のラベル

現在の三宅本店とロゴマーク

戦時中の商標。多くの銘柄があった

受賞したのを契機に、河内屋は拡大路線にふみきった。全国に先駆けて四季醸造蔵を竣工、一九二五（大正十四）年には合名会社三宅清兵衛商店を設立して法人化し、「千福」へのブランド統一、満州ほか海外への工場進出などを実施していった。一九三九（昭和十四）年には組織変更して株式会社三宅本店を設立、その二年後には中国での二工場を合わせて、生産石数で日本一を記録した。

しかし、終戦近くの一九四五（昭和二十）年、呉軍港の空襲に巻き込まれて全社屋を焼失。終戦後は満州などの海外工場をソ連に接収され、経営が厳しくなった。一時は酒粕で漬物を作るなどの苦労を重ねて立ち直り、一九七〇年代には灘などの大手酒造に伍してＣＭを展開して、「千福、一杯いかがです？」のＣＭソングが人びとの心に刻まれた。

さて、三宅本店の屋号の経緯は前述のとおりだが、暖簾紋の歴史については「おふくさん」のマーク以前には使用していなかったという。歴代の酒のラベルを見ても紋章らしきものは見あたらない。初期の「千福」ラベルには女性がさまざまに描かれており、とても珍しい意匠だった。現在のラベルの「おふくさん」は十代目である。社章のように使用されている「おふくさん」は「おたふく」の面を意識したもので、八代目ぐらいの意匠である。

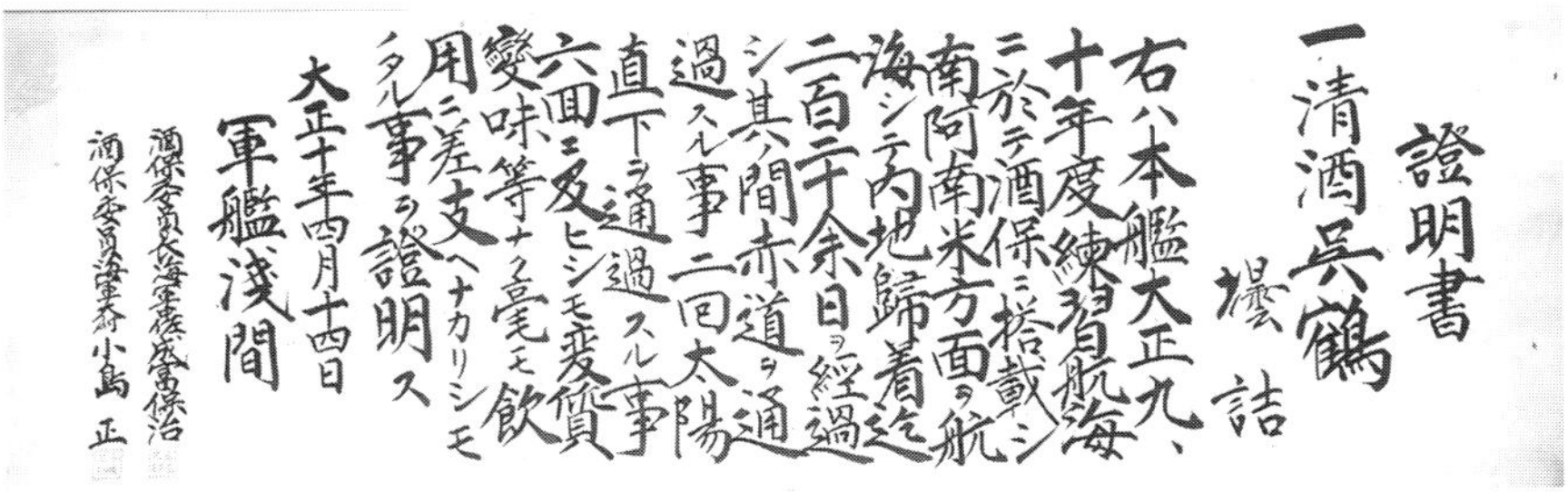
證明書
一 清酒呉鶴 壜詰
右ハ本艦大正九、十年度練習航海ニ於テ酒保ニ搭載シ南阿南米方面ヲ航海シテ内地帰着迄二百二十余日ヲ経過シ其ノ間赤道ヲ通過スル事二回太陽直下ヲ通過スル事六回ニ及ヒシモ変質変味等ナク毫モ飲用ニ差支ヘナカリシモノタル事ヲ證明ス
大正十年四月十四日
軍艦浅間
酒保委員長海軍中佐
酒保委員海軍大尉 小島 正

練習艦浅間が「呉鶴」をのせて、南アフリカ、南アメリカ方面へ220日あまりを航海し、赤道を6度通過したが酒に変質、変味がなかったことを知らせる証明書。1921（大正10）年4月14日の日付があり、酒保委員長（中佐）と委員（大尉）の押印がある。これは以後、全海軍基地へ「千福」が納入されるようになった

（この項の資料提供　三宅本店）

「おたふく」と「おかめ」は同じもの？

三宅本店のブランドである「おふくさん」は、一般には「おたふく」とよばれるキャラクターだ。「おかめ」「おとごぜ」「おと」などのよび方があり、文楽人形では「お福」、狂言では「乙午前（おとごぜ）」または「乙（おと）」という。「おたふく」の名称は「おとごぜ」から転じたものという説、頬が膨らんだ容姿のため、魚の「ふぐ」から転じたという説などがあり、「お多福」の字があてられることもある。室町時代に門付芸の大黒舞で使用されたキャラクターで、その後、文楽で使用されるようになったらしい。

「おかめ」の名は十七世紀ごろの里神楽からとされ、「男面」の「ひょっとこ」と対で使われるようになったようだ。「おたふく」「おかめ」はよび名が違うだけで、もとは同じだと類推される。神話に登場するアメノウズメが起源だという説もあるようだ。

不美人の典型のようにいわれる顔つきだが、多くの日本人はその顔つきにどことなくほっとするはずだ。平安時代からの絵巻物語などに描かれる女性の顔は、当時の美人の典型だと思われるが、いわゆる下膨れで目も鼻も小さく、どことなく「おたふく」「おかめ」の面と通底している。つまり、これらの面は古の美人顔ということになろう。

なお、「おたふく」をマークとしているのは千福の三宅本店ばかりでなく、ソースや酢などを製造するオタフクホールディングス、手袋を中心とするおたふく手袋などもある。

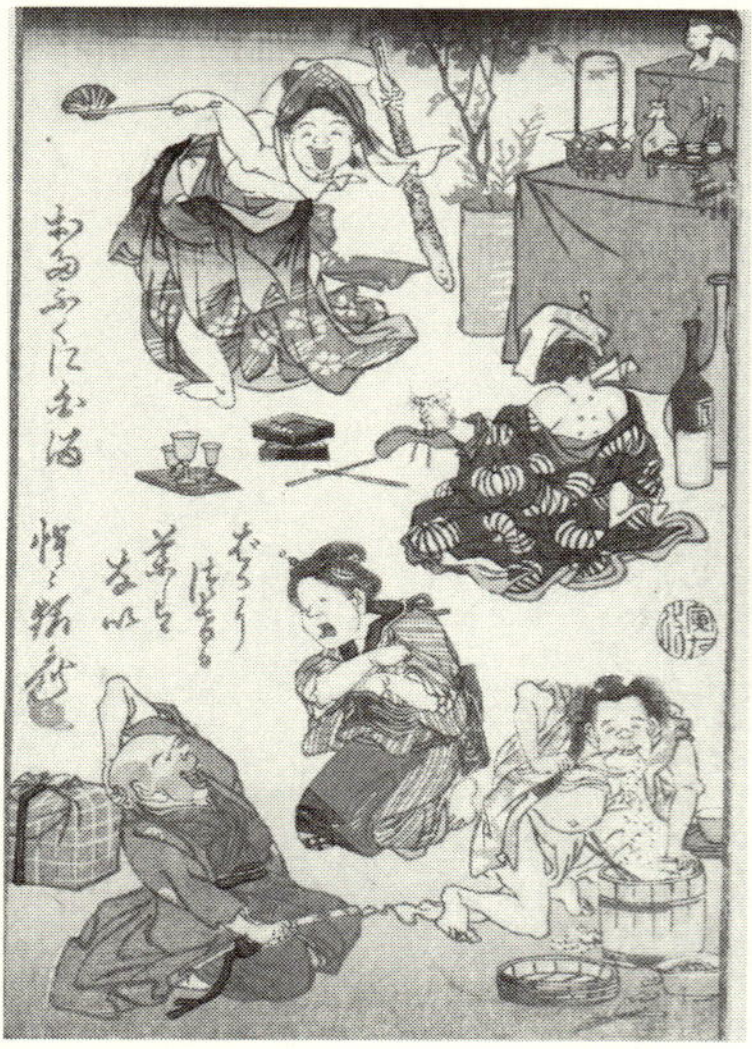

上は三宅本店の「千福漬」の商品ラベル。商標の「おたふく」を大きく使用している。左は幕末・明治期の『狂斎百図　おたふく』より。川鍋暁斎画による風刺物。暁斎は「おたふく」を「愛すべき滑稽もの」として描いている（国会図書館蔵）

第六章

自然を敬う紋章、霊験を願う文様、器物や建物の紋章

法師

奥井海生堂

ムーンスター

伊場仙

文秀堂

あみだ池大黒堂

小津産業

虎屋

そごう

澁澤倉庫

塩野義製薬

戸田工業

室次

錢高組

鍵善良房

神茂

信仰心を背景にした自然紋

家紋における自然のモチーフは、日、月、日足、月星、山、波、雪、稲妻などである。

「日月」紋は「じつげつ」と読み、天照大御神と月読命、すなわち太陽と月を表す。七〇一（大宝元）年正月に烏形と日月像の幢《どう》が使われたという。幢は旗の一種で竿先につけたり柱に掛けたりする。儀式や軍の指揮に使われるものである。これ以後、天皇の即位の式典に使われるが、「日月」紋の旗が初めて登場するのは『太平記』で、朝廷の紋章と決まったのは後鳥羽天皇から後醍醐天皇の間とされる。日も月も同型の丸で表され、日は金、月は銀で示したが、月は三日月で表すようになった。「日」紋は戊辰戦争時の「錦の御旗」につながり、のちに日の丸、日章旗にもつながっていく。「日」紋も「月」紋も家紋となった例はあるが、商家の紋章の使用例は多くはない。

『日本紋章学』（沼田頼輔）によれば、「月星」紋は妙見菩薩信仰に由来するという。七曜、九曜などの「星」紋も同様である。妙見信仰はインドの天文学や占星術で扱う太陽、月など九つの天体と、それを神格化した九曜信仰と、中国の道教由来の北極星・北斗七星信仰が習合して、平安期に日本に入ってきた。妙見菩薩はインド由来の菩薩ではなく、中国で北極星または北斗七星信仰を神格化したもの。そのため、菩薩の名はあるが、大黒天や毘沙門天、弁財天などと同列に分類されている。北斗七星の柄の先端部分にある北極星は中国では破軍星とよばれ、戦いの吉凶を占ったりした。この星にまつわる信仰から、妙見菩薩は軍神とされている。

『家紋の事典』（千鹿野茂監修・高澤等）では「星」紋は一から一七まであるとしている。しかし、商家で多く見かけるのは「九曜」紋、「七曜」紋、「三つ星」紋などである。「九曜」紋は中央に大きめの黒丸があり、周りを八つの小さな黒丸がとり巻く意匠で、中央の黒丸は北極星を表すという説もある。天地四方を守護する仏神として、平安末期には九曜曼荼羅の信仰があった。そうした信仰心が背景にあるようだ。

「三つ星」紋はオリオン座の中央の三つ星を示すといわれる。この星は将軍星とよばれ、武神として信仰された。長州藩毛利家の「一文字三星」の「一文字」は一番乗り、一番槍を表すとされる。将軍星のもとで一番槍をふるうという意味合いだろうか。

「ひとつ星」も使われているが、ほとんどは「山形」「曲尺」などの外郭に囲われており、「石持《こくもち》（黒餅）」などとの見分けはつかない。

「雪」紋は六出、六花とも称され、豊年の瑞兆とされる。単独で家紋になる場合は六弁の花の形だが、「雪輪」として外郭に使われることが多く、日本酒のラベルには雪輪を使ったデザインが多い。最近の銘柄ではなく伝統的な銘柄のラベルにかなり多く残っている。

いずれにせよ、自然を表す紋章は、対象とする自然に神格を認め、敬う意味があると思われる。八百万の神を祀る日本人としては自然な心情といえよう。ただし、商家の紋章である暖簾紋では使用例は決して多くない。もっと現生利益を期待する大黒天、恵比寿などに向かうのだろうか。

家紋に見る代表的な自然紋

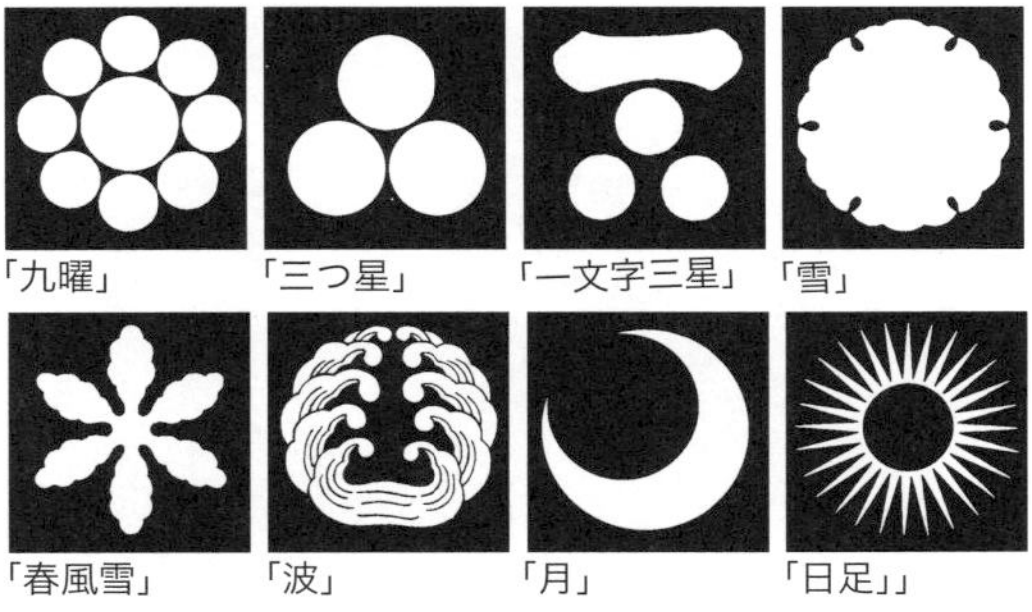

「九曜」　「三つ星」　「一文字三星」　「雪」

「春風雪」　「波」　「月」　「日足」」

●自然

暖簾紋曼荼羅

「山形に星」墨筆硯問屋　奈良屋平七（江戸買物獨案内）

「山形に白星」呉服問屋　吉川安吉（北越商工便覧）

「曲尺に星」菱垣廻船問屋　栞名屋圓蔵舩（江戸買物獨案内）

「出山形変化形に星」雛人形屋　千嶋屋季右衛門（浪華買物獨案内）

「出山形に星」筆角硯問屋　大黒但馬大掾（大坂商工銘家集）

「入り山形に三つ星」堂嶋米相場店　塩屋傳兵衛（大坂商工銘家集）

「重ね山形に星」唐弓弦卸問屋　三河屋利右衛門（大坂商工銘家集）

「星に一」鹿子卸商　近江屋奥田藤松（日本全国商工人名録）

「平角に三つ星」小間物卸　森屋長兵衛（江戸買物獨案内）

「平角に星」絵具染草問屋　小西九郎兵衛（江戸買物獨案内）

「井桁に三つ星」絵具染草問屋　松本屋彦四郎（江戸買物獨案内）

「井桁に星」筆硯問屋　松井新助（江戸買物獨案内）

「三つ星」即席懐石料理所　近江屋又兵衛（江戸買物獨案内）

●長門星

「一文字三星」は「渡邊星」と意味は同じだ。毛利氏が家紋に使用したため「長門星」ともいう。本藩と支藩を区別するため、一文字の書体は何種類かある

「一に三つ星」金澤米商会所仲買所　近田甚兵衛（日本全国商工人名録）

●渡邊星

「三星一文字」の三星は将軍星、一文字は一番槍を表し、どちらも武家に好まれた。渡邊家の多くが家紋として使用したことから「渡邊星」ともいう

「渡辺星」薬種問屋　越後屋文五郎（江戸買物獨案内）

「隅立て角に星」御煙管師　柳家清兵衛（江戸買物獨案内）

「隅立て角に三つ星」清酒醸造所　藤堂興十郎（日本全国商工人名録）

「丸にふたつ星」青物乾物問屋　池田屋市右衛門（浪華買物獨案内）

「丸に星、突き抜け一」紋羽類諸品問屋　丹波屋清助（大坂商工銘家集）

「一に白星」御定宿いけだや総兵衛（京都買物獨案内）

「一引にふたつ星」紙問屋　伊勢屋長兵衛（江戸買物獨案内）

「七曜」醤油酢問屋山本屋長右衛門（江戸買物獨案内）

「六曜」京菓子司和泉屋菅原堂（江戸買物獨案内）

「鱗に重ね三つ星」醤油醸造所　増谷文次郎（全国醸造物登録商標便覧表）

「亀甲に三つ星」醤油醸造所　井上關右衛門（全国醸造物登録商標便覧表）

「斜め一引に星」金銀細工物製造所竹内金之助（日本全国商工人名録）

「三つ星に一引」縞縮卸商　佐伯傳蔵（日本全国商工人名録）

「剣大に星」薬種・清酒問屋　太田吉次郎（全国醸造物登録商標便覧表）

「大に白星」金物問屋　北國屋貞助（北越商工便覧）

「星に算木」木綿問屋　亀屋武衛門（江戸買物獨案内）

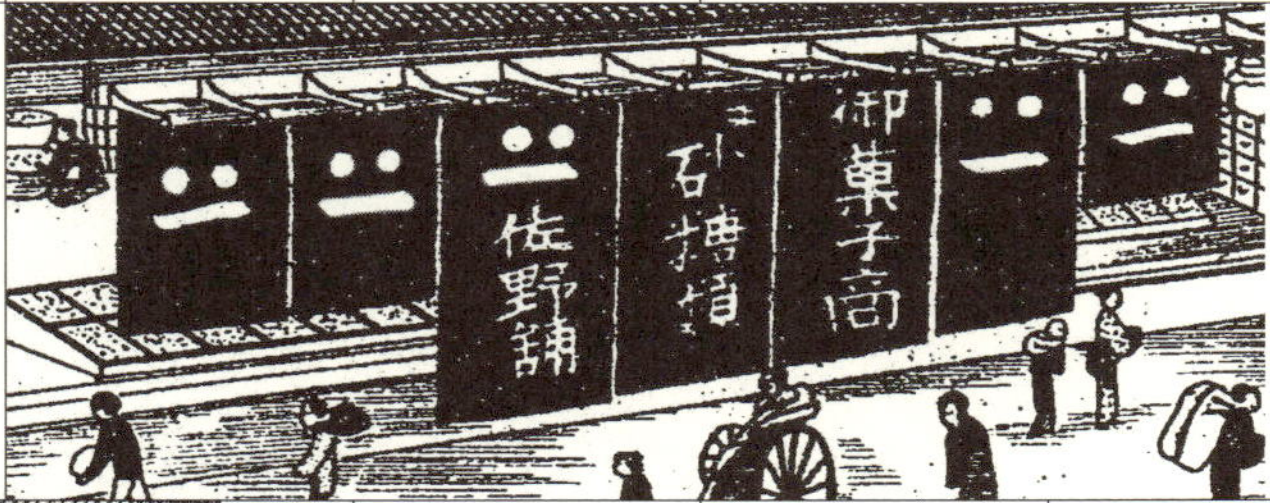

「ふたつ星に一」菓子砂糖商 佐野友吉（石川県商工便覧）

「雪輪に藤」貸座敷商　酔多楼中田與吉（吉備の魁）

「雪輪」薬種問屋大和屋利兵衛（大坂商工銘家集）

「雪」型製波瑠壜商木原茂平（浪華商工技芸名所智掾）

「算木に白星（環）」清酢製造所　中野又右衛門（日本全国商工人名録）

「旭日」饅頭と餅商　日の出屋日野久吉（浪華の魁）

「雷雲に久」薬種問屋　久保田庄座衛門（日本全国商工人名録）

「雷」魚問屋　川上鉄太郎（商工技芸飛騨之便覧）

「井桁に雷」萬問屋外国貿易商　川原伊右衛門（商工技芸崎陽之魁）

「旭日と抱き麦」京都麦酒醸造所　酒特約大販売所吉具伊兵（筑肥有名家獨案内）

「波に旭日」麦酒醸造所　大阪麦酒株式会社（全国醸造物登録商標便覧表）

「日月星」清酒問屋　九州三光合資会社（全国醸造物登録商標便覧表）

「旭日と向かい樹木」金融・呉服・ランプ・鉄物店　アサヒヤ（東京商工博覧絵）

「月」薬種問屋　若松屋幸八（甲府買物獨案内）

「扇に日」洋酒問屋　橋下清三郎（全国醸造物登録商標便覧表）

「日輪」鞄製造販売　魚住吉太郎（尾陽商工便覧）

●星形の表現の変化
星を表す形はもともと丸形が一般的なものだった。しかし明治になり、西洋で一般的だった星形が登場すると、丸の星形は次第に使用されなくなる

「山形に四つ星」清酒醸造所　遠山八右衛門（全国醸造物登録商標便覧表）

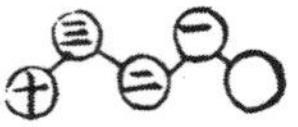

「山形星（カシオペア座）」薬種問屋　明星堂高井藤兵衛（京都買物獨案内）

「北斗七星」北斗香目薬・筆墨問屋　奈良屋兵七（江戸買物獨案内）

「ひとつ星」麦酒醸造所　札幌麦酒株式会社（全国醸造物登録商標便覧表）

「三つ星」ラムネ製造所　京都ラムネ製造株式会社（全国醸造物登録商標便覧表）

「丸に三つ星」
千年を超える歴史を有する温泉旅館 法師

「法師」は七一八（養老二）年に創業した石川県粟津温泉の旅館である。一時は世界でもっとも歴史のある旅館としてギネスに登録されたほどで、山梨県西山温泉の慶雲館（七〇七年開業）、兵庫県城崎温泉の古まん（七一七年開業）と並んで長い歴史があり、代々、善五郎を襲名して現在まで四十六代、一族のみで経営を続けている。

法師の創業は修験道の始まりと重なる。日本独自の山岳信仰である修験道の始祖、役行者が没したのは七〇一（大宝元）年のこと。そのころ修験道が盛んになり、多くの僧が仙人の術を会得しようと、険しい山に登り修行を続けていた。そのひとりが泰澄《たいちょう》大師で、白山を開山した僧である。開山は七一七（養老元）年と伝えられる。

法師の湯

泰澄大師が白山の頂きで荒行を始めて一年ばかり経ったころ、白山大権現が夢枕に立ち、「山の麓の粟津という村に霊験あらたかな霊泉があるが、まだ誰も知らない。山を降りて村人とともに掘り起こし、末永く人びとの役に立てよ」と告げた。大師は村人と協力して温泉を掘りあて、病人を入浴させてみると長患いが回復した。そこで、弟子の雅亮《がりょう》法師に湯治宿を建てさせ、湯守りを任せた。雅亮法師は泰澄大師を白山山頂に案内した樵夫《しょうふ》笹切源五郎の次男で、泰澄大師の信認が厚い僧である。

これが法師と北陸最古の粟津温泉の始まりであり、以来、雅亮法師は生涯、法師の宿を運営し、その後は養子の善五郎に受け継がせた。善五郎は法師の初代となり、現在の四十六代目まで法師善五郎を名乗る。現在は法人化して株式会社善五楼として運営しているが、善五郎以来、現在まで一族で法師の湯を守り続けている。

さて、法師の暖簾紋は「丸に三つ星」紋で、善五郎一族の家紋である。三つ星は〝仏法僧〟を表しているのだという。仏法僧は仏、仏の説いた法、仏法を行ずる僧または教団の三つを表す言葉である。法師が掘り、病人に供した法師の湯宿にふさわしい紋章といえよう。

登録文化材の温泉付き離れの「延命閣」

（この項の資料提供　法師）

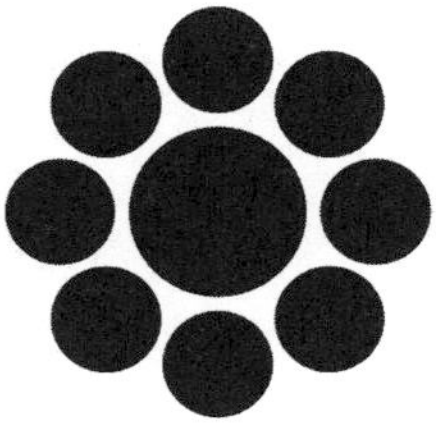

「九曜」敦賀の昆布老舗 奥井海生堂

昆布は縄文時代から食べられており、平安時代には食品として確立していたが、まだ特権階級だけのものだった。中世以降は武士が糧食として用い、仏教の精進料理や茶席などでも供されるようになっていった。人びとが日常的に口にするようになったのは江戸時代で、北前船の西回り航路が開かれてからである。昆布は主要な荷物のひとつで、北海道などから大量に運ばれ、敦賀から琵琶湖を経由して京、大坂に運ばれた。下関を回って瀬戸内海で結ぶ西回り航路が完成して以降は、敦賀を経由する昆布はやや減少したが、鉄道が物流を担い始める明治中期まで、北前船は隆盛を誇った。

畿内に運ばれる昆布の量の増加にともない、とくに大坂を中心に昆布の加工技術が発展した。中継地である敦賀でも、早い時期から昆布の加工業が盛

明治期に配布された奥井海生堂の引札

んになっていった。重量を減らして物流の簡便化を図るとともに、瀬戸内海経由の海路に対抗して、付加価値を高めるといった要素もあったようで、敦賀には現在まで続く昆布の老舗が数多く存在する。大坂の昆布加工が〝煮る〟技術を中心に発展していったのに対して、敦賀では〝削る〟加工が盛んになり、一時はおぼろ昆布の八割が敦賀で生産された。奥井海生堂はそうした昆布老舗のひとつである。

創業者である奥井半吾は代々敦賀藩（鞠山《まりやま》藩）に出仕する武士だった。敦賀藩は小浜藩の支藩で、現在の福井県敦賀市あたりを支配した。戊辰戦争では新政府軍に与したことでも知られる。

明治維新後、一八七六（明治九）年の秩禄処分で武士は扶持を失い、自らの才覚で収入を得る必要に迫られる。これに先立ち廃藩置県で藩が消滅した一八七一（明治四）年、奥井半吾は当時敦賀に大量に荷揚げされていた北海道からの昆布を扱う商売を考え、気比神宮門前の神楽町に店を開いた。

気比神宮の神楽の祭り（大正期）

昭和初期のメンバー（前列中央が三代目）

神楽本店正面

奥井海生堂
現在のロゴ

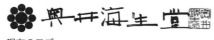

気比神宮は北陸道総鎮守と称され、『古事記』『日本書紀』にも登場する神社である。氏子は北陸一帯に広がり影響力もある。その門前に店を構えたのだから、創業者にはそれなりの力量があったのだろうと奥井海生堂では類推するが、なぜ昆布を扱うことにしたかは伝承が途絶えている。当時、昆布はまだ貴重な食材だったから、昆布商は格式の高い商売とされていた。かつて武士であった初代奥井半吾にはそのあたりが肌に合ったのかもしれない。

開業後は相当に苦労が続いたようだが、明治中期に曹洞宗大本山永平寺に、御用昆布所として出入りを許され、経営が安定する。大正から昭和の初めに、当時の美食家・北大路魯山人や、京都の料亭などの贔屓を得て現在の礎ができたという。大東亜戦争で敦賀は空襲に遭い、奥井海生堂も本店、昆布蔵、資材倉庫などすべてが灰燼に帰したが、顧客筋のつながりを頼りに復興し、現在は大手百貨店、曹洞宗の永平寺、總持寺の両大本山や各寺院、有名料亭などを主要な取引先に、伝統的な職人技を背景にした多くの製品を提供するとともに、海外への昆布文化発信などの取り組みを行っている。

さて、奥井海生堂の屋号の由来はいまではわからなくなっている。海産物を扱うことから〝海から生まれるもの〟といった意味を持たせたのではないか、というのが奥井海生堂の類推である。暖簾紋は「九曜」紋。奥井家の家紋をそのまま商売の紋章に使用した。

「九曜」紋は平安時代、九曜曼荼羅信仰を背景に、衣類や牛車の文様に使われ家紋に転じたとされる。大きめの星の周りに八個の星を並べるほか、三個三列、縦一列、菱形に並べるなどの変化がある、ちなみに、熊本の細川家も「九曜」紋を家紋とするが、細川家の「九曜」紋は星が小さめで間隔が少し離れている。もとは普通の「九曜」紋を使用していたが、一七四七（延享四）年に細川宗孝が家紋によってほかの大名と誤認され、江戸城中で殺害される事件があったため、間違われることのないように改めたといわれる。

（この項の資料提供　奥井海生堂）

「月星」月星マークでなじみ深い靴メーカー ムーンスター

ムーンスターは事業内容の変化とともに、何度も社名を変更してきた会社だが、紋章は創業期の「小槌」の意匠を用いた時期を除いて、「月星」印の意匠の基本は踏襲されている。児童向け商品も長く続けられており、多くの人びとの記憶に、子どものころに履いた学校での上履きの印象的な商標が刻まれている。その強烈な商標に社名を合わせていったという言い方ができるかもしれない。

ムーンスターの創業は一八七三（明治六）年。倉田雲平が久留米市米屋町に小さな店を借りて、座敷足袋の生産を開始した。倉田家は米穀、呉服、両替

つちやたび店頭吊り看板

1902（明治35）年、つちやたび本店前に並ぶ行商用箱車

暖簾紋・商標の変遷

1873（明治6）年

▼

1928（昭和3）年

▼

MoonStar

1993（平成5）年

▼

MoonStar

THE FOOTCOMFORT COMPANY

2006（平成18）年

▼

MOONSTAR

2013（平成25）年より

を営む商家で、屋号が「槌屋」だったのでそこから「つちやたび」とし、暖簾紋は家紋の「打ち出の小槌」紋を使用した。吊り看板に「御《お》誂《あつらえ》向《むき》御《お》好《このみ》次第《しだい》」と書くところからの始まりだった。

一八九四（明治二十七）年、倉田雲平は日本で初めてドイツ製のミシンを導入し、足袋製造の機械化を開始した。一九〇八（明治四十一）年には久留米市の現在地に織物、染色、漂白の三工場を併設し、機械による量産体制を確立、一九一七（大正六）年にはつちやたび合名会社を設立した。

一九二〇（大正九）年、アメリカ製のキャンバスシューズを見て、布にゴムを貼り付けられることを知り、一九二三年には日本初のゴム底貼り地下足袋の販売を開始した。同年の関東大震災で東京支店と在庫三〇万足を失うが、震災の復旧作業で地下足袋が活用され、全国に普及していく契機となった。

続いて一九二五（大正十四）年、運動靴（紐付きキャンバスシューズ）やゴム長靴の販売を開始し、一九二七（昭和二）年には児童用の前ゴム靴、輸出用の靴の製造を開始。翌年、「月星」印の

1907（明治40）年ごろの、アール・ヌーボー文様のつちやたびポスター

商標を制定して新市場の拡大に乗りだした。「月星」印には「世界的に通用する簡単明瞭で親しみやすい図柄」という考えから、輸出強化のねらいがあった。ところが「月星」印は中国の華南方面や中近東では履物に用いることは喜ばれないとわかり、主要市場である中国文化圏で福の象徴とされている蝙蝠をマークにした。すなわち、つちやたびは「小槌」印、運動靴その他のゴム履物は「月星」印、中国向けの靴の一部と中近東向け運動靴などは「蝙蝠」印と使い分けることにしたのである。

一九三一（昭和六）年には組織を変更してつちやたび株式会社とし、さらに蹴球靴、満州向け労働靴、婦人用靴などと幅を広げていった。そのころから戦時色が強まり始め、一九三七（昭和十二）年には軍需指定工場になり、翌年には軍管理工場となった。同年、満州に国華護謨工業株式会社を設立して現地生産を開始、翌年には社名をつちやたびから日華護謨工業株式会社に変更。一九四二（昭和十七）年には熊本工場、一九四四年には三猪工場を開設して、ゴム履物統制令に従って学童用と労働者用靴を作った。戦争では本社工場が被爆し、約三分の一を焼失している。

戦時下で名づけた日華護謨工業の社名は、一九四九（昭和二十四）年に日華ゴムとしたが、一九六二（昭和三十七）年にはさらに月星ゴムに変更した。当時、製品が広く「月星靴」として親しまれていたことから「月星」が社名にふさわしいと判断したものだ。

1931（昭和6）年の海外向けポスター

中国と中近東向けの蝙蝠マーク

1931～32（昭和6～7）年ごろの月星靴中国向け広告（右）

一九五〇年代はスポーツシューズ市場が拡大する時代だった。月星ゴムはランニングシューズを皮切りに、「ジャガーシリーズ」と名づけて各種スポーツ用シューズを展開しヒット商品となった。一九六〇年代に入ると輸出が急拡大。とくにアメリカでは布靴ブームを起こすほどの成功を収めた。また、合成樹脂製品も製造し、社名も一九七二（昭和四十七）年には月星化成と改めた。

一九九三（平成五）年、創業百二十周年の節目にコーポレートブランドを「ムーンスター」に変更し、商標もデザイン変更を実施した。二〇〇六（平成十八）年には社名をブランド名に合わせて、株式会社ムーンスターとし、二〇一三（平成二十五）年には商品とサービスを「ムーンスター」ブランドに統一している。

一九二三（大正十二）年の月星運動靴ポスター

戦前の月星運動靴のチラシ

1953（昭和28）年の宣伝カー

本社工場の梱包・出荷風景（1965＝昭和40 年ごろ）

（この項の資料提供　ムーンスター）

古くから使われた図形が多い
文様紋・図譜・源氏香

文様紋
図譜
源氏香

巴の紋章はどこからきたのか

文様紋とよばれる紋章は、「巴《ともえ》」「木瓜」「唐花・花角・花菱」「引両」「亀甲」「七宝」「石畳」「鱗」「角・角持」「菱・松皮菱」「目結《めゆい》・目」「丸」「輪違《わちがい》」「籠目」などが代表的だ。また、丸、三角、四角、菱形、直線といった単純な形やその組み合わせも文様の一種で、古くから世界中で見かけられる。

たとえば「巴」紋は、勾玉状の頭と尾を持つ図形を回転させるように描いた文様で、一から三つの組み合わせがあるが、家紋では二ないし三意匠がほとんどである。世界中で類似した文様が用いられており、成り立ちも名称もはっきりしない。古くは縄文遺跡にもこの文様が認められ、アイルランドの古代ケルト遺跡にもある。中国では殷代の遺物にこの文様があるとされる。

「巴」のいわれをいくつかあげておくと、まず、水の渦巻きをかたどったという説がある。そこから火事に対する魔除けの意味合いが生まれた。神社仏閣の軒瓦などに巴が用いられるのは火除けを意識したもので、たとえば京都御所の瓦にも見ることができる。多くの寺社で見ることができるが、紋章の扱いではなく火災防止のまじないの印といった扱いが多い。また、弓を用いる際に左手に装着して、弓の弦が手にあたるのを防ぐ鞆《とも》という皮具を図案化したもので、読みが似ている巴の字をあてるようになったともいわれる。さらに、稲妻を表したとする説もあり、雷神が背負う太鼓には巴が描かれている。中国の「雷」紋が「巴」紋のもとになったとする説もある。ほかにも蛇がとぐろを巻いた形とする説、勾玉説、雲をかたどったとする説、胎児を表したという説もあるが、どれも決定的ではない。

三角形は家紋では通常は「鱗」紋とよばれる。蛇や龍などの鱗に似ているとされるが、分類は動物の紋章ではなく文様紋の一種である。家紋では濃い色調の布地を白く抜くなどして使用されるため、塗りつぶされた三角形が基本だが、暖簾紋では輪郭線を使う「抜き鱗」が大半だ。鱗の中に文字その他を入れて使うことが多いためだろうか。前述した「山形」紋も、三角形の底辺を外した形は文様の一種とされ、重ねたり立てて逆に重ねたものもある。

四角形は「角」紋といい、正方形は「平角」紋、長方形は「垂《た》れ角」紋という。これも文様紋の一種であり、暖簾紋ではほとんど外郭として使われている。正方形を四五度回転したものは「隅立て角」紋とよばれ、それを平たく押しつぶせば「菱」紋である。

丸も文様紋で、「角」紋と同様に外郭として使用される例が大半だ。ひとつの丸なら「輪抜」紋という。これは家紋では白く抜いて浮き上がらせて使うからだと思われる。ふたつ以上の輪が重なり合ったものは「輪違」紋といい、商家の紋では「ふたつ輪違」紋、「三つ輪違」紋がよく見られる。ただし、これは家紋のよび方で、商家の紋でどうよぶかはわからない。

六角形は「亀甲」紋とよばれる。連ねた形は亀の甲羅に似ているため亀甲とよばれるが、通常、紋章としての「亀甲」は内側に子持ち線といわれる細い線が入って二重になる。その細い線のないものはあえて「一重亀甲」紋という。ただし、「亀甲」と考えにくいものもある。子持ち線があるため、六角の主線はある程度の太さが必要だが、子持ち線と区別しにくいほど細い線に形づくられた六角形もある。やむを得ず、本書では「六角形」紋とよぶことにする。

「石畳」紋はふたつ以上の正方形または長方形を、水平または斜めに並べた形で、「甃《いしだたみ》」紋、「霰《あられ》」紋ともいう。紋章としては一～一六個までの正方形の組み合わせのようだが、繰り返し並べればアニメの『鬼滅の刃』で子どもたちに大人気となった「市松模様」になる。

家紋における代表的な文様紋

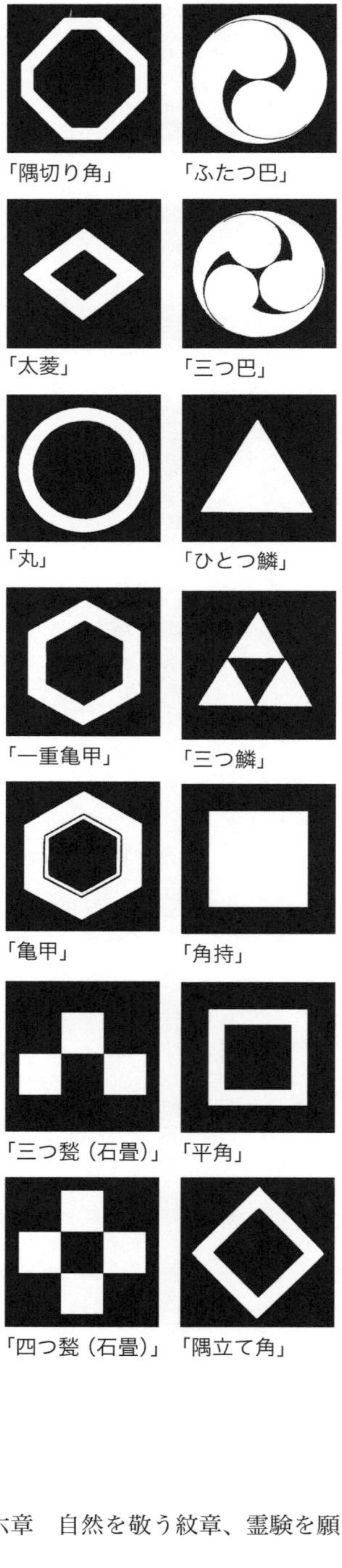

「ふたつ巴」 「隅切り角」
「三つ巴」 「太菱」
「ひとつ鱗」 「丸」
「三つ鱗」 「一重亀甲」
「角持」 「亀甲」
「平角」 「三つ甃（石畳）」
「隅立て角」 「四つ甃（石畳）」

文様紋 図譜 源氏香

図譜は信仰にからむものが多い

図譜は占い、信仰に関連する紋章である。紋章に興味のない人でも五角の星形は知っているはずだ。

これは「安倍晴明」紋または「五芒星」紋という。晴明判、晴明九字ともいい、西欧ではペンタグラムである。桔梗の花に似ていることから「晴明桔梗」紋ともいって「桔梗」紋に分類されることもあるようだ。似た紋章に六角の星形の「六芒星」紋があり、西欧では「ダビデの星」というが、これは家紋では図譜ではなく、「器物」紋または「文様」紋に分類される。ほかにも四本と五本の線を直角に交差させた「九字」紋、それを菱形にした「九字菱」紋、月紋と同じ円の意匠の「円相」紋、「円相」に正方形の入った「天地」紋などが家紋になっているが、例は少なく、暖簾紋ではほとんど見かけない。

「源氏香」紋は五種の香木を焚いて香名をあてる、香合わせに使用する符号を紋章化したものである。類似の紋章がないため「源氏香」紋だけは独立して分類されることが多い。『源氏物語』五四帖のうち五二帖に見立てて名前をつけられ、五二種類の紋章があるが、実際に家紋として使用された例は少ない。暖簾紋でもわずかしか見かけないが、意匠としてユニークでおもしろい。成立したのは享保年間（一七一六〜三六）とされる新しい意匠の紋章である。

家紋における代表的な図譜紋

「安部晴明判」

「六芒星」

「丸に九字」

「九字菱」

「円相」

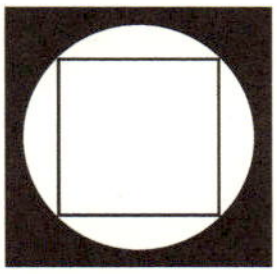
「天地」

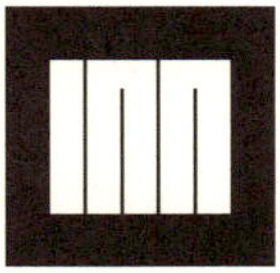
「源氏香　若菜」

暖簾紋曼荼羅

「丸に三つ鱗」鼈甲御櫛笄所　伊勢屋清八（江戸買物獨案内）

「鱗」鰯魚〆粕魚油問屋　秋田屋冨之助（江戸買物獨案内）

「五つ瓜に唐花」東御菓子所　監田里斎平利治（江戸買物獨案内）

「木瓜」御用御菓子所　伊勢屋筑後大掾（江戸買物獨案内）

「松皮菱に泉」屏風襖仕入所　和泉屋平兵衛（大坂商工銘家集）

「郡山花菱」御料理所　川口忠七（江戸買物獨案内）

「菱」鼻紙袋煙草入所　菱屋彦八（江戸買物獨案内）

「逆さ三つ鱗」茶製造販売所　平野屋豊次郎（東京買物獨案内）

「三つ鱗」丸藤問屋　伊勢屋吉兵衛（江戸買物獨案内）

「隅立て平角」藍玉問屋　富士屋藤吉（江戸買物獨案内）

「四つ割菱」教育書籍商　牟田藤兵衛（尾陽商工便覧）

「四つ割菱」御艾所　板坂源八郎（江戸買物獨案内）

「目抜き」讃州金比羅出船所　備前屋治兵衛（大坂商工銘家集）

「比翼隅立て平角」くぎぬき油販売所　住吉屋庄兵衛（大坂商工銘家集）

「垂れ角に一」萬小間物仕入所　平野屋九兵衛（大坂商工銘家集）

「垂れ角に一引」醤油酢問屋　横田屋五郎三郎（江戸買物獨案内）

大坂屋は引き出しの環をカタカタ鳴らして売り歩く、暑気払いの薬の「定斎屋薬売り」として有名だった。『江戸買物獨案内』でも支店または暖簾分け店が多数確認できる。上図は大坂屋と本家が対立した「いと屋」のもの（東京商工博覧絵）

「隅立て隅切り角に大」薬種問屋　大坂屋藤左衛門（江戸買物獨案内）

「三つ重ね亀甲」御菓子司　玉満保二（江戸買物獨案内）

「一重亀甲」御鼻紙袋煙草入所　伊藤屋興八（江戸買物獨案内）

「四つ目結」長五郎餅　河内屋長五郎（江戸時代集票集）一五八七（天正一五）年、豊臣秀吉による北野天満宮での大茶会で、秀吉に餅を献上し、そのときに『長五郎餅』と命名されたという逸話があり、現在も続く京和菓子の老舗。マークは「丸に四つ目結」を使用している

「ふたつ引」白粉紅問屋　和久井屋伊兵衛（江戸買物獨案内）

「角一引」萬新物商　野井丹次郎（日本全国商工人名録）

「丸に縦ふたつ引」線香問屋　内田屋清右衛門（江戸買物獨案内）

「縦三つ引」生布海苔問屋　小川屋勘助（江戸買物獨案内）

「縦角ふたつ引」藍玉問屋　阿波屋平助（江戸買物獨案内）

「八角に三つ引」水油問屋　荒木屋伊三郎（江戸買物獨案内）

「丸に一引」舩具問屋　納屋三十郎（江戸買物獨案内）

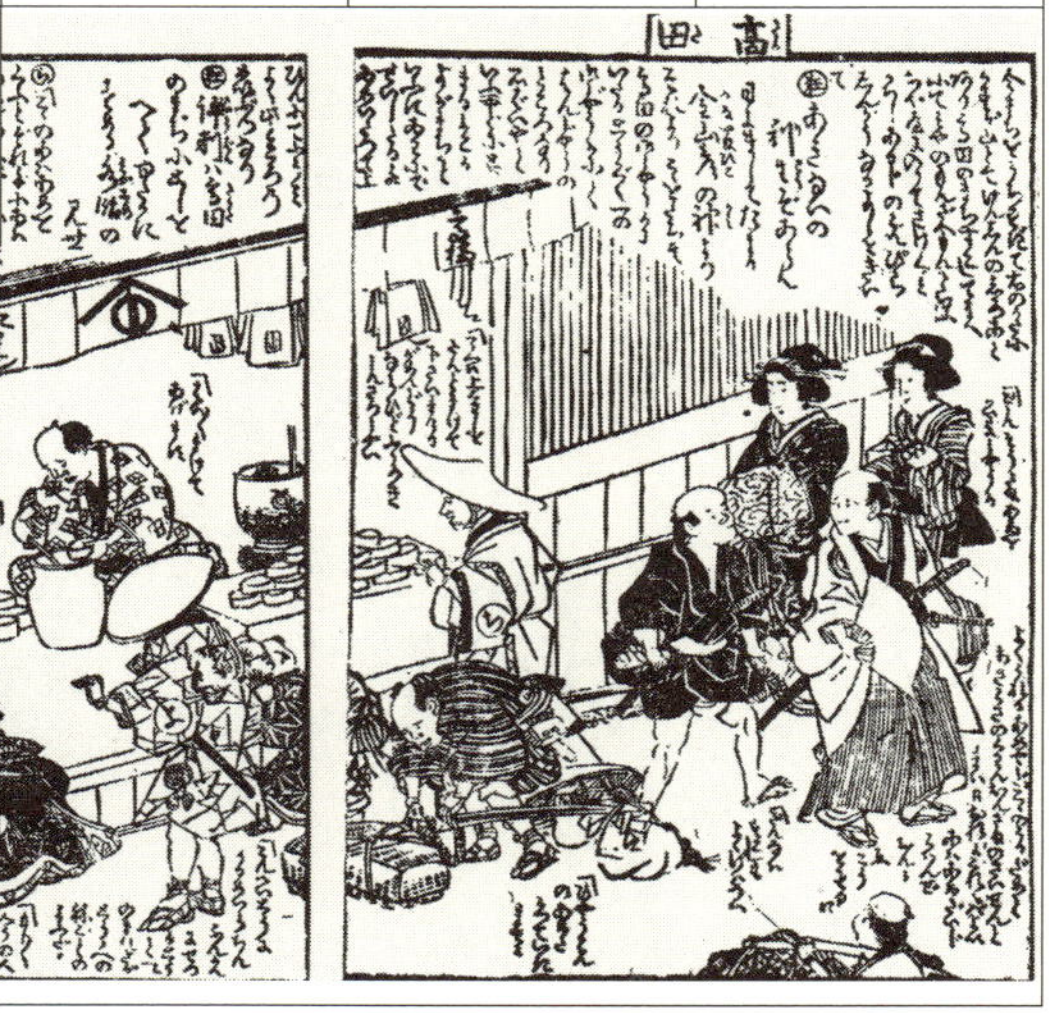

「山形に丸に縦一引」粟餅屋　高橋孫左衛門商店（十返舎一九『金草鞋』より部分・復刻本より）現在も続く北陸高田の粟餅屋の代表店。一八一五（文化十二）年刊『金の草鞋』で、十返舎一九がこの店の名物粟飴を紹介している。しかし、このとき一九が食べた粟飴は、原料を粟から餅米に変えていたというオチである

「祇園守変化形」葡萄酒醸造所　野村半蔵（全国醸造物登録商標便覧表）

「祇園守変化形」ラムネ製造所　川口治左衛門（全国醸造物登録商標便覧表）

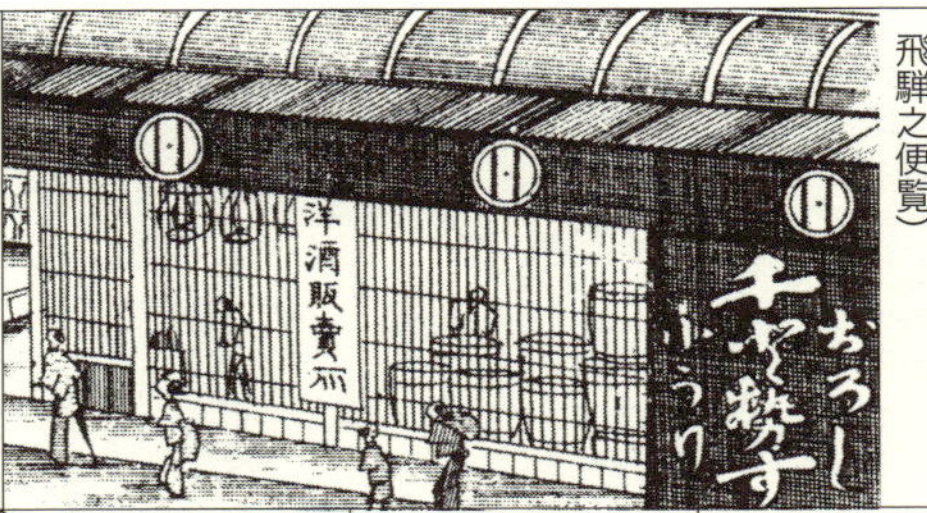

「丸に縦ふたつ引」和洋紙類商　平瀬邦之助（商工技芸飛騨之便覧）

「三つそろい巴」醤油醸造所　福山甚三郎（全国醸造物登録商標便覧表）

「陰陽勾玉巴」大能湯本舗　大津屋正木利右衛門（日本全国商工人名録）

「ふたつ巴」生蕎麦商　錦伊七（甲府買物獨案内）

「四つ輪違」シャンパン醸造所　松本留之助（全国醸造物登録商標便覧表）

「三つ輪違」味噌醸造所　渡邊佐助（全国醸造物登録商標便覧表）

「丸」傘問屋　丸屋九兵衛（江戸買物獨案内）

「祇園守」紋は暖簾紋としては数が少なく、数点が確認できる程度。しかし、中村芝翫の役者絵として使用され有名になった。上図は明治期の役者絵、豊原国周画による四代目中村芝翫（個人蔵）

「丸に祇園守」芝翫香白粉商　加賀屋熊文郎（商人買物獨案内）

江戸後期に柳亭種彦の『偐紫田舎源氏』によって大流行した源氏香文様。暖簾紋としては数が少ないが、若い娘たちの小袖模様として流行した。左図は歌川国貞画による『東海道五十三次之内　二川　小冬』部分。源氏香紋は不明（国会図書館蔵）

「五芒星」薬種問屋　油井村利兵衛（江戸買物獨案内）

「源氏香・夕霧」織物製造所　結城屋笠原齋士郎（日本全国商工人名録）

「丸に三つ引」
江戸初期からの扇子、団扇絵の老舗
伊場仙

伊場仙の初代である伊場屋勘左衛門の父は、三河国岡崎で治水・土木の職人をしていたが、徳川家康に従って遠州伊場村（現在の浜松市中区東伊場町）に赴き、一五九〇（天正十八）年には家康江戸入りにともない江戸に入り、城下を整備するための埋め立てや水路開削を行った。いわば最初の江戸町人ということになろうか。

勘左衛門は伊場村で生を受けた。伊場仙の年表では店を開くまでの経緯がはっきりしないが、乳飲み子のころに父とともに江戸に移り、当時は開拓した土地は下賜されたことから、父の開拓地に住み着いた。長じると勘左衛門はこの土地で商売を始め、屋号を生まれ故郷にちなんで「伊場屋」としたと類推される。正確な創業年がわからないため、伊場仙では創業者の誕生年である一五九〇年を創業年としている。しかし実際はそれより二十年以上も後で、徳川幕府の基礎が固まったころと考えるのが自然だろう。商売は紙と竹材の取り扱いで、紙は土佐や阿波などから仕入れ、竹は房州産だった。

江戸中期の一七〇〇（元禄十三）年ごろからは、それまで扱っていた竹、和紙を利用して団扇《うちわ》を手がけるようになった。江戸団扇または東《あずま》団扇といわれるもので、京の団扇と異なり一本の竹を割いて作るのが特徴で、江戸後期にはこの団扇に浮世絵を貼った団扇絵が大流行する。伊場屋は幕府御用達の版元団扇商として江戸城に出入りするようになった。

一七九二（寛政四）年には、伊場屋仙三郎が日本橋堀江町（現在の中央区日本橋小舟町）に団扇問屋を開いた。堀江町は東堀留川に接しており、現在の伊場仙の東隣である。周辺には他国から仕入れを行う商人が集まっていたが、やがて団扇屋が軒を並べるようになり、団扇河岸ともよばれた。

団扇絵はもともと浮世絵である。そこから伊場屋は一枚刷の浮世絵も多く手がけるようになり、初代歌川豊国、国芳、広重などの版元として「伊場屋」の名を江戸市中に広めた。幕末のころには、団扇絵の大半は伊場屋が手がけたとされる。浮世絵は西洋美術に大きな影響を与えたが、その当時、伊場仙版のものも海外にも出ていき、現在は国内の美術館ばかりでなく、大英博物館、ボストン美術館、メトロポリタン美術館、ファン・ゴッホ美術館などでも見ることができる。

さて、文化年間（一八〇四〜一八）のころ、伊場屋の当代は久兵衛で、屋号として「伊場久」「錦政堂」も使った。続く文政年間（一八一八〜三〇）の当代仙三郎は、屋号を「伊場仙」「団扇堂」「団仙堂」を使った。この時代から「伊場仙」が定着していく。

明治になると浮世絵は衰退し、伊場仙はカレンダー事業に進出し、一時は準主力商品となった時期もある。一九三四（昭和九）年に株式会社に組織変更し、現在は団扇、扇子の本業に専念している。

暖簾紋は「丸に三つ引」紋だが、「伊場久」を屋号とした時期には「丸に久」を紋章のように使い、さらに「地紙」などを外郭に使用したものもある。

歌川広重による団扇絵。雪景色の団扇だが、当時は一年中、扇子や団扇を使用していたため、冬景色の団扇は不自然ではない

版元伊場仙による浮世絵。歌川国芳の代表作『源頼光公館土蜘蛛作妖怪図』と『荷宝蔵壁のむだ書き』。上図は源頼光の蜘蛛退治を描いているが、将軍徳川家慶を揶揄し、後ろの妖怪たちも風刺が効いたものとなっている。
下図は役者絵禁止令に対し、壁の落書き風に役者似顔絵を見立てて描いたもの。どちらも天保の改革への国芳によるレジスタンスといえる。これらの抵抗に対し、幕府は国芳に訊問や科料に処すなどしたが、国芳は動じず、庶民からは喝采を浴び、一躍人気者となる始末だった

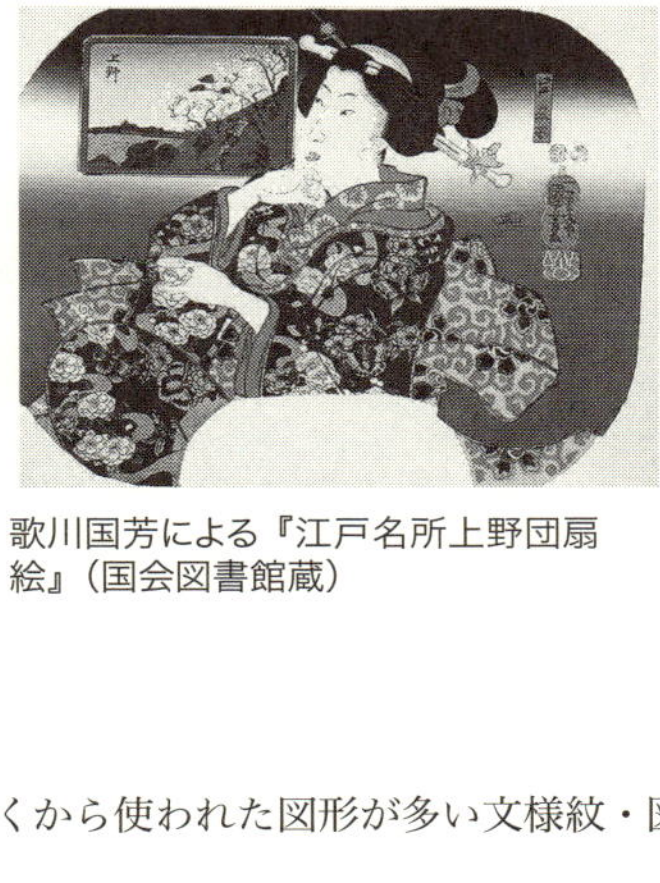

歌川国芳による『江戸名所上野団扇絵』(国会図書館蔵)

歌川国貞による団扇絵『雪月花』(国会図書館蔵)

「引両」紋は成り立ちも名称も諸説ある。「両」の文字も龍、領、輛、料などがあてられることもあり、引両筋とも書くようだ。「両」は「霊」を表し、太陽と月の精霊で、「一引両」は日、「ふたつ引両」は月を表すという説もあれば、たんに線を引いたものという説もあってはっきりしない。陣幕を張る際に二本目と四本目を黒い陣幕にしたものを「ふたつ引両」とするなど、幕の文様が家紋になっていったという説が有力だ。武家に好まれた紋章で、「ふたつ引両」紋は足利将軍家の紋章である。引かれる線は七本まで例があるようだ。

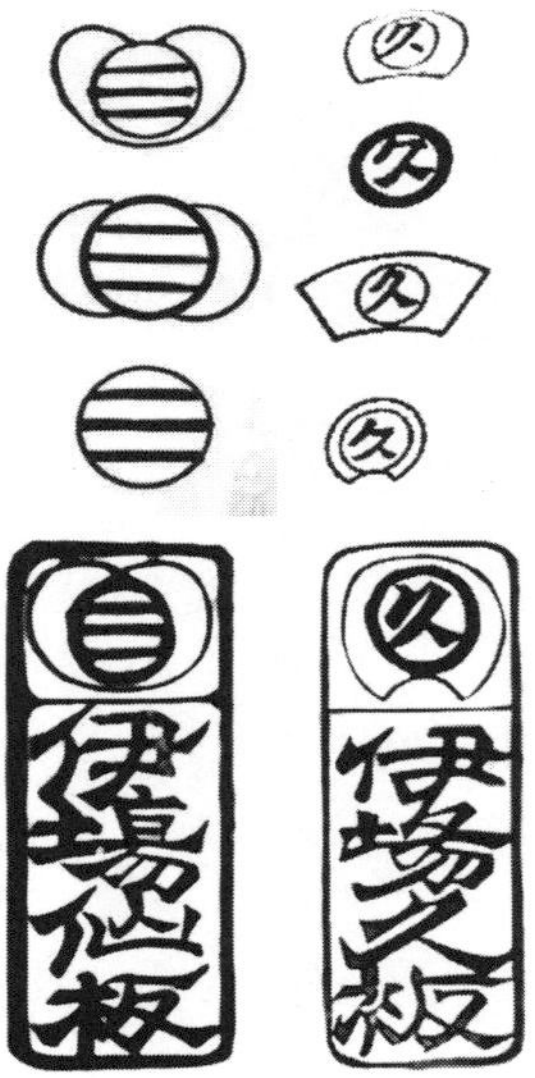

「伊場久」を屋号とした文化年間、「丸に三つ引」「丸に久」、あるいは「地紙」などを外郭に使用したさまざまな暖簾紋扱いのものがあった

伊場仙
IBASEN CO.LTD. SINCE 1590

現在の伊場仙本店とロゴマーク
（この項の資料提供　伊場仙）

「丸に四つ木瓜」伊達家家臣たちの創業物語 文秀堂

文秀堂は、現在は事務機器を中心に民芸品ほかを扱っているが、その歴史は幕末からの激動の時代を、弱小藩の元武士たちが強く生き抜く姿を彷彿とさせる。

あるとき、豊臣家から伊達家に筆作りの技術が伝えられた。時期ははっきりしないが、豊臣家というからには、本能寺の変から大坂の陣までの間ということになろう。それから五十年ほど過ぎて、伊達家の支藩にもこの技術が伝わった。そのひとつである留守家（水沢伊達家）では、家臣にこの筆作りの内職を奨励し、多くの家臣がそれに従った。そのひとりである熊田家が創業したのは一八一七（文化十四）年と伝わる。屋号は「文秀堂」であった。一方、同じ伊達家支藩の岩城家（岩谷堂伊達家）家臣である

文秀堂の名が掘られた一枚板の衝立看板

髙橋家も、年代ははっきりしないが同じころに筆作りを開始し、あるときから「銘光堂」を屋号とした。幕末から明治初期にかけて筆作りをしていた家は水沢で五五店、岩谷堂で数店、職人を抱えて卸・小売りを行う問屋は一〇店ほどあった。伊達政宗の天下をねらった政策により、伊達家の武士比率は約二五パーセントと他家に比べて著しく多く、藩財政の負担となった。そのため、ことに支藩の家臣は薄禄で、下級武士は内職なしに生活が維持できなかったようだ。

幕末の戊辰戦争で伊達家は大きく石高を削られた。支藩である留守家は一万六〇〇〇石がわずか五五石になり、藩士たちは収入を失った。岩城家五〇〇〇石も同様で、家臣たちは生活のために北海道ほかに移住を余儀なくされ、帰農できた者、手に職があった者だけが地元に残ることができた。髙橋家は地元に残ったものの、内職だった筆作りだけで生計を立てる必要に迫られた。留守家の家臣だった熊田家も同様である。しかし一方で、廃藩置県により藩の壁が取り払われた結果、商圏が拡大し、北海道、樺

明治大正期の虚空蔵小路の筆工場

文秀堂の暖簾紋が染め抜かれた半纏

代々扱ってきた筆関連製品

太まで営業範囲が及んで水沢地区の筆作りは隆盛した。事業規模の拡大と並行して淘汰と集約化が進行し、銘光堂の髙橋家は職人を四人抱えて工場を造った。文秀堂の熊田家親子は水沢で町会議員に選出されたというから、どちらも隆盛の波に乗ったと思われる。しかし、明治中期ごろからは筆の需要そのものが減少し始め、淘汰の時代を迎えた。明治の末ごろには両社が実質的に統合。内国勧業博覧会で皇族から褒状を受けて文秀堂の名で営業するようになり、その後、熊田家が経営から離れたことで髙橋文秀堂と名乗る。

明治大正期、北海道に進出した財閥系企業に筆を納入していた文秀堂は、同じ水沢の名産品である南部鉄器の鉄瓶、釜、鍋、釜鉄砲といわれた風呂の焚口の手配を依頼され、南部鉄器も扱い始めた。昭和初期になると伝統的な工芸品が見直されたことから、文秀堂はその流れに乗って、南部鉄器、秀衡《ひでひら》塗などの民芸品にも手を広げていった。一方で筆関連事業は洋式文具へと軸足が移っていく。

戦後になると、文具の主軸は事務用家具と事務用品へ、次には事務機器へ、さらにOA機器類とそのメンテナンスへと変わっていく。一方の民芸品は自社ブランドを開発するなど、地域と密着した事業を広げている。祖業である筆関連は水沢では職人が途絶えてしまったが、広島の筆作り会社と提携し、二〇一九（令和元）年には五十年ぶりに再開にこぎつけ、最後の水沢の筆屋として伝統を守っている。

さて、文秀堂の暖簾紋は「丸に四つ木瓜」で、髙橋家の家紋がそのまま暖簾紋になった。髙橋家の家紋の由来はもはやわからないという。

「木瓜」紋は代表的な家紋のひとつとされて使用例も多い。唐代の中国からもたらされた有職織物の図柄のひとつである窠《か》紋がもとになり、平安時代の貴族の装束、調度ほかに用いられた伝統的な文様で、焼け畑に現れた鳥の巣からきているといわれる。文秀堂の「木瓜紋」は基本形を丸で囲ったものだ。

（この項の資料提供　文秀堂）

「松皮菱」米菓おこしを中心とする大坂の和菓子商　あみだ池大黒

あみだ池大黒の創業は一八〇五（文化二）年。初代小林林之介（利忠）の時代の大坂は、河川の改修や運河の開削が進んで水運が発達し、米をはじめ各地から物産が集まった。旧淀川の中州である堂島の米市場では、世界で初めて先物市場が開かれ、〝天下の台所〟といわれる。川や運河の周辺には、諸大名が米を売りさばくための蔵屋敷が立ち並んでいた。あみだ池大黒の創業地の際を流れていた長堀川も、そうした運河のひとつである。この運河は戦後になって埋め立てられ、現在は長堀通になっている。

大坂に運ばれる大量の米の大半は船便である。初代林之介は輸送中にこぼれて船底にたまった米を安く買い取り、これを原料におこ

『浪華の魁』では店頭の水引暖簾に「梅鉢」紋が描かれている

し作りを始めた。おこしは米や粟などを炊いて干した後、砂糖や水飴などを混ぜて固めた干菓子で、日本でもっとも古くからある菓子とされる。当時は大坂で河川の掘り起こし工事が多かったことから、福をよぶ「大坂の掘りおこし、岩おこし」といわれるようになり、全国に広がっていった。蔵屋敷出入りの人びとや、近所の茶屋で遊ぶ商人や文人たちが土産物にしたという。

一九〇四（明治三十七）年、日露戦争の際に、明治天皇から戦地の兵士に配られる菊の紋章入り「恩賜のおこし」の大量注文を受けた。このとき兵士の好評を得て、満州より帰国の際に大阪名物として「おこし」を土産にする風潮が起こり、全国に名を知られるきっかけとなった。

一九二八（昭和三）年には近代工場を完成させ、飛躍的に生産力を伸ばすとともに、次つぎに新しい販促活動を展開した。一八四九（嘉永二）年に全国の皇陵巡拝を行った際に、社名に関連して大黒天像

明治天皇「恩賜のおこし」の積み出し

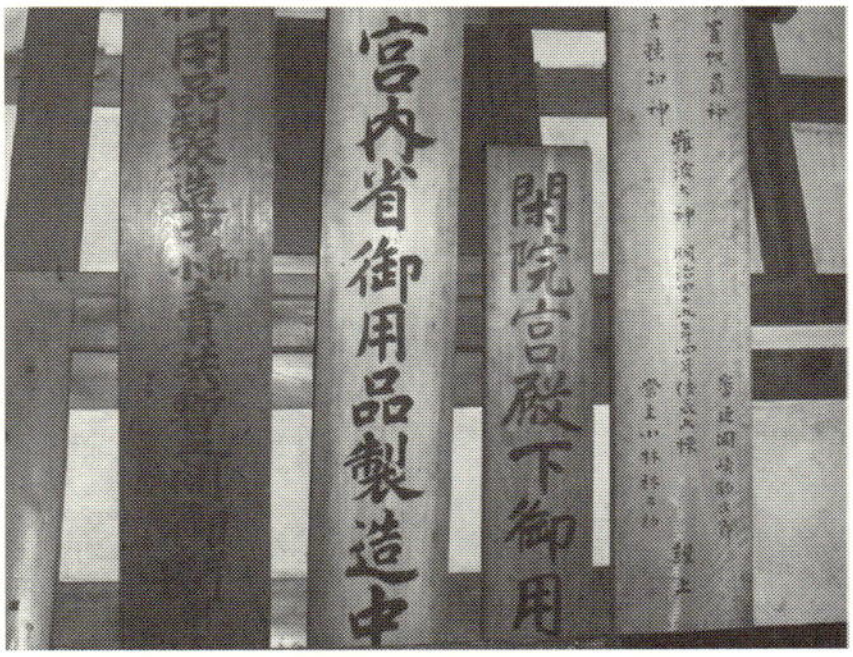

宮内省御用達の看板

明治中期の店頭風景

を各地で買い集めていたことから、節分に〝打ち出の小槌〟を配る大黒祭を毎年のように開催し、大黒天のコレクション閲覧を観光ルートに組み込んだ。このコレクションは現在では三五〇〇体に及んでいる。戦争では蔵を残して全焼する被害を被ったが、一九五一（昭和二十六）年には営業を再開した。このとき、株式会社あみだ池大黒に組織変更している。その後も機械化を進め、各種の新製品を加えながら現在に至っている。

さて、屋号はあみだ池のそばに店を構えたことに由来し、原料に米を使うことから、五穀豊穣の神である大黒天の「大黒」を加えた。暖簾紋は「松皮菱」紋だが、なぜこの紋章が使われるようになったのかは伝承が途絶えており、もはやわからないという。

ところで、大阪のおこしは一般にパッケージに「梅鉢」紋が描かれている。これは菅原道真の故事によるもので、道真が大宰府に向かう際に、船待ちで難波津に立ち寄ったところ、道真の境遇に同情した者が菓子を献上した。道真は喜び、自らの家紋である「梅鉢」紋の入った着物を与えて「この菓子を後世に残すべし」といったという。この菓子はおこしの原型だったことから、大阪ではおこしに「梅鉢」紋が入れられるようになったのだという。

1926（大正15）年、『大阪市商工名鑑』の広告（国会図書館蔵）

現在の店舗

（この項の資料提供　あみだ池大黒）

「鱗久（うろこきゅう）」紙と不織布の小津産業

小津産業は和紙問屋の老舗である。江戸時代には大伝馬町で木綿問屋と紙問屋二店を展開した大店で、現在も同じ場所に本社を構えて、不織布を中心に事業展開し、いくつもの連結子会社を持つ東証スタンダード市場上場会社である。

創業家である小津家は、三井家、長谷川家、長井家などと並ぶ伊勢松坂出身の豪商だ。松阪市には現在も小津家の屋敷が保存され文化財になっている。小津産業の歴史はそのまま伊勢商人の典型のようで興味深い。

創業者である小津清左衛門長弘は、一六二五（寛永二）年、伊勢松坂で森島家の次男として生まれた。父の代に武士を捨て、河崎屋という屋号でなんらかの商売をしていたと思われる。十五歳のとき親戚の呉服商斎藤小兵衛の江戸店《だな》に奉公に出たが、三年後には親元に戻る。元服して名を清左衛門長弘と改め、翌春、大伝馬町の草分《くさわけ》名主*で有力な紙商・佐久間善八の店に奉公した。これが紙商小津の素地となる。

一六五三（承応二）年、二十九歳のときに長弘は小津清左衛門長弘を名乗り、江戸の商業地大伝馬町（現在の本社所在地）に紙問屋「小津屋清左衛門店」を創業した。小津を名乗ったのは、大伝馬町で有力な木綿問屋を営む松坂出身の小津三郎右衛門道休（本居宣長の曾祖父）から、二〇〇両の融資とともに、小津を名乗ること、暖簾紋の「鱗久」紋を使うことが許されたからである。大伝馬町には伊勢出身の商人が多く、なにかと助け合ったことは想像に難くない。その後、長弘は小津清左衛門店の二代目を弟に任せ、自らは松坂に戻った。

松坂商人は主人は松坂にいて采配を振るい、江戸店の構成員はすべて松坂から送り込むシステムだ。松坂は京と大坂にも近く、舟運も発達して交通の便もいい。また、紀州藩も松坂に商人を集め、藩外での商売を奨励したため、各地に商人が出ていって情報も早かった。長弘は情報収集と人材を江戸に送り込む体制を整えたのだろう。この時期の江戸経済は成長軌道にあり紙の需要も拡大する一方だった。

小津屋は紙を商う一方で、繰綿、茶、鰹節などにも手を広げていった。一六九八（元禄十一）年には東隣りの木綿商を買い取り、木綿問屋「伊勢屋」を創業した。一七八四（天明四）年には紙商店をもう一店持ち、屋号を「大橋屋」とする。この三店が小津グループの江戸時代を通じての商売の柱だった。この間、一七五五（宝暦五）年には出身地である紀州藩松坂

草分名主
草分けは最初に土地を開拓して村落をつくった者または家のこと。ここでいう草分名主は町名主の格式のひとつで、天正年間（一五七三～九二）以前から江戸に在住し、自らその地を拓いた者または徳川家康に従って三河、遠江から移住してきた者の子孫をいい、名主のなかでも格式が高かったようだ

明治時代の本店（小津清左衛門店）。江戸後期に建てられた土蔵造りの堅固な防災建築。外観は二階建てだが、内部の蔵は三階まであった。関東大震災により焼失する

歌川広重による『東都大伝馬街繁栄之図』（国会図書館蔵）。天保から弘化時代、江戸屈指のにぎわいを見せる大伝馬町界隈の図。右の奥に「鱗に久」の小津屋（紙問屋・繰綿問屋）、「曲尺に久」の伊勢屋（木綿問屋）が見える（左は拡大図）

の御為替組御用に加わり、江戸でも御為替御用を承るようになった。

明治に入ると、小津屋は洋紙、紡績、銀行などにも事業を広げていくが、昭和に入り、戦時色が強まると事業は統制経済の波に呑み込まれていく。終戦後、残ったのは合資会社小津商店と、戦時中に貿易部門である小津商事を改称した小津産業だけだった。そこからかつての得意先の信用を頼りに営業活動を開始し、現在の小津グループに成長していった。

さて、紋章に話を移したい。創業時に暖簾紋を「鱗久」紋と決めたことは前述した。この紋章を小津屋では「家印」とよぶのだが、もとは右肩に「●」がついており、これにはあるとき店に買い物に訪れた老武士が「肩の星は縁起が悪い。とったほうがいい」と言ったから外したというエピソードが残っている。この「●」は暖簾分けされたことを示しているが、小津三郎右衛門道休から「鱗久」紋の使用を許されたとき、道休の紋章にもともと「●」がついていたらしい。また、木綿問屋の伊勢屋は「曲尺に久」紋とし、紙商の大橋屋は「曲尺に吉」紋とした。

「鱗」紋は三角形の単純な形である。世界各地にある文様で魔除けの力があるとされる。三角形を連ねると蛇や龍の鱗に見えることから、「鱗」紋とよばれるようになったようだ。

「鱗」紋で有名なのは北条氏と緒方氏で、『太平記』には、北条時政が江の島に参籠した際に、美女に化けた大蛇が落としていった三枚の鱗を拾い、これを瑞祥と見て「三つ鱗」を旗印にしたという話がある。戦国時代の後北条氏も同じ「三つ鱗」紋を用いている。また、平安末期に源氏方についた緒方惟栄《これよし》は『平家物語』に出てくる武将だが、その祖先である大神《おおが》惟基《これもと》は、豊後国の蛇神と豪族の娘の間に生まれたという伝説がある。緒方惟栄は五人の男の子を持ち、それぞれが武士団の頭領として氏族を興し、一時は九州最大の武士団になった。その影響で「鱗」紋は大分県を中心とする九州に多く広がっているとされる。

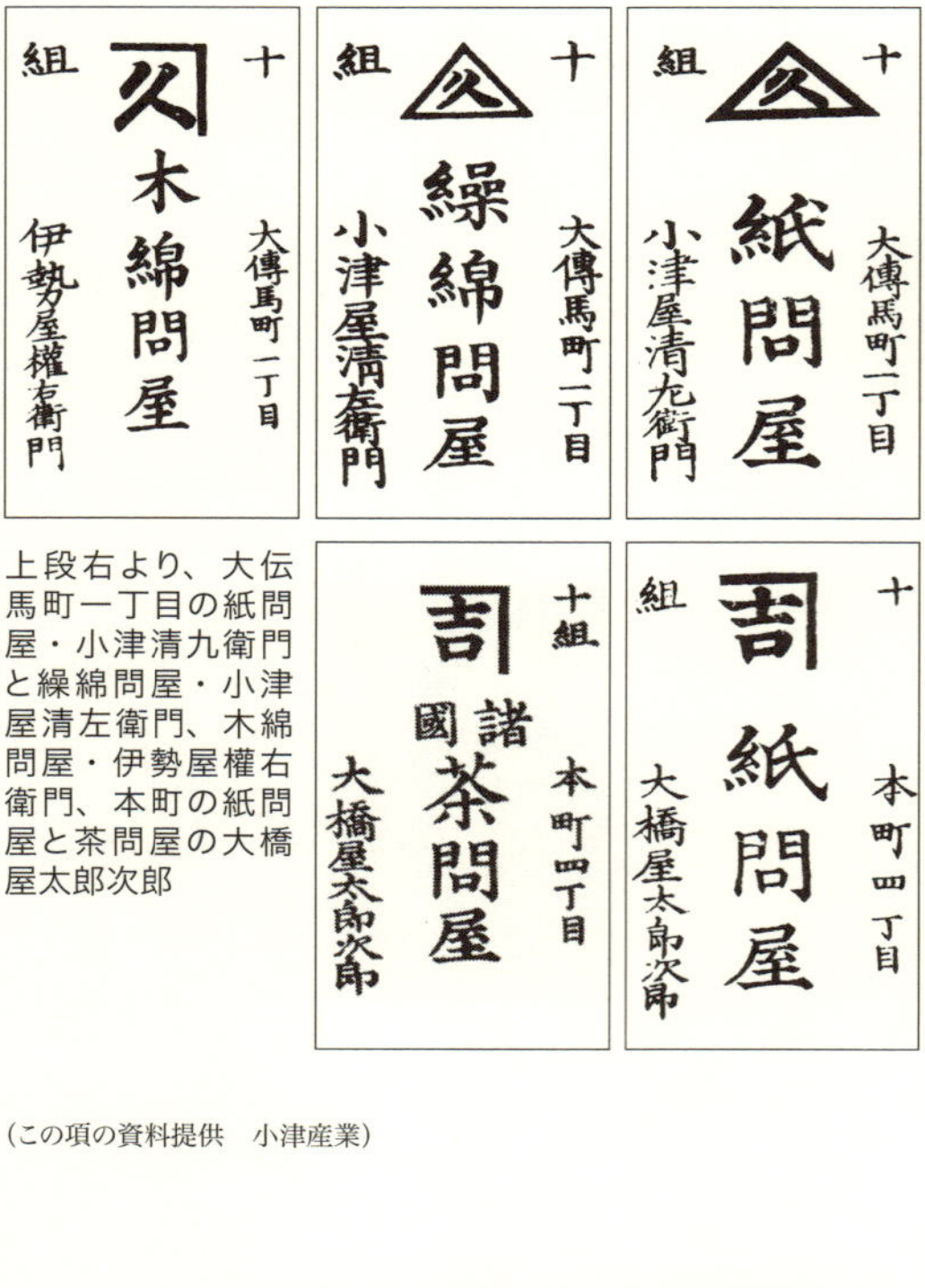

上段右より、大伝馬町一丁目の紙問屋・小津清九衛門と繰綿問屋・小津屋清左衛門、木綿問屋・伊勢屋権右衛門、本町の紙問屋と茶問屋の大橋屋太郎次郎

小津銀行。1905（明治38）年、三重の三井銀行跡地に建設されたもの。銀行業へは 1899（明治32）年に進出し、地元銀行として発展した後、1926（大正15/ 昭和元）年、合併により四日市銀行となった

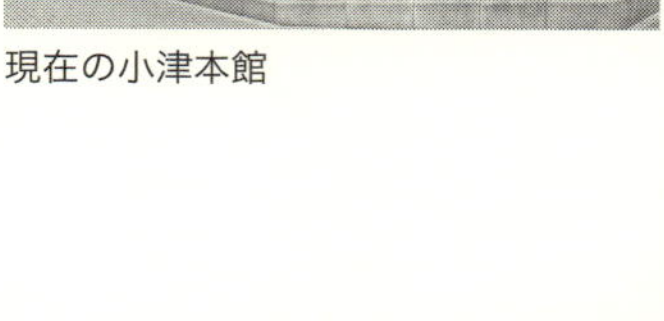

現在の小津本館

（この項の資料提供　小津産業）

優雅な「源氏香」を暖簾紋にした化粧品店、柳屋本店

柳家本店は紅の製造から始まった。

創業者の呂一官は、十六世紀後半、日本に渡ってきた漢方医である。徳川家康に重用され、日本橋に拝領地を得た。一六一五（元和元）年には紅の製造販売権を取得して、紅、香油などの製造販売を開始した。屋号は「紅屋」である。呂一官没後は妻の一族である辻家へ、さらに外池（といけ）家に経営が移る。

外池家は近江日野城主蒲生氏の家臣だったと伝わる。何代かを経て、下野国に薬種店を開き、安永年間（一七七二〜八一）には清酒醸造に手を広げた。文化文政年間（一八〇四〜三〇）に「紅屋」を買収して江戸に進出し、「柳家」の屋号に切り替える。「柳のように頭を下げて苦難にも挫折することなく商売繁盛を願う」意味だと伝わる。

同じころ「奈良煙草店」も買収し、北関東でも清酒醸造や運送業などを発展させている。

開発にも注力し、びんつけ油がヒットして、しだいに香油を中心とする整髪料に特化していった。

一九〇四（明治三十七）年にタバコの専売法が成立すると、柳家煙草店は経営に陰りが生じた。柳家煙草店と柳家油店は経営を分離し、柳家煙草店はいくつかの事業変更を経て、戦後は不動産賃貸業の柳家ビルディングとなる。一方の柳家油店は「柳家本店」となった。

さて、明治初期の断髪令で男性が短髪になって以降、整髪料はポマードに切り替わっていった。明治後期からは国産品が現れたが、洗髪しても落ちにくい欠点があった。「柳家本店」は一九二〇（大正九）年に純植物性の「柳家ポマード」を開発した。

戦後になるとリーゼントが大流行し、ポマードの需要が急増した。品質に優れた「柳家ポマード」は、高度成長期には男性整髪料のトップブランドとなった。

柳家の暖簾紋は『源氏物語』各帖をイメージして作られた「源氏香」の意匠五二種のなかの「花散里（はなちるさと）」から図案化したとされる。具体的には「花散里」より左端の縦線が短い。これは「柳」の木との相似性を考えたと伝えられている。

この紋章が採用された時期は不明だが、「柳家」に屋号を変更して約二十年後の『江戸買物獨案内』にはこの紋章が掲出されているから、屋号の変更に合わせて採用したと考流のが自然だ。

「源氏香」の暖簾紋が掲出された『江戸買物獨案内』。柳家五郎三郎の名は代々当主が襲名した

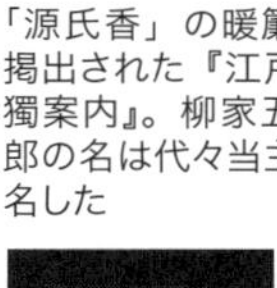
家紋の「源氏香 花散里」

「隅立て四つ目結」紋 元祖アダルトショップ「四ツ目屋」

四ツ目屋は、いわゆるアダルトショップの元祖ともいうべき存在だ。両国薬研堀（現・中央区東日本橋）にあった店で、暖簾紋である「四つ目結」が性具の代名詞にもなった。地名の両国が四ツ目屋を指すこともあったようだ。

商品は張形などの性具や春画、媚薬の類いで、なかでも長命丸が有名だ。陰茎に塗布して使用し、水を飲むまで射精しないという効能で、水を飲むタイミングを逸して、屹立したままで人前に出るはめになってしまったという艶話や川柳が数多く残っている。ほかにも帆柱丸、いもりの黒焼きなども四ツ目屋からきているようだ。

『江戸買物獨案内』に掲出された業種の説明はわかるようなわからないような「女小間物細工所」。商品説明もほとんどないが、店名だけで事足りたのだろう。地方発送するというくだりも、全国的に名が広まっていた証しといえよう。

引札なども多く残っており、かなり派手に宣伝していたようだ。地元の講中の世話人をしたこともあるから、財力もあったと類推される。

当然、商売敵も現れる。薬研堀のすぐそばの吉川町に高砂屋安兵衛が店を開き、「四つ目結」紋と似た「四つ花菱」の暖簾紋で、女悦丸をよびも

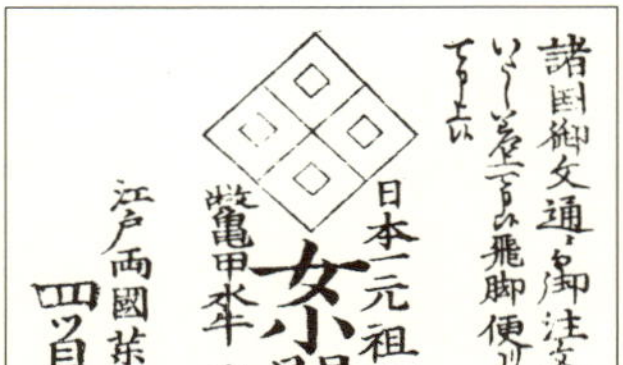

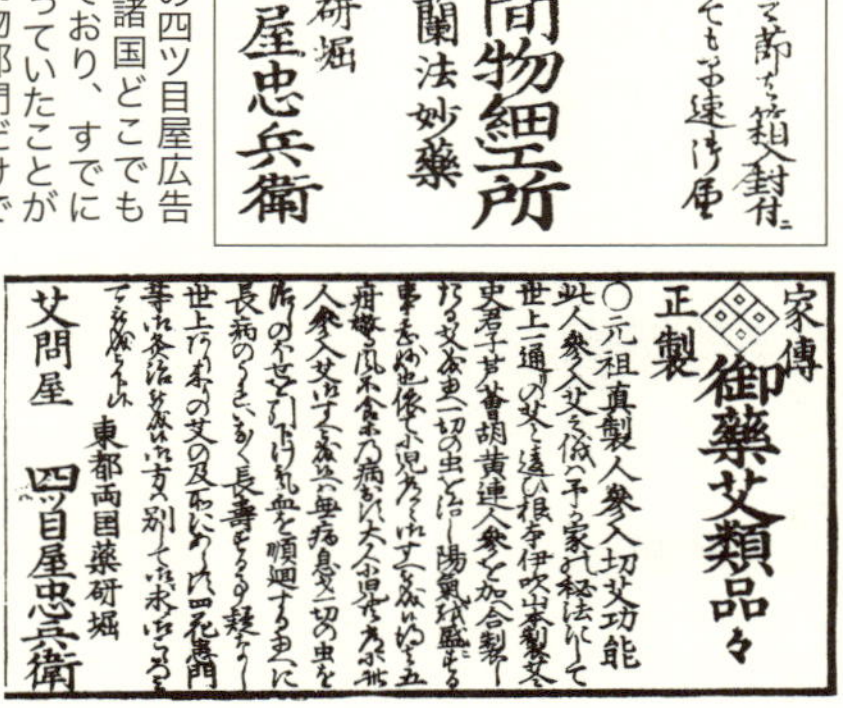

『江戸買物獨案内』での四ツ目屋広告（右、下）。飛脚便で諸国どこでも箱入りで送ると記しており、すでに通販のようなことを行っていたことがわかる。また、女小間物部門だけでなく艾問屋としても掲出されている

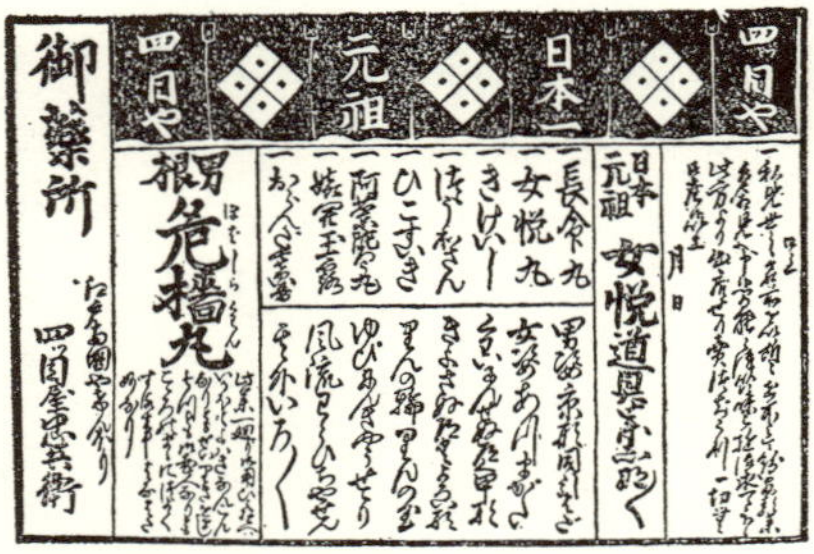

四ツ目屋の引札。上図では「長命丸」「女悦丸」「きけいし」「つう和さん」「ひこすいき」など秘薬・秘具などが列記されている。左の「男根危檣丸（ほばしらがん）」だけ扱いが大きいのは、新製品の売り出しだろうか（蕣露庵主人「秘薬秘具事典」三樹書房および母袋未知庵「川柳四目屋攷」太平書屋より転載）

のにして、四ツ目屋と対抗するほどになった。四ツ目屋は『江戸買物獨案内』ではわざわざ「日本一元祖」と強調している。ここで掲出した引札には「紛らわしいものを売る者が多いが、支店はなく、せり売りや辻売りもしていない」と断っている。おそらく競合者が四ツ目屋の商品名を使って類似品を辻売りなどしていたのだろう。

長命丸は大坂の新町でも販売されていた。引札が残っており、店名は異なるが「四つ目結」の紋章も入っている。ほかの地域でも商売敵がいたに違いあるまい。いつの時代もどんな地域でも、この種の商品の需要はあるはずだ。

なお、四ツ目屋は一八九九（明治三十二）年ごろまで存在したという。

奥村政信による『両国涼見三幅対』。左上の河岸に露店で夕涼み帰りの客相手に「長命丸」「女悦丸」を商っている四ツ目屋。暖簾には「四つ目結」紋と「長命丸」の名が大きく抜き染められ、行灯には「四ツ目結」と「女悦丸」「長命丸」の文字が見える（立命館アート・リサーチセンター所蔵）

四ツ目屋の座敷での販売場面。御殿女中から張形を頼まれた使いの女に、番頭が見本を見せている。壁紙や箪笥の飾り布には「四つ目結」紋がたくさん描かれる。また、左上の大きな「四ツ目結」紋の描かれた、明かり障子の隙間から手が伸びているのは、客が店員と顔を合わせずに、銭と商品を交換しようとしているところ『春情妓談水揚帳』より（復刻本）

身の回りのあらゆる〝モノ〟が意匠となる、器物紋・建造物紋

身の回りの道具や飾り物などは、すべてといっていいほど家紋や暖簾紋の素材になっている。種類は非常に多く、前述した各地の買物案内で採取しただけでも七〇種を数え、それぞれに変化形がある。ただし、本書の枠組みでは、一八八五（明治十八）年の商法成立までとしているから、ここでとりあげるのは概略江戸時代までの器物ということになる。

量的に多いのは「曲尺」紋のほか、「枡」「地紙」「扇子」など外郭として使用される意匠である。「分銅」「算木」「銭」など商売に関係するもの、「傘」「蛇の目」「車」「櫛」「独楽」「熨斗」といった生活に関係するもの、「轡《くつわ》」「矢」「的」「鞍《くら》」「鍔《つば》」「兜」「軍配」など武具に関係するものといった具合で、あげればきりがなくなる。ただし、外郭として使用されるもの以外は、総数としては多くはない。また、江戸期の器物紋で現在まで生き残っているものは「分銅」などわずかしか見かけない。器物に関係する紋章なら商売の中心的な商材でなければならないだろうから、残っていないのも当然といえよう。

ここでは比較的多く使用されるものを少しあげておきたい。

前述したが、「枡」紋は単独で使用される場合は対角線が一本入る。対角線は左下がり、右下がりのどちらもあり、そのなかに文字など意匠が入る場合は対角線が省略される。また、枡を実際に使用する場

合はすり切りにする道具が必要になる。これを枡掻き棒という。紋章でも一本の線をそばに加えることがあり、その線を枡掻きという。「枡」紋が外郭として使用される場合、「平角」紋と同じになってしまうが、枡掻き棒が加えられれば「枡」紋と判断できる。

「井筒」と「井桁」も商人に喜ばれたとされ、暖簾紋に使用している例も多い。確認できたなかでは一五六一例あり、「山形」紋、「曲尺」紋に次いで多い。そのまま紋章として使用することも、外郭として使用することもある。いずれにせよ、水の出る場所は古来精霊が宿り、神を祀る神聖な場所と考えられた。清水の湧き出る場所は生活するうえで欠かせない大切な場所であり、汚してはならない場所だったことは容易に想像できる。水に恵まれなかった江戸では、井戸があることが裕福な証しだったともいわれるし、水を多く使う職種ではやはりありがたいものと捉えられていただろう。

「井筒」と「井桁」の違いについても触れておきたい。『日本紋章学』によれば、井戸の化粧側（井戸の地上に現れている部分）が丸いものを「井筒」、井形のものを「井桁」といったが、紋章では誤って井形を「井筒」、斜方形のものを「井桁」にしたとしている。辺が水平になっているものを「平井桁」、斜めになっているものは「角立て井筒」とよぶこともあるようだ。線の太さも変化形もさまざまにあり、家の形に変形させたものもある。ただし、「井筒」紋と「井桁」紋は同じぐらい例があるが、屋号は「井筒屋」ばかりで「井桁屋」は見た記憶がない。井筒と井桁の名前の使い分けはかなりあいまいなのだ。

『日本紋章学』では、長井、石井、福井など、この紋章を用いる家では名字に「井」の字が入っていることが多く、指導者的な意味合いもあるとしている。大名では井伊直弼の井伊家が有名で、創始者が井戸のそばで生まれたからという逸話が残る。

「地紙」紋も商家でよく使われる紋章だ。扇子の紙の部分だけを示し、本体の扇子よりもはるかに多く使用される。末広がりの縁起をかつぐことがあるようだ。ほとんどは外郭として使用される。
「分銅」紋も商家では比較的多く使われる。正確に量るという意味で、いかにも商人らしい紋章といえよう。計算道具の「算木」も商人らしい器物の紋章だ。暖簾紋を見ていくと少なからず使用されているように思えるが、この紋章は「引両」紋との区別がつきにくい。結局、その紋章の使用者に聞くしか最終的な判断はできなさそうだ。

代表的な器物紋

暖簾紋曼荼羅

「丸変化形に十字」鞄革具問屋　早川八五郎（日本全国商工人名録）

「轡」貸座敷料理所　河内屋半次郎（江戸買物獨案内）

「外四つ鐶に剣酢漿草」清酒醸造所　村谷彦治（全国醸造物登録商標便覧表）

「外三つ鐶」神仙臣勝子園　澤宗貞（日本全国商工人名録）

「垂れ角に算木」棉篠巻商　藤井屋弥助（甲府買物獨案内）

「毛抜き」けぬき寿司所　すしや利八（江戸買物獨案内）

「入り山形に轡」櫛卸問屋　中川傳兵衛（浪華の魁）

「曲尺に四つ算木」宝石類商　相原三有樂（東京買物獨案内）

「斜め算木」味噌醸造所　陶山諚治（全国醸造物登録商標便覧表）

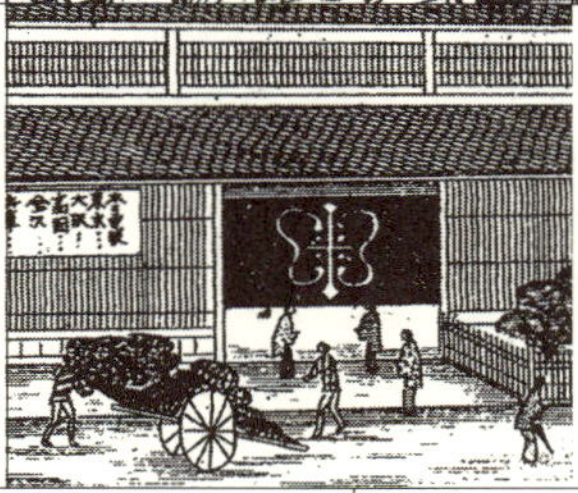
「軍扇」精米売買問屋　郡益社（中越商工便覧）

「軍配」相撲赤膏薬薬種問屋　式守蝸牛（江戸買物獨案内）

「三つ扇子」養蠶具賣捌所　住民平（商工技芸飛騨商工便覧）

「蛇の目」麦酒醸造所　日本麦酒株式会社（全国醸造物登録商標便覧表）

「蛇の目」藍玉問屋　阿波屋吉三郎（江戸買物獨案内）

「地紙」革鼻緒問屋　平戸屋文蔵（江戸買物獨案内）

「扇子店頭看板」扇子団扇卸　坂田文助（都の魁）

「扇子変化形」武具馬具師　伊勢屋利八（江戸買物獨案内）

「違い扇子」会席料理所　柳志亭（東京買物獨案内）

「地紙」古着新蚊帳商　扇屋平兵衛（尾陽商工便覧）

「鍵に房」薬種問屋　鍵屋友年（京都買物獨案内）

「山形に鍵」太物仕入所　鍵屋傳兵衛（京都買物獨案内）

「丸に小槌」即席御料理所　丸中屋(京都買物獨案内)

「小槌」呉服太物仕入所　あはや金次郎（大坂商工銘家集）

「薬種袋」薬種問屋　二条組松屋吉兵衛（京都買物獨案内）

「袋」御嚢物商　若松屋忠兵衛（江戸買物獨案内）

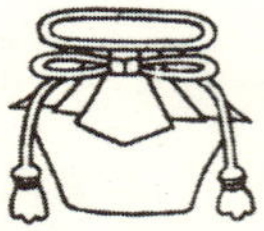

「壺」松風煎餅商　加賀屋佐吉（江戸買物獨案内）

「丸に小槌に大」小間物塗物問屋　大槌屋平兵衛（江戸買物獨案内）

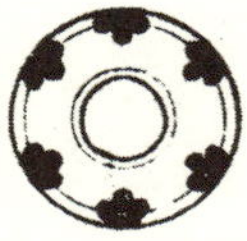

「鼓」太鼓鼓鳴物類問屋　なる岡（東京買物獨案内）

明治時代の商標。宝づくしの中に袋がある。福神漬商　福岡伸郎（全国醸造物登録商標便覧表）

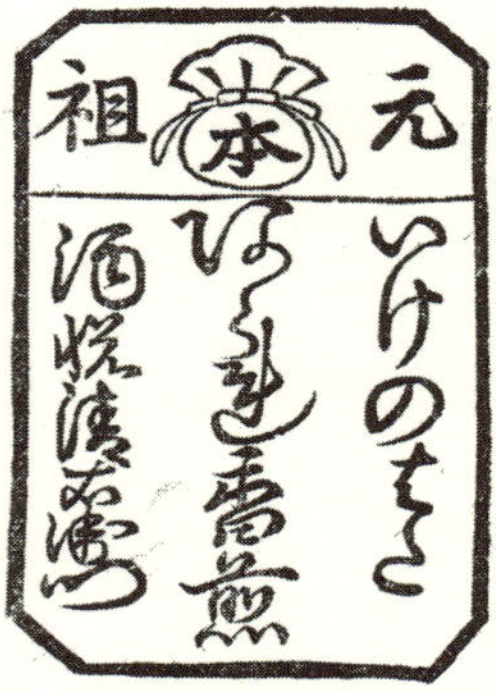

「袋に本」福神漬商　酒悦清右衛門(江戸時代商標集)

現在も営業する「酒悦」は1675（延宝3）年に本郷で海産物を扱う山田屋として創業した。のちに上野池之端に移転し、輪王寺門跡から「酒悦」の名前を賜ったといわれる。

酒悦といえば福神漬で知られるが、福神漬は15代野田清右衛門のときに発明されたという。現在、暖簾紋の「宝袋」は、江戸時代のものより袋上部開口部が、キリリとシャープになっている

「袋に酒」御香泉御煮山椒漬物類商　酒袋嘉兵衛（江戸買物獨案内）
香泉とは焦がし米に香料を添えたもので、湯に入れて飲んだ。「酒袋」は「酒悦」よりも先に登場したといわれる漬物店

「袋に吉」浅草餅商　ききょうや安兵衛（紫草）
ここでは最初の屋号「ききょうや安兵衛」と「浅草餅」のふたつの名が記されている

金龍山浅草餅本舗は創業一六七五（延宝三）年の、浅草一古い店といわれる。創業時は桔梗屋安兵衛の名から「桔梗屋」としたが、のちに浅草寺から「名物金龍山浅草餅」の名前をもらい、それを屋号としたとの由来がある

「瓢箪」薬種問屋　寶金堂會田三齋（江戸買物獨案内）

「瓢箪」清酒醸造所　智友數吉（全国醸造物登録商標便覧表）

「千成瓢箪」清酒醸造所　橋下熊五郎（全国醸造物登録商標便覧表）

「結び文」帽子商　芳野屋芳野市五郎（日本全国商工人名録）

「瓢箪の店頭看板」旅宿業　塚本貞夫（石川県下商工便覧）

「曲り瓢箪」御用麺類所　瓢箪屋佐右衛門（江戸買物獨案内）

「稲荷宝珠」足袋取引所　佐野屋吉兵衛（江戸買物獨案内）

「稲荷宝珠の蔵印」御料理支度所　玉屋松井平右衛門（都の魁）
豊臣秀吉の家臣であった初代が茶店「玉屋」を開業。さらに、参勤交代の宿となり、京料理旅館として現在まで十五代続く老舗

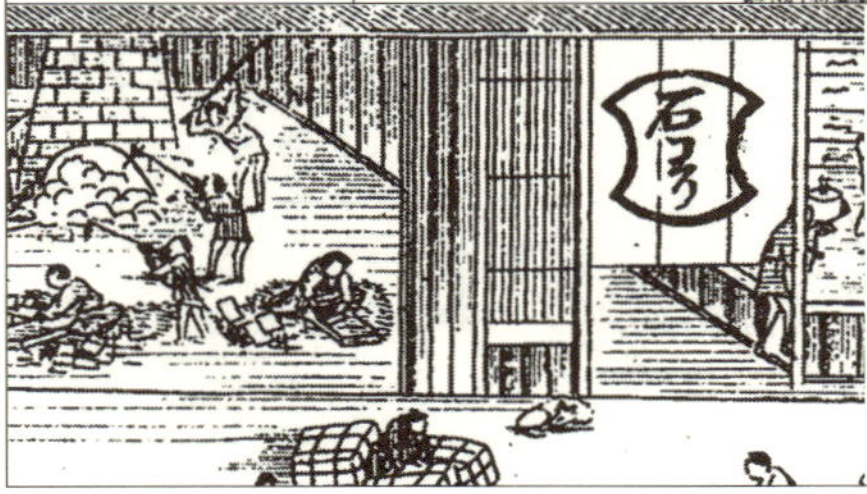

「分銅に石わり」煙草・包丁製作所　石割作左衛門（住吉堺名所並に豪商案内）

「分銅にふたつ星」醤油製造所　冨田仁兵衛（福井県下商工便覧）

「分銅」清酒醸造所　伴井音吉（全国醸造物登録商標便覧表）

「鐶虎（かんとら）」簞笥の引手の形を紋章とする羊羹の老舗　虎屋

羊羹で有名な和菓子の虎屋は室町時代後期の創業とされる。後陽成天皇の代（一五八六＝天正十四〜一六一一＝慶長十六年）から御所御用を賜っており、黒川家が代々店主を務めてきた。その歴史は重厚だ。二〇〇三（平成十五）年度発行の虎屋社史によれば、一六〇〇（慶長五）年の関ヶ原の戦いの後、西軍犬山城主石川備前守光吉《みつよし》が「市豪虎屋之宅」にかくまわれたことが『正法山誌《しょうぼうさんし》』という史料に記されている。そこからふたつのことがわかる。ひとつはこの時期すでに「虎屋」という屋号が知られていたこと、もうひとつは京の人びとから「市豪」と認識されていたことだ。つまり、町人・商家のなかで〝豪〟といわれるほど財力のある豊かな家であった。

虎屋の社名は株式会社虎屋、店名はひらがなで「とらや」と称しているが、江戸時代には「虎屋近江大掾《だいじょう》」または「虎屋近江」と名乗っていた。これは一六五七（明暦三）年、三代黒川光成《みつしげ》が近江少掾に任じられ、さらに五代光富が大掾に任じられたことによる。天皇より任命され口宣案《くぜんあん》という文書も受けているのだという。以後、明治維新で名乗りを禁止されるまで、この称号は代々受け継がれた。〝掾〟が国司の三等官の官位で、中世以降は職人や芸人の名誉称号となったことは前述のとおりである。

「虎屋」の屋号にかんして明確な由来はわかっていない。当時の日本では虎を見た人がいないため、一種の霊獣のようなイメージであり、その神秘性をとり込みたかったというのが社史の推論だ。ただ、一八一四（文化十一）年の十代黒川光廣が、店の守り本尊である毘沙門天に捧げた文書に、毘沙門天のご加護によって御所の菓子御用を承っているという内容が記されている。虎は毘沙門天とゆかりの深い動物であり、歴代店主の毘沙門天信仰とかかわりがあった可能性もあるようだ。

さて、虎屋が「鐶虎《かんとら》」とよんでいる紋章は、四つの鐶でやや扁平な輪をつくり、中に「虎」の字を配している。「鐶」は箪笥の取っ手や茶釜の両端の穴につける環などのことをいい、両端がまかれている形状が早蕨《さわらび》に似ていることから蕨手《わらびて》ともいう。円形を「鐶」、扁平な弧の形を「蕨手」とよび分けることもあるようだ。古くからの文様で、いくつかを組み合わせて環を構成し、紋章の外輪に使用することが多い。なお、中に配置した「虎」の字は現在の活字の文字とは少し形が異なる。

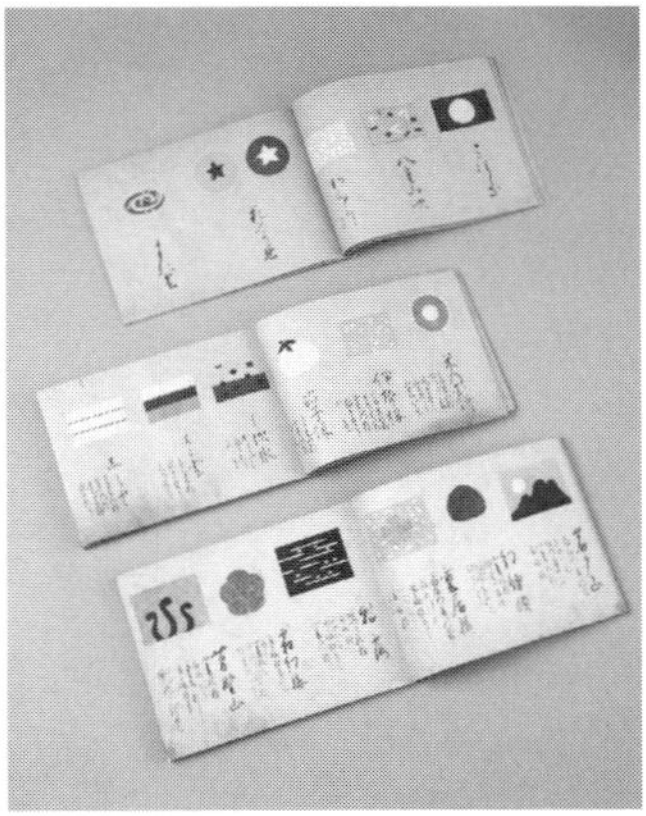

(左) 上から「御菓子之畫圖」1695（元禄8）年、「御菓子之畫圖」1707(宝永4)年、「新製御菓子繪圖」1824(文政7) 年

(中) 虎屋の衝立看板

(右) 鐶虎紋青貝井籠外箱、1674(延宝2) 年

虎屋に現存しているこの紋章のもっとも古い使用例としては、一六七四（延宝二）年の年号が入った井籠《せいろう》外箱が現存している。井籠は菓子を入れる容器で、外箱に収め紐をかけて運搬した。井籠の中には金色の虎の絵が描かれている。現在の「鐶虎」はこのときの紋章とは少し異なり、昭和三十～四十年代に形を整えたものである。

いわゆる上生菓子には菓銘がついている例が多いので、これについても少し触れておきたい。上生菓子は十七世紀後半に京都から広まった上菓子が原型とされる。上等な白砂糖を使い、季節感のある繊細な意匠と、「花筏《はないかだ》」「色《いろ》木《こ》の実《み》」のような文学的な菓銘をもつのが特徴である。虎屋には約三〇〇〇種の菓銘が伝わっており、そのなかには「御銘《ぎょめい》」と称するものが五〇種以上あるという。歴代の天皇や宮家、摂関家などから受けた名前のことだ。

さて、明治維新で菓子舗も大きく運命が変わる。江戸で幕府の菓子御用を務めていた菓子舗はいずれも店を閉めた。一方、京都で御所の菓子御用を務めていた虎屋は、一八六九（明治二）年の東京遷都にともない大きな方針転換を迫られた。このとき虎屋は売り上げの半分が御所関係だったこともあり、京都の店舗はそのままにして東京に新たな店舗を設けた。その後はしだいに店舗を増やしながら、現在まで菓子舗として先頭を歩み続けている。

現在の赤坂店内部

1925（大正14）年正月の店頭

（この項の資料提供　虎屋）

「まるちきり」創業者の家紋が暖簾紋 そごう（現 そごう・西武）

そごうは百貨店業界再編の流れのなかで資本系列も変化して、現在は株式会社そごう・西武である。

創業は一八三〇（天保元）年。大和国（奈良県）十市郡十市村で「きぬや」に生まれた十合《そごう》伊兵衛が、南組上難波北之町で古手（古着）屋の「大和屋」を開いたのが始まりである。一八七二（明治五）年に呉服店に転身し、安堂寺橋通三丁目を経て、一八七七（明治十）年、心斎橋筋一丁目に移転。このとき「十合呉服店」と改称した。一八九九（明治三十二）年には神戸支店を開設、一九三三（昭和八）年に阪神電鉄三宮駅ビルに出店するとともに百貨店として開業した。このとき「神戸そごう」と初めてひらがな表記を用いた。そして、ここから百貨店として大きく発展していくことになる。なお、一八七九（明治

初代十合伊兵衛の生家、十市十合家「きぬや」。大和国十市郡十市村（といちむら）。現・奈良県橿原市十市町

十二）年発行の『浪花諸商獨案内』には、「座摩ノ前　曽合伊兵エ」「心斎橋鰻谷角　曽合重助」の名が掲出されており、十合呉服店の時代には、「曽合」を使用した時期もあるようだ。当時から「十合」を「そごう」と読むのがむずかしかったのだと思われる。

一九五七（昭和三十二）年に東京に進出し東京店を開いた。このとき「有楽町高級化キャンペーン」を展開し大成功した。「有楽町で逢いましょう」のキャッチフレーズは流行語となり、同名の歌も大ヒットし、フランク永井の代表曲となった。また、テレビの歌番組、小説、映画なども作られ、それぞれヒットして、オープン初日は雨天にもかかわらず三〇万人以上の来店客があったという。

さて、そごうの暖簾紋は現在に至るまで「まるちきり」である。この意匠は「ちきり」（織機の縦糸を巻くための付属部品）からきており、初代十合伊兵衛の生家「きぬや」の暖簾紋をアレンジしたものだ。生家の暖簾紋は「ちきり」紋を曲尺で囲ったものだが、曲尺の替わりに丸を外郭として使用し「まるち

「初代十合伊兵衛画像」（久保田米僊 画）

大和屋時代の紋章入り重箱写真

「まるちきり」紋

「かねちきり」紋

坐摩神社南隣の古手商（古着屋）が大和屋。現・大阪市東区渡辺町（江戸時代の坐摩神社界隈／摂津名所図絵、国会図書館蔵）

きり」と称した。「丸」は商家に好まれた形で、広さ、大きさ、角のない滑らかさ、輪の持つ終わりのないめでたさなどを表現し、福徳円満、永代繁盛を象徴しているという。また、「ちきり」は「契り」を連想させ、客との結びつきを末長く大切にという意味を含んでいる、とする。「まるちきり」の紋章を使い始めた時期は呉服店への転業のころとされる。紋のついた大和屋時代の重箱も見つかっており、これは幕末期または明治初期に作られたものと推定されている。

　前述したが、この紋章を家紋の見方で分類しようとすると少々やっかいだ。そごうの意匠を家紋では「輪鼓《りゅうご》」という。「輪子」「立鼓《りゅうご》」という文字をあてることもあり、この名称では鼓の形に削った独楽《こま》を二本の棒に結んだ紐を使って、空中で回転させる玩具を表すとしている。平安時代の文献にも出てくる玩具で、専門の芸人もいたらしい。つまりは貴族の遊び道具である。家紋の図柄としては塗りつぶされた形が原型で、ふたつ、三つと組み合わせたり、横に使うこともあるが。商家の紋では線で描かれた意匠しか見かけない。中央に横線が入ったり、左右に「●」がつくこともあり、これは巻き付ける紐を表しているとされる。中央の横線は独楽を回す紐と見立てており、「●」はその紐の断面だ。

　一方、家紋における「ちきり」の名称では、やはり紡績機の部品のひとつと説明されるが、意匠は三つまたは四つの四角形を線でつないだ形

1877（明治10）年、大阪市心斎橋筋一丁目に開店。「大和屋」の屋号を廃し、「呉服太物帯地類扱 十合呉服店」と改めた。1894（明治27）年移転拡張開店

十合呉服店初期の重箱。表面の当て字は「曽合」

で、そごうの「ちきり」の意匠とは異なる。

ほかにも、この意匠で「ちきり」という場合、木材をつなぐための木片や金属片を埋め込む「滕締《ちきり》」という工法があり、埋め込む部材を「ちきり」といって（千切とも書く）、その部材が由来とする説もある。また、五を意味するという説もある。これは甲骨文字の数字で、一から四までは横線で表し、五は二本の横線の端をX形の斜め線で結ぶことで五という文字になるかららしい。

したがって家紋の本では、そごうの紋章と名称はうまく一致しないわけだが、だからといってそごうの紋章が特殊というわけではあるまい。後述する澁澤倉庫も、そごうと同じ紋章の変化形を社章にしているからだ。奈良県の絹商を生家とする十合家と、埼玉県深谷の藍玉を生業とする渋沢家という、東西に離れた場所で江戸期から伝わる紋章である。ただし、紋章の名称について澁澤倉庫では「ちきり」「りうご」のどちらも正しいとしていた時期があるようだ。

この意匠は一二の変化形九三点を採取した。多いとはいえないが、特例とするほど少ないわけでもない。残念ながら紋章のよび方はわからないが、江戸、大坂のほかに甲府でも六点採取したから、一地域での特殊な紋章ともいえまい。十合家も渋沢家も、生家は布または糸に関連する業種だから、それらにかかわる商人の紋章と考えるのが自然に思える。では、なぜ家紋の本に出てこないのかというと、家紋の研究者たちは、基本的に家紋を為政者である武家の系譜を知るためのツールとして研究しており、商家の紋章はほとんど検討していないからではなかろうか。なお、現在のそごうの商標は、西武のロゴと同書体の「ＳＯＧＯ」である。

SOGO

現在のそごうロゴ

（この項の資料提供　セブン＆アイグループ）

「りうご」日本の資本主義の生みの親、渋沢栄一が創業した　澁澤倉庫

一橋慶喜に仕え、明治維新後は大蔵省高官を経て実業界に転じ、日本経済の指導者となった渋沢栄一。二〇二四（令和六）年に発行された新一万円札の肖像となったこともあり、この人の名を知らない人はいまい。その渋沢の名を現在まで残しているのが澁澤倉庫株式会社である。

渋沢は一八七三（明治六）年に大蔵省を辞して実業界に転じ、この年、日本最初の銀行である第一国立銀行（現在のみずほ銀行）を設立して総監役となる。同時に製紙、ガス、電灯をはじめ、数多くの企業設立にかかわっていく。渋沢は一八七六（明治九）年に東京市深川区福住町（現在の江東区永代、澁澤倉庫本社所在地）に住居を構えた。その住居は米問屋の近江屋喜左衛門宅を買い取ったもので、舟運を利用した物資の集積地にあり、敷地は堀に隣接して蔵が立ち並

「りうご」紋を染め抜いた半纏

んでいた。

「物流が産業・経済発展の大きなカギとなる」と予見していた渋沢は、ある日、子の篤二らを集めて経済運用などについて語り、倉庫についても「この邸の蔵を活用すれば、数十人が生活できて相当な利益をあげられる」と説明し、篤二に「父の志を継ぐ気があれば、資金を出して業務をまかせる」と述べる。そして、一八九七（明治三十）年、邸内の蔵を利用して澁澤倉庫部を立ち上げる。

その後の澁澤倉庫部は、各地で倉庫業を展開することになる。一九〇九（明治四十二）年には澁澤倉庫株式会社に組織変更した。渋沢が七十歳を迎えてすべての関係会社から身を引き、後進に道を譲っていた時期であり、初代社長には渋沢ではなく息子の篤二が就く。現在は倉庫、運送、通関、流通加工、不

澁澤倉庫本店とコンクリート倉庫、1904（明治37）年建造

大正期の深川本店

茅場町河岸倉庫（上）とコンベヤーによる水揚げ（下）

動産などの総合物流企業として全国展開を行っている。

澁澤倉庫部を創業するにあたり、渋沢栄一が紋章としたのが「りうご」で、印半纏や倉庫壁面の蔵印などに使用した。渋沢の生家は埼玉県深谷で農業、養蚕のほか、染料である藍玉の製造販売も営んでおり、藍玉の商いに「りうご」の紋を使用していた。つまり、この紋章は渋沢家の暖簾紋であり、それが現在まで澁澤倉庫の社章となっている。

澁澤倉庫の伝承では、この紋章を渋沢の生家では「ちぎり」とよんで、さまざまに使用していたらしい。元来は糸巻に糸を巻きつけた形であり、太鼓を立てて横から見た形にも見えることから「立鼓」ともいい、漢字の五に見立てて「立五《りうご》」とよぶようになった」とも伝えられ、「ちぎり」「りうご」のどちらも正しいとしていたようだが、昭和の初期に取締役会で「りうご」に決めたという。

さて、澁澤家で「ちぎり」とよんだ紋章は、前述のそごうでは「ちきり」とよんだ。濁点の違いが何を意味しているか厳密には不明なのだが、同じ意匠であり、たんなる発音の変化形と考えておく。

現在の茨木営業所　茨木倉庫Ｂ棟

福住稲荷神社は、近江屋宅を買収した渋沢栄一が、澁澤倉庫部を創業した後、そのまま同社の守護神として祀られているもの。一九二三（大正十二）年の関東大震災で焼失したが、一九三〇（昭和五）年に再興されている。
神社内には「りうご」紋の刻まれた力石があり、これは江東区の文化財に指定されている

（この項の資料提供　澁澤倉庫）

暖簾紋曼荼羅

「銭」萬糸物類商　銭屋幸助（京都買物獨案内）

「銭　寛永通宝」御菓子所　銭屋文右衛門（大坂商工銘家集）

「違い傘」御菓子司　天王寺屋重兵衛(大坂商工銘家集)

「兜」橘香散三吉香薬種問屋　岡島屋藤三郎（大坂商工銘家集）

「印鑑」御印判師　豊嶌久吾（江戸買物獨案内）

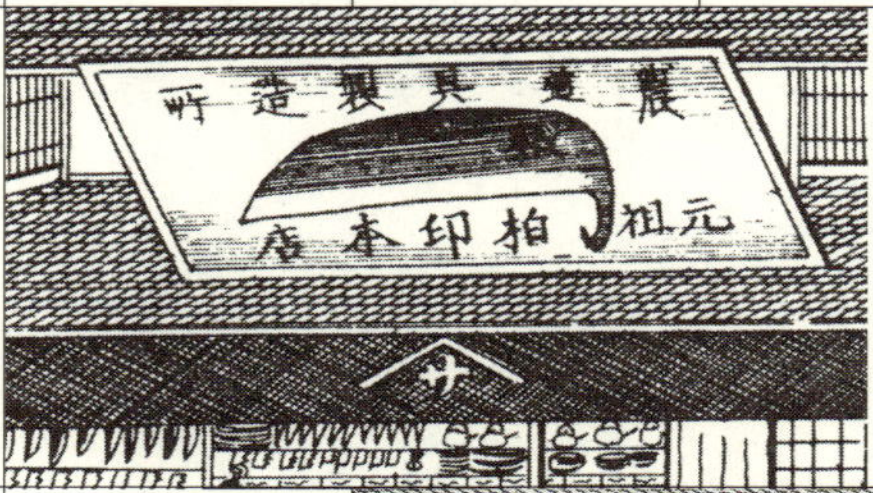
「鎌絵の店頭看板」萬農道具鉄物鎌製造所　彦様佐平（参陽商工便覧）

「違い鎌に山」酢醸造所　鎌倉屋丈右衛門（七十五日、国会図書館蔵）

「熨斗」志能原みう地だんご商　越中屋平兵衛(七十五日、国会図書館蔵)

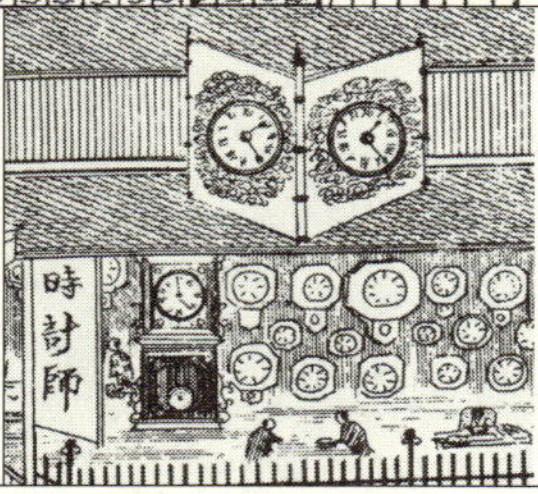

「時計の店頭看板」時計師　猪塚松五郎（参陽商工便覧）

「釜に一」下り素麺問屋　松浦屋勘二郎（江戸買物獨案内）

「かもじ」御かもじ所　べにや忠右衛門（商人買物獨案内）

「金床」塗物仕入所　近江屋半右衛門（京都買物獨案内）

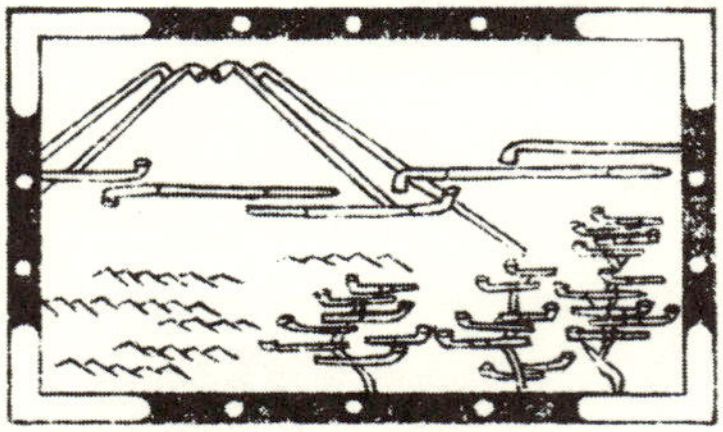
「煙管店頭看板」御煙管師　村田七右衛門（江戸買物獨案内）富士山、霞雲、三保の松原のすべてを、煙管のみで表現するという粋な看板

「ちきり」下駄草履所　千切屋安兵衛(東京買物獨案内)

「鍔」刀脇指新京道具所　備前屋弥兵衛（京都買物獨案内）

「三つ並び杵」御料理所　石橋庵杵正(江戸買物獨案内)

「歯車」時計師　代田惣七（甲府買物獨案内）

「鏡店頭看板」御鏡仕入所　中嶌利久（都の魁）

「魚の店頭看板」鯛味噌屋　幾村郁太郎　店頭には作り物の大きな鯛が吊り下げてある（浪華の魁）

「しらみ避け紐」志らみうせ薬商　なべや源兵衛（江戸買物獨案内）
しらみに悩まされた江戸っ子が頼りにしたのが、「さってや」や「なべや源兵衛店」で販売した、特殊な薬材を塗った紐状の虱取り紐。腹に巻きつけたり、着物裏に縫い付けたりしたという

「足袋の店頭看板」足袋商　亀岡一右衛門（浪華の魁）

「金平糖の店頭看板」金平糖司　蒲清助（都の魁）

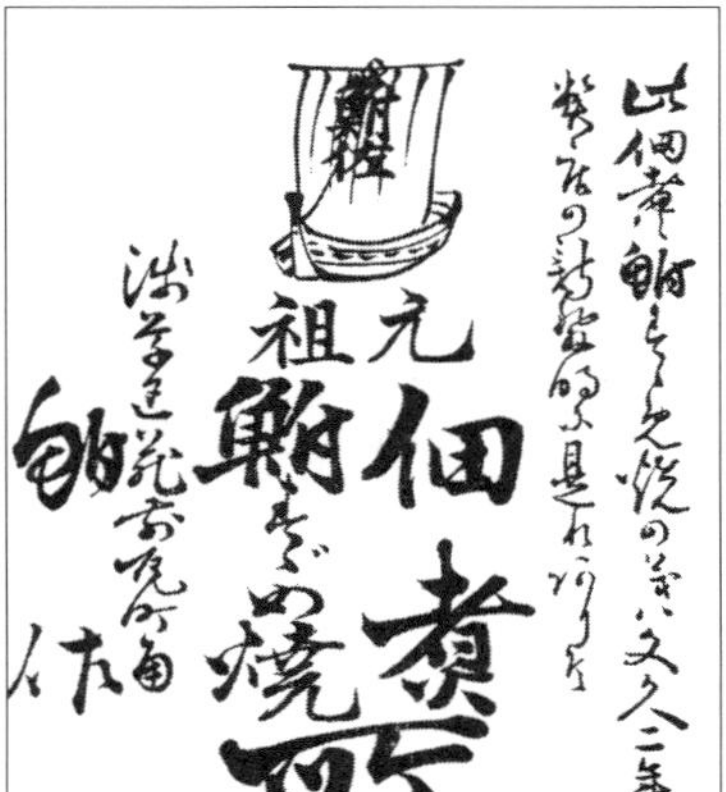

「歩掛船」佃煮鮒すずめ焼商　鮒佐（江戸買物獨案内）

「鮒佐」は大野佐吉により幕末の一八六二（文久二）年に浅草瓦町で創業した。このとき販売した佃煮が、塩煮だけではない、現在のような佃煮の原型になったという。「鮒すずめ焼き」は、当時千住名物の焼き物を扱っていたために記載されたという（江戸買物獨案内）

「琴柱の中に三味線の店頭看板」御三味線所　岩田傳兵衛（浪華の魁）

「関取髷」下駄履物商　関取堂嶋所八源店奥田源三郎（都の魁）
暖簾紋は「丸に八」だが、暖簾に関取の髷を描き、看板には土俵入関取と髷、下駄の模型を置いてある。店先には相撲取りの姿が見える

「櫛笄」櫛笄問屋　堀田二平衛（石川県下商工便覧）

「眼鏡の店頭看板」眼鏡仕入所　向与兵衛（浪華の魁）

御櫛卸所　二十三屋半七郎（都の魁）

二十三屋と十三屋

二十三の数字は唐櫛（とうくし）の語呂合わせで、「十、九、四」を全部足すと「二三」になることから名づけられた。また、現在も続く、一七三六（元文元）年創業の上野池の端の柘植櫛屋「十三屋」も、九と四を足したところからの命名。しかし、京都の老舗「二十三屋」は、創業の一八二二（文政五）年から約二百年続いたが、二〇二〇年、残念ながら閉店した

「銚子」銚子鍋所　金屋惣七（浪華買物獨案内）

「眼鏡」御眼鏡所　美濃屋兵六（江戸買物獨案内）

「看板下駄店頭看板」縫靴製造商　鬼崎商店（佐賀県獨案内）

「雪駄」関取せった所　丹波屋喜助（大阪商工銘家集）

「櫛」御櫛卸所　伊勢屋五兵衛（江戸買物獨案内）

「櫛」三つ櫛すじ立所　菱屋弥三郎（京都買物獨案内）

「刷毛」張物刷毛師　井澤利兵衛（京都買物獨案内）

「鞍に伊」牛馬の鞍商　伊勢屋長兵衛（大阪商工銘家集）

「分銅」
薬を天秤で量る分銅が社章
塩野義製薬

塩野義製薬は、新型コロナウィルス感染症の治療薬の研究開発でも知られる大手製薬会社であり、紹介の必要はあるまい。ここでは創業の経緯だけを記しておく。

創業者の塩野義三郎は薬種商の家に生まれ、父について商売を学び、二十四歳で分家・独立して、大阪の道修町に薬種問屋「塩野義三郎商店」を創業した。一八七八（明治十一）年のことである。道修町は船場の北側地区で、薬種店が多く集まり、現在も製薬会社が立ち並ぶ、東京の日本橋本町と同様の薬の街である。

創業にあたり義三郎が暖簾紋としたのは、「山形」に「大」

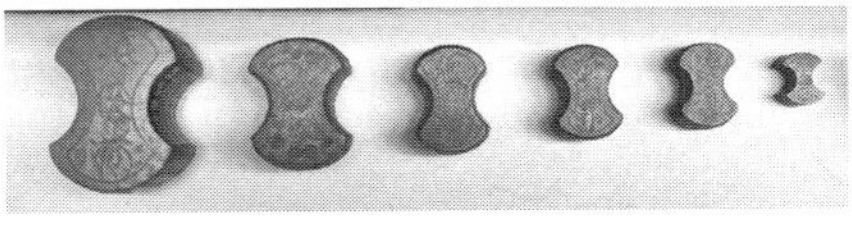

江戸時代の天秤と分銅。分銅は薬を天秤で量るために使用することから「正確、正直、信頼」を象徴しているとされる

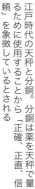

の字を配した「やまだい」紋である。父の店である塩野吉兵衛商店で使用していた「山形に吉」（やまきち）の暖簾紋から「山形」を受け継ぎ、縁起がよくおおいなる発展を意味する「大」を合わせたもので、紋の名称が屋号として機能していたようだ。

当初は和漢薬を扱っていた義三郎は、一八八六（明治十九）年、洋薬が普及し始めたのを見て、その取り扱いを開始した。蘭学系の医師が受け入れられるようになったのは明治二十年代で、多くの医学生が西洋医学を学ぶために海外留学しており、彼らが帰国して西洋医学・薬学が広まるのは明治三十年代である。義三郎はそうした流れを見とおしたものと思われる。

当時の医薬品は横浜・神戸の外国商館経由で輸入されていたが高値がついた。義三郎は英語に堪能な実務者を雇い入れ、一八九七（明治三十）年、海外との直接取引を開始し、薬価を庶民の手の届く価格に引き下げた。やがて他社も直接貿易を行うようになると、次には自ら製薬を志した。

一九〇九（明治四十二）年に次男の長次郎が東京帝国大学医学部薬学科を卒業すると、本格的に製薬研究を開始し、同年、制酸剤の「アンタチヂン」を発売した。自社開発の製薬第一号である。翌年、大阪府西成郡（現在の大阪市福島）に塩野義製薬所を開設して製薬会社としてスタートする。

一九一九（大正八）年、長男の正太郎が掌握してきた塩野義三郎商店と、次男の長次郎掌握の塩野製薬所を合併して、株式会社塩野義商店を設立した。一九四三（昭和十八）年には塩野義製薬株式会社に社名を変更して、製薬事業を中心とする会社になり現在まで続いている。

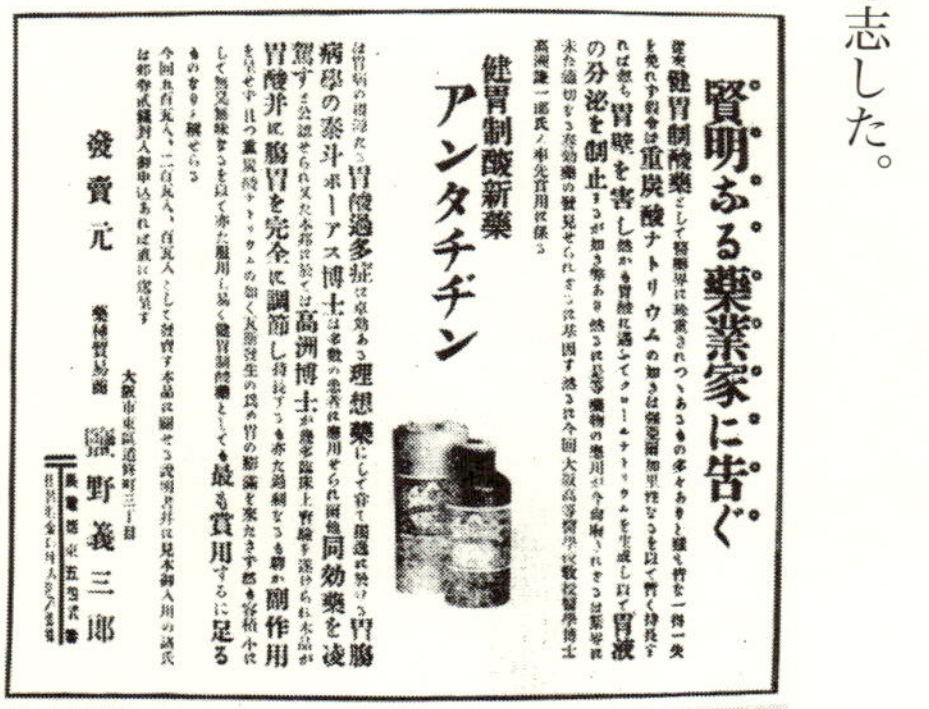

制酸剤「アンタチヂン」発売広告

暖簾紋として「やまだい」紋を使ったことは前述したが、この意匠が商標登録されたかどうかは確認できていない。事情は不明だが「山形」も「大」もよく使用された意匠だから、一般的な意匠と判断されて登録できなかったのかもしれない。最初に商標登録が確認されているのは「ダイヤモンド印」で、「やまだい」を六つ組み合わせた意匠である。金平糖のイメージに近いことから「金平糖マーク」ともよばれ、一八九八（明治三十一）年の登録だ。このマークは主として輸入医薬品の荷印に使用された。

分銅マークを商標登録したのは「アンタチヂン」発売と同じ年の一九〇九（明治四十二）年だ。「常に正確、誠実を追求する」という塩野義製薬の願いを表している。ただし、当初の分銅マークには外郭の「丸」はなく、「分銅」の二文字を冠していた。

その三年後の一九一二（明治四十五）年には、外郭として唐草模様を配した「分銅唐草」を商標登録し、局方品（国で定めた薬の規格書『日本薬局方』に収載された医薬品）のラベルに使用した。同時に「松鯉印」も商標登録し、主に工業薬品に使用した。これは「水面にはね上がる勇気と活力に満ちた鯉と、強靭さや長寿の象徴とされる常緑樹の松の組み合わせ」とされている。

「分銅唐草」マークは大正期に入ると新薬・新製剤に使われるようになり、一九四六（昭和二十一）年からは社章となっている。

暖簾紋・商標変遷

「やまだい」紋

▼

ダイヤモンド印
1898（明治31）年

▼

分銅
1909（明治42）年

▼

分銅唐草
1912（明治45）年

松鯉印
1912（明治45）年

▼

1946（昭和21）年より使用し、2022（令和4）年に欧文社名が加わった

（この項の資料提供　塩野義製薬）

「轡（くつわ）」酸化鉄のトップメーカー 戸田工業

戸田工業株式会社は、トナー材料、着色顔料、磁性材料などを製造する東証スタンダード市場上場の化学メーカーである。

一八二三（文政六）年、戸田生三が岡山県後月郡西江原村（現在の井原市）に弁柄《べんがら》製造のために「精勤舎」を創業した。周辺は近くの吹屋銅山で採取される流化鉄鉱石を原料にした、日本有数の弁柄産地だった。弁柄は人類最古の赤色顔料であり、研磨剤である。当時は建築の木材塗料、紺染めの下地、漆器、番傘の着色、陶磁器（赤絵の釉薬）、女性の口紅などに用いられた。

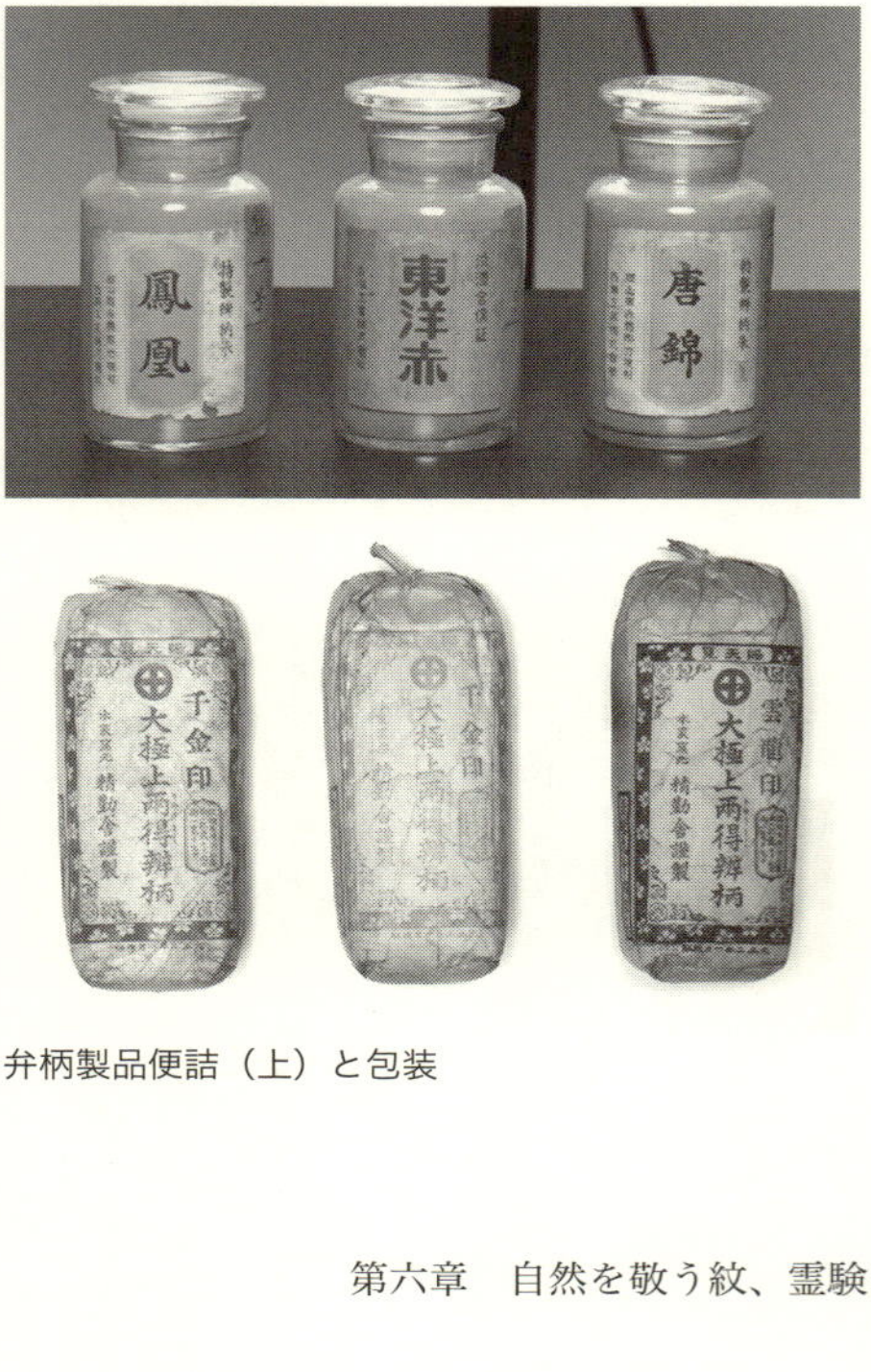

弁柄製品便詰（上）と包装

弁柄には製造過程で環境汚染が生じるため、一九〇七（明治四十）年には工場を移し、西江原の工場は除虫菊蚊取線香と殺虫剤の生産に切り替えた。当時、一般には弁柄よりも〝ラッパ印の蚊取線香〟のほうが知られていたという。一九三三（昭和八）年には組織を改め戸田工業株式会社とした。このころ、蚊取り線香は東京、大阪方面に販路を拡大し、朝鮮、満州にも野戦用に出荷した。弁柄も関東、関西方面のほか、九州、朝鮮、台湾に販売した。

戦時色が強まると、一九四一（昭和十六）年には軍艦の船底塗料などの需要増で弁柄の需要が急拡大し、ドイツからのレンズプリズム用研磨剤輸入が途絶えると、海軍の指示で研磨剤を開発し、さらにレーダーに対抗するためにマグネタイトの量産技術を開発した。一方、蚊取り線香などの部門は、戦時合同により大日本除虫菊に吸収合併された。

戦後は弁柄に戻ったが、一九五三（昭和二十八）年には京都大学との共同研究により、現在につながる基礎技術が生み出されていくようになった。一般に産学連携は一九六〇年代半ばに始まるとされるが、これらはその先駆けであった。この連携からフェライト（磁性材料）が生まれ、やがてオーディオテープなどの磁気記録材料酸化鉄へと発展した。デジタル化の時代に入ると、電子部品材料をはじめ、多くの分野に開発の幅を広げている。一方で、研磨剤はカメラレ

戸田精勤舎（上）と広島工場

（この項の資料提供　戸田工業）

ンズなどに使用されるようになり、電波吸収材は現在、電子レンジやコンピュータなど電子機器の電磁波漏洩防止に使用されている。

さて、戸田工業の創業時の屋号である精勤舎は、「人間は常に精勤であれ」という意味でつけられたと伝えられる。法人名である戸田工業は創業家の姓からきている。

商標は「轡《くつわ》」で、精勤舎の時代から使用しているという。創業家の家紋は「下り藤に轡」で、経緯はわからないが、戸田工業では創業家の家紋からこのマークが生まれたと類推している。

「轡」は口輪から転じた名称で、馬を制御する道具である。馬に噛ませる喰《はみ》の左右に丸に十字形の金具があり、そこに手綱をつける。この左右の金具が家紋の意匠になったとされ、武具に分類される。角丸の四角になった意匠、手綱をつけるための金具まで組み込まれた意匠、複数の組み合わせなどの変化形がある。

ところで、この「轡」の意匠は「久留子《くるす》」という家紋と似ている。ポルトガル語のCRUZからきており十字架を表す。いうまでもなくキリシタンに関連し、十字架であることを隠すために、意図的に「轡」紋、「祇園守《ぎおんまもり》」紋、「桛《かせぎ》」紋などと似せた紋章であり、発祥をたどらないと区別できない。「桛」紋のほとんどはキリスト教が禁じられたのちに、家紋の名に変えて継続使用されたと考えられている。ちなみに「桛」は紡いだ糸を巻き取る木枠のことである。また、島津家の家紋の変化形である「轡十字」とも同型だが、島津家は当初「十の字」で、外郭として丸がついたという経緯があり、意匠としては同型だが、発祥はまったく異なる紋章である。

轡の類似家紋

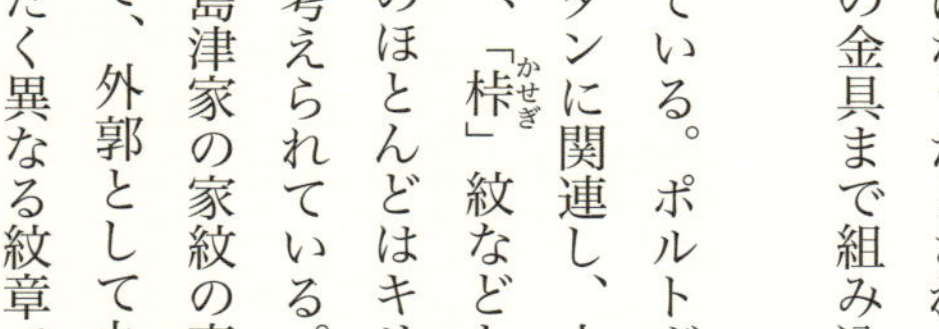

「祇園守」　「桛」　「花轡久留子」

(『日本紋章総覧』『家紋の事典』より掲載)

「地紙に次（すえひろに次）」世界初の醤油屋　室次

福井市の室次《むろじ》は日本で現存するもっとも古い醤油の蔵元なのだという。

戦国時代の末期、創業家は数人の配下を抱える朝倉家の武士だったが、織田信長との戦いで戦える者は全員が討ち死にした。一五七三（天正元）年、柴田勝家が越前国（福井県）北ノ庄城下を整えた際に、残った女たちと子が「室屋」を創業し、上神明町（現在の福井市田原）で酒、味噌、糀の醸造を開始した。このとき創業者の室次儀右衛門はまだ十歳に満たない子どもだった。

この地は北陸街道と三国街道の合流地点で、北ノ庄の物資集散地となり、とくに米、大豆、小麦などの商店が集まった。背後に芝原上水が流れ、福井城下ではいちばん末端だったため、上水としてばかりでなく桶の洗い水などにも利用できた。ただし、製品造りには地下水を使用した。そのころの醤油は味噌の下にわずかにたまる、いわゆる溜まり醤油で高価なものだったという。

やがて紀州の湯浅で醤油の量産技術が開発された。室屋四代目の次左衛門は、一六八九（元禄二）年二月、湯浅で醸造技術を学び醤油の大量生産を開始した。酒の生産設備と醤油のそれは同じで、原料が米と大豆の違いだけ。酒の醸造場に隣接して醤油の醸造場をあつらえ、簡単に大量生産を開始できたのだという。当主の名が次左衛門だったことから、醤油の屋号を「室次」とした。以来、酒は「室屋」、醤油は「室次」の屋号で商売を営み始めた。

また、量産化の結果として醤油の価格を下げることができ、一般庶民も醤油を使えるようになった。室次は醤油を船や大八車で各地に配送した。また、親族や奉公人が暖簾分けによって各地で醤油を造るようになり、しだいに福井県に醤油屋という業種が形成されていった。醤油は利益の出る事業だったことから、室屋の酒蔵は徐々に醤油醸造に切り替わり、やがて室次に集約されていくことになった。

一方で、一七〇三（元禄十六）年には、次左衛門の弟の惣右衛門が分家して三国室屋を創業し、その二代目は廻船業を始めて豪商となった。いわゆる北前船である。幕末期には室次と三国室屋は醤油を長崎経由で輸出し、福井藩の財政におおいに貢献した。明治後期になると、北前船の需要はしだいに減少していき、一九二九（昭和四）年の昭和恐慌を機に事業を終了している。

北前船むろや丸のレプリカ

明治以降、室次は大火、空襲、水害と何度

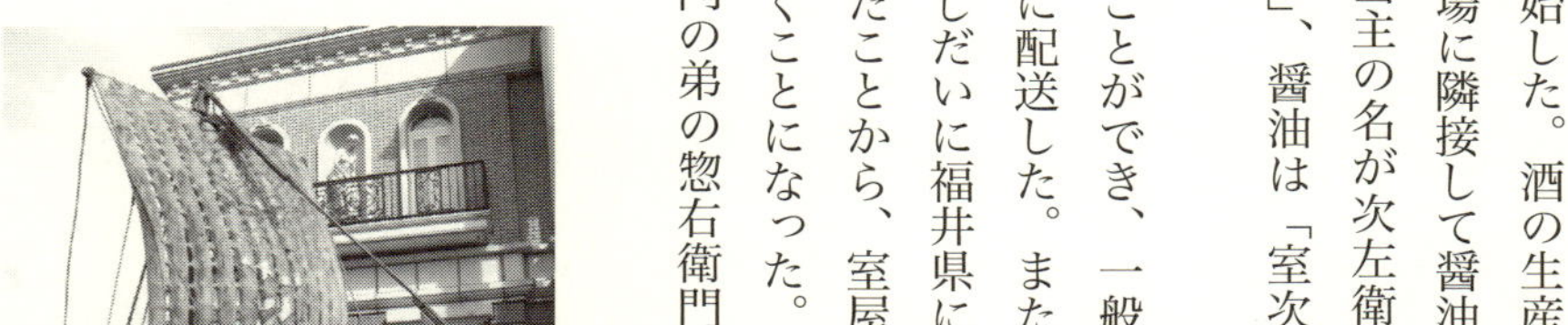

明治期に室次の当代は白﨑の姓を得た。その後は明治中期まで「室次」と「白﨑商店」の名称を併用した

も甚大な被害を受けたが、そのつどよみがえり、一九六二（昭和三十七）年には組織を変更して株式会社室次を設立した。近年は伝統製法の醤油から粉末の醤油まで、さまざまな試みを展開している。

さて、室次では自社マークを「すえひろに次」とよんでいる。どんどん商売が広がっていくようにと願って「すえひろ」の形と、当主である次左衛門の「次」の字を組み合わせたのだという。

この「すえひろ」の形を家紋では「地紙」紋という。扇子に貼る紙のことである。前述したが、扇子はそのままで家紋の意匠として使用されたばかりでなく、骨だけ、紙だけでも使用された。扇の家紋の家から分家した者が、少し遠慮して「地紙」の意匠を家紋にしたという説もある。「地紙」の形を室次では〝末広がり〟ととらえたわけだ。商家の暖簾紋として「地紙」はかなりの人気があり、外郭としても多く使用されているのだが、その背景には室次の意味づけが広く一般化しているという状況がありそうに思われる。

蛇足ながら江戸時代にはその地紙を売り歩く地紙売りという商売があった。地紙には美しい絵柄が印刷されており、人びとはその紙を買って、自分で貼り替えたわけだ。

本社入口

（この項の資料提供　室次）

「銭形（ぜにがた）」番匠四百年の歴史、『銭形平次』のヒントとなった　銭高組

『銭形平次捕物控』は高齢者層には懐かしい響きがあるに違いない。野村胡堂が一九三一（昭和六）年から五七（昭和三十二）年にかけて発表した三八三篇の捕り物帳で、主人公の平次は投銭を得意とした。戦前から何度も映画化されたが、やはり印象に残るのは、フジテレビで一九六六（昭和四十一）年から二十年近く放送された、大川橋蔵主演のシリーズである。全部で八八八話あり、同一俳優による一時間番組としてギネス世界記録なのだという。小説もテレビ番組も類がないほどの長命作品である。

銭形平次の得意は投銭だが、その名前と得意技のヒントになったのが銭高組の社名とマークだ。「岡本綺堂の『半七捕物帳』のよう

1705（寛永2）年、銭高林右衛門が棟梁として加わった本願寺尾崎別院落成。この年を銭高組の創業年としている。広告は2009年11月に使用。

なものを」という依頼を受けた野村胡堂は、平次という名前は決めたものの、得意技と屋号に苦しんでいた。『水滸伝』に出てくる石つぶての名人、清のような技がほしいと悩んでいたある日、ふと窓の外を見て、工事現場に描かれた「設計　施工　銭高組」の看板と社章の「銭」に目が留まった。そのときひらめいたのが、銭を投げるというアイデアだ。屋号は銭高では商標だし……と考えているうちに、「高」をひっくり返して読むことを思いつき『銭形平次』にしたのだという。ちなみにマンガとアニメの『ルパン三世*』レギュラーの銭形警部は『銭形平次』のパロディあるいはオマージュである。

　さて、銭高組の業祖は銭高林右衛門とされる。林右衛門が棟梁として加わった本願寺別院の落成年である一七〇五（宝永二）年をもって銭高組の創業としている。このときの屋号は「番匠屋」であった。林右衛門が貞享年間（一六八四〜八七）から「番匠屋*」を名乗ったという記録が銭高家に現存するという。ただし、把握できている史料としてはこれが最古だが、この史料以前に銭高家が「番匠屋」の屋号を用いていたかはわからないという。

　その後、銭高家は「番匠屋」を屋号として、泉州尾崎村（現在の大阪府阪南市尾崎町）で代々宮大工の頭領を続けていった。

　明治期に入り、当時の頭領だった銭高善造は、一八八四（明治十七）年に上京して西洋建築の新技術や近代経営の習得に励んだ。三年後に大阪市内に移り、屋号を「銭高組」に改めて土木建築請負業を開始した。

マンガの『ルパン三世』（モンキー・パンチ作）は一九六七〜六九（昭和四十二〜四十四）年の連載で、大川橋蔵の銭形平次シリーズと完全に重なっている

番匠屋の由来
銭高組の社史によれば「番匠」という言葉は古く律令時代からのもので、各地から京にのぼり、木工寮に属して宮廷の営繕に携わった工匠のことで、「番」は交代で勤めることであり、当番の日に宮廷に出勤することを「番上」といい、やがて番上の工匠という意味から「番匠」とよばれるようになり、さらに大工職の呼称となっていった。その大工という呼称も律令で定められた土木、建築、造船などに関係する高級技術官僚のことだったようだ

一八九一（明治二十四）年、錢高組が初めて独力で手がけた建設工事が竣工した。尼崎紡績（現・ユニチカ）の本社工場である。一九一二（明治四十五）年に合資会社錢高組を設立、一九三一（昭和六）年には株式会社に切り替えて、現在の大手土木建築会社に至っている。

前述のように錢高組の社章は「錢」である。この紋章は株式会社に改組した際、正式に社章とされたものである。もともとは錢高家一族内で使われた紋章で、医師をしていた親族が寛政年間（一七八九～一八〇二）に用いていた記録がある。毒消し役の袋に錢の印があったという。錢高善造はこの紋章を社章と決め、内側の方形の角が外円に接することなど厳密な規格を設けた。その規格書には「頭文字の〝錢〟に因んで天保錢を形どる」と記されている。

家紋における銭紋は、とくに真田家の「六連銭」紋が有名で、「六文銭」または「六道銭」ともいう。いうまでもなく棺桶に入れる銭を表し、死に装束に印刷されたお金を副葬品として入れる。俗に三途の川の渡し賃ともいう。いくつかの組み合わせで使用する例が多いが、「寛永通寶」などの文字が入っているものもあり、富を象徴することから瑞祥的な意味合いを持つともいわれる。いずれにせよ丸の中央に小さな四角が入る意匠である。錢高善造が決めた錢高組の紋章は、中央に入る四角が大きくはっきりしており、丸と四角の組み合わせのようにも見える。シンプルで美しい意匠である。

2009年11月の広告

◎ 錢高組

現在のロゴ

（この項の資料提供　錢高組）

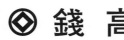

「鍵」京都祇園の京菓子老舗 鍵善良房

鍵善良房は歴史がいつまで遡れるかがはっきりわかっていないという。二十年ほど前に旧店舗の屋根裏から行器《ほかい》*二〇数個が見つかった。この行器のいくつかに「享保十一年」と書かれていたことで、享保年間（一七一六〜三六）に菓子屋を営んでいたのは間違いないとしていた。ところがその後、「開かずの蔵」から古文書が発見され、一六九〇（元禄三）年と一六九五（元禄八）年の日付と「鍵屋良房」の屋号が確認できたため、創業は元禄期またはそれ以前とわかった。ただし、この史料では創業期に菓子舗だったかどうかはわからない。もとは丹波出身の八百屋だったという伝承はあるが、屋号の由来もはっきりしない。

元禄期の古文書と享保年間の行器に書かれた屋号から、当初の屋号は

行器とは、菓子箱を入れる外箱のこと。鍵善良房の菓子箱は漆塗り螺鈿（らでん）文様の重箱で、菓子をそこに入れ、さらに行器に入れて顧客のもとに運んでいた

「鍵屋良房」だったとわかるが、当主は代々〝善〟の字が入っていたことから、「鍵善」とよばれるようになったと推測されている。明治になると「良房」を外したが、やがて元に戻して現在まで続いている。京都の老舗菓子店は四文字の店名のところが多く、伝統のようなものだという。

江戸期には〝縄手四条上ル〟に店を構えていたが、明治になって四条通を拡張することになり現在地に移る。八坂神社の門前町という場所柄、多くの寺院やお茶屋に菓子を配達していた。京都のお茶屋は店内では料理を作らず、仕出し屋から料理、菓子屋から菓子を取り寄せるという仕出し文化の商売である。十二代目は民芸に関心を寄せた。木工家黒田辰秋に店の調度などは任せ、昭和に入るころには文人たちのサロンのようになったという。戦争中は店を閉めたが、一九五五（昭和三十）年に再開すると、近くの寺社や料理屋に運んでいた「くずきり」が評判をよび、店でも出すようになった。

さて、暖簾の紋章は屋号に合わせた「鍵」紋である。屋号と同様、紋の由来もはっきりしないが、享保期の行器にこの紋章が配されており、ほぼ創業期から使い続けた紋章だとわかっている。「鍵」紋は蓄財を象徴する瑞祥的な意味があるとされている。数は多くないが、各地で見られており、商人に好まれる紋章のひとつといえるかもしれない。

1923（大正 12）年 2 月の店頭

現在の店頭外観。暖簾には「鍵」紋が染められ、ショーケースには「宝結び」文様が見える

（この項の資料提供　鍵善良房）

「井桁に上（かみ）」はんぺんの神茂（かんも）

神茂は東京・日本橋ではんぺんほかの練り物食品を製造販売する老舗である。

創業者の長次郎は大坂・神崎川の出身で、一六五六（明暦二）年から江戸で漁業に従事した。当時、鮫のヒレは中国への重要な輸出品だったが、身の部分は捨てられていた。身の有効活用を考えた長次郎は、やがてはんぺんを製造するようになる。関西にはハモを原料にした練り物のあんぺいがあり、その製造技術を応用したのである。はんぺん作りを開始した時期は、神茂では一六八三（天和三）年としているが、実際はわからず、間違いなくはんぺんを作っていた年として、創業者が死去した年をあてたのだという。つまり、これよりは前から作られていたということだ。蛇足ながら、静岡県の焼津周辺には黒はんぺんがある。これも三百年ほどの歴史があるが、これはアジ、サバ、イワシなどの青魚を原料にして、やはりあんぺいの製造技術を応用したものである。

一六八八（元禄元）年には日本橋の魚市場で店を開き、やがて、市場内に多数の板船権を持つようになった。板船とは魚を並べる板、つまりは営業権で一枚単位で管理した。屋号は初代の出身地から「神崎屋」とした。

一八一九（文政二）年、十二代のときに名を茂三郎と改め、以後は代々襲名するようになった。この改名の背景には〝建継《たてつぎ》騒動〟とよばれる魚市場ならではの事件があった。市場は江戸城の御用を受けており、当時の日本橋魚市場は四つの組に分かれて、月番で建継所の幕府役人に対応する決まりだった。建継所とは幕府の用魚買い上げのための役所のこと。この役人が江戸城御用の魚を極端に安く買いたたくばかりでなく、大名家から注文を取って、その魚を売るまでになった。これに我慢しきれなくなった四組の組頭が、役人のところに殴り込みをかけたのである。神崎屋の当代もそのひとりで、捕縛され二年に及ぶ取り調べ中に牢死した。その後、幕府に許されて回向院に石塔を建てて弔われたというが、その当代を重次郎といった。理由はともかく、罪を得た者の名を継ぐわけにはいかず、茂三郎という名に

神崎屋長次郎 が 1656（明暦2）年、大坂（神崎川周辺）より江戸に出て漁業に従事する。図版は当時の店舗を描いたもの

9代神崎屋長右衛門。1752（宝暦2）年ごろのはんぺんの形

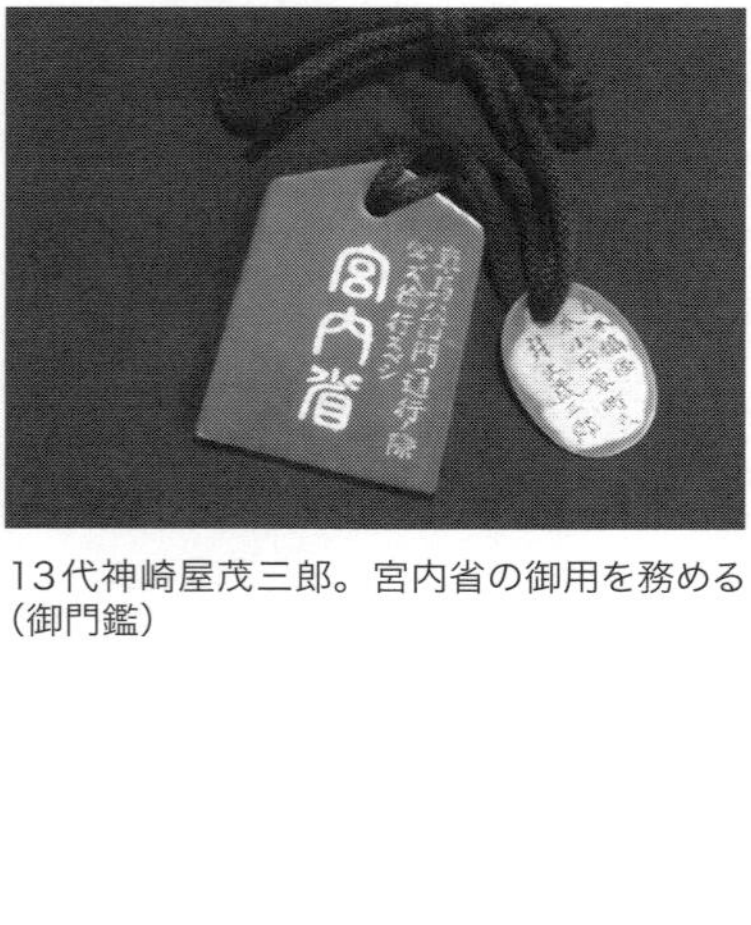

13代神崎屋茂三郎。宮内省の御用を務める（御門鑑）

したと伝えられている。これらは講談でも読まれており、当時は注目された事件だった。

明治になり、十五代は姓を井上とし、屋号を「神茂」と改めた。神崎屋茂三郎を短くしたわけだ。はんぺん、蒲鉾中心の商売は変わらず現在まで続いている。「商売はあまり大きくしてはいけない。食べ物は一度まずいものを作って評判を落としたら続かない。また買いにきていただけるように、丁寧にいい品を作ることがいちばんだ」という先人の言葉が伝統になっているという。

暖簾紋は「井桁」のなかに「上」の文字を配したものだ。この意匠は屋号を改めたときに決めたと類推されるが、由来の伝承が途絶えており、明治期か大正期に使用し始めたという程度しかわかっていない。

明治末から大正期の店頭

現在の日本橋本店

神茂の商用車に暖簾紋が見える

（この項の資料提供　神茂）

花火の老舗宗家 鍵屋の紋章は、やはり「鍵」

火薬は戦国時代に鉄砲とともに広まり、江戸時代に入ると遊びとしての花火が広まっていく。徳川家康が初めて花火を見たのが一六一三（慶長十八）年といわれるが、その後の数十年で、隅田川以外での花火禁止令が何度か出ている。花火による出火騒動が見過ごせない状況になったためだと思われるが、それだけ急速に花火が庶民の娯楽として広がったともいえよう。

隅田川で初めて花火を打ち上げたのも「鍵屋」で、現存するもっとも歴史の長い花火師である。

鍵屋の創業は一六五九（万治二）年。初代の弥兵衛が奈良の木地師（木工職人）の集落である篠原村の生まれで、五條新町の火薬製造所に奉公に出て火薬の使い方を覚えたという。葦の茎に火薬を詰めた手持ちの花火を考案し、江戸に下って日本橋横山町に店を開いた。やがて幕府御用達の花火師になったというから、花火の技術が突出していたのだろう。

一七一一（正徳元）年、徳川家宣の命により隅田川で初めて花火を打ちあげた。一七三三（享保十八）年から両国川開き大花火が始まり、初回は二〇発前後を打ちあげた記録があるという。この年は関西方面では大飢饉、江戸ではコレラが流行

右の『江戸時代商標集』では「鍵」が暖簾紋だが、中の『江戸時代名物集』では「丸に加」が暖簾紋として掲出される

鍵屋ともに江戸を代表する花火師玉屋市兵衛（江戸買物獨案内）

し、多くの人びとが亡くなった。その供養として行われたものだ。これが現在まで続いている。

ところで、隅田川の花火といえば、「かぎや〜」「たまや〜」のかけ声がつきものだった。周知のように「鍵屋」と「玉屋」の両花火師が競ったからだ。「鍵屋」の始まりは前述のとおりだが、「玉屋」のほうは、一八〇八（文化五）年、鍵屋七代目のときに番頭だった清七が暖簾分けで玉屋市郎兵衛を名乗り、両国吉川町に店を開いた。以後、毎年の川開きの日には、両国橋の下流は鍵屋、上流は玉屋が花火船を浮かべて花火を競演した。

このふたつの屋号は稲荷神社信仰に由来する。通常、稲荷神社には守護獣として雌雄の狐が置かれるが、その狐は鍵、玉、巻物、稲束などを口にくわえたり足元に置いている。鍵屋は信仰を背景に、その狐の持ち物である「鍵」を屋号と暖簾紋とし、分家の玉屋もこれに倣って「玉」を屋号と暖簾紋に採用した。

ただし、玉屋は一八四三（天保十四）年には失火により江戸所払いとなり、一代で終わった。

鍵屋はその後も、花火を丸く開かせる、各種の色を出す、連発、電気点火器による遠隔操作などの技術を開発しながら、現在に至るまで花火師の第一線にあり続けている。

王子装束稲荷神社の細身の狐。狐が鍵と宝珠をくわえている

1815 〜 42（文化 12 〜天保 13）年ごろ、歌川貞房による『東都両国夕涼之図』。花火見物客でごった返す両国橋から下流の鍵屋側を見たもの（国会図書館蔵）

暖簾紋曼荼羅

「井筒」簞笥長持所　井上茂兵衛（江戸買物獨案内）

「三つ井桁菱」乾海苔問屋　三井勝治郎（東京買物獨案内）

「子持ち井桁」萬黒目漆所　井筒屋忠兵衛（京都買物獨案内）

「井桁」薬種問屋　堺屋藤兵衛（甲府買物獨案内）

「井筒変化形に藤」塗物細工所　大坂屋藤資（大坂商工銘家集）

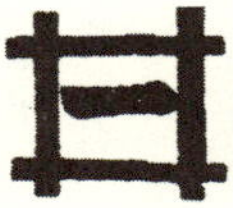

「井筒に一」革鼻緒一式問屋　池田屋半次（江戸買物獨案内）

「井桁」有松絞問屋　服部七左ヱ門（尾陽商工便覧）

「丸に隅立て井筒にモ」呉服問屋　荒堀（浪華の魁）

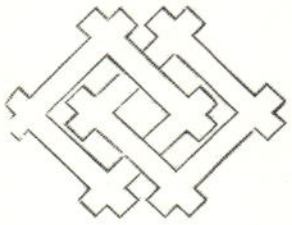

「隅立て井筒重ね」醤油醸造所　桑田榮吉（全国醸造物登録商標便覧表）

「隅立て井筒」合羽油所　伊勢屋又八（江戸買物獨案内）

「直違に一引」革煙草入卸問屋　若林屋清兵衛（大坂商工銘家集）

「直違変化形」炭荷清屋商　小にし卯兵衛（大坂商工銘家集）

「鳥居」萬打物類問屋　藤田喜太郎（大坂商工銘家集）

「隅立て井筒に重ね矢」醤油醸造所　佐野新平（全国醸造物登録商標便覧表）

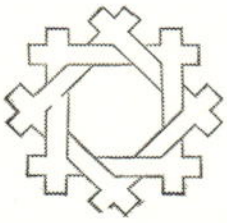

「花形井筒」清酒醸造所　高井作右衛門（全国醸造物登録商標便覧表）

「澪標に上」呉服古手商　南裕吉（浪華の魁）

「三つ組直違」紡績糸卸問屋　大阪紡績會社（日本全国商工人名録）

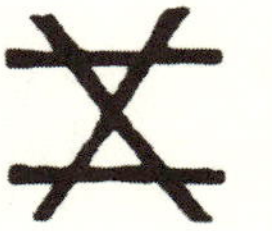

「直違にふたつ引」萬乾物所　大和屋清兵衛（大坂商工銘家集）

團十郎の「三枡」ブランド大流行する

二代目市川團十郎（一六八八〜一七五八＝元禄十〜宝暦八年）が、宝永六年『傾城雲雀山』の艾（もぐさ）売りのセリフで大あたりをとると、これに便乗した艾売り商人が増加したという。以後二代目は享保期の江戸歌舞伎を代表する名優となり、千両役者という称号を得るようになる。

この艾売り演目のヒットにより、團十郎の家紋である「三枡」紋ブランドを使った艾、煎餅、歯磨き粉などが登場し、さらには髪結い床屋までが『江戸買物獨案内』や絵双紙に記載されるようになる。ここでは『江戸買物獨案内』に記されている「團十郎歯磨き」を翻刻してみた。

明治期になっても團十郎（九代目）人気は衰えず、「三枡」紋を使った酒造メーカーや、歌舞伎演目の役柄名である助六を商品名にした「助六歯磨」などが登場するようになる。

下図は四代目團十郎にちなむ日本橋通四丁目の瓢箪屋治郎左衛門の、歯磨き粉の吊看板。口上は三遊亭可楽、團十郎の似顔絵は歌麿の弟子である月麿が描いている。

「……かまわぬの御歯磨きに香具類けしようどうぐの一しきを御用の節八何しおう花のあずまの日本ばし通り四丁目ひようたんや一寸　三枡のおめしるしに江戸市川の香具見世あるじのよくも牡丹堂　三桝く店も富貴草これをとくゐの街かけとよろこび　三枡の定紋八たれだとおも□へ…ひたすら願い上三桝ト主人にかわって話の作者三遊亭可楽長口上をのぶる事……」

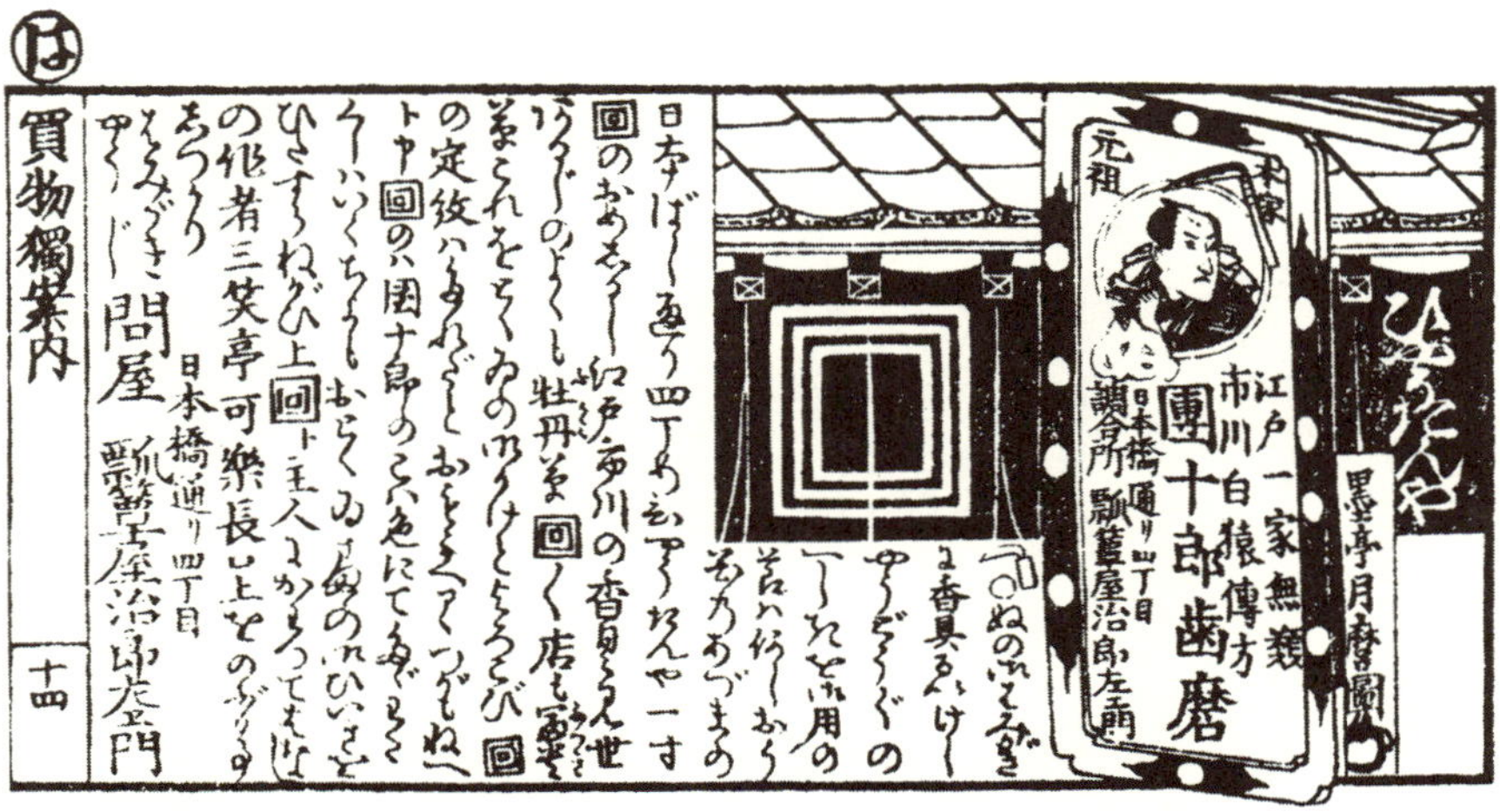

「團十郎歯磨」歯磨問屋　瓢箪屋治郎左衛門（江戸買物獨案内）。枡の字は旧字、異字体、俗字などさまざまに記載される

芝居の役柄から登場した艾（もぐさ）売り

二代目團十郎が演じた『傾城雲雀山』の艾売りのシーン」。切艾とは火がつきやすいように、薄紙に細かく切った艾を包んだもの（『金之揮』国会図書館蔵）

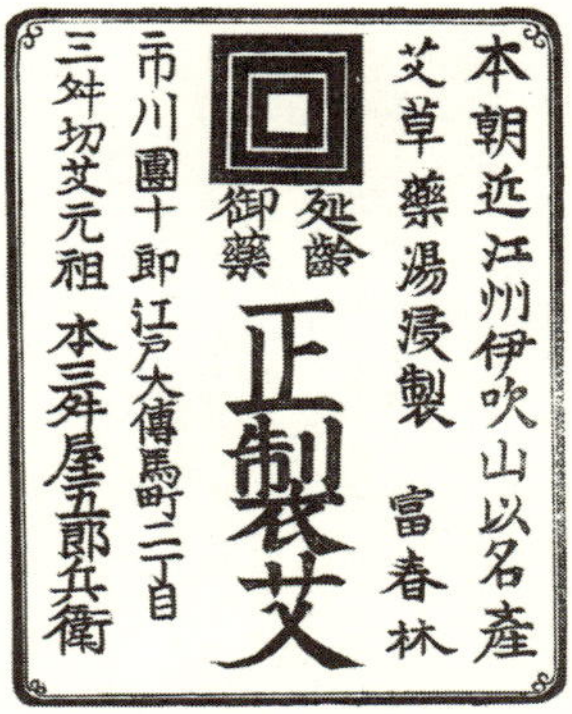

「三舛艾」切艾商　本三舛屋五郎兵衛（紫草、国会図書館蔵）

「三枡に丸に七」切艾問屋　伊勢屋七五郎（江戸買物獨案内）

切艾屋こねや周兵衛の店頭には艾売りを演じる二代目團十郎を模した人形が置いてある。切艾とは火がつきやすいように、薄紙に細かく切った艾を包んだもの（三升増鱗祖、国会図書館像）

煎餅、髪結い、旅籠屋、歯磨き粉と團十郎ブランド「三枡」紋づくし

大伝馬町三丁目通旅籠町の三舛屋平右衛門の店頭。屋号紋は三舛の中に酢漿草を加えたもの。絵草紙では切り艾の元祖と記してある。「くんさい、くんさいませ」と店頭でのやりとり。恋川春町の絵草紙『三升増鱗祖』（国会図書館蔵）

「三枡」團十郎煎餅商　成田屋常琳（江戸買物獨案内）
江戸後期の風俗見聞集『続飛鳥川』（19世紀中ごろの刊）には、五寸（21センチ）ほどの大判の丸い煎餅に、五寸（15センチ）の「三枡」紋が焼印されていたと記されている

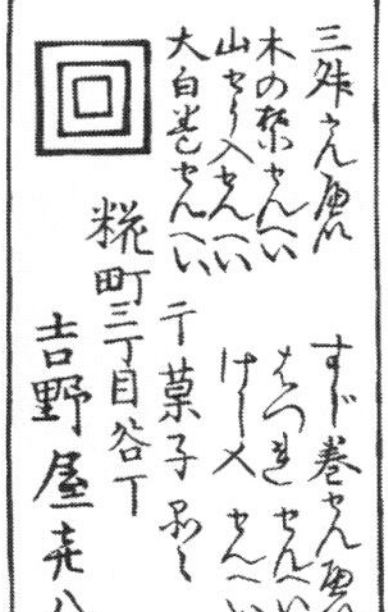

「三枡」三桝せんべい商　吉野家喜八（七十五日・国会図書館蔵）

「三枡紋のついた髪結い所」團十郎専任の髪結い師か、あるいは単なる人気役者にあやかったかは不明（『今様職人尽百人一首』国会図書館蔵）

1901（明治 34）年の助六歯磨の看板がかかる店（『日本之名勝』国会図書館蔵）

幕末期に式亭三馬の店で販売した双六の助六歯磨粉の口上部分。この時代、團十郎は五代目となっている（『江戸の水まさる双六』助六口上部分　国会図書館蔵）
「わしやア花川戸の助六とも　またはミかきの助六とも　いハるゝ男だてらのはミかきで　ミがいたはのあいだから　のぞいてミろあいかづき　うきえのやうにミえる　かひてハふべりやす……」

「三枡に五七桐」明治期の清酒醸造所　辰馬半蔵（全国醸造物登録商標便覧表）

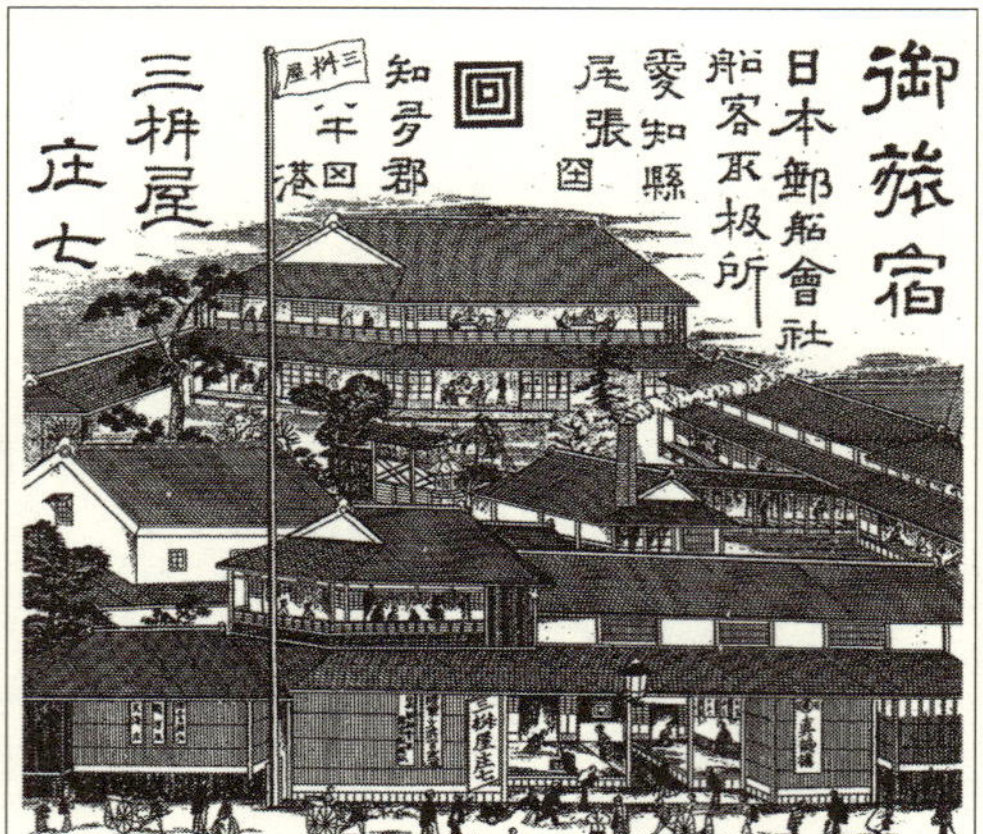

明治期の御旅宿商　三枡屋庄七（尾陽商工便覧）

第七章

特性が付加された紋章、文字を使った紋章

キッコーマン

カゴメ

イチビキ

剣菱酒造

島津製作所

山本海苔店

両口屋是清

ジョーキュウ

沢の鶴

木屋

須原屋茂兵衛

鱗形屋三左衛門

蔦屋重三郎

鶴屋喜右衛門

西村屋與八

和泉屋市兵衛

屋号の読みと一致する暖簾紋

江戸時代、屋号と暖簾紋は自らを示す記号であると同時に、重要なPRツールだったといってよい。もっとも多い暖簾紋の構造は、「山形」や「曲尺」「丸」といった外郭に創業者名や屋号の一字を入れるもので、わかりやすく覚えやすい特性がある。創業者たちは少しでもよく覚えてもらえ、自らの信用度が上がるように、屋号や紋章を懸命に考えたに違いない。たとえば伊勢屋、近江屋などの屋号が多いのは、伊勢・近江の出身者に成功している商人が多く、地域の名称が信用に直結したからだといわれる。

こうした工夫のひとつに、屋号と暖簾紋の関連付けがある。祖業者名や屋号の一部を外郭で囲うものが多いが、屋号（社名）と暖簾紋（マーク）のよび方や意味が一致させた例も少なくない。これも顧客や関係者に覚えてもらう工夫といえよう。また、当初は屋号と暖簾紋は異なっていたが、暖簾紋の通称が有名になってしまったために、のちに屋号（会社名）をそれに合わせた例も少なからず存在する。有名な

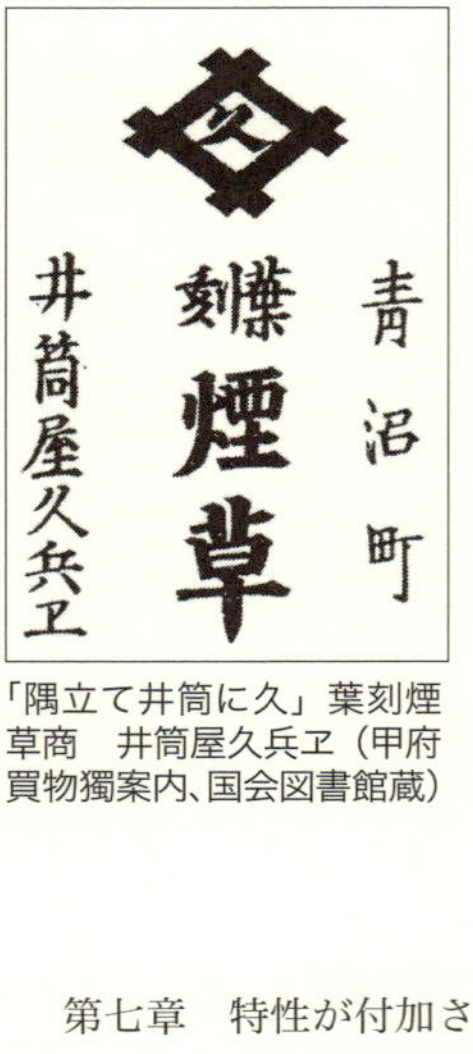

「隅立て井筒に久」葉刻煙草商　井筒屋久兵ヱ（甲府買物獨案内、国会図書館蔵）

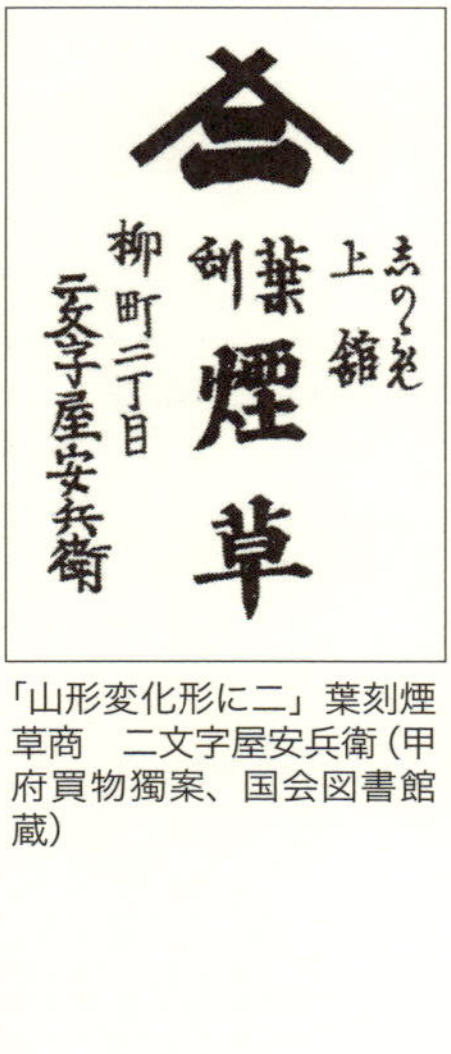

「山形変化形に二」葉刻煙草商　二文字屋安兵衛（甲府買物獨案、国会図書館蔵）

例では、前述したにんべんがあげられる。さらに屋号が有名になって紋章の名称だったことは忘れられがちという例も少なくない。こうした例は江戸期にもあったが、明治期になって商圏が拡大し、現在では社名が有名になって、マークの意味は薄れてしまった大企業もある。たとえば百貨店の大丸のマークはそのまま「だいまる」と読める。日本を代表する企業グループの三菱も、名称とマークが一致している。

『甲府買物獨案内』と『京都買物獨案内』から、屋号と暖簾紋が一致する事例を少しあげてみた。井筒屋は屋号と暖簾紋を一致させ、さらに名前の一字を紋章に組み込んでいる。井筒屋の屋号では、福岡県に本社がある百貨店の井筒屋も「井筒」がマークになっている。各種史料を見ていても、井筒屋の屋号は全国的に存在することがわかる。前述したように、水の出るところはそれだけで神聖な場所であり、崇拝の対象になるのだから、当然といえば当然だ。なにしろ、三井も住友も「井筒」が関係するマークなのだ。

二文字屋の場合、暖簾紋の読み方はわからないが、「二」はそれだけで「にもんじ」と読めるから、暖簾紋は「山形に二文字」であって不思議はない。前述のように、交差した形が「山形」かどうかもわからないわけだが、「出山形」の変化形に見えるので、ここでは「山形」として扱っておく。茗荷屋は「抱き茗荷」紋の上に「山形」を配した暖簾紋だ。松屋吉兵衛の事例も「三階松」を暖簾紋にしており、屋号としっかり適合する。

「山形に抱き茗荷」諸粉ふるい絹仕入所　茗荷屋五郎左衛門（京都買物獨案内）

「三階松」萬糸組物商　松屋吉兵衛（京都買物獨案内）

桔梗屋の屋号では、京都の三店をあげておいた。同じ商売で屋号も同一なので、暖簾分けの別家などなんらかの関係がある店と思えるが、桔梗の花を二重にしたもの、中に経営者名の一字を入れ込んだもの、桔梗の「桔」の字を使ったものと、紋章は少しずつ異なる。

枡屋の例は、紋章は「四つ目結」のようにも見えるが、四角が四つ並んだ形は四つに割ったというよりは並べたとも見える。屋号から見ると四つの「枡」に見立てたのだと考えられる。山形屋の紋章はそのものずばりの「山形」だ。「入り山形」にしたのは「山形」よりも複雑で、高級感の印象づけだろうか。菱屋の「菱」紋も松屋の事例と同じで、ストレートでわかりやすい。本来、暖簾紋はそうしたものではなかろうか。

「子持ち桔梗」嶋縮緬織出シ所　桔梗屋清助（京都買物獨案内）

「丸に四つ枡」上代小紋御召染御召染所　枡屋作兵衛（京都買物獨案内）

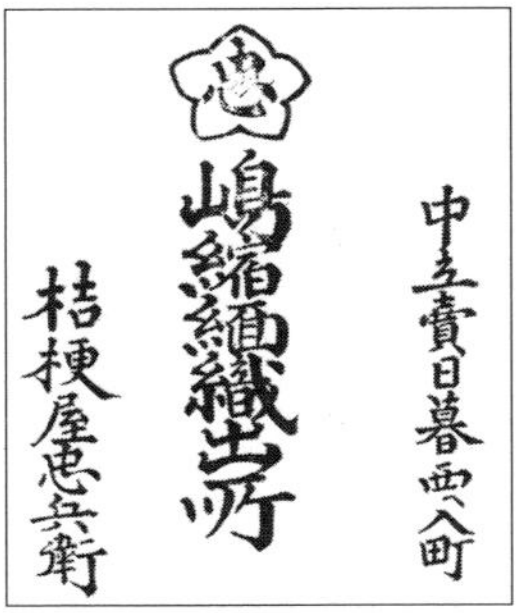

「桔梗に忠」嶋縮緬織出所　桔梗屋忠兵衛（京都買物獨案内）

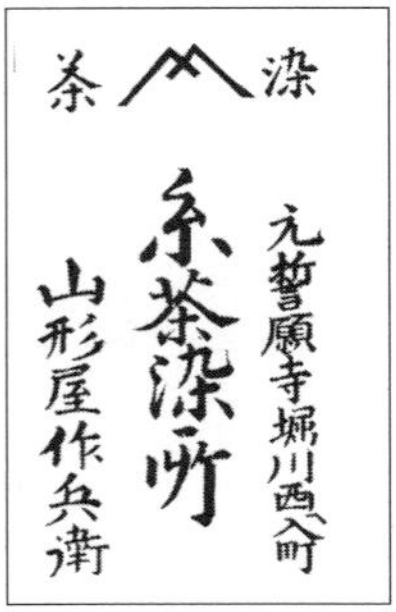

「入り山形」糸茶染所　山形屋作兵衛（京都買物獨案内）

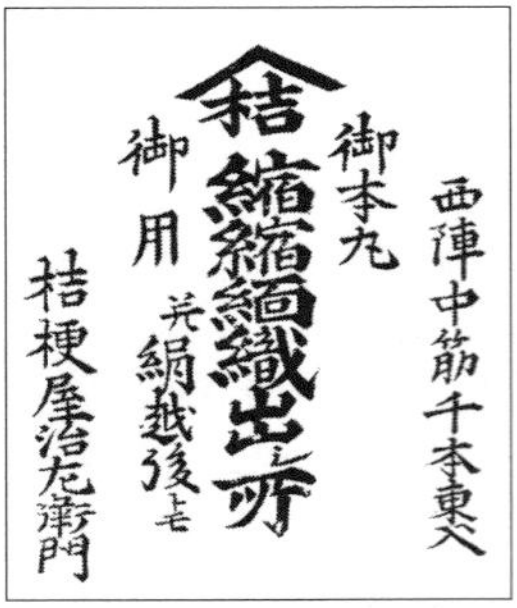

「山形に桔」縮緬緯織出シ所　桔梗屋治左衛門（京都買物獨案内　緯は異体字）

「菱」唐小間物所　菱屋伊兵衛（京都買物獨案内）

「亀甲に萬」ブランドマークと社名が一致するキッコーマン

太い線の内側に細い線で囲んだ六角形に「萬」の字が入るマーク。これを見れば、誰もが自然に「キッコーマン」と読むだろう。逆に「亀甲」紋から連想する会社の名を聞いても、大半の人がキッコーマンを最初にあげるに違いない。

「亀甲」は文字どおり亀の甲羅に由来するという説もあるが、家紋の成立以前から世界で広く見られる文様であり、家紋では動物由来ではなく、文様からきた意匠と分類される。紋章としては出雲大社、嚴島神社などで用いられ、各地の神社に広がっている神紋であり、家紋としても少なからず使用されている。

家紋に知識のある人なら、キッコーマンのマークを見れば、創業家の

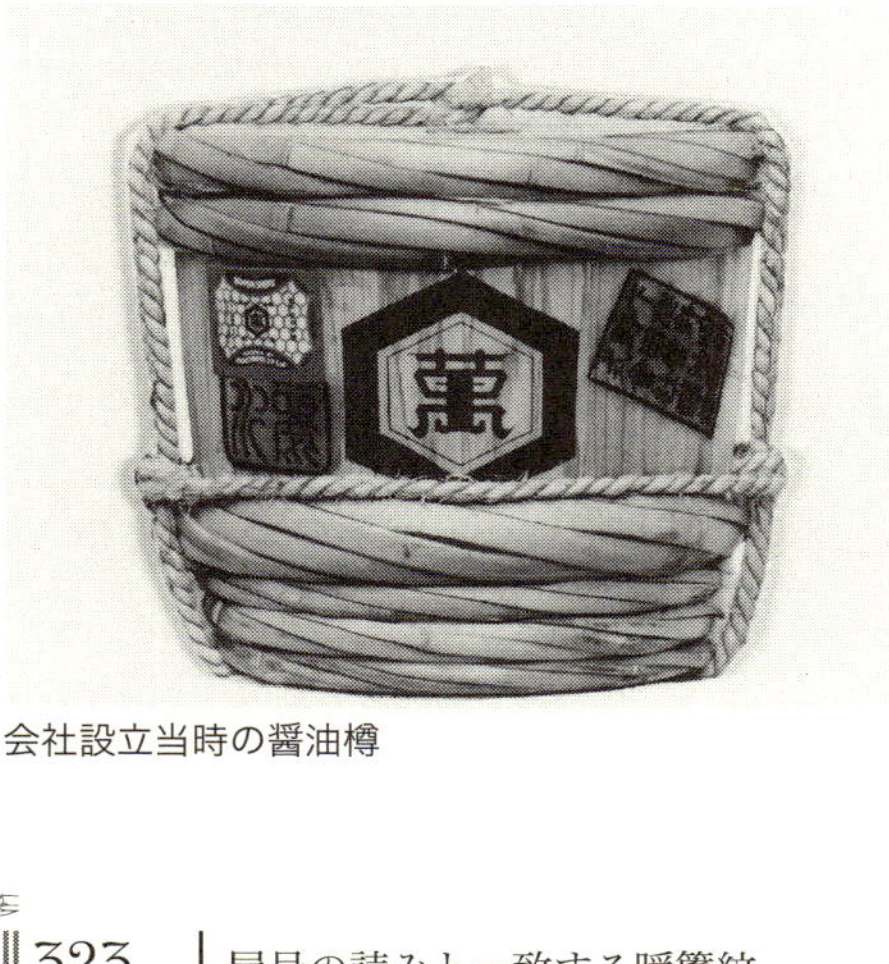

会社設立当時の醤油樽

家紋または暖簾紋、現在も本店所在地である千葉県野田周辺の神社との関連性などを考えるだろう。しかし、実際には家紋とはかかわりがないのだという。では「亀甲に萬」はなにに由来するのかというと、キッコーマンの創業八家のうちの一家が主力銘柄としていた、ブランドマークのひとつだった。このときの「亀甲に萬」は、千葉県香取市の「亀甲山《かめがせやま》」に鎮座する香取神宮と、同神宮の神宝である三盛亀甲紋松鶴鏡の亀甲文様を図案化したものに、「亀は萬歳の仙齢を有して天品自ら神僊の格を占むる」という言葉から、「萬」の字を配したものとされている。いつからこの意匠を用い始めたかは定かでないが、約二百年前の一八二〇（文政三）年の記録に出てきており、野田醤油ができる前の一八八五（明治十八）年には商標登録されている。

キッコーマンの創業八家の歴史を概観しておきたい。

一六六一（寛文元）年に上花輪村（現在の千葉県野田市上花輪）名主の高梨兵左エ門が、醤油醸造を開始したところからキッコーマンの歴史が始まる。翌年、茂木七左衛門が味噌醸造を開始し、のちに醤油醸造に転じた。一六八八（元禄元）年、茂木七左衛門家から茂木佐平治家が分家、当初は穀物商を家業としたがのちに醤油醸造に転じた。この茂木佐平治家の主力銘柄が「亀甲萬」であった。

一七八一（天明元）年、造《つくり》醤油仲間が結成され、茂木家と高梨家が指

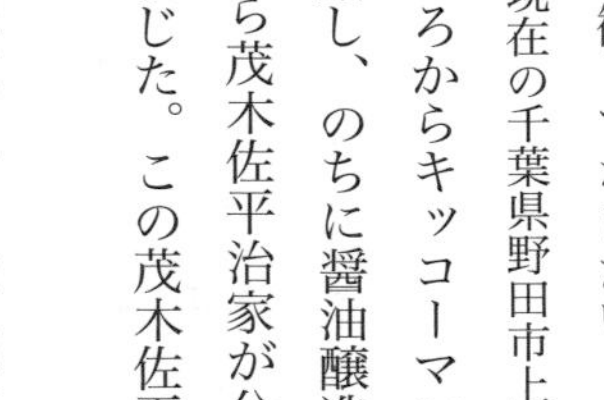

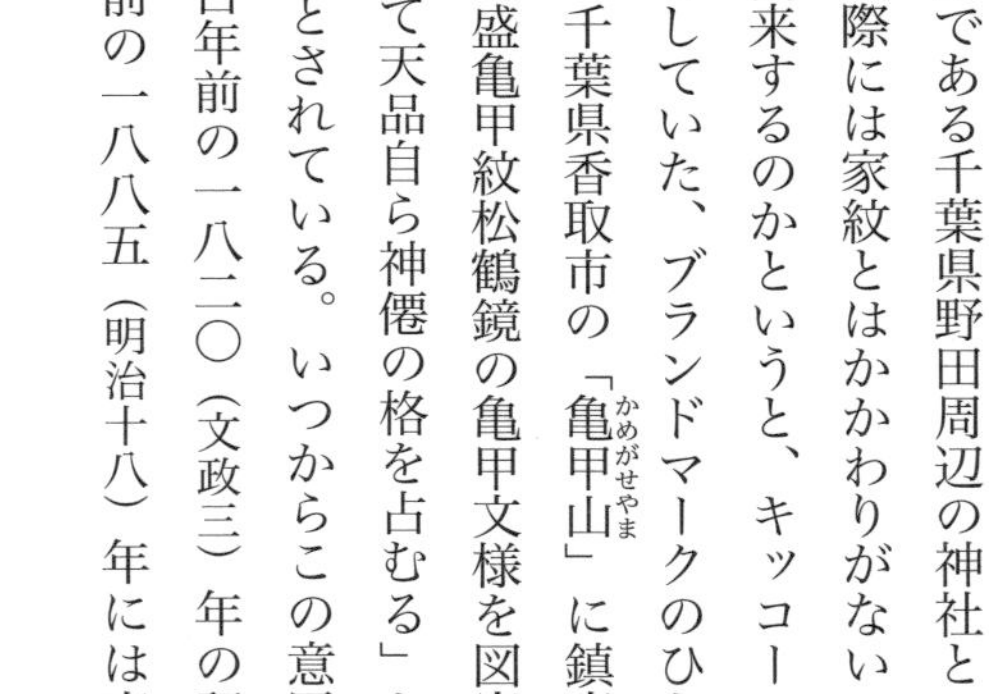

（右）三代歌川広重による醤油造りの工程を描いた『大日本物産図絵』より
（上）商標登録以前に茂木佐平治がフランスに発注依頼したという金刷りのレッテル。木版酒票と異なり、醤油レッテルは小さく作られ、醤油樽に直接貼り込まれた（野田市郷土博物館蔵）

導的役割を担い、野田の醤油醸造が産業としての基盤を確立。その後も野田の醸造家たちはそれぞれ独自に技術開発を行っていたが、一八八七（明治二十）年に野田醤油醸造組合を結成し、醤油醸造業の近代化を推進。一九一七（大正六）年に千葉県野田周辺で醤油醸造業を営んでいた有力な醸造家、茂木六家と髙梨家・堀切家の計八家が合同し、野田醤油株式会社を設立した。これが現在も続くキッコーマン株式会社の企業としての第一歩である。設立当時、野田の地名は醤油の産地として、大消費地である東京周辺では有名だった。また、多くの事業者が合同したという背景からも、社名に野田の地名を採用したのは当然の判断だったと思われる。

合同当時、醤油の商標は「亀甲萬」を含めて二一一点に及んだという。それがしだいに絞り込まれ、一九二七（昭和二）年には東京市場の商標が「亀甲萬」に統一され、戦時色の強まってきた一九四〇（昭和十五）年には全国統一商標となった。戦後になるとその商標が一般に広く浸透し、社名とブランド名を一致させる必要性が高まるとともに、海外市場の開拓を本格的に行うことを視野に入れ、一九六四（昭和三十九）年、社名を野田醤油からキッコーマン醤油株

醤油を買うとミリンがついてくるという、戦前の景品付き大売り出し広告より

1930（昭和5）年8月当時の製品

一九二八（昭和三）年の耳隠しヘアスタイルというモダンな女性ポスター

式会社に変更した。その後、一九八〇（昭和五十五）年に「醤油」を外してキッコーマン株式会社としている。この社名変更は「脱醤油」を意味するものではなく、食品の総合企業、国際企業を目指すものだったという。二〇〇九（平成二十一）年には持株会社制に移行している。

社名と同様にコーポレートマークも変更した。現在のキッコーマンは醤油のトップメーカーであり、グループ全体ではミリン、ケチャップ、ワイン、豆乳製品があり、多くの子会社とともに、早くから世界的な展開を進めてきた国際企業だ。コーポレートマークは当初の「亀甲萬マーク」から、一九八七（昭和六十二）年に本格的なCIを導入して欧文ロゴに変更した。ベーシックラインは「伝統、技術、信頼」を重視する企業基盤を示し、三つの切り込みは「創るよろこび、味わうよろこび、語るよろこび」を表現したものだという。このとき「亀甲萬」のマークはコーポレートマークではなくなったが、キッコーマンが持つ無形の資産であるため、その後も醤油および醤油関連商品には、ブランドマークとして継続して冠し続けた。

その後、二〇〇八（平成十）年に現在の欧文マークになり、小さいながら「亀甲萬」が復活した。キッコーマンでは「亀甲萬マーク」を配することで、伝統と革新を融合していく意思を込めたとしている。いまでは世界の多くの国で「亀甲萬マーク」をつけた醤油が販売されており、日本だけでなく海外でもこのマークがブランド力を担保しているのであろう。

コーポレートマークの変遷

創業以来のブランドマーク

▼

旧コーポレートマーク

▼

現在のコーポレートマーク

（この項の資料提供　キッコーマン）

「籠目（かごめ）」魔除けの文様名が社名になったカゴメ

トマトを主原料とする食品会社として、カゴメの名を知らない人はいないだろう。しかし、半世紀前の一九六三（昭和三十八）年に商標が変更されたこともあり、カゴメの社名がなにに由来しているかを知っている人は、もはや多くはない。

カゴメの創業は一八九九（明治三十二）年。蟹江一太郎がトマトの栽培に着手し、最初の発芽を見た年を創業年としている。愛知県知多郡の農家に生まれ蟹江家に婿入りした一太郎は、陸軍で三年間の兵役を務めた。除隊後は農業を目指し、上官から勧められた西洋野菜の栽培を開始した。ところが、キャベツ、パセリ、レタスなどは売れたが、トマトの売れ行きは思わしくなかった。日本ではなじみがなく、その酸味が日本人に合わなかったと思われる。西洋ではトマトをソースにすると聞いた蟹江は、一九〇三（明治三十六）年にトマトソース（現在のトマトピューレ）を開発し、さらに一九〇九（明治四十二）年、自宅敷地内に工場を建設して、トマトケチャップやウスターソースの製造を開始した。さらに一九一四（大正三）年には愛知トマトソース製造合資会社を設立した。一般化という意味ではこれが日本のトマトの始まりといえそうだ。一九二三（大正十二）年には愛知トマト株式会社に改組した。トマトジュースの発売は一九三三（昭和八）年である。

さて、当初は意匠もさまざまに試行があった。一九一〇（明治四十三）年の関西府県聯合共進会にトマトソースを出品した際、六角の星三個を薄墨の円上に白抜きで描いた「三星印」の商標を作成した。愛知トマトソース製造に共同出資した成田源太郎家では、トマトの実をデザインした「トマト印」の商標を使用したりしていた。また、ウスターソースには専用の「貴女印」という商標を用いた。ただし、どれも登録商標ではなかったことから、信用強化を目指して商標登録を思い立つ。

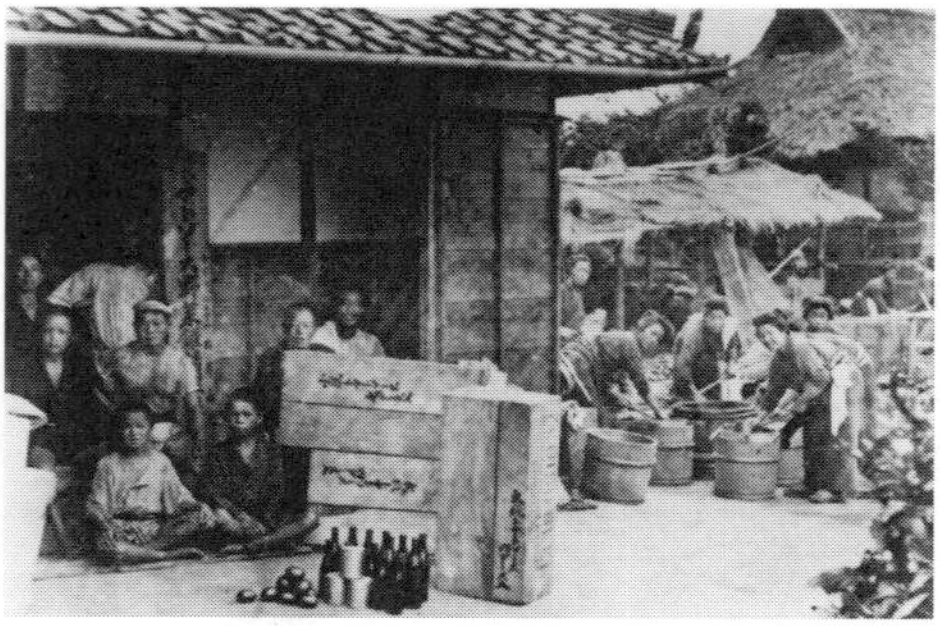

1928（明治43）年ごろの最初の工場とトマトの裏漉し（現在のトマトピューレ）作業

1922（大正11）年の缶詰製造の様子

1917年（大正6）年、籠目印を商標登録したときのケチャップラベル

「籠目《かごめ》」の商標を制定したのは一九一七（大正六）年である。蟹江は陸軍でトマト栽培を知ったこともあって、その象徴だった五芒星を商標にしたいと考えたが、陸軍を連想させるという理由から許可されず、丸で囲んだ六芒星を選んだ。家紋ではこの意匠を「籠目」紋とよび、粗く編んだ籠の目を表したものとされる。愛知トマトの商標登録は、トマト収穫時の籠の目の意匠、すなわち「籠目」で申請して認められた。

五芒星は、古くは紀元前三〇〇〇年のメソポタミアの書物にも出てくる意匠で、エジプト、バビロニアでも使用され、五惑星に対応させるような考え方が多い。世界中に見られ、五芒星または星型を国旗に採用している国も少なくない。日本でも陰陽道で魔除けの呪符としており、平安時代の陰陽師として有名な安倍晴明が、五行の象徴として五芒星の紋章を用いた。陸軍では士官の制帽の頭頂部に刺繍されるなどしていた。弾除けの縁起をかついだとも、桜の萼《がく》の形を模したともいわれるが、由来ははっきりしない。

一方、六芒星は、六角星、六線星、ヘキサグラムなどともいう。正三角形をずらして重ねた形で、五芒星と同様、古くから世界中で使用された意匠である。日本では前述のとおり「籠目」とよび、魔除けの意味がある。関東地方では明治の初めごろまで門戸に目籠を吊るす習慣があった。いうまでもなく魔除けの風習である。また、伊勢神宮周辺の石灯籠には「籠目」が刻まれており、これも魔除けの意味があったと思われる。カゴメという言葉からは、

1967（昭和42）年、チューブケチャップの広告

1933（昭和8）年にトマトジュースを発売

1928（昭和3）年の岐阜における料理講習

子どものあそび歌の「かごめかごめ」も連想され、カゴメのCMにこの歌の替え歌が使用されたこともあったようだ。

昭和に入って以降、愛知トマトは周辺のトマト関連の会社を吸収合併しながら、全国に販売網を広げていった。戦後の高度経済成長の時代に入ると、マーケティング重視の経営への転換を図り、社名とマークの変更にとりかかった。ローカル色を排除するために、ブランド名に社名を一致させてカゴメ株式会社とし、トマトを強調するために「トマトマーク」を制定した。一九六三（昭和三十八）年、まだCIという用語も普及していない時代にCI展開を行ったのである。ただし、この時点ではマークに「籠目」の意匠も小さく残っている。

一九八三（昭和五十八）年には二度目のCIを行い、マークを欧文に変更した。この変更で「自然志向、先進性、国際性、信頼性、親しみやすさ、スマートさ」という企業イメージへの転換を意図したというのがカゴメの説明である。このとき「籠目」が消滅し、さらに二〇〇三（平成十五）年に現在のマークになった。もはや消費者の大多数は、「カゴメ」の社名から「籠目」のマークを思い出すことはないだろう。

カゴメのロゴマークの変遷

1917（大正6）年に商標登録

▼

1963（昭和38）年のトマトマーク

▼

1983（昭和58）年に制定した現在のロゴマーク

▼

2003（平成15）年からのロゴマーク。「自然を、おいしく、楽しく。KAGOME」のブランド・ステートメントロゴもできた

（このこ項の資料提供　カゴメ）

イチビキ

「いちびき」荷印が社名に発展 イチビキ

イチビキは味噌、たまり醤油の醸造業からスタートし、米製品、豆製品、惣菜までを広く扱う名古屋市の食品メーカーである。

創業家である中村家の遠祖は戦国時代、今川氏に属した武将の中村掃部助まで遡るという。一七七二（安永元）年、その子孫の中村弥十郎が藤ヶ池（現在の愛知県豊橋市下条）で、味噌、たまり醤油の醸造業を開業した。文化年間（一八〇四〜一八）になると、中村家は御油宿《ごゆしゅく》（現在の豊川市）に移住し、「大津屋」の屋号で旅館経営を開始した。当時は醸造業よりも旅館運営が中心だったようだ。

明治維新は宿場町の意味を激変させた。中村家の事業の中心は

岐阜に営業拠点を開いた際の記念写真、1948（昭和23）年ごろ

旅館経営から味噌、醤油の醸造業に戻っていく。一八九八（明治三十一）年に火事で工場と倉庫を失うが復旧に奔走。一九〇〇年には「中村兄弟商会」として製造販売を再開した。

一九〇八（明治四十一）年、第八代慶蔵は中村式醤油製造法の特許を取得し、その三年後には豊川に工場を建設して、巨大な味噌仕込み桶「丈三桶」を完成させた。これは当時の常識を覆す画期的な桶で、高さ、直径とも一丈三尺（約三・九メートル）、容量約五〇トン。味噌汁約二五〇万杯分の味噌を一度に仕込むことができ、現在まで日本最大とされている仕込み桶だ。ねらいは大量仕込みによる品質の安定である。通常の桶は底部よりも上部が少し開くように作るが、この桶は逆に底部を広くした。空気に触れる面積を減らすことで品質の劣化を最小限にとどめるためだ。当時の味噌製造法では、どうしても桶単位で品質にバラツキが生じていたが、この巨大桶でその悩みは改善された。このときの桶は現在も使用を続けており、大型のステンレス製二〇〇トン熟成タンクなどと併用されている。

さて、一九一九（大正八）年、中村兄弟商会は法人化して大津屋株式会社を設立した。マークは江戸時

中村兄弟商会時代の事務風景。帳簿格子内での作業とみられ、経理事務かと思われる

丈三桶と職人たち

代から「丸に大」「山形に大」を使用していたが、あるときから現在の「一引《いちびき》」に変更した。時期ははっきりしていないが、法人設立時とするのが自然だ。

「イチビキ」の意匠は家紋などからきたものではなく、原料を買いつける際に使用した「荷印」に由来する。明治から大正期にかけて、北海道まで出向いて原料となる大豆の品質を俵ごとに確かめ、俵に印をつけて買いつけていたが、その際、購買担当社員はかまぼこ板に毛ブラシを植えつけた〝毛判〟を使い、太い一本棒の荷印を書き込んでいた。その印が「すっきり引いた一本棒」に見えたことから「一引」とよばれるようになり、やがて良品の代名詞として定着した。そこで、商標もこれに合わせたという経緯である。家紋の「ひとつ引両」紋と意匠は同一だが、その由来は異なる。シンプルなデザインは似てくるという例のひとつといえようか。

戦後の高度経済成長期になり、一九六一(昭和三十六)年、商標として定着していた「一引」に合わせて、社名をイチビキ株式会社に変更した。同時に「一引」の色調を黒から赤に統一している。

中村兄弟商会時代と大津屋時代のマークの変化

味噌樽。現在のマークの使用例

(この項の資料提供　イチビキ)

「剣菱」幾多の危機を乗り越えて五百年続く清酒の老舗　剣菱酒造

日本酒を嗜む人なら誰でも知っている有名ブランドのひとつが「剣菱」だ。剣菱酒造は経営者と屋号が何度も替わり、それでもブランド名と紋章は約五百年にわたり生き続けてきた。その歴史はさながら日本酒の歴史を見るようなので、まずは日本酒の歴史を概観しておきたい。

酒造りがいつ始まったかは定かでないが、平安初期にはすでに宮内省のなかに酒を造る機関があり、祭事に使用された。やがて寺院による酒造りが行われるようになり、これを僧坊酒と称した。鎌倉時代には京都、とくに洛中を中心に造り酒屋が生まれ、室町時代になると、僧坊酒とともに酒造業が急成長した。安土桃山時代には、のちに摂泉一二郷とよばれる地域の酒蔵が成長し始め、他所酒とよばれた。織田信長により寺社勢力が弱体化すると、これらの地域は僧坊酒の技術をとり込んでいった。

江戸時代初期に酒の量産技術が確立すると、清酒が一般大衆に普及するようになり、やがて江戸へ大量に出荷されるようになった。いわゆる下り酒である。ただし、摂泉一二郷のなかでは変化があり、享保年間（一七一六〜三六）からは灘、西宮など灘五郷とよばれる地域が勃興する。

さて、剣菱酒造は一五〇五（永正二）年、伊丹で創業し、屋号は「稲寺屋」である。伊丹の酒は江戸に運ばれると極上酒の名をほしいままにしたが、なかでも稲寺屋の「剣菱」は躍進し、一六九七（元禄十）年の幕府調べで、稲寺屋は伊丹で一位の酒造株（酒造りに使う米量）を保有していた。やがて稲寺屋は伊丹郷の惣宿老になるが、経営上の失態で急速に衰退する。しかし、酒造りの力は衰えず、一七四〇（元文五）年には将軍の御前酒に指定され、極上酒のお墨付きを得たが、その三年後、稲寺屋は酒造りから姿を消す。

稲寺屋から酒造株を譲り受けたのは、大鹿村（現在の伊丹市）で山の流麗水を使って酒造りをしていた津国屋《つのくにや》の当主坂上桐陰《さかのうえのとういん》で、剣菱ブランド継承後も水にこだわり、ラベルに「瀧水」と印した。これは現在までそのまま踏襲されている。津国屋が引き継いで間もないころと思われる『江戸流行名酒番付』で、坂上の名前と剣菱紋は東の大関とされている。現在と違い横綱をつけない時代であり、第一位ということだ。伊丹の酒は〝丹醸《たんじょう》〟とよばれ、一八〇四（文化元）年には二七万樽に達した。なかでも「剣菱」は最高額で取引され、酒の価格の基準になった。これらから、坂上桐陰は剣菱酒造では中興の祖とされている。

ここで剣菱の紋章について触れておきたい。「上部の剣は男性、下部の菱は女性の象徴で、飲むことでめでたい兆《きざ》しを感じ、紋章の霊気と酒

1849（嘉永2）年、歌川広重による『隷書版　東海道五十三次　日本橋』。中央右下に橋を渡る棒手振り商人のなかに、剣菱の酒樽を担ぐふたり組が見える（国会図書館蔵）

1830（文政13）年、「日本山海名産図会」に掲出されている剣菱マーク・剣部分の尖り方が穏やかだ（国会図書館蔵）

摂泉三郷
摂津の大坂、伝法、北在、池田、伊丹、尼崎、西宮、今津、兵庫、上灘、下灘に堺を加えた地域。なかでも伊丹と池田はトップブランドだった

魂によって衰えた勢いを盛り返し、奮起して家運繁昌をなす」と言い伝えられているという。稲寺屋の時代からこの紋章が使用されていたようだ。上部の「剣」も下部の「菱」も、さまざまな家紋に使用されているが、この組み合わせには類似の意匠は見あたらない。

坂上桐陰には紋章にまつわるエピソードもある。仕込み水用の井戸を掃除していると、底から不動明王の像が出てきたという。ここから「剣菱」紋は不動明王の剣と鍔を表すという由来も生まれた。

明治になると、営業の自由化により全国に酒蔵が一気に生まれ、一時は三万蔵ともいわれた。ところが租税負担が急激に重くなり、ビールなどの競合も現れて、昭和に入るころには八〇〇〇蔵程度になり、さらに戦争で半減した。戦後も日本酒業界は厳しく、二〇一六（平成二十八）年の国税庁調べでは一四〇〇蔵余となっている。

伊丹では税制の変化で、一八七二（明治五）年に二五店が廃業し、一八店の新規酒造家が登場する。津国屋はこのときに廃業した。かわって「剣菱」を引き継いだのは稲野利三郎である。稲野は一八八七（明治二十）年には造石高三七四三石で伊丹のトップに躍り出たが、経営は厳しかったと思われる。酒税制度はたびたび改定され、稲野が酒造家になってから一五倍にまで引き上げられた。また、一九〇一（明治三十四）年には、灘五郷が全国の造石高の七

神田内田屋は江戸を代表する酒屋で、『江戸商標集　紫草』で「現今酒といへば一と口に正宗と唱フルごとく剣菱は文化頃より維新前後に知られたる清酒なり。……尻取文句のなかに「内田は剣菱七つ梅といふ似ても其名高かりし事知るべし」と記されている（国会図書館蔵）

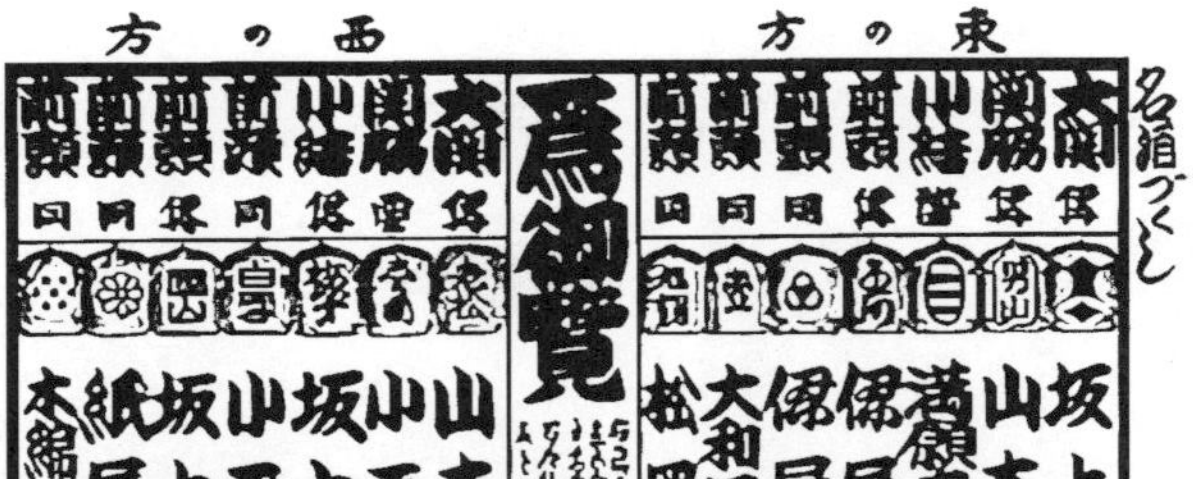

『江戸流行名酒番付』。剣菱は右端に坂上の名前が見える

パーセントを占めたのに対して、伊丹は全体で〇・三パーセントになっていた。

一九〇九（明治四十二）年、稲野は酒造りから撤退し、池上茂兵衛が「剣菱」ブランドを継いだ。池上は伊丹酒の黎明期から「丸屋」の屋号で酒造りを続けた「剣菱」のライバルであり〝丹醸〟の仲間でもあったが挽回はできず、一九二八（昭和三）年、白樫政雄にバトンを渡した。

白樫は翌年、灘の住吉に剣菱酒造を設立した。「剣菱」が灘の酒として復活したのである。しかしやがて戦争になり、一九四三（昭和十八）年、企業合同で四社が合併して甲南酒造となった。ブランドは「百万両」で、五年後に解散するまでの間「剣菱」ブランドは存在しなかった。

一九四九（昭和二十四）年、甲南酒造が解散すると、白樫は剣菱酒造を復活させる。住吉の蔵は空襲で焼失していたので御影の焼け残った味噌蔵を借りた。これが現在の本社・内蔵である。そのころは深刻な食糧不足で、国からアルコールなどを加える、いわゆる三増酒の製造を指導されたが、白樫は三増酒を「剣菱」の名で世に送り出すことを拒み、抵抗しきれなくなった際、桶一本分だけ造り、他社に桶売りすることで「剣菱」の味とブランドを守った。こうして一蔵まで減少した「剣菱」は、その後八蔵まで増えたが、阪神・淡路大震災で七蔵が倒壊、蔵を建て直して現在に至る。

波乱に富んだ「剣菱」の歴史を概観したが、「剣菱」のブランド名とマークは変わることなく生き続けている。

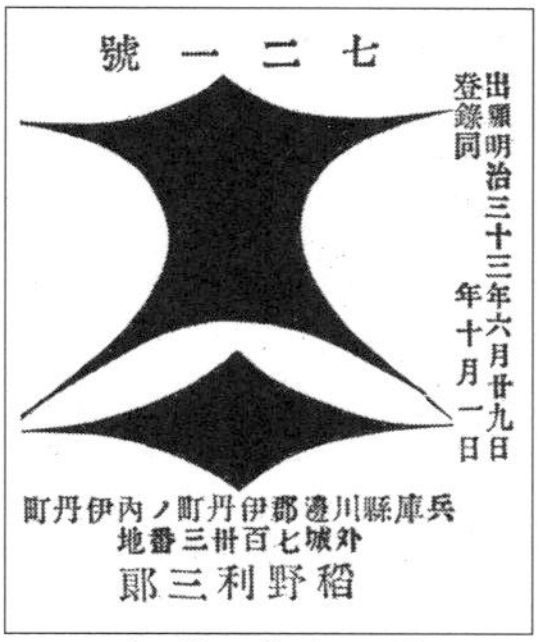

1900（明治33）年、稲野利三郎によって登録された剣菱の商標（全国醸造物登録商標便覧表）

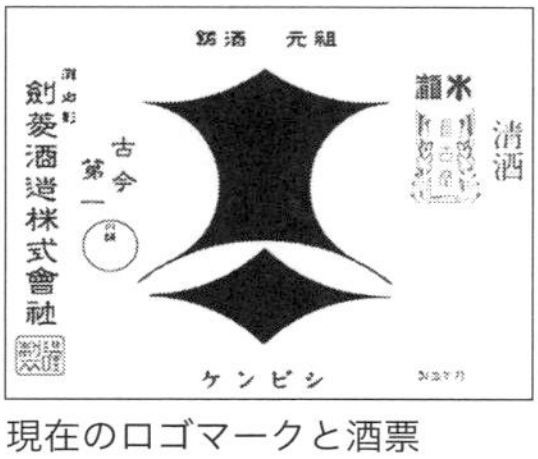

現在のロゴマークと酒票

（この項の資料提供　剣菱酒造）

江戸のタレントショップ化粧品屋

江戸時代の有名な化粧品に、歌舞伎役者三代目瀬川菊之丞の俳名「仙女」からとった白粉「仙女香」があるが、役者自らによる化粧品店営業がもっとも盛んになったのは宝暦年間（一七五一～六四）。役者が芝居演目のなかで、自ら店の宣伝文句を述べたため、一種の流行となった。村松町の市川團十郎（三枡牡丹＝白粉）、瀬戸物町に尾上菊五郎、葺屋町に市村羽左ヱ門、木挽町に坂東三津五郎、照降町に市川門之助（洗い粉）、萬町に市川八百蔵、三河町・住吉町に松本幸四郎（岩戸香・びんつけ油）など、役者たちの化粧品店が一八店あまり並んだという。

下右図は一七七一（明和八）年の『三話栄話』から。女形として圧倒的人気だった三代目瀬川菊之丞の堺町の店で、菊之丞の「結綿」紋が日除け暖簾に見える。左下図は葺屋町の二代目佐野川市松の油店。やはり日除け暖簾に「丸に同」紋と、大流行した石畳＝市松模様が見える。油店とは結髪用の油である伽羅油を扱う店だ。同時に白粉や洗い粉などの化粧品も売っていた。

役者のタレントショップが短命だったのに比べ、戯作者たちは自作の絵草紙のなかに巧妙に広告文を載せ、おおいに繁盛したという。

住吉町にあった松本幸四郎の「松本屋」で売られていたのはびんつけ油の岩戸香。立て看板には「根元　白粉　岩戸香」とある（『新版御府内流行名物案内双六』国会図書館蔵）

堺町にあった瀬川菊之丞の店。日除け暖簾に家紋である「丸に結綿」紋が見える。娘たちは冷やかしのようだが、中央下には贈り物にするかどうかを思案中の武士と中間がいる（『三話栄話』国会図書館蔵）

葺屋町の二代目佐野川市松の店。日除け暖簾に家紋である「丸に同」紋の下のほうにトレードマークである石畳模様（市松模様）が見える。客のなかには娘たちだけでなく女形の姿も見える（『三話栄話』国会図書館蔵）

江戸時代の代表的な戯作者・山東京伝は、煙草入れなどの男装小物だけでなく、女性向けの白粉「白牡丹・月宮美人香」を販売する。一七九七(寛政九)年の『娘清玄』のなかにも広告文を忍ばせている。「白牡丹」は白粉というより化粧下地としての効能を述べている。「此薬おしろいを、かほしのしたぢにぬりて、そのあとへ、つねのおしろいをぬれば、きめをこまかくして、よくおしろいをのせ、はえぎわきれいになり、しぜんといろを白くし、かくべつきりょうをよくする也」とあり、この後にそばかす、にきび、あせも治すとある。ほんとうだろうか?

江戸時代にもっとも売れた化粧下地の化粧水が、一八一一(文化八)年、『浮世風呂』などで有名な戯作者式亭三馬が売り出した「江戸の水」である。この江戸っ子のプライドをくすぐるネーミングと、お洒落で貴重なギヤマン(ガラス)瓶・箱入りパッケージで、流行に敏感な江戸娘たちに大評判となった。『江戸買物獨案内』の広告の紋章は三馬の「馬」の字をもと

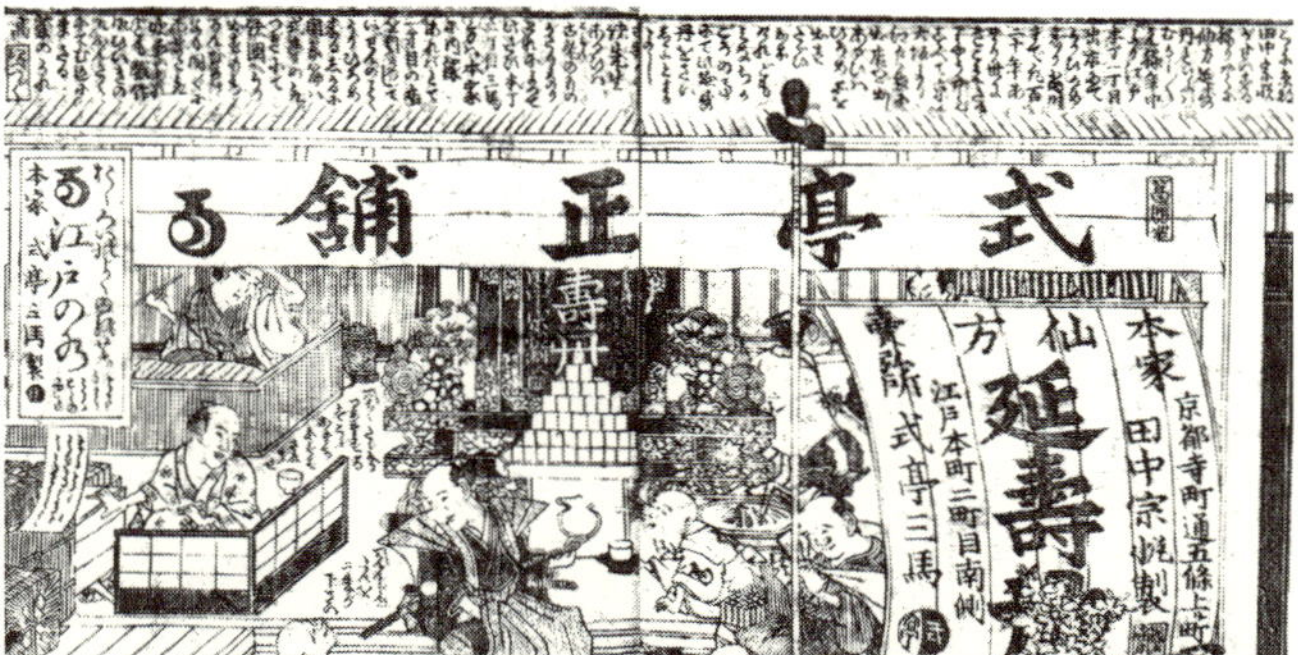

(左)絵草子『江戸水福話』に登場する式亭三馬の店(国会図書館蔵)

(下)『江戸買物獨案内』掲出の「江戸の水」広告。その自信ゆえか、店名はなく三馬自身の名前で売っている

にした意匠だ。読みにくいが、三馬の名の下の黒い丸には「式亭」の文字が入っている。

前ページの図は江戸本町にあった式亭三馬の店。右に「延壽丹」の大きな日除け暖簾の広告があり、左の「江戸の水」の看板には「おしろいのよくのる薬」とある。武士に応対する店員や小僧さん、店先を行き交う人たちと、にぎやかな街の様子が伝わるようだ。（『江戸水福話』一八一二＝文化九年）

息子の小三馬の「江戸の水双六」（下左）の売り出し口上では、擬人化された馬の字が「江戸の水をはじめ家製の薬品江戸ハ中スに　不及諸国遠近之相ひろまり候段全く御贔屓　御得意様方のおかげと祝着至極に奉存候　右御の為毎年諸薬御披露の売切仕候處年増の繁栄ハ御取立御□光と難有仕合ニ奉存候扱当年も　例年の通り来ル五月売切仕大形の絵草紙おかしき新作けい物に奉差上候　当年ハすぐれて趣向新奇にておかしミたっぷりニ御座候　当日ハ其節引札を以御披露奉申上候……」とある。

上図で三馬は自身の代表作である『浮世風呂』の中でもちゃっかりと右上中に「江戸の水」広告を忍ばせている（国会図書館蔵）

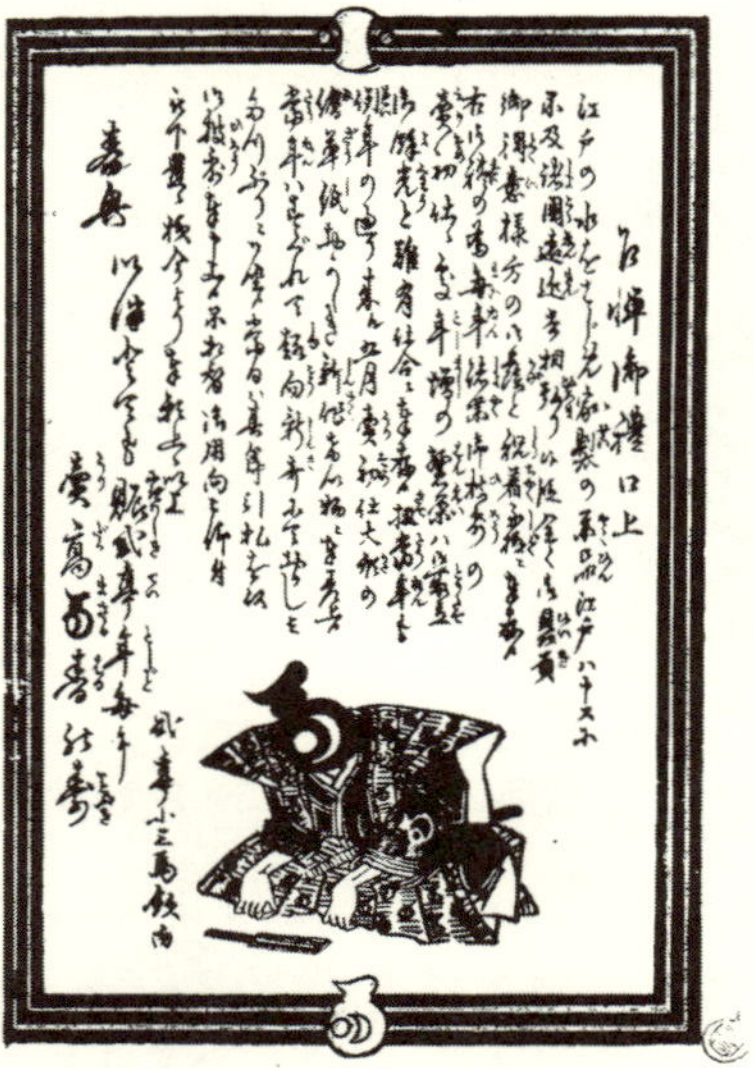

『江戸の水双六』の三馬の息子小三馬による口上部分（国会図書館蔵）

『江戸名物』双六中の「本町江戸の水」（国会図書館蔵）

文字を使用する紋章

文字を使った家紋としては「卍」紋や「角字」紋などがあげられる。「一文字」「十の字」などが使われて有名な家紋もある。前述した長州毛利家の「一文字三星」紋、薩摩島津家の「丸に十文字（轡十字）」紋などである。石田三成は「大一大万大吉」紋を旗印としていた。直江兼続が兜の前立てに「愛」の文字を使ったこともよく知られているが、文字の紋章はそれほど使用例が多いわけではない。

一方、商家の暖簾紋は文字を使った紋章の例が非常に多い。数え方にもよるがもっとも多いといってもよさそうだ。文字だけという例は少ないが、「山形」や「曲尺」「丸」などを外郭に使い、文字と組み合わせる例が多い。

使用する文字は、屋号か創業者名、あるいは商売にからむ言葉からとる例が圧倒的である。店名または経営者名をいかに効果的に知らしめるか、いかに宣伝効果を高めるか、その最適解を求めた結果と考えれば当然ともいえよう。また、現在では見ることのない書体を使用した紋章も散見される。

業界全体でひとつの傾向を持つこともある。たとえば『日本全国商工人名録』や『大坂商工銘家集』における株式取引所や米商会所仲買などでは、一字または二字の文字をそのままマークにし、代表者名を連想させる例が比較的多い。当時としては若い業界だったからだろうか。

特殊な書体を使う例もある。「山文字」「木文字」「本文字」「小の字」「菱小の字」「長字鶴」「石文字」などが比較的よく見かける紋章である。

●文字

暖簾紋曼荼羅

「米」煙管所商　大里左一（江戸買物獨案内）

「一」醤油醸造所　辰馬たき（全国醸造物登録商標便覧表）

「イ」乾物類卸問屋　足立屋薪助（江戸買物獨案内）

「丸にゑ」呉服太物問屋　ゑびす屋（尾陽商工便覧）

「丸に伊」呉服問屋　伊勢屋平吉（江戸買物獨案内）

「丸に柏」菱垣廻船問屋　柏屋官兵衛（江戸買物獨案内）

「丸に岡」御菓子商、岡埜榮泉は浅草駒形にあった老舗だが、その後に暖簾分けし、現在は上野に1873（明治6）年創業の「岡埜栄泉総本家」だけが残っている（東京商工博覧絵）

「平角に炭」蝋燭問屋　炭屋喜右衛門（江戸買物獨案内）

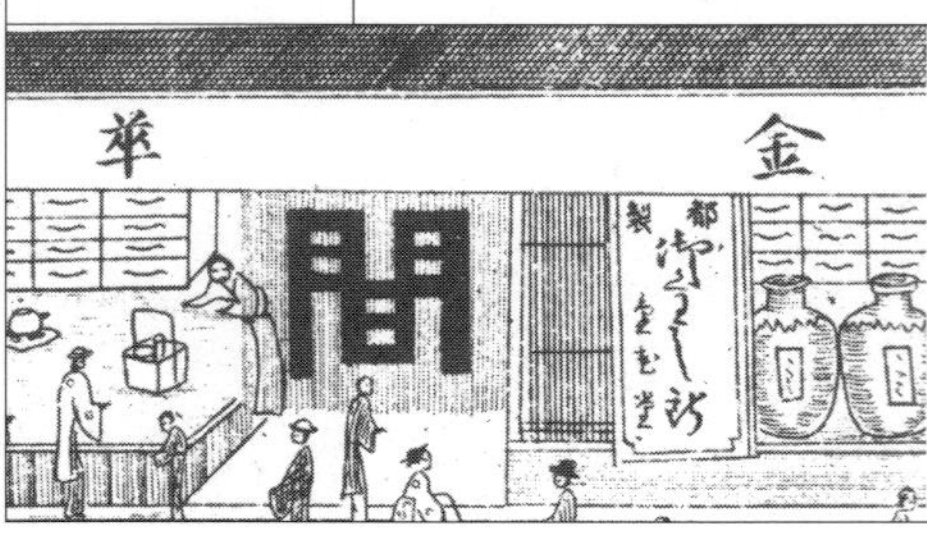

「間」上菓子・上茶問屋　金華堂野間（吉備の魁）

「金」呉服織物問屋　金川屋忠兵衛（江戸買物獨案内）

「安」御料理所　青柳安兵衛（江戸買物獨案内）

「カメセイ」御料理所　亀屋清右衛門（江戸買物獨案内）

「菱小文字」御菓子所　丸星大和掾（江戸買物獨案内）

「太」石炭商　太田己三郎（日本全国商工人名録）

「石」諸石所商　樋口屋嘉右衛門（大坂商工銘家集）

「石川」醤油醸造所　石川元之輔（全国醸造物登録商標便覧表）

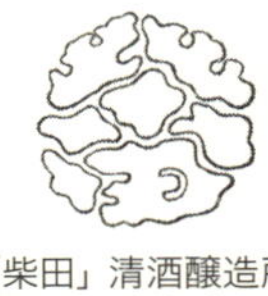

「柴田」清酒醸造所　柴田源兵衛（全国醸造物登録商標便覧表）

「の」太物小間物問屋　野村荘八郎（飛騨商工便覧）

「大一大万大吉」洋紙商　磯野良吉（日本全国商工人名録）

「ののの」御珠数所　美濃屋平右エ門（京都買物獨案内）

「丸に長字鶴」積荷物取扱所　長谷川萬平（参陽商工便覧）

「奴」蒲焼商　草加屋吉兵衛（江戸買物獨案内）

「菱吉」清酒醸造所　吉村為吉（全国醸造物登録商標便覧表）

「天」株式取引所仲買、米商会所　天矢正剛（日本全国商工人名録）

「忠」株式取引所仲買、米商会所　島田忠三郎（日本全国商工人名録）

「豊田」御菓子所　栄壽堂豊田吉久（江戸買物獨案内）

「剣吉に縦棒」銘茶肆商　大橋吉右衛門（江戸買物獨案内）

「剣山」清酒醸造所　宗玄酒造合資会社（全国醸造物登録商標便覧表）

旅籠屋などの宿泊施設には、文字を中心とした暖簾紋を、そのままの形で屋根などに飾りつけるものがよく見られる

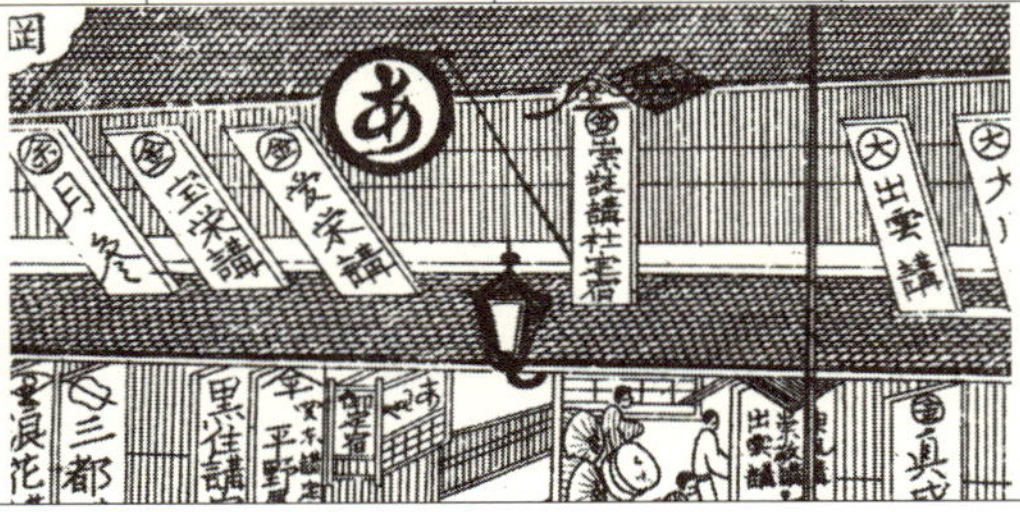

「店頭文字看板・丸にあ」旅籠屋　阿波屋治作　（吉備の魁）

「山に十」醤油醸造所　岩崎重治郎（日本全国商工人名録）

「轡十字（くつわじゅうじ／まるじゅう）」
戦国大名島津家から贈られた姓と紋章
島津製作所

島津製作所は一八七五（明治八）年に教育用理化学器械製造でスタートした、精密機械大手として周知の大企業である。その社名（姓）とマーク（紋章）は、安土桃山時代に創業家の祖先が薩摩の島津家から贈られたものである。

創業者島津源蔵の祖先は井上惣兵衛尉茂一といい、一五〇〇年代後半には播州（現在の兵庫県南西部）に住んでおり、黒田官兵衛孝高とその子・長政に仕える武士だった。豊臣秀吉の時代に、薩摩の島津義弘が京都伏見から帰国の途上に、秀吉から新たに拝領した播州姫路の領地に立ち寄った際、領地の検分などに尽力した。そこでそれに対する感謝の印として、島津義弘から島津の姓と「轡十字」の紋章が贈られたという。

井上惣兵衛尉茂一は黒田家に四代にわたって家老として仕え、黒田八虎の筆頭といわれた井上九郎右衛門之房の一族で、黒田家が九州に移った際には播州に残ったが、のちに九州に渡った。幕末期に子孫が京都に出て仏具の製造業を営み、その次男が島津製作所の創業者、島津源蔵である。源蔵は父から鋳物や金工の技術を習得しており、それが理化学器械を製造する島津製作の創業へとつながった。

島津源蔵は創業にあたり、屋号に自らの姓を使い、社章に家紋をあてた。まだ江戸期の習慣がそのまま残っている時代であり自然なことといえる。家紋では一般に「轡十字」とよばれるこの社章は、島津製作所内では「まるじゅう」とよばれている。

「まるじゅう」がいつから社章として使用されるようになったのかはわからないが、京都木屋町にあった社屋の一八九四（明治二十七）年ごろの写真に、「まるじゅう」マークと島津製作所の社名が写っており、それより前だということだけはわかっている。ただし、商標として登録されたのは一九一二（大正

1894（明治27）年ごろの島津製作所。建物中央に「まるじゅう」社章が見える

1897（明治30）年の島津製作所木屋町本店と河原町工場

1907（明治40）年の東京出張所（東京市神田区錦町1丁目18）

元）年のことである。

商標登録の際に、島津製作所では図形寸法の基準値を定めた。丸の実線の太さは外円の直径の八分の一、十字の実線の太さはその一割増しで、この数値は「外円の大きさと円周の太さの均衡と、円周の十字の太さに対する人間の目の錯覚を補正して、均整のとれた美しさを感じさせる科学的な数値を精密に計算したもの」だという。技術系の会社らしい厳密さである。

ちなみに、島津家の家紋は同じ十字でも外郭のない毛筆書きの「十字」、丸と十字の間にスペースのある「丸に十字」、丸と十字がつながった「轡十字」をはじめ、一門のなかで多くの変化形がある。『日本紋章学』によれば、江戸期になると左右対称形の紋章が増え、筆勢を示した「十」の紋章はしだいにすたれて、元禄期以降は「轡十字」に転化していったという。一方で「轡十字」紋は「轡」紋と同型であることから、「轡」紋の一種とする見方が出てきたり、さらには十字架との関連を指摘する向きもあるようだ。しかし「轡十字」は「丸に十」の紋章が次第に単純化していったものだ。また、島津家の家紋はキリスト教伝来以前より存在しているから、十字架との関連性はあるはずがない。意匠のもとは「十」の文字であり、その意味でも島津製作所の「まるじゅう」というよび方は正しいといえよう。

X 線研究室の一部。X 線深部量測定

「シルクハット」とよばれた二代目源蔵翁愛用の電気自動車

（この項の資料提供、島津製作所）

「丸に梅（まるうめ）」明治期に現代的なマーケティングを行った海苔老舗　山本海苔店

日本橋室町の山本海苔店は、山本徳治郎が一八四九（嘉永二）年に創業し、関東大震災、戦時下の空襲による二度の店舗焼失に耐え、現在も創業の地に本社・本店を置いている。

山本海苔店が大きく発展したのは一八五八（安政五）年に跡を継いだ二代目の功績が大きい。まず、商品の海苔を八種類に分類して販売した。自家用、進物用、焼き海苔の材料、味附海苔の材料ほか、寿司屋や蕎麦屋向けの業務用など、顧客ニーズに合わせて商品展開をしたのである。当時としては画期的で、現在のマーケティング手法と同等の

昭和初期の山本海苔店

手法だったという。さらに一八六九（明治二）年には「味附海苔」を創案、これを機に宮内省の御用を承ることになり、のちには宮内省御用達となる。この二代目は北辰一刀流の創始者として有名な千葉周作の門下生でもあったというから、文武両道の人物だったようだ。

一九四六（昭和二十一）年には株式会社山本海苔店に組織を変更し、戦後復興に合わせるように全国の百貨店に出店。各地に営業所を開設するなど、全国展開を行って、現在は首都圏、大阪圏、福岡を中心に一三〇を超える店舗網を構築している。

暖簾紋は、梅の字を丸で囲ったもので、山本海苔店では「まるうめ」とよぶ。「梅」は創業家とも屋号ともかかわりはなく、梅の花が咲く時期に上質な海苔が採れたこと、梅の花と同様に、海苔も香りを貴ぶことにちなむと伝えられている。創業期から使用している紋章だが、商標登録は一九〇二（明治三十五）年である。

この商標は、二〇二一（令和三）年五月にわずかではあるが変化した。文字がシャープになり色調は黒に統一されている。

大正初頭の味附海苔「印籠」缶

明治期の御用箱

現在の店頭外観

一九六五（昭和四十）年には日本初となるドライブスルーを設置した

（この項の資料提供　山本海苔店）

「丸に両（まるりょう）」尾張藩から屋号を賜った両口屋是清

一六三四（寛永十二）年、大坂の菓子司だった猿屋三郎右衛門が、尾張藩ができて活気に溢れていた名古屋に移り、上本町に居を構えて、近隣の武家屋敷や商家向けに饅頭を作り始めた。まだ若い三郎右衛門の夢は、藩の御用を承る〝御扶助の町人〟になることだった。藩務を負担するかわりに、営業の独占などの特権を得ることができる、尾張藩の御用菓子店を目指したのである。

創業者の夢は二代目三郎兵衛門のときに実現した。一六七一（寛文十一）年、尾張藩の御用菓子を務め、一六八六（貞享三）年、第二代尾張藩主徳川光友から直筆の「御菓子所両口屋是清」の表看板を賜った。これが現在まで続く屋号になっている。

その後は代々藩の御用を務め、一七二一（享保六）年には藩の小納戸役の菓

江戸時代の両口屋店舗のイメージ図

子御用を一店で行った記録が残っている。一七四七（延享四）年には朝鮮使節団四〇〇人の接待用菓子を納めた。菓子には他藩からの顧客も多かったという。

明治以降は特権的地位こそ失われたが、順調に商いを続け、一九三四（昭和九）年に株式会社に組織変更した。戦争では空襲で店舗と蔵が全焼する被害を受けたが、戦後になると親戚の倉庫に釜を設けて菓子作りを再開、一九五〇（昭和二十五）年に松坂屋名古屋店の地下名店街に、桑名の貝新、大阪の小倉昆布とともに出店、さらに名古屋では初のターミナルデパートである名鉄百貨店にも出店し、これを契機に全国の百貨店などに販売店網を広げていった。

さて、両口屋是清の暖簾紋は、現在は徳川光友直筆看板の「両」の字を丸で囲んだ「丸に両」紋である。社内では「まるりょう」とよぶ。屋号の一字を丸で囲う、暖簾紋の意匠としてはもっとも多い形で、そのぶん遠くからでもはっきりしてわかりやすい。店舗にも効果的に使用され包装紙などにも使われている。ではこの紋章がいつから使用されているかというと、史料が戦火で消失してしまいわからないという。拝領の文字を使用した紋章だから、江戸期からと思いたくなるが、どうだろうか。

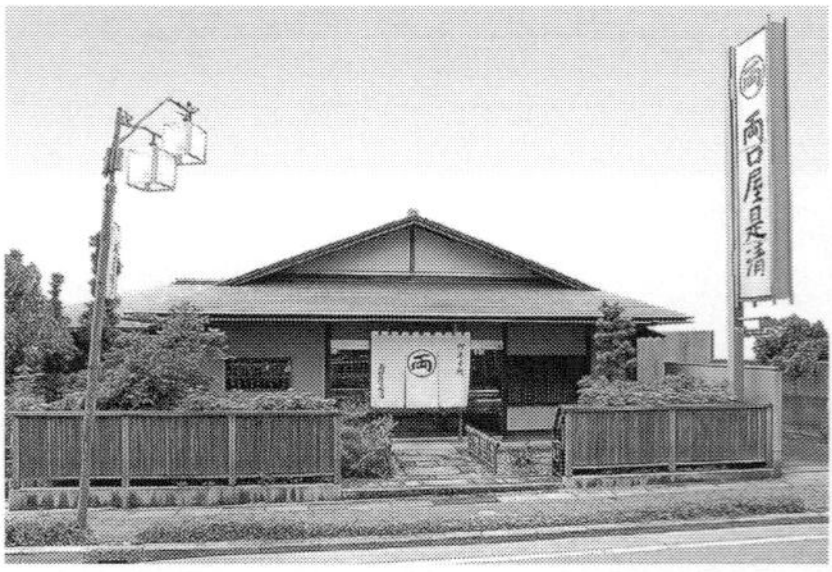

八事店外観。茶室・数寄屋建築の第一人者、中村昌生氏が 1985（昭和60）年に設計・監修した店舗

尾張徳川家御用達に用いられた通筥（かよいばこ）。三つ葉葵の家紋が施されている

（この項の資料提供　両口屋是清）

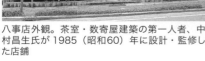

「上久（じょーきゅう）」文字のデザインで紋章を構成
福岡の食品メーカー　ジョーキュウ

株式会社ジョーキュウは福岡に本店を置く食品メーカーである。一八五五（安政二）年に醤油屋の橘屋半次郎として創業し、現在は味噌、出汁、タレ、麺類なども製造販売している。

楠屋のルーツは越前白木谷（現在の福井県敦賀市）の白木氏だ。黒田藩の武士だったが、三大お家騒動とされる黒田騒動で浪人となり、博多の外れに移り住む。息子の太兵衛は福岡萬《よろず》町に屋敷を構え、楠屋伝兵衛を名乗った。長女に松村家から婿養子を迎えて楠屋松村家初代とし、長男である弟は白木家を継ぎ、屋号を枡屋（のちに柏屋）とした。両家は長らく親密な関係を保ったという。

「楠屋」は質屋、古手（古着）屋、米屋、酒屋、醤油屋などさまざまな商売

ジョーキュウ暖簾紋が入った法被

を営む。六代目半平の代になり、黒田藩士の知行米を扱う銀主《ぎんしゅ》（両替商）となって財をなし、幕末ごろには近隣に知られる大商人となった。長女の婿養子が半平の後継となり、六つ年下の長男半次郎は醤油事業を受け継いで分家した。屋号は「楠屋醤油」で、これがジョーキュウの始まりである。ジョーキュウの相続は男女の区別のない長子相続で、先に女子が生まれた場合は婿養子をとり家を継がせ、年下の長男は分家するしきたりだったように感じられる。当時の福岡では一般的だったのだろうか。

さて、東京や大阪など大消費地に近い醤油業には、早くから卸と流通システムができあがっていったが、明治期の福岡周辺ではまだ直販が大半だった。楠屋も近隣の商家や旅館、料理店などが得意先で、後は博多湾近沿いの港町に出荷している程度。農村部では自家醸造があたり前で、市販の醤油も品質の劣るものが少なくなかった。三代目の久吉は醸造技術の研究に力を入れた。

そのころ全国で各種の品評会が盛んに行われるようになり、一九〇七（明治四十）年、楠屋醤油は初め

1928（昭和 3）年 1 月 3 日、初荷第 2 回積み出し風景前

1931（昭和 6）年当時の首位優等賞金牌受賞記念宣伝隊

暖簾に染め抜かれた「三木瓜」の家紋

明治末のラベル

て出品して入賞した。その後はたて続けに優秀賞、金賞などを受賞し、技術力の高さを業界に知らしめた。ブランド名をジョーキュウ醤油としたのはそのころからである。

ジョーキュウの商号と「上久」マークが登録されたのは一九一〇（明治四十三）年で、福岡市内では一〇番目だという。楠屋の時代の創業家には先祖代々の「三木瓜《みつもっこう》」の家紋があり、必要があるとこれを暖簾紋として使っていた。品評会で賞を取るようになったため商圏が広がり、商標としての紋章が必要になったのだと思われる。

紋章は上級の「上」と三代目である松村久吉の「久」を合わせたもので、久吉が自らデザインしたと伝えられている。特徴のあるこの文字の意匠は、「山文字」「木文字」といった文字由来の家紋の意匠と各パーツの類似点が多く、組み合わせてデザインしたと思われるから、久吉デザイン説は納得しやすい。

一九二六（大正十五）年には合名会社松村久《きゅう》商店を設立し、個人商店から法人組織に切り替えた。さらに各種の設備も導入し、醸造技術に磨きをかけていった。

戦後は規模を縮小しての再開となった。高度経済成長期には従業員不足に陥ったが、石炭業の衰退により産炭地は不況となり、売り上げは伸びなかった。一方で大手醤油メーカーは設備の大型化を進め、醤油業界は装置産業の色合いを強くしていった。これらに対応するには、地域の業界全体の協業化による近代化しかないと思われた。そこで松村半次郎も発起人に加わり、一九六六（昭和四十一）年に福岡県醤油醸造組合を設立し、最新の大型設備により半製品までを生産する共同工場を立ち上げた。

一九八九（平成元）年、工場を郊外に移すとともに、組織を改め株式会社ジョーキュウとした。一方で、チェーン店への販売をねらって、出汁、タレといった調味料、麺類などの食品にも手を広げている。

「上久」マークは何度か改定され、現在のマークは二〇〇六（平成十八）年に商標登録したものだ。

（この項の資料提供　ジョーキュー）

「※（こめじるし）」創業時の暖簾紋がブランドマーク
沢の鶴

沢の鶴株式会社は、もとは両替商で大名の蔵屋敷に出入りし、主に藩米を扱っていた。そのため屋号は「米屋」だった。沢の鶴は一七一七（享保二）年、別家の米屋喜兵衛が灘の西郷で、米屋の副業として酒造りをしたのが始まりである。いわゆる〝灘五郷〟が勃興期のことだ。

副業なので屋号はそのまま「米屋」を使い、暖簾紋は米屋の紋である「※（米印）」を使用、製品にも「※」を刻印した。こうした創業経緯もあり、「米を生かし、米を吟味し、米にこだわる」のが、沢の鶴の伝統である。

一方で、酒の名称は創業時から「澤之鶴」とした。これは

四方酒店は江戸の有名な酒店。店内奥には「沢の鶴」の樽から酒を出し、客への対応に追われている店員が見える。文化年間（1804～1818）の始めころ、鍬形蕙斎画による「職人盡繪詞」より（国会図書館蔵　部分）

「天照大神を伊勢にお祀りしたとき、伊雑《いざわ》の沢で頻りに鳥の鳴く声が聞こえたので、倭姫命《やまとひめのみこと》がその鳴き声の主をたずねたところ、真っ白な鶴がたわわに実った稲穂をくわえながら鳴いているのを見つけた。鳥ですら田を作って大神へ神饌（神へのお供え）を奉るのかと深く慈しんだ倭姫命は、伊佐波登美命《いざわとみのかみ》に命

昔の配達車

1885（明治18）年に商標登録をしている

1889（明治22）年の石嵜喜兵衛店の外観。※印の看板が見える。図中の嵜の字は俗字（浪華の魁）

明治期の石嵜合資会社外観

じてその稲穂から酒を醸させ、初めて大神に供え奉るとともに、その鶴を大歳神《おおとしのかみ》（＝五穀の神）と読んで大切にした」という、三重県志摩市にある伊雑宮（伊勢神宮内宮の別宮）の縁起（由来）からつけたものである。ここでも米を重視したことがわかる。一八八五（明治十八）年、商標登録の制度ができるとともに「澤之鶴」「※」を商標登録している。

沢の鶴は一八九八（明治三十一）年に石嵜合資会社、一九一九（大正八）年に石嵜株式会社に組織変更し、一九六四（昭和三十九）年に現社名に変更した。一九九一（平成三）年にはCIを実施して、現在の鶴の羽をモチーフにした商標に切り替えた。このマークは社内では「はねマーク」とよんでいる。ただし、二〇一七（平成二十九）年に創業三百年を迎えた際、純米酒については「※」マークを復活させた。

「※」は「こめじるし」と読み、印刷用語では約物《やくもの》とよばれる日本語独自の記号であり、キーボード上にはない。注意喚起の意味で使うことが多い。形が「米」に似ていることから米を表すこともあり、それを沢の鶴では重く見たと思われる。よく似た記号に「＊」があり、これは「アスタリスク」と読む。意味はほとんど同じで、注意喚起のための記号だが、これは欧文記号なのでキーボードにある。このふたつの記号は、なんだかコンピュータがアメリカで発展したことを示しているようでもある。

沢の鶴

現在のロゴマークと酒蔵

（この項の資料提供　沢の鶴）

2017（平成29）年に純米酒で復活した「※」マーク

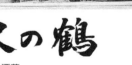

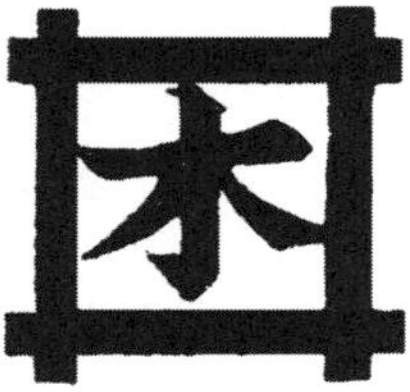

「井筒木（いづつき）」
江戸の始まりから続く商人の伝統を守り続ける打物の木屋

木屋は江戸の初期から室町二丁目に店を構え、江戸後期から明治期にかけては、塗物・小間物を扱う本店を中心に、暖簾分けでいくつもの分店がそれぞれ独自の商材を扱った。打物の木屋はそのひとつで、現在もコレド日本橋に本店を置いて高級刃物類の製造販売を行い、木屋の屋号を守り続けている唯一の存在である。

まずは本家の創業ストーリー、屋号の由来から見ていきたい。

木屋の創業者は林九兵衛《くへえ》。一五七三（天正元）年に大坂で薬種店を開き、豊臣秀吉の御用を務めていた。大坂夏の陣が終わったのち、徳川家康に招聘されて弟が江戸に下り、創業者と同名の九兵衛を名乗って本町二丁目に店を開き、小間物諸色問屋として各種雑貨を扱うようになった。いわば、江戸の町づくりに参画した最初の江戸商人のひとりである。

屋号の「木屋」は、兄弟が大坂と江戸に分かれたことから、名字である林の文字をふたつに割ったの

だという。暖簾紋は「丸に木」である。一六二五（寛永二）年には漆器を扱うようになり、蝋燭、小間物問屋などを兼業した。一六五七（明暦三）年の明暦の大火で焼け出されたため、室町二丁目に移ったと伝えられる。

何店もの暖簾分け店を出しており、軒を並べて営業していたが、その暖簾分けには決まりがあり、本店と同じ商品の扱いは許されなかった。そこで、別家した木屋は扱う商品がそれぞれ異なっていた。こうした暖簾分けの決まりはほかの店でも見られ、当時はかなり一般的なシステムだったと類推される。

暖簾分け店の暖簾紋は「木」の文字を使うことは共通しているが、外郭は「山形」「出山形」「平角」「地紙」と店ごとに変えている。別家が外郭を変える方式は江戸期のほかの暖簾分けでも多く見られ、これも当時の一般的な暖簾分けルールだったように思われる。

一八〇五（文化二）年の日本橋を描いた『熈代勝見』を見ると、三井呉服店の並びに「井筒に木」「山形に木」「交差型の山形（山形変化形）に木」の暖簾紋が見える一角がある。その隣に普請中の建物が描かれており、これも木屋のうちの一店で、これが当時の木屋グループである。一八五五（安政二）年には四代目九兵衛が番頭だった甚六に本店を譲り、自らは福六と号して薬種問屋を開いた。

そのころの扱い商品を『江戸買物獨案内』に掲出された広告で見ると、本店の木屋九兵衛店が塗物・蝋燭・小間物諸色の三店、暖簾分け店は草履、浅草海苔、墨硯筆、鼈甲生地板、小間物三店が打物で掲出されている。暖簾分け店は隣接していたということだから、全体として総合商社のようなイメージだったと思えばいいのだろう。小間物の扱いは本家以外に三店あるので、同じ商材を扱うのは禁止のはずだったのに……という疑問がわくが、あるいは小間物のなかでのジャンル分けがあったのかもしれない。また、本家であった林福六の店は、明治中期の『東京買物獨案内』では、薬種問屋のジャンルで掲出されているから、扱い品目は臨機応変に変わっているのかもしれない。

　暖簾分け店は完全な独立ではなく、本店への一定の忠誠が義務づけられていた。木屋によれば、戦前までは毎月一日と十五日には暖簾分け店の主人が本家に挨拶に行く慣例があったという。いわば現代における本部と事業部、または親会社と子会社の関係に近かったのかもしれず、興味深いストーリーがありそうに思えるが、本書の本旨ではないのでこれ以上はふみこまない。なお、こうした慣例は戦前までは暖簾分け店では一般的だったようだ。

　さて、明治期に入ったころには、本店のほかに暖簾分け店が並び、五木屋とよばれていたという。明治中期には、本家は美術工芸品に手を広げ、海外にも販路を広げて繁栄したが、関東大震災で店舗が焼けてしまった。その後はふるわず、戦後は暖簾を下ろして不動産業に転じた。ほかの別家も同様で、現在「木屋」の屋号で存続しているのは打物を扱う

●江戸時代の本家木屋

「丸に木」室町二丁目　小間物諸色問屋　下り蠟燭問屋　塗物問屋　木屋九兵衛（江戸買物獨案内）

●明治時代の本家木屋

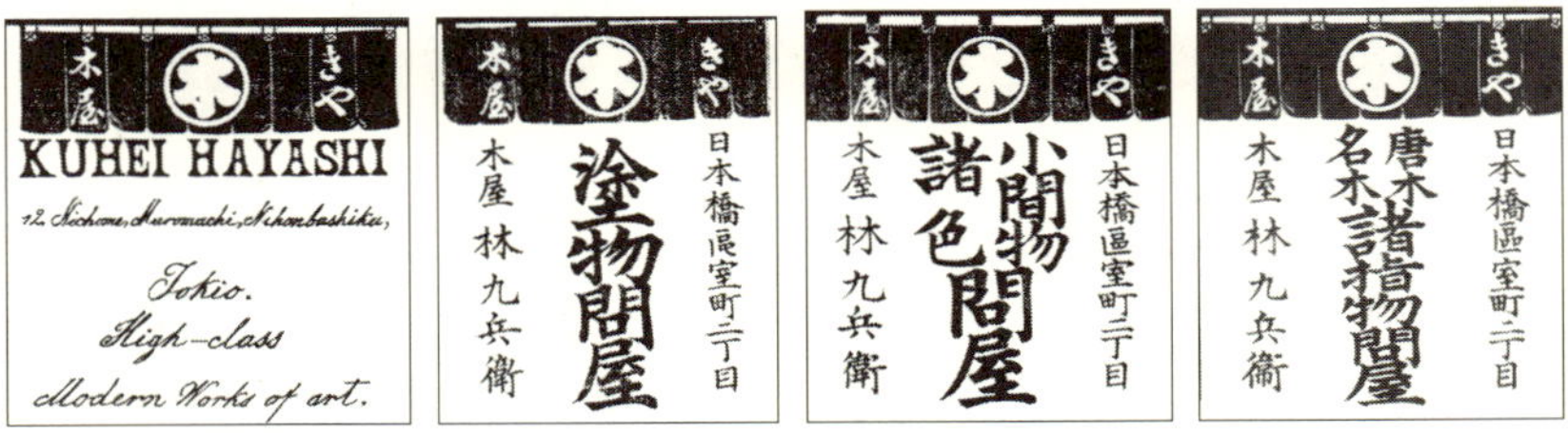

「丸に木」日本橋區室町二丁目　小間物問屋　塗物問屋　小間物諸色問屋　唐木名木諸指物問屋　木屋林久兵衛（東京買物獨案内）

木屋のみである。

〝打物の木屋〟の創業者は伊勢桑名出身の加藤伊助である。木屋によれば、創業は一七九二（寛政四）年。本店に丁稚で入り、番頭まで勤めあげたのちに別家して本家の隣に店を開いた。扱い商品が刃物なのは出身地の名産品だったからとされる。創業の前年、大工道具打物問屋仲間が結成されたが、問屋の数店が廃業し、伊助がその株を買ったとされている。

『江戸買物獨案内』には、木屋伊助の名で小間物問屋と打物問屋の二店が掲出されている。小間物問屋の暖簾紋は「井筒に木」、打物問屋は本家と同じ「丸に木」である。これについて木屋では「小間物は本店と同じ商品ジャンルなので遠慮して『井筒に木』としたが、打物はジャンルが異なるので本家と同じ『丸に木』を使ったのではないか」と説明している。

●明治時代の木屋

「丸に木」日本橋區室町二丁目　薬酒問屋　木屋林福六（東京買物獨案内）

●江戸時代の木屋の暖簾分け店

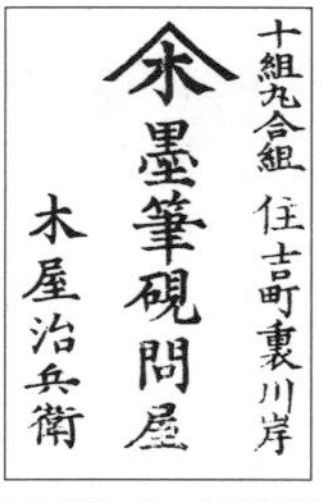

「山形に木」墨筆硯問屋　住吉町裏川岸　木屋治兵衛（江戸買物獨案内）

「出山形に木」室町二丁目　草履問屋　木屋市兵衛（江戸買物獨案内）

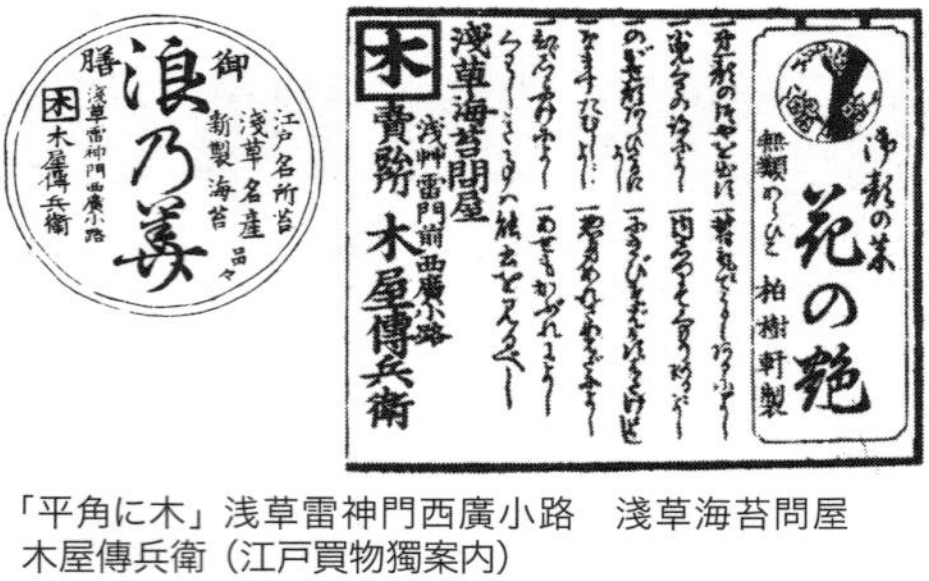

「平角に木」浅草雷神門西廣小路　淺草海苔問屋　木屋傳兵衛（江戸買物獨案内）

時代が下り、一八九〇（明治二十三）年の『東京買物獨案内』では〝打物の木屋〟は加藤伊輔の名で掲出されている。名前の文字が伊助から伊輔に変わっているが、この人物を木屋では四代目としている。暖簾紋は「井筒に木」になっており、この時期にはすでに固定されたように思われる。

〝打刃物の木屋〟は、明治期には和包丁、各種鋏、鰹節削り器などで〝團十郎〟ブランドを立ち上げ、戦後には洋包丁、料理鋏などの〝エーデルワイス〟ブランド、粉末製鋼法による和洋包丁など新たな試みを成功させ、現在も包丁を中心とする高級刃物の店として続いている。

木屋の暖簾紋は別家ごとに外郭が異なるから、創業家を念頭における代表紋は「丸に木」ということになろうが、すでに創業家は商売上では存在しない。現在まで存続している企業体ということから、ここでは〝打物の木屋〟の暖簾紋である「井筒に木」を見出しにあげておいた。なお、「井筒に木」は木屋の社内では「井筒木《いつづき》」と読む。

●江戸時代の木屋の暖簾分け店

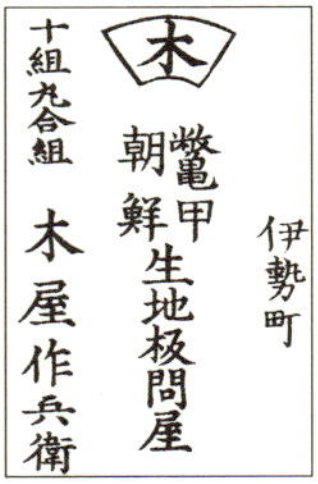

「地紙に木」伊勢町　小間物問屋　鼈甲朝鮮生地板問屋　木屋作兵衛（江戸買物獨案内）

●江戸時代の打物の木屋

「丸に木」室町二丁目　打物問屋　小間物問屋　木屋伊助（江戸買物獨案内）

「丸に久に星」室町二丁目　小間物問屋　木屋久右衛門（江戸買物獨案内）

●明治時代の打物の木屋

「井筒に木」日本橋區室町二丁目　打物砥石問屋　木屋四代目加藤伊輔（東京買物獨案内）

出版という新しい産業、版元の紋章

出版が商業として成立するのは江戸幕府成立後のことだというのが、『江戸の本屋さん』（今田洋三）の研究結果である。日本における出版事業は奈良時代から行われてきたが、そのほとんどは大寺院の工房によるもので、仏教書などが主体だった。そのほかは書き写していたのである。戦国時代が終わると武士階級が平穏な日々を過ごすようになり、貴族や僧侶の地位も安定した。彼らが読書に割くことのできる時間が増加したことで需要が高まり。市場が形成されていったのだという。

出版が隆盛となったきっかけは豊臣秀吉による朝鮮出兵（文禄・慶長の役＝壬辰戦争）で、数多くの活版印刷による書物を見て刺激され、その本のみでなく活字印刷機、さらには印刷工まで日本に連れ帰った。その結果、活版印刷によって多くの出版物が作られるようになった。武家、公家、僧侶、医師、豪商などの狭い範囲で流通しただけだが、商業出版が成立する背景となったのである。ただし、商業出版が始まると製版印刷（木版による印刷方式）に戻っていった。当時の活版印刷よりも多部数を印刷でき、コストが低かったためだ。

商業出版が最初に生まれたのは京都で、寛永年間（一六二四～四四）には主要な出版人が出そろい、京都書林十哲などとよばれた。この時期には仏書や漢籍、『徒然草』『平家物語』をはじめとする古典などが次つぎに出版され、彼らは幕府や寺院などと強い関係を持った。やがて仮名草子が現れ、元禄時代に入るころには大坂の書店も力を持つようになり、浮世草子の始まりともいわれる井原西鶴の『好色一代男』(一六八二=天和二年)が人気となった。俳諧の松尾芭蕉、浄瑠璃の近松門左衛門らの文学、浮世絵の始祖ともいわれる菱川師宣なども活躍し、出版事業が隆盛となった。さらには歌舞伎、浄瑠璃ほかさまざまな文化が発展し、いわゆる元禄文化が花開くことになる。

江戸での出版は明暦年間(一六五〇年代後半)からといわれる。当初は京に本店を持つ書店が業界を支配していたが、やがて地場資本ともいうべき書店が現れ、上方系列の書店と競うようになっていく。元禄以降は経済も文化も江戸が重きをなすようになり、寛延三(一七五〇)には京と江戸の書店間で抗争が生じた。重版・類版禁止の強化を諮る京の書店に対して、江戸の書店が、「重版の禁止は当然としても、それまでの類版禁止の申し合わせは廃止すべきだ」と主張し、町奉行に訴訟を起こしたものだ。ここでいう「重版」はほかの書店の本をそのまま出版することで、「類版」は既存書籍に新たな注釈を加えるなどして版を起こした書籍のようだ。現在の目で新刊書籍をイメージすればどちらも盗作だが、古典や宗教書などを考えれば、もともとの内容は周知の文化で注釈こそが新規著作という考え方も成り立ちそうで、微妙だ。そうしたこともあってか、類版はそれまで許されていたようで、権利侵害にはならず、法的にこれを認めてくれというのが江戸資本の書店側の主張だったようだ。古典や宗教書は歴史的に京の書店が版をもっており、類版が認められなければ江戸の書店は上方資本に服従するしかないという事情もあった。

そのころ、江戸の書店株仲間は三組になっており、そのひとつでは江戸生まれの書店が優勢になっていたことが抗争の背景にある。その中心になっていたのが後述する須原屋だったようだが、それだけ江戸資本の書店群が力をつけてきていた証拠ともいえよう。この抗争は上方資本が勝利して終わったのだが、この事件以降、圧倒的な力を持っていた上方資本の書店の力には陰りが出て、江戸資本の書店群が主体性をもつようになっていく。

寛政年間（一七八五〜九九）には江戸における出版物が上方を上回るようになり、その後は江戸での出版点数が急増し、上方での出版点数は減少していく。そして江戸における京の書商の多くは店を閉じていったというのが出版業界の大きな流れである。文化の中心が江戸に移行したことが出版状況からも見てとれる。

一方で、書店は享保年間（一七一六〜三六）ごろには儒学、仏教、歴史、医学などの分野を対象とする書物問屋と、娯楽系の出版を行う地本問屋に分かれていく。出版業が拡大していくなかで、得意分野ごとに分化していったということになろうか。あるいは日本人の識字率の向上を示唆しているのかもしれない。当然、庶民は娯楽系から入っていっただろうし、貸本文化の高まりといった側面もありそうだが、それらはまた別のテーマということにしておく。

「丸に須」
須原屋のファミリーは「須」を共有
須原屋茂兵衛

須原屋茂兵衛は『武鑑』の発行で有名な、江戸で最大手の版元である。初代茂兵衛は一六五八（万治元）年、日本橋通一丁目に店を構えたといわれる。上方の書商人が牛耳っていた江戸の出版業界で、地場資本の店として早くから台頭し、『武鑑』『江戸切絵図』などの公的出版物や学問書などを多く出版した、書物問屋の代表格といえる。また、上方の書籍販売にも力があった。〝吉原は重三、茂兵衛は丸の内〟などといわれ、地本問屋の代表格である蔦屋重三郎と対比され、幕末ごろには寺子屋の教科書なども扱っていたらしい。現在でいう〝学参もの〟ということになろうか。出身は紀伊の栖原《すはら》村（現在の和歌山県有田郡湯浅村）だというから、字は異なるが、屋号もこれに由来するのだろう。

須原屋はまた、江戸の出版業界を支配していた京の書店から自立を勝ち取った、地場資本の代表格でもある。その背景には暖簾分けによる多店舗化があったようだ。京の書商との抗争時に株仲間は三つに分かれていたが、そのひとつである南組は江戸の書商が握っており、南組一六人のうち須原屋を名乗るのは五人になっていた。前述のようにこの抗争は京の書商の勝利となったが、これを契機に江戸の書商が自主性を得ていくことになる。

須原屋は江戸後期には最大の書商ファミリーとして業界の中核的な存在になっていく。前述した『江戸の本屋さん』の研究では、一八〇三（享和三）年には九店あり、やがて一二店に増加したという。一八〇九（文化六）年には南組二五人のうち八人が須原屋を名乗っている史料がある。『江戸買物獨案内』でも、本家の茂兵衛店のほかに四店が須原屋として掲出されている。

ファミリーが大きくなれば新しい分野を手がける人物も出てくる。たとえば須原屋市兵衛は『解体新書』（一七七四＝安永三年）を刊行し、ほかにも海外に関連する書籍を多く手がけている。そうした人物の出現も須原屋の力といえるかもしれない。ただし、明治に時代が変わると、江戸期からの書商は須原屋を含めて力を失い、新たに出現する出版社に場所を譲ることになる。活版印刷や石版印刷といった技術的な変化もあろうが、海外の文化が大量に流入してくる時代に、それまでの商売の方式は通用しなくなったのだと思われる。

さて、須原屋茂兵衛の暖簾紋は「丸に須」である。『江戸買物獨案内』では須原屋平助が同じ「丸に須」を使用し、ほかの三店は外郭を変え、「井筒」「隅立て井筒」「出山形」のなかに「須」の字を配している。外郭の異なるこの三店は、須原屋の屋号とは別に青藜閣、芳潤堂、金花堂の屋号も掲出している。「須」の字を共有しながら、外郭と屋号で違いを表現しているように見える。同じ外郭を使用している店は親族の分家、外郭の異なる店は暖簾分けの別家といった区別をしているのではなかろうか。

このなかの金花堂須原屋佐助は、同じ「須」の入った暖簾紋を掲出して一門であることを示しているが、雁皮紙で有名な紙商である榛原の創業者でもある。

「丸に須」書物問屋 須原屋茂兵衛 日本橋通一丁目（江戸買物獨案内）

「丸に須」書物問屋 須原屋平助 日本橋通三丁目（江戸買物獨案内）

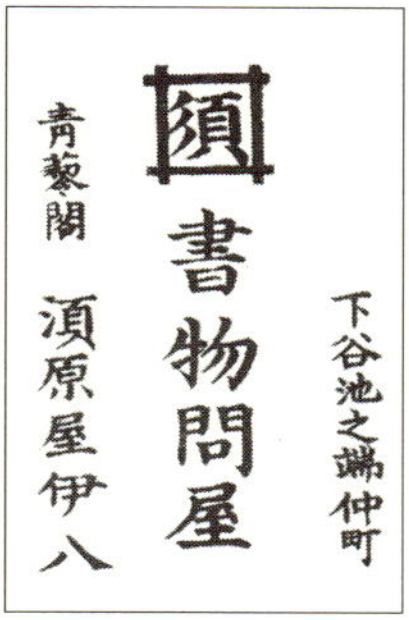

「井筒に須」書物問屋 青藜閣須原屋伊八 下谷池之端仲町（江戸買物獨案内）

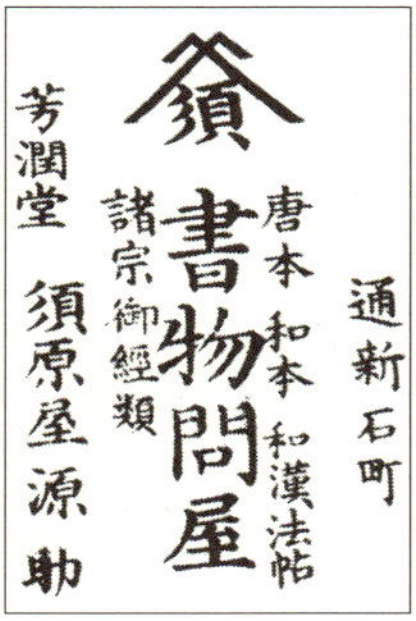

「出山形に須」書物問屋 芳潤堂須原屋源助 通新石町（江戸買物獨案内）

「隅立て井筒に須」書物問屋 金花堂須原屋佐助 日本橋通四丁目（江戸買物獨案内）

「丸に須」和漢洋書籍廛 須原屋北畠茂兵衛 日本橋區通一丁目（東京買物獨案内、廛は異体字）

「入り山形に伊」書物錦繪問屋 松成堂須原屋伊三郎 淺草區茅町二丁目（東京買物獨案内）

江戸後期天保年間に斎藤月岑が三代にわたって制作した全二〇巻の江戸の地誌『江戸名所図絵』。作画は長谷川雪旦。たしかな観察眼は江戸研究の一級資料とされる（国会図書館蔵）

一八九〇（明治二十三）年の『東京買物獨案内』にも須原屋北畠茂兵衛は掲出されている。同じく須原屋伊三郎も掲出されているが、こちらは同じ書物問屋でありながら松成堂も名乗り、「入り山形に伊」の暖簾紋になっている。須原屋北畠茂兵衛との関係は不明だが、暖簾分け店のひとつと考え、あげておいた。

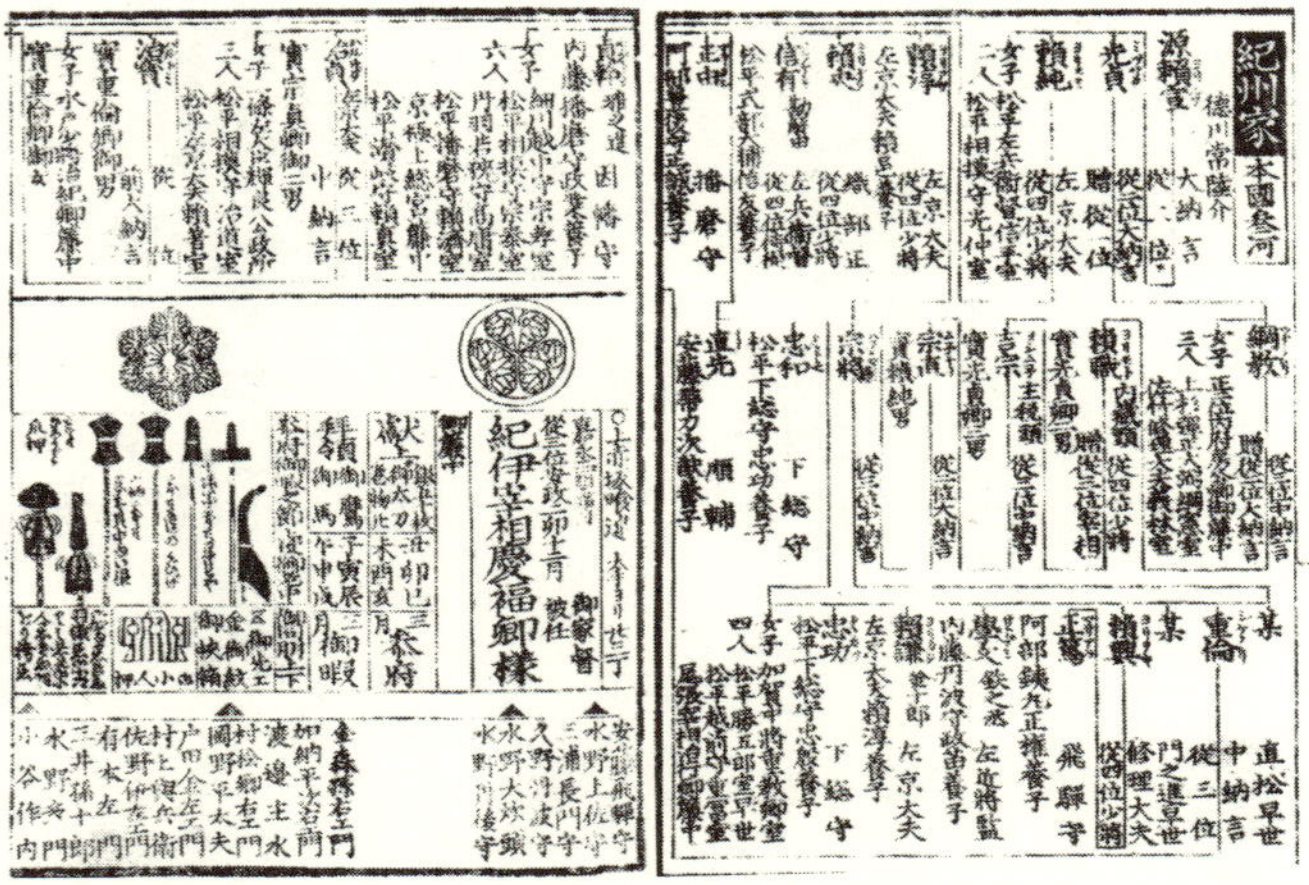

1856（安政3）年の須原屋版『武鑑』。本図では、紀州藩の当主の氏名・官位・家紋・石高・役職・格式から、幕府への献上品・行列先頭の槍指物・用人等が記されている。御用商人にはなくてはならないガイドブックだった（国会図書館蔵）

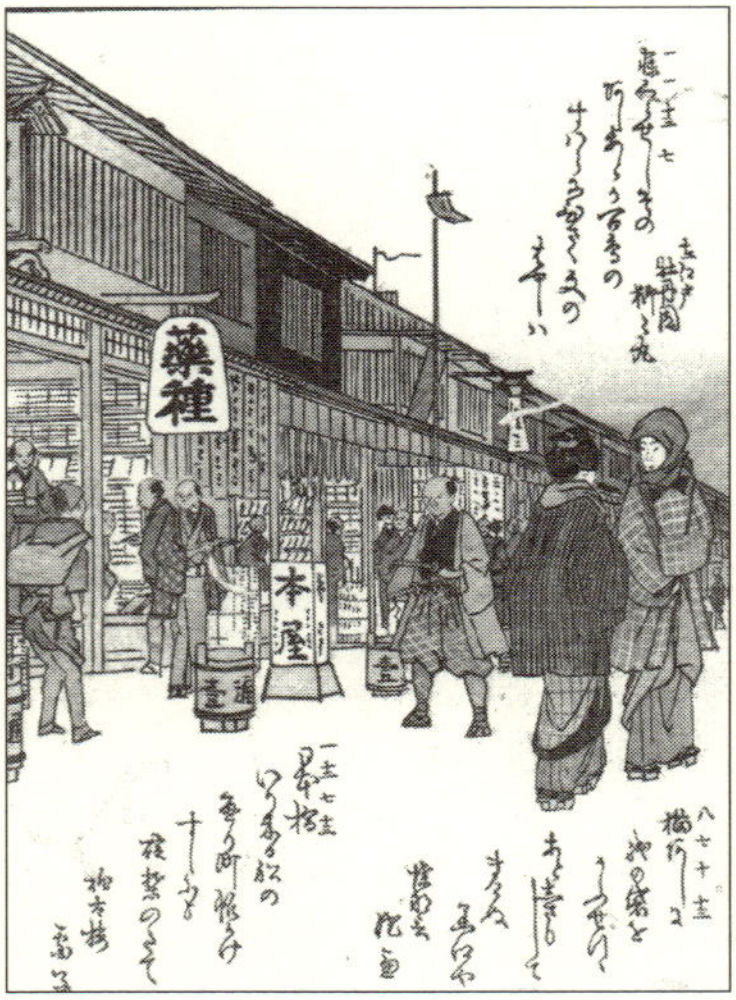

1853（嘉永6）年作の『狂歌東都花日千両』での日本橋の部。中ごろに行灯看板が見える須原屋は薬種問屋も営み、売薬として「順気散」が有名だった。狂歌は「武鑑」にかんするものが多い（国会図書館蔵）

日本橋通三丁目にあった須原屋平助の薬種問屋。『江戸買物獨案内』には「順気散」以外にもたくさんの薬の効能広告が見える（江戸買物獨案内）

「丸に三つ鱗」
江戸資本で最初の本格的な地本問屋
鱗形屋三左衛門

鱗形屋《うろこがたや》の初代は三左衛門で林鶴堂と号した。寛永年間（一六二四〜四四）ごろから大伝馬町で地本問屋を運営し、菱川師宣や鳥居清倍《きよます》らの浮世絵を多く出版した。いわば初期の江戸資本による版元の代表格といったところだ。二代目以降は孫兵衛を襲名し、一時は『吉原細見』を独占的に刊行するなど、有力な版元として多くの作品を出した。

一七七五（安永四）年、恋川春町の『金々先生栄花夢《きんきんせんせいえいがのゆめ》』が空前のヒットを飛ばし、これがいわゆる黄表紙本の誕生だといわれる。ところが、同時期に手代が大坂の書店が発行した本を改題して勝手に鱗形屋から売り出すという事件を起こし、手代ばかりでなく店主も監督不十分で咎めを受けた。やがて版元としての営業がむずかしくなり、『吉原細見』の権利を蔦屋重三郎に譲り、表舞台から消えていった。

出版した黄表紙などを見ると、暖簾紋は「丸に三つ鱗」だということがわかる。ただし、その由来ははっきりしない。

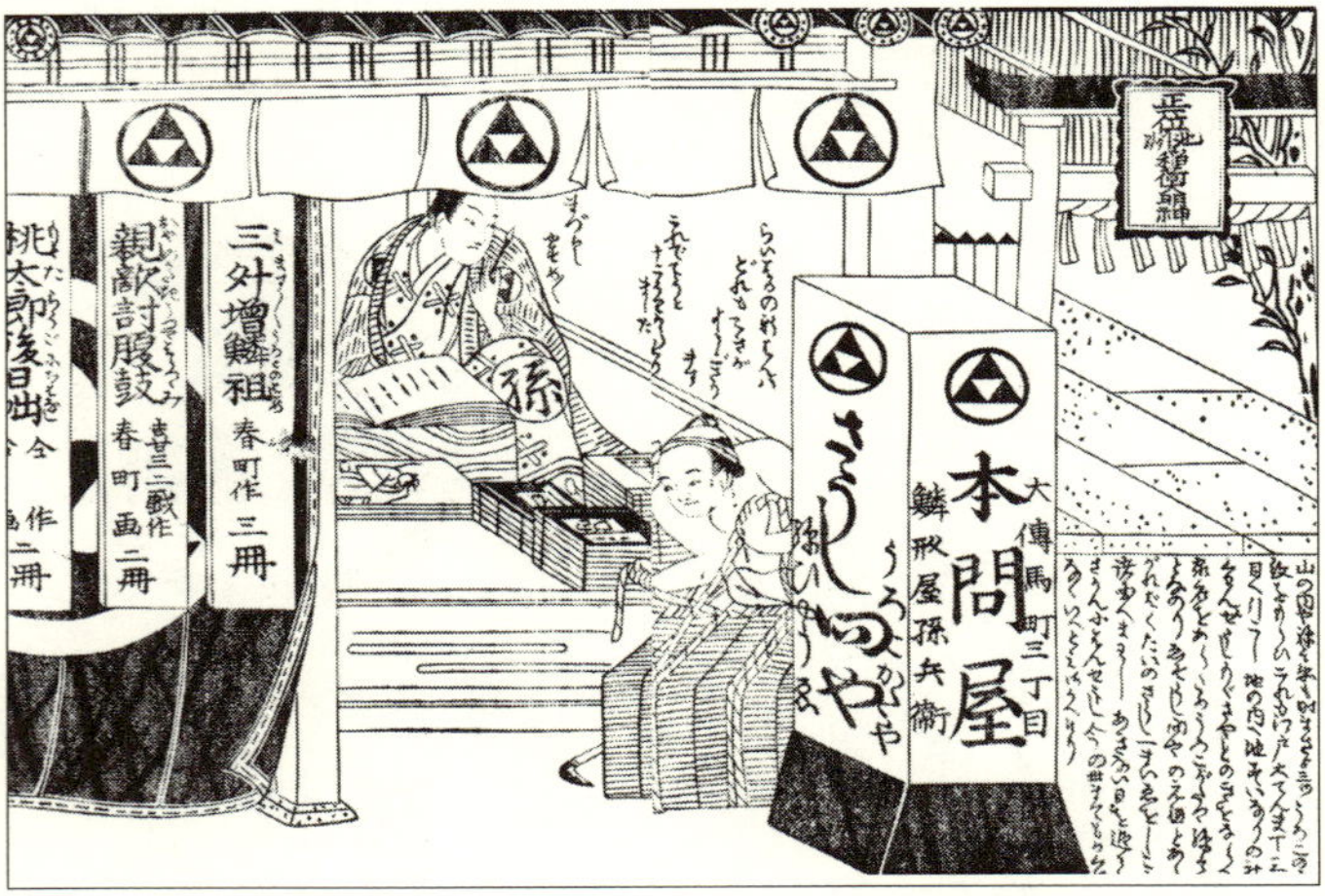

一七七七（安永六）年の恋川春町作『三舛増鱗組』に見られる、大伝馬町にあった鱗形屋店頭風景。水引暖簾に「丸に三つ鱗」紋、店頭看板には看板作家である恋川春町の出版本の広告も見える。文中には店の使用人が「来春の新板は、どれも出来がようござります。これでちょうど十箱くくりました」、店主の孫兵衛が「まず少し休め、休め」とある

1782（天明2）年、菱川師宣作『浮世続』。「見返り美人」で有名な浮世絵のトップバッター師宣は、じつは圧倒的に絵本類を多く描いている。本作も吉原での心得を説いたもの（国会図書館蔵）

1775（安永 4）年、恋川春町作の『金々先生栄花夢』。中国の『邯鄲（かんたん）の夢』がもとになり、知的で洒脱な文章と挿絵で構成された物語。男が目黒不動門前の粟餅屋で粟餅ができあがる間に見た夢で、大金持ちの婿となり、遊びをきわめて勘当されるまでの話。「金々先生」とは「イケてる金持ち」を意味する流行語。本作で黄表紙ブームを巻き起こした（国会図書館蔵）

「富士山に蔦」もっとも有名な出版人 蔦屋重三郎

もっとも有名な江戸の出版人といえば、前述した蔦屋重三郎ということになろう。

蔦屋重三郎は吉原で生まれ、父は吉原の勤め人だったとされる。やがて喜多川氏の養子になった。喜多川氏は吉原の茶屋を経営し、その屋号が「蔦屋」だった。

一七七三（安永二）年、二十三歳のときに『吉原細見』の販売権を得て、吉原大門の前に書店を出した。軒先を借りただけの店だったようだから、義父の「蔦屋」の一角だったのかもしれない。翌年、遊女評判記『一目千本花すまひ』を出版し、さらに次の年には『吉原細見籬《まがき》の花』を出した。それまで『吉原細見』は鱗形屋の独占だったが、鱗型屋の不祥事の際に出版権を得たのである。一七八〇（安永九）年に黄表紙本を出版し、以後、出版を本格化させる。洒落本、狂歌本などで次つぎにヒット作を出して、地本問屋丸屋小兵衛の株を買い取り、一流版元が並ぶ日本橋通油町に進出した。喜多川歌麿、東洲斎写楽、歌川広重をはじめ、著名文化人との交流のなかから多彩な作品を出版していったが、寛政の改革で風紀取り締まりが厳しくなると、山東京伝の黄表紙本が摘発され、蔦屋も財産の半分を没収されている。
重三郎は一七九七（寛政九）年に死去し、二代目は番頭が継いだ。『江戸買物獨案内』に蔦屋重三郎の名で広告が掲出されているが、これは一八二四（文政七）年の発行で重三郎没後である。また、重三郎は耕書堂の屋号も持っており、この広告の住所である小伝馬町には耕書堂があったとされるから、後継者によるものと思われる。その証拠といえるかどうかはわからないが、蔦屋重三郎の暖簾紋は三つの尖った山頂を持つ「富士山に蔦」紋だが、ここでは「蔦」だけの紋章になっている。

また、同じ『江戸買物獨案内』に折手本問屋としても蔦屋の名がある。折手本は紙を長くつなぎ、蛇腹式に折り畳む和本の製本方式の一種だから出版ともからむ。事実関係はわからないが、この店も蔦屋だと思いたい。ただし、暖簾紋は重三郎の紋章に「イ」が加わっている。

蛇足ながら、DVDなどのレンタル大手TSUTAYAの店名は、蔦屋重三郎をリスペクトして命名されたものといわれている。

「蔦」書物問屋　蔦屋重三郎（江戸買物獨案内）

「富士山にイと蔦」折手本問屋　蔦屋勇吉（江戸買物獨案内）

「富士山に蔦」1802（享和 2）年『画本狂歌東遊』より（国会図書館蔵）

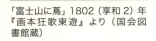

(右)葛飾北斎による『画本狂歌東遊』の日本橋蔦屋耕書堂店頭風景。水引暖簾に「耕書堂」の文字、行灯看板には「富士山に蔦」紋と「紅絵問屋/通油町/蔦屋重三郎」の文字が見える。店頭看板には山東京伝の著作や狂歌本の宣伝、店奥には浮世絵が置かれ、旅支度の武士が土産に選んでいるようだ

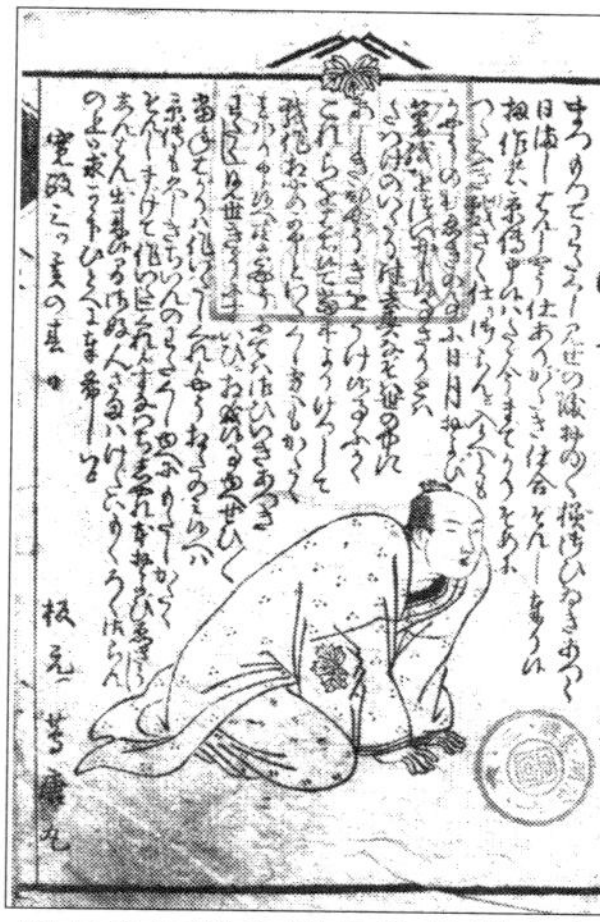

(上)一九七一(寛政三)年、山東京伝作『箱入娘面屋人魚』。蔦屋重三郎が「引退したいという山東京伝に、昔なじみの自分が頼み込んでやっと書いてもらった本だから、どうか買ってほしい」と、なんとも嫌みったらしい口上を述べる姿が描かれている。画面上に平たい富士山形の暖簾紋が見える。左端の「蔦唐丸」は蔦重の狂歌師名

(右、下)一七八九(寛政元)年、恋川春町作『鸚鵡返文武二道(おうむがえしぶんぶのふたみち)』。田沼意次から松平定信に権力が移ると、この黄表紙が寛政改革を風刺したという理由で出頭を命じられる。が、春町は病気を理由に隠居という逃げに出た。すぐに没するが、これは自殺説も強い。そしてこれがきっかけになったか、風紀取り締まりが厳しくなり、数年後に山東京伝の黄表紙『仕県文庫』などが摘発され、蔦重は財産の半分を没収され、京伝は手鎖五十日という処罰を受ける。以後、京伝は蔦屋と距離を置くことになる(国会図書館蔵)

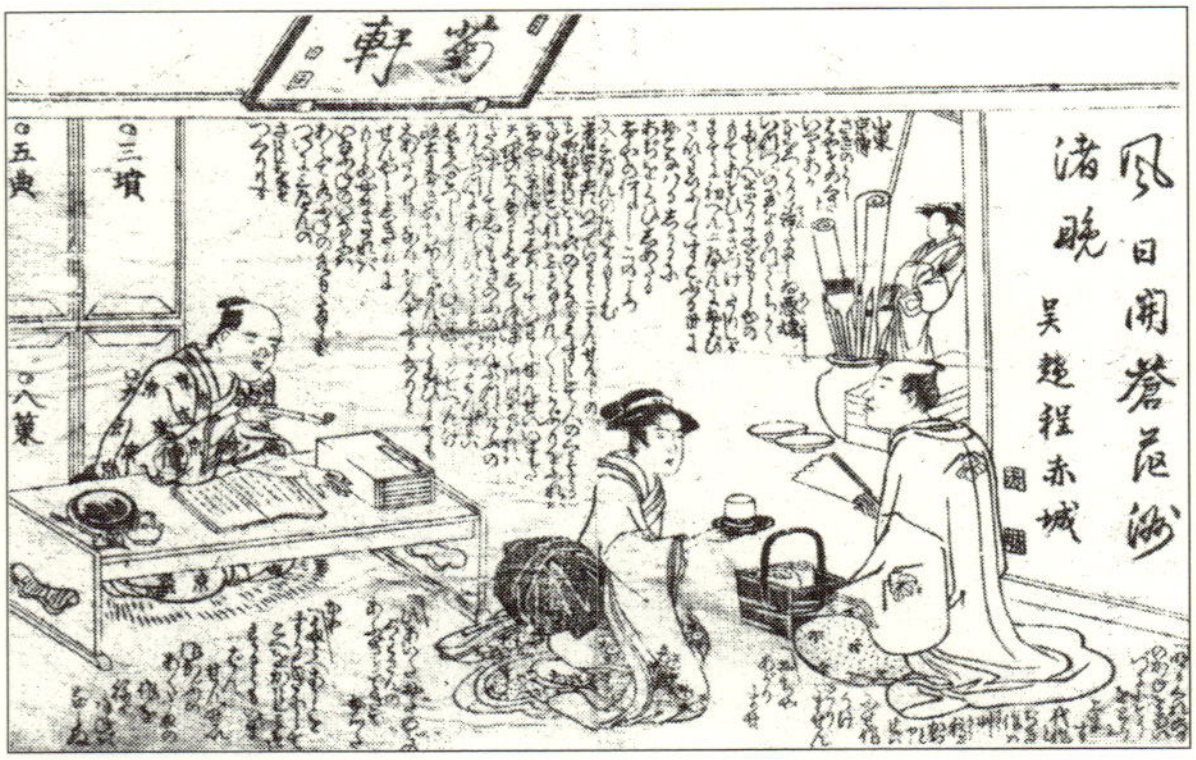

一七九三（寛政五）年の山東京伝作『堪忍袋緒〆善玉』。左に自宅の机で執筆作業中の山東京伝、右に原稿取りに訪れた蔦屋重三郎。お茶を出しているのが京伝の妻・お菊。重三郎は「たとえ足を擂粉木（すりこぎ）にしても通ってきて、声をからし味噌にしても……先生の悪玉の作を願わねばならぬ」と催促するが、このころの京伝への原稿料は、初回売り切りの微々たるもので、執筆だけではとても暮らしていけなかった。強欲な版元と立場の弱いわがままな著者の関係は、このころから始まっていたといえる

（上）1783（天明３）年、恋川春町作『廓□費字尽（さとのばかむらむだじづくし）』。吉原大門前に見える（実際は四店目）蔦屋の店頭風景。さあこれから、幇間とともに繰り出そうとする武士の一行。蔦屋の店先の後ろに積み上げられているのは『吉原細見』あたりだろうか（国会図書館蔵）

一七九三年、ご存じ、浮世絵界のエース喜多川歌麿の『歌撰恋之部』。蔦重のピンチをチャンスに変えたのが秘蔵っ子だった歌麿。背景を紅雲母摺（べにきらずり）で潰した美人大首絵。「物思恋」は、人妻が頬杖をつき、目を細めて物思いに耽っている姿を描き、内面に切り込んだ心情表現が傑作といわれる（復刻版より）

『三世大谷鬼次の奴江戸兵衛』一七九四（寛政六）年、蔦重が歌麿の次に仕掛けたのが、当時まったくの無名だった東洲斎写楽。わずか十カ月あまりで姿を消したため、正体不明の謎の絵師としても有名である。本作はその代表作。背景が黒雲母摺という豪華なシリーズで登場し、役者の素顔に迫ろうとした意欲作である（復刻版より）

京橋區南傳馬町一丁目
錦繪石版
画繪本類問屋
蔦屋 林 吉藏

『東京買物獨案内』で「富士山に星に蔦」紋。蔦屋林吉蔵は、幕末の享和から明治初頭にかけて版元として活動した

「鶴丸」代表的な地本問屋
鶴屋喜右衛門

もとは京の書物問屋だった喜右衛門が、万治年間（一六五八〜六二）に江戸に出店したとされ、明治期まで続いた。屋号は「仙鶴堂」。ほかに「鶴喜」「遷鶴堂」ともいったようだ。京の本家も寛永年間（一六二四〜四四）から幕末まで続いた老舗である。

蔦屋重三郎と並ぶ地本問屋の代表的な存在で、書物問屋にも名を連ねて幅広く商売を行った。歌川広重、歌川国貞といった代表的な浮世絵師の作品を多く出版している。一八二九（文政十二）年から翌年にかけて柳亭種彦の『偐紫《にせむらさき》田舎源氏』が大好評を得たが、天保の改革で弾圧され、絶版処分となって衰退に向かった。

鶴屋の暖簾紋は「鶴丸」だが、『江戸買物獨案内』を見ると、「鶴丸」と「山形にカト」を併用しているようだ。『江戸名所図会』を見ても、店の暖簾には両方の紋章が掲げられている。あるいは書物と地本で使い分けていたのかもしれない。なお、『江戸買物獨案内』にはもう一店掲出されている。「鶴丸」紋に「曲尺」の外郭をつけて暖簾紋としており、分家か別家と思われる。

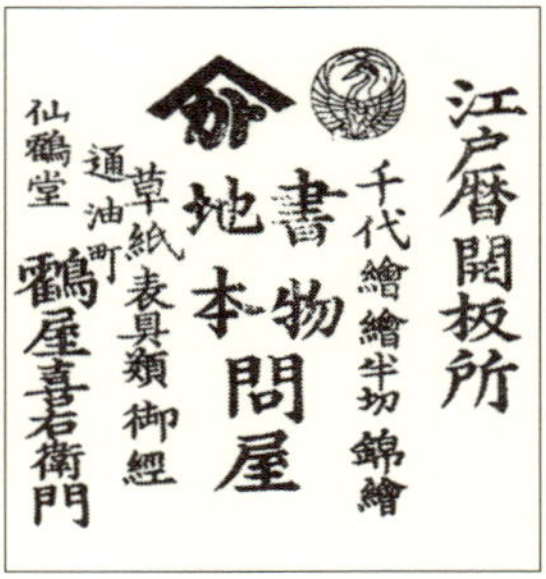

「鶴丸」「山形にカト」 書物地本問屋 仙靏堂靏屋喜右衛門（江戸買物獨案内 靏は異体字）

一八三四～三五（天保五～六）年、歌川広重の代表作『東海道五十三次 日本橋朝之景』。東海道ものが大ヒットし、空前の旅行ブームとなった（復刻版）

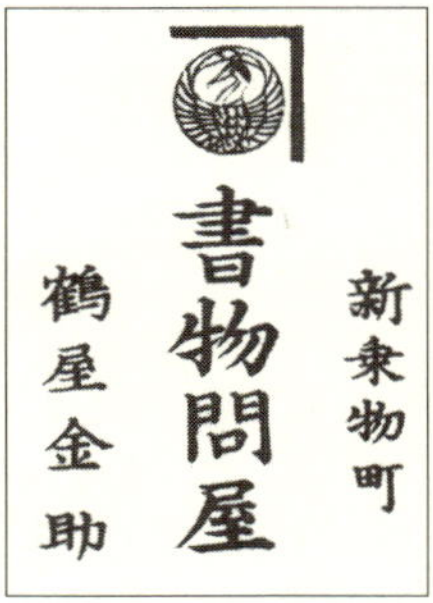

「曲尺に鶴丸」 書物問屋 新乗物町 鶴屋金助（江戸買物獨案内）

一八二九～四二（文政十二～天保十三）年、柳亭種彦作、歌川国貞画『偐紫田舎源氏』。源氏物語を翻案した物語は十四年にわたって書かれた人気作だったが、水野忠邦による天保の改革時に、内容が将軍を揶揄しているという噂が立ち、絶版と断筆が命じられた。種彦は失意のなかで死亡し、本作は途中で終わってしまう。作画の国貞は、種彦死後に本作を元にした浮世絵を、豪華な三枚続きの「源氏絵」として発表するようになる。右は第六編、海老茶筅髷が見える（国会図書館蔵）

通り油町の鶴屋の店頭風景。図中左上には「江戸の名産にして他邦に比類なし。中にも極彩色殊更高貴の御翫もてあそびにもなりて、諸国に賞美する事、尤（もっとも）夥し」とある。江戸土産としての浮世絵人気の高さがわかる。

鶴屋店頭では絵草紙を眺める娘や、役者絵を吟味する男たち、奥には浮世絵が大量に積み上げられている。たくさんの本を担ぎ、これから販売や貸本として商いに出かける商売人も見える。また、犬が寝そべり、凧揚げで嬌声をあげる子ども、稲荷の奉納絵札を担ぐ粋な男、派手な格好の鈴売り、中間を引き連れ年始回りに行く籠に乗った奥方と、正月らしい光景が展開されている。1834～36（天保5～7）年『江戸名所図会』より（国会図書館蔵）

「山形に右三つ巴」美人画の代表的な版元のひとつ
西村屋與八

西村屋與八は、蔦重とよばれた蔦屋重三郎、鶴喜とよばれた鶴屋喜右衛門と並んで、天明・寛政期の版元の代表的な人物である。永壽堂と号し、姓は日比野、栄壽斎ともいった。書物問屋であり地本問屋としても初期からの問屋だった。西村屋の活動時期は宝暦～慶応（一七五一～一八六八年まで三代続く）ごろといわれ、宝暦年間ごろの浮絵には「風流江戸絵五色墨元祖　永壽堂日比野」とある。『江戸買物獨案内』には「経書・医書・仏書・神書・歌書・石刻・唐本・和本・寺子必読往来物・草紙・錦絵・絵本」と多数のジャンルがあげられており、幅の広い総合出版社だったことがわかる。

西村屋の名がもっとも有名なのは美人画である。一七七七（安永六）年から一七八二（天明二）年ごろに版行した、礒田湖龍斎の『雛形若菜の初模様』（大判一〇〇枚超えのそろい物、のちに鳥居清長、勝川春山も描く）は、初めは蔦屋重三郎と合梓し、のちに単独刊行して、それまでの美人画の判型を中判から大判に方向づけした。役者絵を専門とする鳥居派の四代目で、『美南見《みなみ》十二候』『風俗東之錦』『当世遊里美人合』などで有名な、鳥居清長の作品をもっとも多く出版した版元としても知られ、美人画トップの版元だった。

寛政期には蔦屋重三郎が喜多川歌麿や東洲斎写楽を推して対抗したが、西村屋は初代歌川豊国や鳥文斎栄之《ちょうぶんさいえいし》、勝川春潮、歌川国貞らを登用して多数の作品を発表していった。歌川広重の花鳥画、葛飾北斎らの風景画にも取り組んでいる。北斎の『冨嶽三十六景』は浮世絵風景画の代表作品のひとつといえる。

暖簾紋は「山形に右三つ巴」紋である。他店の「山形」の紋章と比べて「山形」が左右に長く広がっているのが特徴だ。『江戸買物獨案内』には、西村幸助の名で薬種問屋としても掲出されている。名前は異なるが、所在地も近く暖簾紋も「山形」のバリエーション違いなので、分家または別家ではないかと思われる。

礒田湖龍斎による『雛形若菜の初模様　扇屋内瀧川』
礒田湖龍斎は、明和期の鈴木春信の影響からようやく脱し、安永年間に、現実の女の肉体を感じさせるでっぷりとした独自の画風を確立した。『雛形若菜の初模様』は吉原の遊郭からの入銀もの（スポンサー出資）で、町の娘たちのファッション・ガイドとして大人気だった。ここでは初めて大判を採用し、以後大判が浮世絵の基本となり、のちに鳥居清長が引き続きシリーズ化していくことになる（国会図書館蔵）

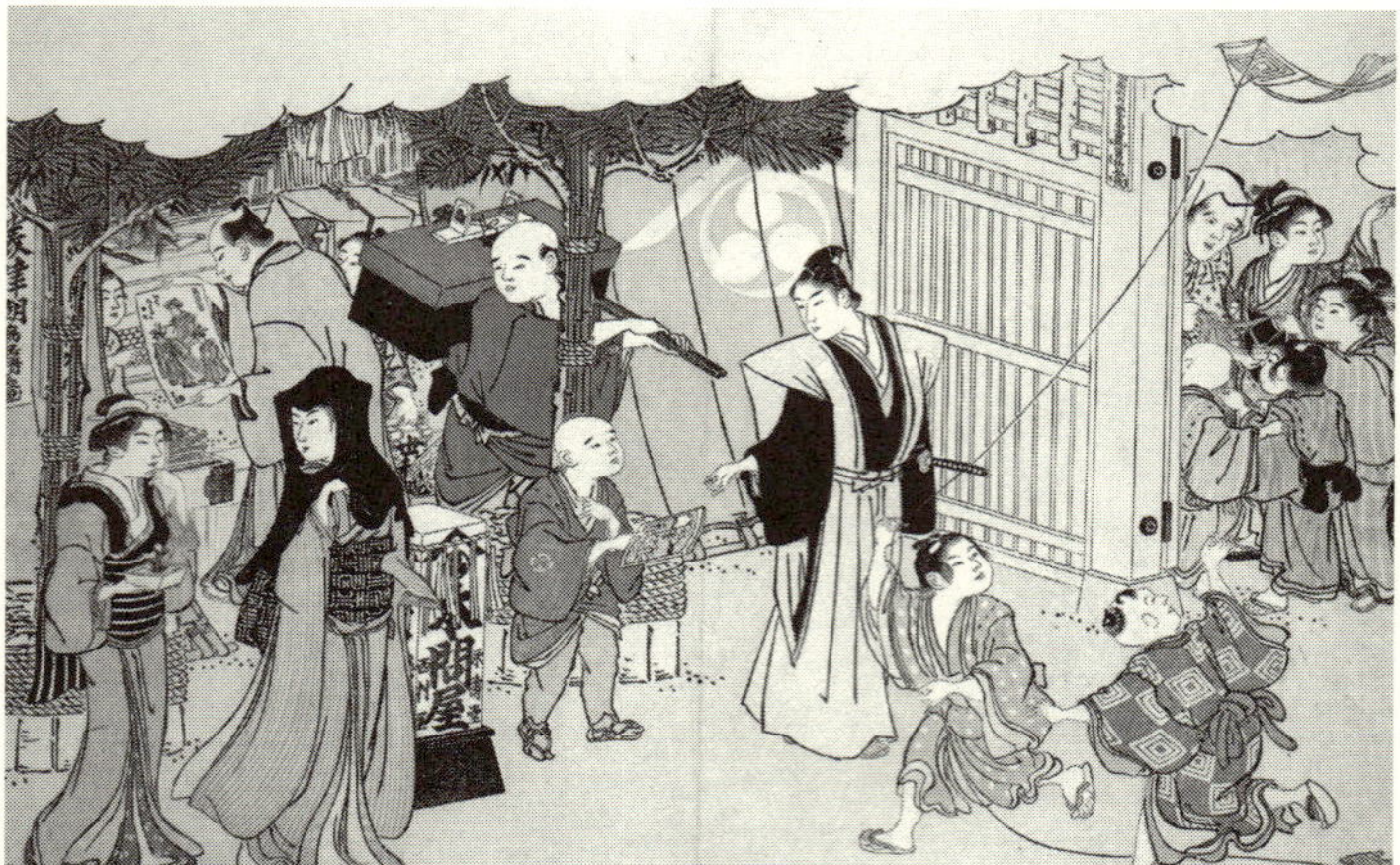

『彩色美津朝　商い始め』。子ども相手の占いの商売人、凧揚げする子どもたち、西村屋内で鳥居清長画による『雛形若菜の初模様』を手に取る旦那、おこそ頭巾を被る娘と福寿草を持つ女中。初期の清長が描いたにぎやかな正月風景だ。大きな門松の横の日除け暖簾には「山形に右三つ巴」の西村屋の紋が見える（国会図書館蔵）

1828（文政11）年、葛飾北斎画による『絵本庭訓往来』より。右奥正面の人物が西村屋と見られる（『日本古典籍データセット』国文研等所蔵）

『十二組の内　里神楽富貴の壽』。豊国は役者似顔絵で大ヒットした後、風俗画や美人画でも役者の似顔を登場させるようになる（国会図書館蔵）

1831～34（天保2～5）年、葛飾北斎による『冨嶽三十六景』のうちもっとも有名な「神奈川沖浪裏」。このときビッグボス北斎はなんと72歳！このシリーズによって名所絵が確立された（復刻版）

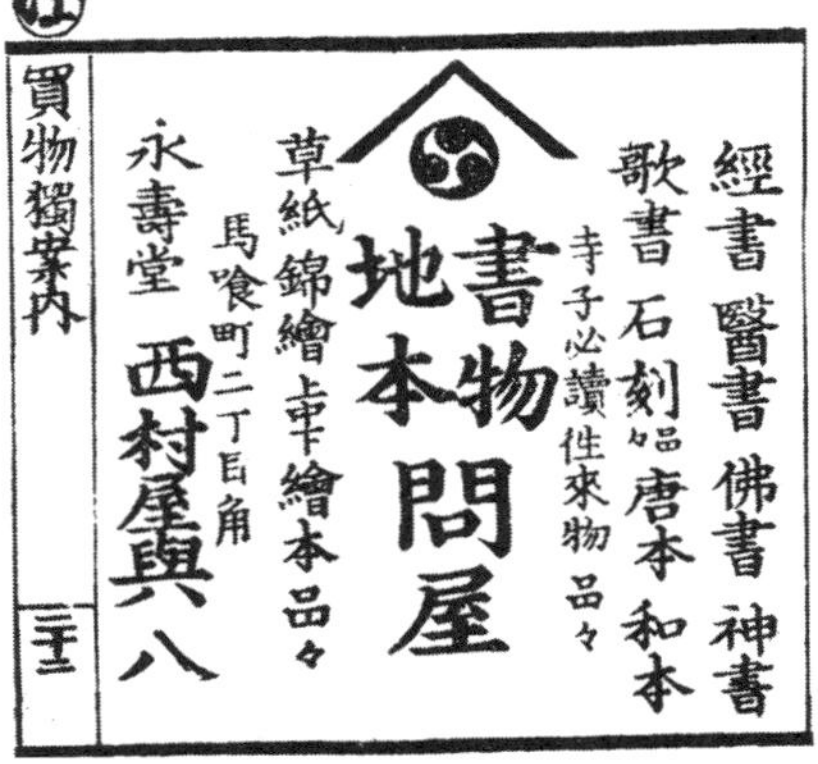

「山形に右三つ巴」書物地本問屋　永壽堂　西村屋與八　馬喰町二丁目角（江戸買物獨案内）

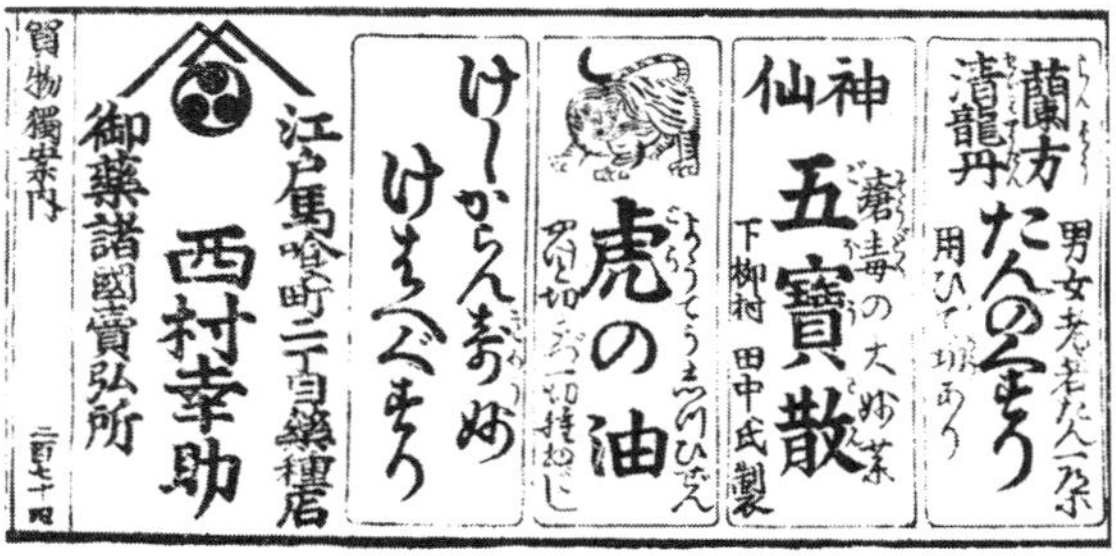

「入り山形に右三つ巴」御藥諸國賣弘所　西村幸助（江戸買物獨案内）

「入り山形に本」多くの浮世絵を出版した和泉屋市兵衛

和泉屋市兵衛は代々市兵衛を襲名して、明治期まで八代続いた地本問屋である。芝神明前で営業し、当初は仏教関係を扱い、天明年間（一七八一〜八九）からは絵草紙、絵本、浮世絵などを出版した。初代は甘泉堂、泉市と号した。一七九〇（寛政二）年に地本問屋仲間が結成されたときからの株仲間。須原屋と並んで江戸期には『太政官日誌』を刊行していた。一七九四（寛政六）年から版行した大判浮世絵のそろい物『役者舞台之姿絵』によって、初代歌川豊国を役者絵の第一人者に押し上げたことで知られる。ほかに勝川春潮、喜多川歌麿、鳥文斎栄之、歌川国貞ほか、多くの浮世絵、絵本を出版している。『東海道名所図会』には和泉屋の店頭風景があるが、残念ながら暖簾紋は見あたらない。暖簾紋がなんだったのか明確な史料はないが、『江戸買物獨案内』には和泉屋市兵衛の名がある。市兵衛の名は明治期まで八代にわたり襲名されたので、この店が和泉屋の本家であり、ここに掲出された紋章が暖簾紋と考えてよかろう。これが正しければ、和泉屋の暖簾紋は「入り山形に本」ということになる。

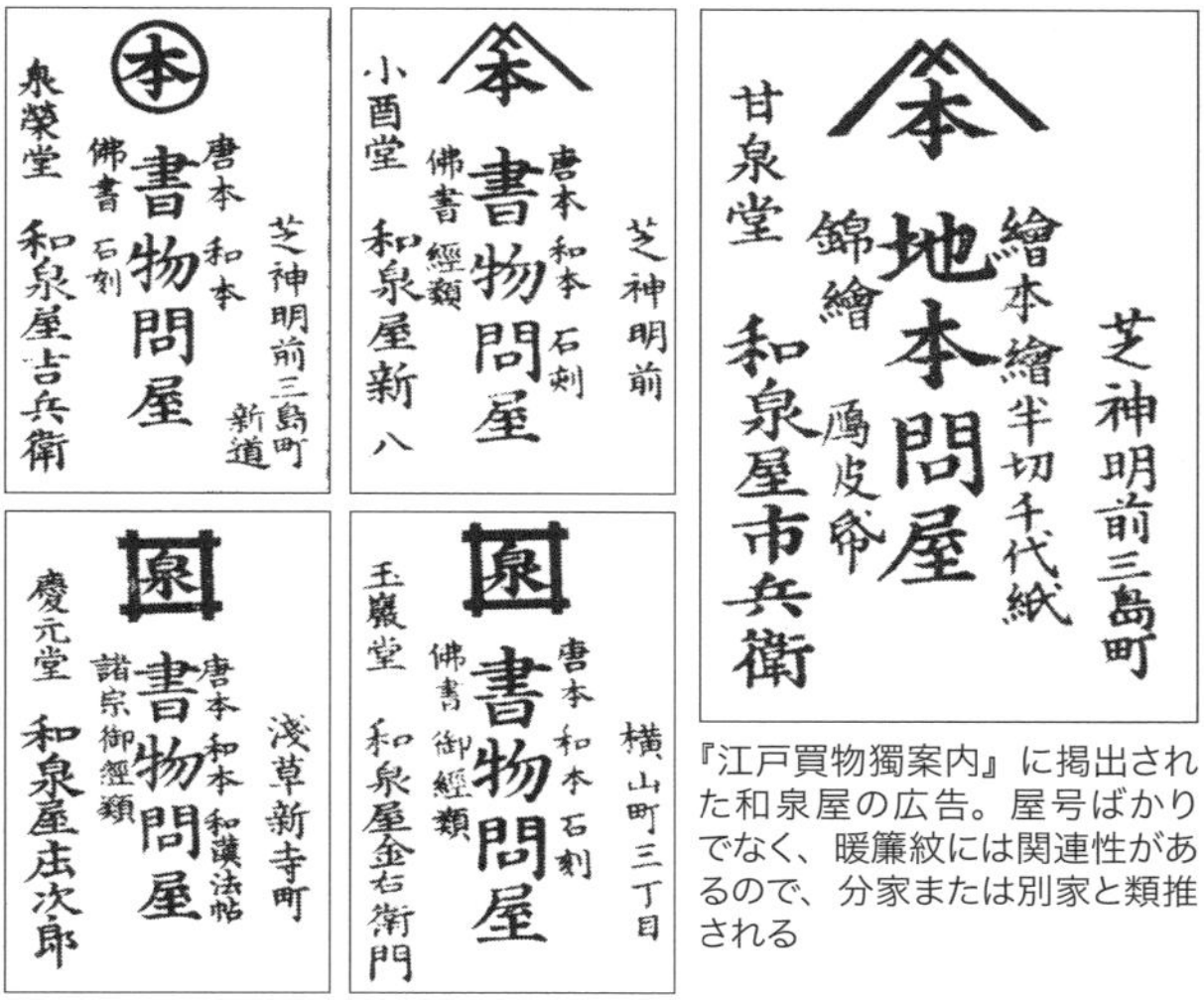
芝神明前三島町 新道
唐本 和本
佛書 石刻
書物問屋
泉榮堂 和泉屋吉兵衛

芝神明前
唐本 和本 石刻
佛書 經類
書物問屋
小酉堂 和泉屋新八

芝神明前三島町
繪本 繪半切 千代紙
地本問屋
錦繪 扇皮帋
甘泉堂 和泉屋市兵衛

淺草新寺町
唐本 和本 和漢法帖
諸宗御經類
書物問屋
慶元堂 和泉屋庄次郎

横山町三丁目
唐本 和本 石刻
佛書 御經類
書物問屋
玉巖堂 和泉屋金右衛門

『江戸買物獨案内』に掲出された和泉屋の広告。屋号ばかりでなく、暖簾紋には関連性があるので、分家または別家と類推される

『役者舞台之姿絵 かうらいや（高麗屋）』三代目市川高麗蔵の見えきりの場面。同時期の写楽が役者の実像に迫り不評だったのに対し、豊国は役者をどう格好よく描くかを重視した。これが人気をよび、評判になった（復刻版より）

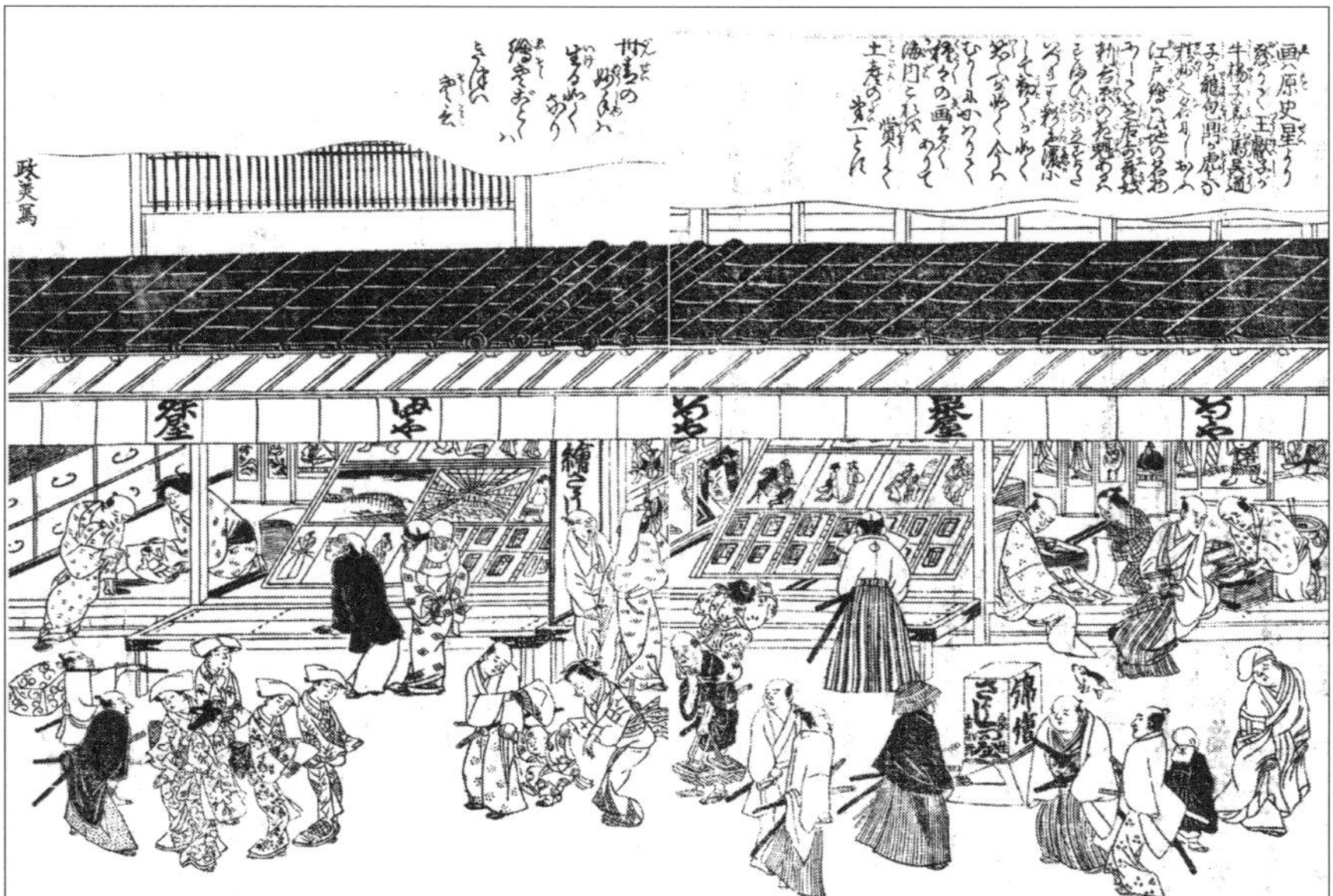

1797（寛政9）年、甘泉堂（和泉屋市兵衛）店頭風景『東海道名所図会』より（国会図書館蔵）
腰かけて浮世絵や絵草紙を、母子や若旦那・武士たちが見入っている。店の手前には売り出しの芝居小屋浮絵・役者絵・武者絵・両国橋風景・相撲絵や絵草紙を斜めに並べ、後ろには軸装された相撲絵・宝舟・美人画の浮世絵が見える。繁華街である芝神明前の店頭前の通りには、絵草紙を求めにきた武士の一行や、親子連れ、若い娘たちのにぎやかな声が伝わってくるようだ

同じ和泉屋の屋号では、ほかに小西堂和泉屋新八、泉榮堂和泉屋吉兵衛、玉巖堂和泉屋金右衛門が並び、少し離れて慶元堂和泉屋庄次郎が掲出されており、暖簾紋は順に「丸に本」、「入り山形に本」、「井筒に泉」、「井筒に泉」である。本家と同じ暖簾紋の小西堂は分家、ほかの三人は暖簾紋が異なるので別家と類推されるが、もちろん断定はできない。

ところで、浮世絵には印章が押されており、和泉屋が発行した『役者舞台之姿絵』などには「丸に極」などの印が入ったものがある。これは暖簾紋ではなく「改印《あらためいん》」または「極印《ごくいん》」とよばれる印章だ。浮世絵には寛政の改革（一七八七年）から始まったとされる検閲制度があった。時代によっても異なるようだが、版元が版下絵を町名主に提出して検閲を受け、その証として「改印」を押印した。つまり検査済み商品であることを示している。このとき「年月印」もあわせて押印したことから、その浮世絵ができた時期もわかる。ただし、必ず押印されているわけではない。

本や音楽などの著作者に対する支払いを印税という。言葉の印象からは「改印」と関係がありそうに思えるが、無関係である。明治以降の出版業界で、本の著者が発行部数の確認のために押印した紙片である検印紙を、奥付などに貼る習慣があり、出版社はその検印紙の枚数に対応して支払いを行った。その紙片が収入印紙に似ていることから印税とよばれるようになり、その後、音楽著作権などについてもその言葉が使われるようになった。戦後しばらくすると検印制度は廃止され、現在は言葉だけが残っている。

下り酒の名酒「正宗」の名称をめぐる争い

日本酒の銘柄として「○○正宗」という名称が全国にあり、書体もほぼ同じだ。なぜそうなっているのだろうか。

遡れば「正宗」は灘の櫻正宗が元祖である。江戸時代に「正宗」の名は灘の名酒として広く認識されていたが、大都市圏以外には流通がむずかしかった。そこで、各地の酒蔵がその有名ブランドにあやかって自社製品にその名をつけ、ロゴタイプも写しとったと思われる。当時は商標登録制度もなく、酒は地域性が強いため、各地に同じ名称とロゴタイプの別製品があっても商売で困ることはなかったのだろう。

櫻正宗は一六二五（寛永二）年、伊丹の荒牧村で米農家をしていた山邑太左衛門が創業した酒蔵である。当時の屋号は「荒牧屋」で、やがて灘に移った。「正宗」の酒銘は六代目が発案したものだ。

一八八四（明治十七）年に商標登録制度が公布された際、荒牧屋は「正宗」を登録しようとして愕然とした。登録が否認されたのである。理由は、すでに全国に「正宗」の名の酒があり一般名称になっているからだった。国の指導により、荒牧屋は泣く泣く「櫻」の字を冠して登録商標を「櫻正宗」とし、社名もそれに合わせたという。

現在の「櫻正宗」のラベル。江戸時代から正宗の文字がほとんど変わっていないのがわかる

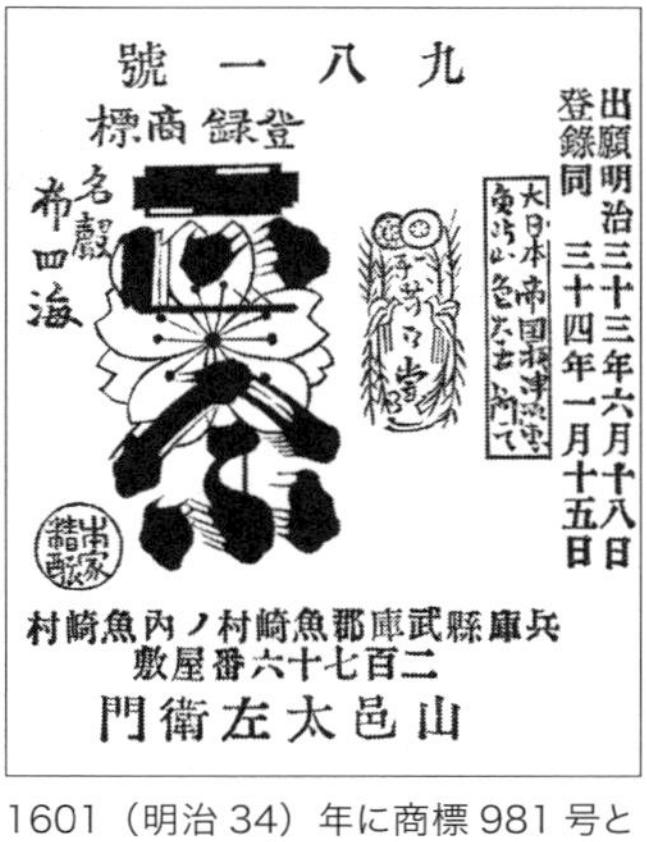

1601（明治 34）年に商標 981 号として登録された（全国有名醸造商標集）

江戸時代すでに下り酒として販売されていた「正宗」の文字（守貞漫稿、国会図書館蔵）

いつのころからかわはからないが、明治の中期には「正宗」の名のついた酒は一〇〇種を超えていたので、そのいくつかをとりあげてみた。これだけ多くの酒蔵が採用したのは、もとの荒牧屋「正宗」のブランド力が強かったためであることは間違いあるまい。

同様の事例はほかにもある。酢の大手メーカーであるミツカンは、寿司用の粕酢を「丸勘」のブランドで江戸に売り込むことに成功したが、近隣の酢メーカーに真似されて、江戸時代末期には実質的に近隣一体の酢の商標となっていた。商標制度のスタートにあたり、ミツカンは「丸勘」を登録しようとしたが、三日遅れで近隣地域の会社に奪われた。そこでやむを得ず現在の商標を開発したという。これは少々悪意を感じる事例である。

登録商標の問題といえば、一時期、中国で関係のない企業に金目あてで登録されて困ったという報道をよく目にしたが、真似なら高度経済成長期までの日本でも少なくなかっただろう。ただ、現在はなんでも権利保護ということで、文豪の名前や戦国武将の家紋まで登録され、自由な論評をしにくい事例もある。なかなか面倒な時代になったものだ。

以下は『全国醸造物登録商標便覧表』に掲出された各地の清酒「正宗」の一例

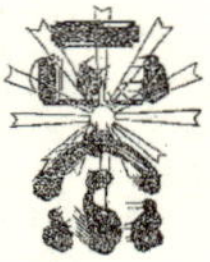
「旭日正宗」兵庫県菊谷浅吉

「稲囲み達磨正宗」東京都岩崎与右衛門

「抱き稲正宗」兵庫県河東倍二郎

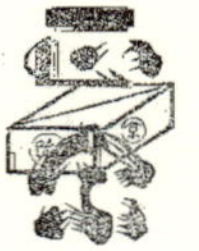
「枡正宗」大阪府益田嘉兵衛

「抱き橘正宗」兵庫県若井得蔵

「扇正宗」兵庫県野田六左衛門

「飛び龍正宗」愛知県五十川卯三郎

「向かい鶴正宗」兵庫県辰馬半右衛門

「抱き蓮正宗」兵庫県柴崎嘉吉

「正宗一」大阪府阿波野庄平

「お多福正宗」京都府梶原伊三郎

「違い剣正宗」兵庫県中山治助

菊屋

花澤屋

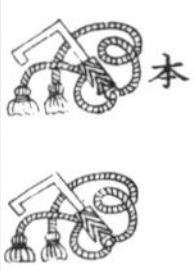

遠州屋

田端屋

坂元屋

第八章

小田原屋

伏見屋

大黒屋

鴻池屋

暖簾分けで変化していく紋章

小倉屋グループ

いわしや

暖簾分けと暖簾紋の関係

この章では暖簾分けと暖簾紋の関係を見ていくが、まず暖簾分けの定義を確認しておくと、『日本民俗大辞典』（一九九九年）では「商家などにおいて営業権を分与して分家・別家をとりたてること」と規定している。分家は親族へ、別家は非親族の奉公人への暖簾分けのことをいう。暖簾はその店の象徴であり、信用と知名度を具体化したものである。暖簾を分けるということは、本家と暖簾分け店の関係を明確にし、対外的に表明するものでもあった。

暖簾分けは江戸中期から明治中期ごろまで盛んに行われたようだ。同業者の組合である株仲間が幕府に公認されたことから、制度的にできあがっていったともいわれる。ただし、江戸期と明治期では経済制度が大きく変化したため、性格はかなり異なってきたようでもある。ここではその暖簾分け制度がどんなものだったか、それが暖簾紋にどう影響したかを眺めてみたい。

暖簾分け

暖簾分けの始まりは株仲間の公認から

同業者組合は、平安時代末から戦国時代にかけての〝座〟とよばれる商業の同業組合が始まりだ。朝廷や貴族、寺社など、その地域の権力者を本主《ほんし》（名目上の支配者）とすることで特権を得て、商人、手工業者、芸能者などで形成した一種のカルテルで、製造から販売までを独占した。当初は価格や供給量の安定、故買品の取り締まりなどで商業の発展に寄与したが、やがて独占による利益を優先するようになり、新規参入者を排除し自由な商業活動を妨げるなど、弊害が大きくなっていった。

これを排除した楽市楽座は織田信長が有名だが、六角氏や北条氏、今川氏なども同様の政策をとった。市場競争が起こり税収も増加した戦国末期のいわば普遍的な政策で、豊臣秀吉、徳川家康もこれを踏襲した。ただし、座は完全に消えたわけではなく、その名残りは現在も演劇や映画の劇場名などに見られ、日本一の繁華街ともいうべき銀座の地名にも残っている。

江戸時代に入ると、座の替わりに業界ごとに同業者団体が発生し、株仲間とよばれるようになった。当初は特権を得ていたわけではなく、たんなる同業者間の利害調整機関だった。職業の世襲化が定着していった時代でもあり、商人たちは既得権益を守るために業界団体を必要とし、また株仲間は契約の履行保証などをする機能も備えていたため、自然に成立していったのである。江戸前期には座と同様に規制の対象となり、六度にわたり禁止令が出されたが、なかなか根絶されなかった。

享保の改革（一七一六～三六＝享保元～二十一年）で商業統制を行うために株仲間が公認され、冥加金と引き換えに販売の独占権が与えられたのが大きな変化といえる。さらに田沼意次の時代（一七六七～八六＝明和四～天明六年）には、冥加金の拡大と商業統制のために積極的に利用された。幕府からの指示で株仲間を結成した業界もあり、これを「御免株」、商人が自主的に結成して認可を得たものを「願株《ねがいかぶ》」（直株《じかかぶ》とも）とよんだ。

『暖簾考』によれば、株仲間への参加資格は世襲によって維持され、襲名することで仲間としての家格を認められたという。つまり、株仲間は株を持つ商店主たちが自らの独占的な収益を維持すると同時に、その収益構造を子に相続させるための組織でもある。

しかし、創業者は株仲間に加わることのできた優秀な経営者に違いないが、代々優秀な後継者が続くとは限らない。そのため商家では、店主を補佐して経営の中枢を担うことができる優秀な人材を必要とした。株仲間が公認されたころから暖簾分けが広く行われるようになり、制度としても完成していったとされるが、この制度はそうした人材獲得手段のひとつでもあった。

また、株は売買されるものでもあった。株仲間に入っている商人でも、後継者に恵まれなければ株を売却して隠居することになる。これを譲り株という。そのとき適切な買い手がいない場合は、株仲間で預かることもあったようだ。これは休み株とか預かり株とよぶ。暖簾分けを行うにはこうした株を買い取る必要があった。経済規模の拡大とともに、株仲間は増加していったが、その増加分を誰に配分するかも既存の株仲間たちの意向が大きく反映されただろうことは想像に難くない。

独立だけではない暖簾分け

『暖簾考』によれば、暖簾分けには大きく分けて三タイプがある。①は丁稚が長年忠勤し、別宅を許されて通い奉公を行い、子々孫々まで主家に仕えるもの。②はなんらかの事情で別宅からの通勤を許され、別家の待遇を受けるもの。このふたつはいわゆる通い番頭であり、本家で経営に参画するわけだ。③が独立起業するもの。本家から株仲間に願いを出すことで仲間内となり商売を許される。丁稚制度の最終局面であり、この三つ目のタイプが一般的な暖簾分けのイメージに近い。

暖簾分け店を出す場合の方法は、およそ次のようになる。本家は暖簾分け店に開業資金、仕入れ先、顧客などを分与し、場合によっては信用保証も行い、屋号と暖簾紋の使用を許可した。さらに暖簾分け店が株仲間に加われるように、休み株、譲り株の買いつけも行った。暖簾分けを受ける側はこれらの援助によって経営基盤を構築する替わりに、商売の内容や方法だけでなく、祭祀や冠婚葬祭、日常生活まで本家の統制下に入る。たとえば暖簾分け店の店主は毎月一日と十五日には本家に挨拶に出向くことが義務付けられるという決まりがあった店もあったようだ。本家への挨拶の決まりは複数の史料で見かけたから、比較的一般的な決まりだったと思われる。ほかにもさまざまな決まりがあっただろう。

暖簾分けにあたり、本家は暖簾を渡したという。ここでいう暖簾は屋号や暖簾紋などが染め抜かれた実物の暖簾のことで、店を持たない通いの分家、別家にも暖簾の実物を渡す習慣だったらしい。屋号と暖簾紋を共有することは本家と分家、別家の系列関係を闡明《せんめい》することだが、それは対外的に示すばかりでなく、内側の意識統一といった側面もあっただろう。暖簾は商家グループを形成していくための象徴だったということになろうか。

『日本民俗大辞典』では「暖簾を分与することによって本家との系譜関係を相互承認し、社会的、経済的にも分家・別家を承認させた」としている。商家グループを研究した『商家同族団の研究』（中野卓）でも、こうした暖簾分けの習慣が一般的なものだったという。

こうした関係性のもとでは、暖簾分け店であっても全面的な独立はありえず、本家と暖簾分けを受けた側とは封建的な主従関係が代々続く制度だった。現在の感覚からすれば、雇用主である本家側に都合のいい制度に見えるが、江戸期という封建的な時代では当然だったのだろう。

『暖簾考』（谷峯蔵）では、大店は通い番頭に別家の待遇を与えることが多く、中規模店の店では独立店の別家にすることが多かったという研究を紹介している。その理由として、大店は経営規模が拡大するにともない多数の使用人を必要とするようになったこと、使用人側が安泰な終身報酬生活を望む傾向もあったとしている。中規模店についての指摘はないが、周囲に暖簾分け店を抱えることで、知名度や信用、規模の拡大を図ったのではなかろうか。資本主義経済が芽生え始めた時代でもあり、暖簾分けは本家家業への人材を含めた資本蓄積の手段だったと考えればわかりやすい。

　これを使用人側から見れば、自らの力を発揮したいと考える者にとっては、株仲間の制度が公認されて新規参入が難しい社会状況下で、現在に当てはめれば、大企業の経営陣に加わったり子会社の社長になれる制度ともいえる。優秀と認められた証しであり、独力で商店主になることに比べればはるかに有利な出発である。山崎豊子のデビュー作である『暖簾』（新潮文庫）は明治期から戦後の時期までの暖簾分け店の店主家族の物語だが、そこには本家ではなく、暖簾そのものに対する誇りが描かれている。

　一方で、本家の側にも厳しい側面があり、子が凡庸なら跡を継がせなかった。優秀な人材を養子にして後継者に据えたのである。家業の存続と発展を最優先にして、嫡子相続制度、廃嫡制度、養子縁組などを最大限に利用するとともに、実際の経営は番頭の経営チームに集団経営を行わせた。暖簾分けの目的にはそのための人材育成と保持という側面があっただろう。大坂の商家では男子より女子の誕生を喜んだという話も聞く。婿養子を迎えやすいからだといわれる。

　では後継者から、あるいは経営の中枢から外れた本家の惣領はどうしたかというと、俳句や川柳といった芸術的な分野で名をあげた人びとも少なくなかった。『暖簾考』には、地方俳人の雄といわれる人びとに大商家の家長が多く、養子名義の者も多かったという研究がある。つまり、大店の二代目、三代目は、家業の運営は優秀な番頭に任せ、自らは現代風にいえば文化活動を行ったのであろう。

暖簾分けしたグループはなんとよばれたか

暖簾分けでグループを形成し、本家を中心に支配・従属的な関係で結合している商家の連合体を、商家同族団という。通いの親族分家、別家（通勤末家とも）、自営開業の分家、別家を含む集団である。前述した『商家同族団の研究』によれば、同族団は商店ばかりでなく職人、旅館・貸座敷などを含めた町屋一般に見られ、武家や寺院においても類似の現象が見られたという。商家同族団は明治になると株仲間が廃止され、崩壊し始めるのだが、暖簾分けは明治の前期にはむしろ盛んになり、同族財閥の形成、中小企業の経営に大きな役割を果たした。

この商家同族団は「暖簾内《のれんうち》」「暖簾中《のれんじゅう》」「一統内《いっとううち》」「店内《たなうち》」などとよばれた。「一統」は商家同族団を指すばかりでなく、別家のみの集団を指す例もあったり、ほかの一般的な集まりでも使用した言葉のようだ。また、「店内」という言葉は江戸と大坂では意味が違ったようで、江戸では「暖簾内」と同じで商家同族団を示したようだが、上方では同業者ギルドのような仲間集団を示した。ただし、いずれも通いの分家・別家は除外して、店持ちの本家・分家・別家の集団を指し、商家同族団をそのまま指した言い方ではなかったらしい。

これらのよび名の多くに「暖簾」という言葉が含まれるものがあるのは当然として、すべて内側、中という意味を含んでいることに注目したい。商家同族団は本家の意向が絶対とされる封建的な組織だったといえようが、商家同族団を構成する分家・別家の人びとは、本家の決まりのもとで、丁稚で入店した幼いころから同じ店で長期にわたって働き続け、優秀と認められ、暖簾分けされるまで出世した人びとだ。いわば同じ文化のもとに育った同質の人びとであり、そのなかでの勝ち組グループということになろう。後述するが、山崎豊子の処女作『暖簾』で、暖簾分けを受けた主人公は頼りない本家の当主は軽く見るが、暖簾にはプライドと愛着を感じており、その感覚は次世代にも引き継がれる。それは勝ち残っているという感覚なのかもしれない。

暖簾分け

江戸時代は起業が多かった？

一方で、江戸期には起業が多かったという研究もある。『大江戸商い白書』（山室恭子）は、各種の商人名簿などから得られた情報をもとに数量分析を行っている。目次には江戸時代の商店の「平均存続一五・七年」「株の五割は非血縁譲渡」といった刺激的な見出しが並ぶ。株仲間の構成員もかなり流動的で、一定の利益をあげた商人が株を売って楽隠居するというケースもかなりあったと指摘している。

この本があげるもうひとつの印象的な見出しは、「店の五割は米屋か炭屋」というものである。数百メートル四方に一軒という最小の生活圏単位で、米屋も炭屋も存在したという。米も炭も日常生活に必要だが、相場によって価格の上下が激しい商品であり、販売時の付加価値もそう高くはない。また、初期投資が軽微な商売でもある。そのため、利益の出ない時期には店をたたみ、利幅がとれるとみるや新規参入が出てくるという構図だったようだ。飲食店も、一部の老舗を別にすれば、入れ替わりの激しい業種だったように見える。刺激的な見出しは、これらの入れ替わりの激しい業種を含めた、平均の数字と考えれば納得できる。

この本のベースになったのは『江戸商家・商人名データ総覧』（田中康雄編）というデータ集で、『江戸買物獨案内』を含めて、江戸期に幕府などに提出された届出書や業界名簿などのリストを整理したものである。屋号で整理されたこの膨大なデータを眺めていると、多くの商店が代をつなぎ、分家、別家を設けているように見える。ところが、『大江戸商い白書』によれば、その半数が血縁ではないらしい。株仲間の権利ばかりでなく、屋号や経営者の名前まで含めて、商売にかんするすべてが売買の対象になったのだろう。

商家同族団と村落における同族団

『日本民俗大辞典』では、商家の暖簾分けによる商家同族団と、村落における同族団との類似性を指摘している。

村落同族団については戦前にいくつもの研究がある。『商家同族団の研究』では、それまでの研究から「村落同族団は本家の周囲に血縁分家、非血縁分家があり、その系譜関係を一丸とした同族団体を構成」したもので、日常的な生活の共同体だとしている。生活上の共同関係がなくなれば血縁関係であっても同族団ではなくなる。つまり日常的な生活を成り立たせる基礎である地縁関係のある集団である。分家は、①血縁分家によるもの、②主従関係によるもの、③土地家屋の質流れによるものに大別され、主従関係は、①家来を引き連れた武家の土着、②奉公人分家、③地主と主従関係を結ぶにいたった移住入村者の三タイプというのが、それらの研究成果だ。単純にいえば地主である本家と分家した小作の集合体と考えればわかりやすい。

なぜ地主と小作ができたかは歴史的にさまざまな事情があるはずで、ここでは追求しないが、宮本常

一の『忘れられた日本人』（岩波文庫）にあった事例をひとつあげておきたい。農家の主人が早めに引退して隠居部屋をつくり、そこに次男、三男を巻き込んで、以後は新田開発を行った。できた新田または畑を次男、三男に相続させることで分家を形成したというもので、西日本での事例らしい。

村落同族団は限られた地域内の集団だから、農業や冠婚葬祭ほかで協力し合うことも多かった。あまり人の入れ替わりのないなかで血のつながりも濃い。村落全体で濃密な関係性があったはずだ。

村落同族団はマキ、マケ、ジルイ、カブウチ、ヤウチ、イッケ、マツイなどとよばれた。経済・社会状況の変化により少しずつ崩壊しながら存続し、大東亜戦争後の農地解放によって壊滅的に崩壊したとされるが、農地改革は山林までは及ばなかったこともあり、その機能が一挙に失われるところまではいかなかった。生活共同体としての機能はしだいになくなっていっただろうが、現在にいたるまで都会よりも濃密な人間関係が形成され続けている。

暖簾分け

明治政府による株仲間禁止で暖簾分けは大きく変わった

明治になると、新政府は株仲間を廃止したため、人びとは営業、職業の自由を得た。また、廃藩置県で商売の地理的自由度も大幅に広がった。

『暖簾考』では、明治期の商家の大きな変化は支店を多く設けるようになったことだと指摘している。江戸期にはひとつの店しか持たないことが堅実な商売だとして、派手で華やかな商法は長続きしないという考え方もあり、暖簾分けにも厳しい制限を設けていた。ところが明治に入ると、大店は江戸期に蓄積した資本を背景に、多くの事業を展開するようになり、財閥への形態へと進んでいった。一方で中小店は積極的に支店を展開するようになっていった。本店にとっては支店の多いほうが知名度などでなにかと有利だし、本店の屋号や暖簾紋が支店の経営に有利に働いたことはいうまでもない。この時期の支店は、その多くが実質的な暖簾分けだったと考えられる。とくに中小店にそうした傾向が強かったようだ。

明治期の丁稚奉公は、徴兵検査までの約束で商売を見習い、徴兵されない場合はさらに数年をお礼奉公として主家で働きながら腕を磨き、給料をためて独立することが多かったようだ。ただし、自己資金だけで店を立ち上げるのは困難だ。多くは主家の支店として、主家の屋号や暖簾紋を使い、資金援助も受け、掛け仕入れなどにも主家の口添えを得た。「暖簾内」の意識も相互に保たれ、明治以降も商家同族団の機能が続いていたのである。

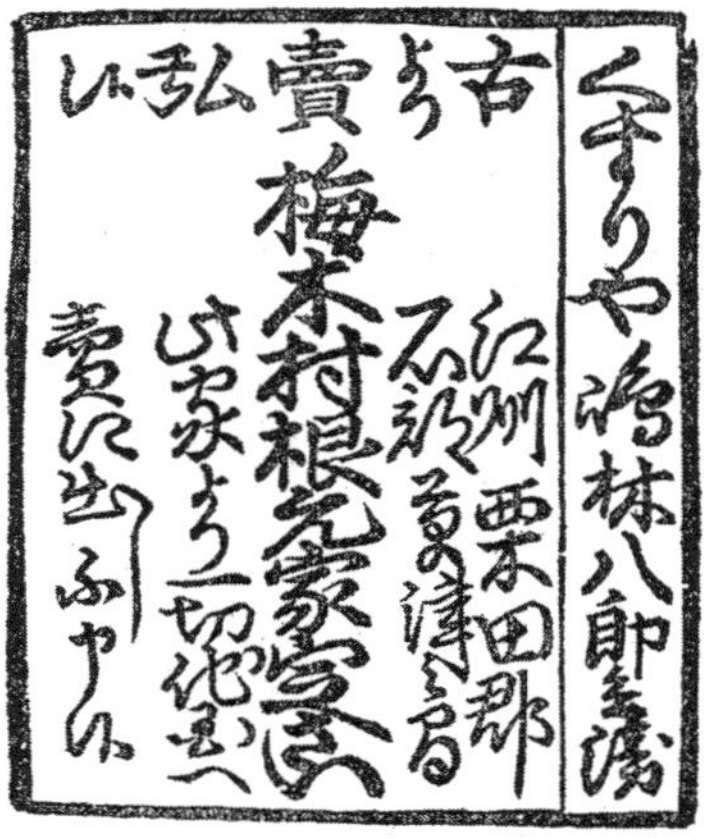

近江梅木村の定齊屋嶋林の薬商標。「此家より一切他国へ売りに出し申さず」として独自性をアピールしていた（江戸時代商標集）。この商標集では、ほかにいっさい出店はないなどと謳った広告も散見され、総じて支店展開には慎重だったと思われる

江戸期から明治初期までの名簿を見ていると、暖簾分けの多い業種がなんとなく見えてくる。店としての販売エリアが狭く、少し離れれば競合しなくなる商売。もっともわかりやすいのは菓子舗などの食品系である。東京で多くの独立店舗がある、菓子舗の凮月堂や梅花亭も暖簾分けで知られる。本書で紹介した菓子舗も暖簾分けのケースが多かった。

この関係は現在も見られる。たとえば和食店などでは「分○○」などの屋号で、一流店からの分店であることを表示する例などもあり、職人の異動その他で共同体的な色合いが残っているところもあるよ

うだ。また、江戸時代の株仲間に近い制度も一部に残っている。大相撲の年寄株だ。親方衆を株の仲間である経営者群、現役の力士たちを各商家の従業員に置き換えれば、株仲間制度に見える。報道によれば年寄株はかなり高額で取引されているようで、これも株仲間を思い出させる。

では、商家同族団はいつごろまで続いたのだろうか。暖簾分けが盛んに行われたのは明治中期ごろまでとされる。新たな暖簾分けは下火になったかもしれないが、ひとたび形成された商家同族団の「暖簾内」という意識は、昭和の前半までは続いたのではなかろうか。前述した『暖簾』は、明治期に暖簾分けを受けて戦後になるまで暖簾を大事にした物語だった。戦後の社会的変動が起きるまで、暖簾分け店の主人は本家への挨拶を欠かさなかったという記述が残された社史も存在する。『商家同族団の研究』では、京都の商家では少なくとも一九四五（昭和二十）年までは持続されたことを確認したという。

ところで、テレビ放送が始まって間もない一九六〇（昭和三十五）年、『番頭はんと丁稚どん』というテレビ番組がたいへんな人気を得た。さらに一九六五（昭和四十）年には『いとはんと丁稚どん』が制作された。おバカな丁稚に番頭が振り回されることが笑いになっていたのだが、全国的に楽しまれたということは、番頭、丁稚といった言葉に代表される商家の文化が、この時期まではある程度生きていた証拠といえまいか。蛇足ながら「いとはん」はお嬢さんという意味の船場言葉で、娘が複数いるなら長女のことである。

『江戸買物獨案内』などに見られる分家と暖簾紋の関係

ところで、暖簾分けは暖簾紋に対してどんな影響を及ぼすのだろうか。『日本民俗大辞典』は本家と分家の家印の変化を示す事例を掲出している。家印は「家財・農具・漁具・蔵・船・墓などに対して家ごとの所有を表示したもの」で、斧や鉈《なた》などで刻んで印を表示するようになり、やがては商標性を備えるようになったとし、分家・子方の家印は、本家・親方のものに点や線を加えた場合が多く、同族としての意識を持たせるものとして機能したとも指摘している。

確認はできないが、商家の紋章でも、分家や別家では本家の紋章になにかしらの変更を加えるのがしきたりだったという説がある。このルールが正しいかどうか、『江戸買物獨案内』から事例を見ておく。

塗物問屋の菊屋は南茅場町と大伝馬町で同じ商売を行っていると見られる。屋号も暖簾紋も同じだが、片方の暖簾紋に

●事例1

塗物問屋
菊屋治兵衛（菊は異体字）

塗物問屋
菊屋清右衛門（菊は異体字）

●事例2

畳表問屋
花澤屋六右衛門

畳表問屋
花澤屋六兵衛

畳表問屋
花澤屋小四郎

●事例3

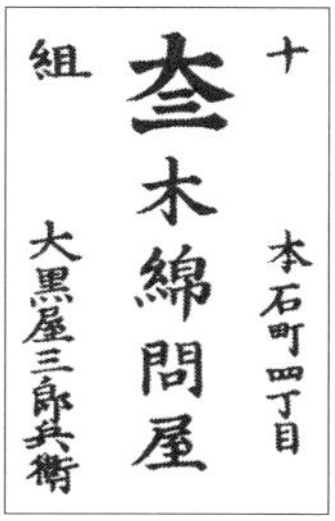

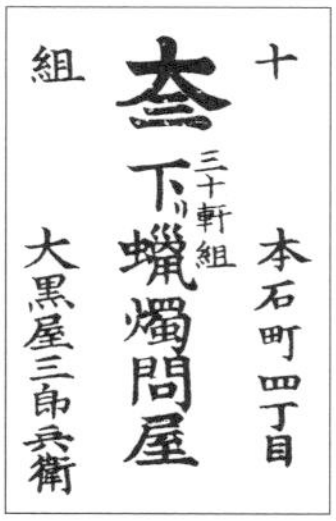

下り蠟燭問屋、木綿問屋、真綿問屋、呉服問屋
大黒屋三郎兵衛

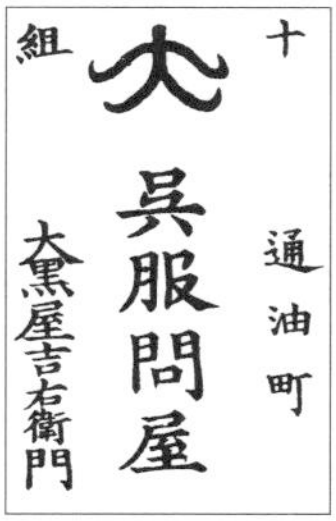

呉服問屋
大黒屋吉右衛門

は小さく「セ」の字が加えられている。名は異なるから「セ」の字がついたほうが分家または別家と思われる。（事例1）

畳表問屋の花澤屋は同じ屋号で三店並んでいる。屋号は同一で暖簾紋も「鍵」で同一なのだが、一店だけ「本」の字が小さく右についている。所在地は二店が小舟町一丁目で、「本」のついた暖簾紋の店は堀江町一丁目になっている。現在の小舟町、小網町のあたりにこの町名があり、三店が近いのでそのあたりにこの店があったと類推される。「本」の字は、小さな添え字としてよく使われる。文字の意味からは本家を表しているように感じられるが、実際はなにを意味しているのだろうか。（事例2）

大黒屋は京の呉服・古着屋で、江戸にも多くの店を出す大富豪である。「大黒屋又兵衛に関する研究」（植田知子・同志社

乾物問屋
大黒屋平右衛門

呉服問屋、古手問屋
大黒屋又兵衛

下り蠟燭問屋、木綿問屋
大黒屋吉右衛門

●事例4

乾物問屋
小田原屋長兵衛

糸物問屋
大黒屋重右衛門

京糸組物所
大黒屋藤右衛門

塗物問屋
大黒屋勘次郎

大学）などによれば、大黒屋は江戸で九〇を超える別家を輩出していたという。岐阜、大坂にも店があったらしい。大黒屋一統の別家は本家に従属する経営体制だったようだから、たいへん巨大な商家グループだったわけだ。本家は杉浦三郎兵衛、分家の坂江吉右衛門、別家の饗庭《あいば》又兵衛が襲名で代をつないでおり、それぞれがさらに別家を輩出していたようだから、グループ全体の商売の大きさがわかろうというものだ。

大黒屋の屋号の由来は不明だが、七福神の大黒天が商売の神であり富貴の神でもあることから、無関係ではあるまい。大黒屋の暖簾紋は「大」で、屋号の一字をとったものである。書体はそれぞれ微妙に異なっているが、意匠の基本は分家・別家も同じだ。ただし蝋燭問屋と木綿問屋の業種では「三」と「一」がそれ

●事例5

下り酒問屋
鴻池屋榮藏

下り酒問屋
鴻池屋太郎兵衛

下り酒問屋
鴻池屋喜之助

乾物類卸
小田原屋源治郎

乾物問屋
小田原屋伊八

●事例6

下酒問屋
鹿嶌屋庄助（庄は異体字）

下り酒問屋
鹿嶋屋利右衛門

下酒問屋
鴻池屋太四郎

下酒問屋
鴻池屋五兵衛

下り酒問屋
鴻池屋徳兵衛

ぞれついており、理由はわからない。どちらの業種も三郎兵衛店が「三」、吉右衛門店が「一」で、ほかの商売との区別などの理由があると類推される。（事例3）

小田原屋は丸で囲った「小」の髭文字で共通している。「本」と「イ」の添え字があるが、意味を知りたいところだ。（事例4）

下り酒問屋の鴻池屋は、「ふたつ引」（あるいは「算木」など別の意匠か？）をベースに、六店が少しずつ暖簾紋を変化させている。これは財閥の鴻池のことだろうか。（事例5）

一方、鹿嶋屋は四店がまったく同じ暖簾紋になっている。うち二店は銀町（現在の日本橋本石町四丁目付近）、一店は四日市町（現在の日本橋と江戸橋の間あたり）で、この三店は酒問屋、もう一店

●事例7

下酒問屋
池田屋喜兵衛

下り酒問屋
池田屋藤右衛門

下り酒問屋
丸屋六兵衛

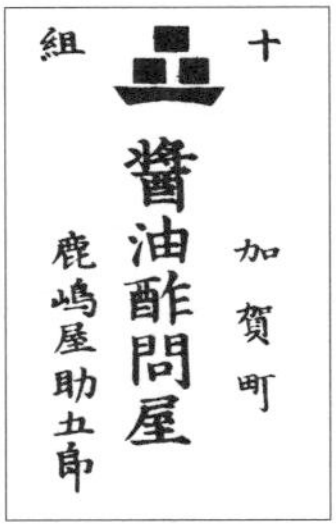

醤油酢問屋
鹿嶋屋助五郎

下り酒問屋
鹿嶋屋清兵衛

●事例9

瀬戸物問屋
坂本屋平八

●事例8

木綿問屋　田端屋次郎左衛門

下り酒問屋
淺井屋藤右衛門

下り酒問屋
池田屋利右衛門

は醤油酢問屋で加賀町（現在の銀座七丁目あたり）だ。同じ系列なのだろうか。（事例6）

同じ暖簾紋で屋号が異なる例もあげておいた。「丸」を共通の暖簾紋にしている四店の下り酒問屋で、丸屋の屋号の六兵衛店は南茅場町、池田屋の三店はすべて南新堀とされている。南新堀は日本橋湊橋から豊海橋までを指す。念のため、『江戸買物獨案内』で隣り合って掲出され、同じ「丸」に「竹」の字を入れている淺井屋もあげておいた。淺井屋も南茅場町である。これらの店はどういう関係なのだろうか。（事例7）

田端屋の事例は「輪鼓」の暖簾紋を一方は横棒、もう一方は小さな星で使い分けている。どちらも家紋にある意匠なので、分家のようにも思えるが、主人の名前も所在地も同じ表記なので、同一の店だが近所にふたつの店舗があることを示しているのかもしれない。（事例8）

坂本屋の暖簾紋は同じ「山文字」を使用しているのだが、書体は少々異なる。（事例9）

遠州屋の事例では半兵衛の暖簾紋が「平角」の中に「大」の字を入れ、右下に小さく「本」の字を配しているのに対し、もう一方の圓藏の暖簾紋は「枡掻き棒」のついた「枡」の中に「大」を入れた形に見える。ただし、枡掻き棒がつかない「枡」の紋も存在するから、半兵衛の店の暖簾紋も「枡」かもしれない。関連するかどうかはわからないが、すぐそ

●事例 10

瀬戸物問屋
坂本屋三右衛門

草履問屋
遠州屋半兵衛
（草は異体字）

草履問屋
遠州屋圓藏
（草は異体字）

草履問屋
大坂屋文六
（草は異体字）

ばに同じ紋の大坂屋文六があったので、参考までに並べておく。（事例10）

「釘抜き」のように見える事例はなんの紋かはよくわからない。「入れ子枡」紋のようにも見えるし、太い罫の「抜き角」紋とも見える。その屋号が海老屋と蟹屋なので、分家のように思えてあげておいた。（事例11）

これらの事例は『江戸買物獨案内』に掲出された内容から判断しているだけだが、大坂と京都でも同様の雰囲気だ。これで大枠としてのイメージはつかめるように思える。

次は現在も第一線で活動を展開している暖簾分けの企業を見ておきたい。

●事例 11

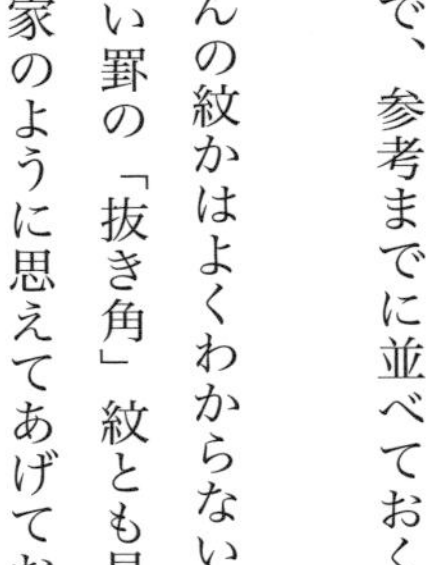

御菓子製所
海老屋作兵衛

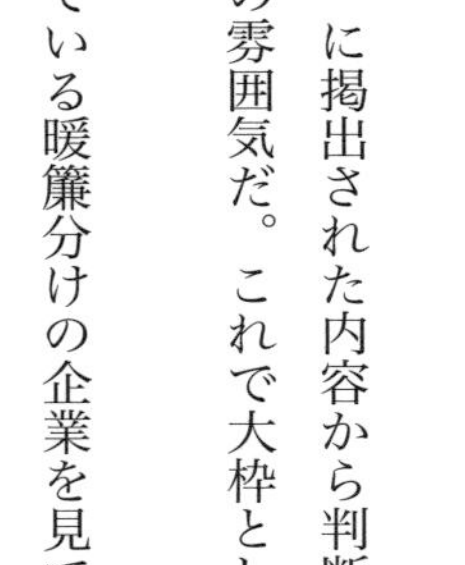

御菓子製所
蟹屋半次郎

「山久（やまきゅう）」紋章と屋号を共有する昆布商 小倉屋グループ

昆布加工は大坂で発展したといわれる。その大坂の昆布商が暖簾分けで多くの企業体に成長したのが小倉屋グループである。

大坂の昆布商、小倉屋の始まり

まずは、小倉屋の始まりを見ておきたい。小倉屋別家の団体であるをぐら昆布系友会がまとめた「小倉屋の始まり」と、暖簾分けを受けたうちの一社である小倉屋山本の社史『なにわの昆布の物語』などを総合すると、小倉屋の始まりは次のようになる。江戸期の年号や人名などは異説もあるようだが、歴史が変わるほどの違いはないので、をぐら昆布系友会のまとめに従った。

小倉屋は一七八九年ごろ（寛政年間）から、大坂の新町でびんつけ油商を営んでいた。その小倉屋に淡路島生まれの松原久七が奉公人として入ってきた。久七はやがて主家である松原家の養子となる。

久七は小倉屋を勤めあげて暖簾分けを許されるが、びんつけ油屋は代々一子相伝だったため、屋号を使用することはできたものの、びんつけ油の商売を分けてもらうことはできなかった。そこで昆布に目をつけて、一八四八（嘉永元）年、昆布商になることで別家を実現させた。

なぜ昆布を扱うことにしたのかははっきりしない。小倉屋の分家筋が扱っていた海産物のなかから昆布に目をつけたという説もあり、久七の生家のある淡路島出身の豪商が北海道の昆布を扱っていたからという説もある。昆布が一般庶民の味になろうとしており、昆布加工食品の技術が大坂を中心に花開こうとしていた時代のことで、当時としては将来性が見込めた商売だったことは間違いあるまい。

久七の昆布商は成功し、一八八二（明治十五）年ごろに二代目久七が店を継承した。そのころまでには、「岩おこし」と並んで昆布が大阪名物になっていたという。一八八七（明治二十）年には久七の息子の新次郎が三代目となっている。

小倉屋久七の暖簾分けルール

さて、久七は松原武助、山本利助、金谷才市らを従業員として抱えており、嘉永年間から明治にかけて彼らを次つぎに暖簾分けで別家させた。さらに一家をなした弟子たちが、さらにその弟子を暖簾分けで独立させていくことで、小倉屋の昆布は広がっていった。

当時の小倉屋の暖簾分けルールはふたつ。「徒弟として入店し、同一店舗で十年以上勤務し、主人の推薦を得た者」で、「既存の小倉屋店舗から五町（約五四五メートル）以内に店を出してはならない」というものだった。出店場所の制限は仲間内での競合を避けるためで当然ともいえる。

小倉屋が多くの暖簾分けを許したのは、びんつけ油の小倉屋が一子相伝で、商売を分けてもらえなか

つたことに対する久七のレジスタンスという見方もあるそうで、肯定できなくもない。また、昆布の加工販売という職種が暖簾分けしやすい業態だったともいえそうだ。当時の小倉屋は手作業で昆布を加工して周辺に売る一種の工房であり、大坂のような大都市では、一店舗当たり五町四方の需要を満たす規模の商売だったと考えればわかりやすい。競合しない限り、同じ屋号で店名を広めたほうが全体としては得策でもある。独立できると思えば、従業員たちも熱心に仕事に取り組んだことだろう。

久七の始めた総本家の小倉屋は、三代目新次郎の死去にともない消滅するが、一九〇三（明治三十六）年には別家が集まり、小倉屋会を結成して結束を固めた。これは一九一七（大正六）年に「をぐら昆布系友会」と名を変えて現在に至っている。分家からの暖簾分けも続き、一時は五〇社程度まで膨らんだ。現在のをぐら昆布系友会の会員は二〇二二（令和四）年段階で一九社である。親睦団体としての機能だけでなく別の機能も加わっている。「小倉屋」の屋号と暖簾紋、「をぐら昆布」の商標管理で、をぐら昆布系友会が権利を保持し、使用方法まで管理している。

さて、小倉屋の屋号は、平安時代の歌人である藤原忠平が読んだ「小倉山　峰のもみぢ葉　心あらば　いまひとたびの　みゆき待たなむ」という歌に由来するのだという。そのため、小倉屋昆布の包み紙などには戦前からもみじがデザインされていた。

小倉屋本店の外観とのちに暖簾分けした松原武助、山本利助、金谷才市の名が見える（浪華の魁）

暖簾紋は「入り山形に久」。これを小倉屋では「山久《やまきゅう》」とよぶ。初代久七の名からとったもので、びんつけ油の旧書体からの引用という説もあるが、正確な伝承は戦災などの影響で途切れている。なお久七から見た本家であるびんつけ油の小倉屋の暖簾紋は、「もみじ」紋だったとされている。

暖簾分けを受けた店は「小倉屋」の伝統を守るとともに、屋号や暖簾紋の信用を最大限に生かすという意味でも、「小倉屋」の前後に地名や創業者名を加えて屋号とすることが多く、暖簾紋も多くは「山久」の紋章をそのまま使用している。

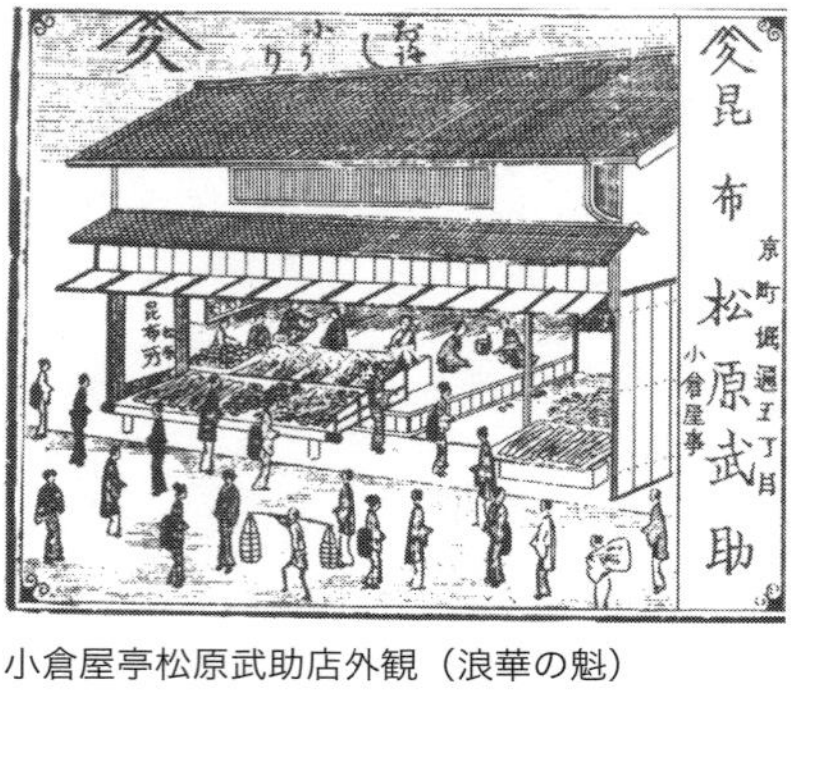

小倉屋亭松原武助店外観（浪華の魁）

小説『暖簾』のモデルとなった山崎豊子の生家、小倉屋山本

小倉屋の暖簾分け店の代表として一社を紹介しておきたい。松原久七の小倉屋から最初に暖簾分けで別家したのが山本利助の店で、現在の小倉屋山本である。本家が明治期に消失してからは、小倉屋のグループでもっとも歴史のある会社で、社長はをぐら昆布系友会の会長でもある。

さて、利助は淡路島に生まれた。十歳ごろ大坂に出ることになり、同郷の縁で頼ったのが昆布商の小倉屋を立ち上げて間もない久七だった。利助は丁稚奉公から勤めて番頭に昇格した後、一八四八年、暖簾分けで自らの店を持った。

場所は新町橋のそばの順慶町（現在の南船場）である。当時は大坂一の色町であった新町の廓に通じる船場の西端で、昆布の仕入れに便利な靭《うつぼ》町にも近かった。屋号は「新町橋小倉屋」とした。これが今日の株式会社小倉屋山本であり、創業の地が現在も本店になっている。

一九〇二（明治三十五）年からは二代目利助の時代となる。大正年間に入ると、当時、物価抑制の目的で多く開設された公設市場にいち早く出店して販路を拡大し、百貨店との取り引きも開始した。その結果、旧来の商店経営から近代的な実業経営への転換も進んでいった。そのころの小倉屋山本は一〇人前後の店員と通いの番頭、数人の職人に三人の女中という従業員構成で、午前中は大八車で公設市場と百貨店に商品を配送し、午後は三輪車で市場を回り、それから寿司屋、料理屋にだし昆布を配達するという日課だった。主力商品はおぼろ昆布ととろろ昆布、ほかにだし昆布、きざみ昆布、塩昆布、佃煮昆布など多様で、商品を入れる紙袋には「小倉屋」と印刷されていた。

周辺の昆布商は筵《むしろ》に「御昆布」と書いただけの看板を使っていたが、新町橋小倉屋は欅の大きな看板を掲げて店の格を大事にした。一九二九（昭和四）年の天覧記念展覧会への出展は大きな出来事だった。出展後は菊の紋章入り出展記念状の写しを店の正面に飾り、昆布商としての権威を誇った。

戦争が終わり、一九四六（昭和二十一）年に復員した三代目利助は、二年後に松屋町筋で店を再開し、百貨店などへ納入した。店は空襲で焼失していたため平屋バラック建てでの再スタートだった。翌年、塩昆布の「えびすめ」を販売すると、その味が評判となり、一九五四（昭和二十九）年にはこの製品が農林大臣賞を受賞した。同じ年の十月に組織を改めて株式会社小倉屋昆布店とし、翌年、焼失した本店を復興した。この本店が現在に至るまで本社となっている。

その数年後、新町橋小倉屋をモデルにした、山崎豊子の処女作『暖簾』（一九五七年）が映画化されて話題になった。この小説は船場の昆布商人の明治から昭和に至るまでの生きざま、暖簾やものづくりへの想いを描いたもので、新町橋小倉屋は山崎豊子の生家であり、三代目利助は実兄である。成長軌道に乗った新町橋小倉屋は東京に再進出し、一九八八（昭和六十三）年には社名を小倉屋山本に変更している。

さて、小倉屋山本の暖簾紋は「山久」紋だったが、戦後になって「山久」の右にもみじの葉を置き、「小倉屋」の文字を配したマークを考案した。社内では「山久《やまきゅう》紅葉《もみじ》」とよぶ。時期はもはや正確にはたどれないが、一九五〇（昭和二十五）年ごろと思われる。ほかの小倉屋との違いをはっきりさせるための措置で、紅葉葉はびんつけ油の時代の小倉屋が暖簾紋として使用していたことに由来する。

小倉屋山本の「山久紅葉」の暖簾

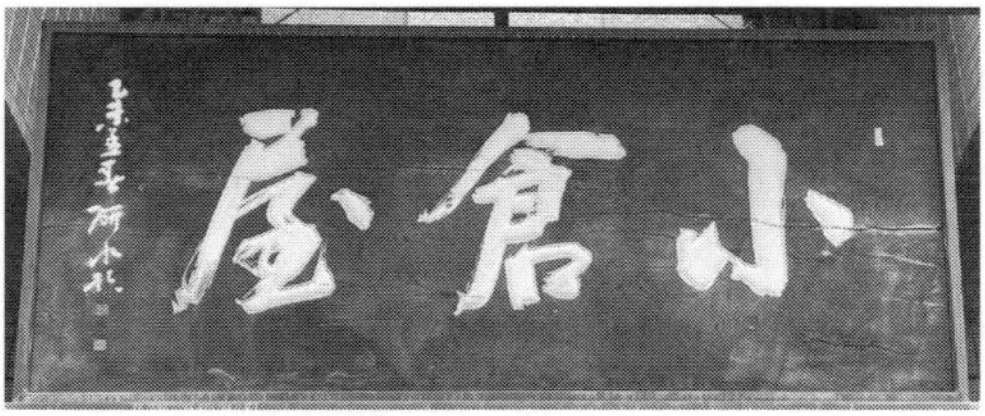

小倉屋山本本店の看板

をぐら昆布系友会

	代表	法人名	屋号
1	池上淳子	小倉屋株式会社	戒橋小倉屋
2	池上豊	阪南昆布株式会社	北田辺小倉屋
3	池田正彦		王子小倉屋
4	居内奉悟	株式会社小倉屋居内	
5	大月正純		布施小倉屋
6	里深勝己		正雀小倉屋
7	土居純一		こんぶ土井
8	登久子		通天閣小倉屋
9	長谷川達		三国小倉屋
10	長谷川育生		天満小倉屋
11	松下博美	有限会社平野町小倉屋	
12	松下勝美	株式会社小倉屋松下	
13	松下浩一郎	株式会社小倉屋松柏	
14	森由美		千林小倉屋
15	山中喜雄	有限会社くいせ小倉屋	
16	山本一之		大阪住吉小倉屋
17	山本博史	株式会社小倉屋山本	
18	柳本一郎	株式会社マルヤナギ小倉屋	
19	渡辺恵美子	新大阪小倉屋株式会社	

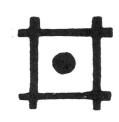

同じ屋号で八〇社以上に及ぶ医療器具商社　いわしや

「いわしや」は江戸の初期から薬種、線香、外科道具などを扱う薬種問屋の老舗であり、江戸期に分家、別家などによりいくつかの店に分かれていった。明治初期、西洋医学が日本に入り始めたころに、それぞれ医療器具専業などに転身し、さらに枝分かれしていった。

東京では一時期は文京区本郷だけで二〇社を超える「いわしや」が存在し、全国では八〇社前後に及んだという。現在は社名から「いわしや」の屋号を消しながらも、沿革では「いわしや」の流れを謳っている会社が少なくない。さらに、歴史的には関係ないにもかかわらず「いわしや」を名乗る企業も少なからずあったようだ。医療関係者にとって「いわしや」の屋号は、いわば医療器具商社の代名詞だった。現在も三〇社ほどの「いわしや」があるらしい。「いわしや」の歴史に触れるのは医薬、医療の歴史を見ることにつながる。

伝説的な「いわしや」の創業ストーリー

「いわしや」の屋号を引き継ぐいくつもの会社で、発祥についての伝承は微妙に異なっている。後述する松本市左衛門店の直系会社であるサクラ精機の『サクラ精機百二十年史』によると、「いわしや」には当初から松本姓系と岩本姓系があった。どちらも業祖は泉州堺（現在の大阪府堺市）で網元と薬種商を営んでいた。そのころの堺は渡来の物品が入ってくる商人の町であるとともに、いわし漁が盛んな漁港でもあったことから「いわしや」の屋号ができた。またいわし漁を営む網元だったからという説もある。屋号の由来はほかにもいくつかあり、史料によれば表記も「いわしや」「いわし屋」「いはしや」「鰯や」「鰯屋」「いわ（わは変体仮名）しや」があり、現在もそれらの名で発展している会社があるのだが、本書では便宜上、以後すべて「いわしや」と表記する。

松本姓系の業祖は松本久左衛門で、寛永年間（一六二四～四四）ごろ日本橋本町三丁目に敷地を与えられ、いわしや松本市兵衛を名乗って薬と医療器具を扱った。元禄期（一六八八～一七〇四）には市左衛門を名乗ったことがあり、天保期（一八三〇～四四）に十二代市兵衛が名を市左衛門と改めてからは、その名を襲名するようになった。

一方、岩本姓系の業祖は岩本孫兵衛とされる。市兵衛と同時期の寛永年間に江戸に移ったと推されており、一六六一（寛文元）年には鰯屋五兵衛と名乗って、日本橋本町で営業していた記録がある。

一九五八年版の『中央区史』（東京都中央区編集・発行）でも、区内の老舗を紹介するなかで「いわしや」の創業ストーリーが記述されている。織田家に仕えていた松本市左衛門が信長没後は商人となり、徳川家康の江戸入りに先立つ一五八三（天正十一）年、現在の丸の内に薬種店を開いた。一五九一（天正十九）年、江戸城郭拡張のため日本橋本町に代替地を得て移り、痢病妙薬「調痢丸」（痢病は下痢をともなう病気、赤痢、疫痢など）などを販売し、明治初年には西洋薬品、医療器具を販売するに至った。店の前に置かれていた天水桶には「慶長十一丙午六月、江戸開店」の文字があった。これが『中央区史』の概要である。開店年の記述と天水桶の文字には少しずれがあるが、いずれにせよ江戸初期のことである。

『中央区史』には別の「いわしや」にかんする記述もあり、松本伊兵衛の「いわしや」が寛文年間（一六六一～七二）に創業し、「松本長春堂」と称して痔の薬「痔瘻膏」、傷薬の「英明膏」などを発売したとしている。

これらのストーリーに共通しているのは、堺から寛永年間ごろまでに江戸に移り薬種店を開いたということだ。また、「いわしや市左衛門店」はいくつもの史料で店の土地を所有していたことがわかっている。つまり江戸草創期からの店であり、一定の商業資本を持った有力な江戸商人のひとりだった。

『江戸名所図会』に掲出された総本家いわしや市左衛門店の店頭。店先に掲げられた看板類には「調痢丸」「錦袋子」「白龍香」「外科道具」などの名が見える（国会図書館蔵）

江戸期の「いわしや」は医療器具も扱っていた

江戸期の薬種店は、幕府の施策で日本橋本町三丁目と日本橋大伝馬町に集約させられた。毒薬・偽薬を規制するためである。寛永期ごろまでに定着したようだが、営業地が決められただけでこと細かな統制はなく、自主的な同業者仲間ができて、仲間内の身元引受人制度なども成立していった。

同業者組合を禁止していた幕府は、一六九四（元禄七）年、上納金の確保と問屋仲間で運輸の管理・支配を行うために、薬種を含む一〇業種に問屋組合を結成させた。いわゆる「十組問屋」である。享保の改革以降は冥加金と引き換えに販売権の独占が認められ、田沼時代には積極的に株仲間が公認される。一八四一（天保十二）年にいったん解散を命じられるものの、一八五一（嘉永四）年に復活する。

薬種問屋の株仲間は享保年間には二四または二五人だったが、しだいに同業者が増加していき、株仲間復活時には五〇人となった。そのうち「いわしや」は六店である。

『江戸買物獨案内』（一八二四＝文政七年）には「いわしや」の屋号で五店が掲出されている。薬種問屋の項目に「總本家いわし屋市左衛門」「元祖鰯屋藤右衛門」「いわしや佐兵衛」の三店があり、いずれも日本橋本町三丁目に店を開き、〝本家〟と〝元祖〟を競う状況だったことがわかる。また、線香問屋の項にも「鰯屋市左衛門」「鰯屋藤右衛門」が掲出されている。屋号は漢字表記だ。市左衛門と藤右衛門が両方の商売を行っていたものと思われる。調合所の項目には「いわしや儀兵衛」が掲出されている。

江戸期の薬種には古くからの和薬のほか漢方薬があり、フランシスコ・ザビエルの来日とともに西洋医学の治療法と医療器具・医薬品も入るようになり、一六三三（寛永十）年には長崎の鋏職人がいわゆる南蛮流外科器具の製造を始めていた。『江戸買物獨案内』では「いわしや」だけが医療器具を謳っており、ほかの薬種店よりも力を入れていたことがうかがわれる。

「井筒に星」本町三丁目線香問屋　鰯屋市左衛門（江戸買物獨案内）

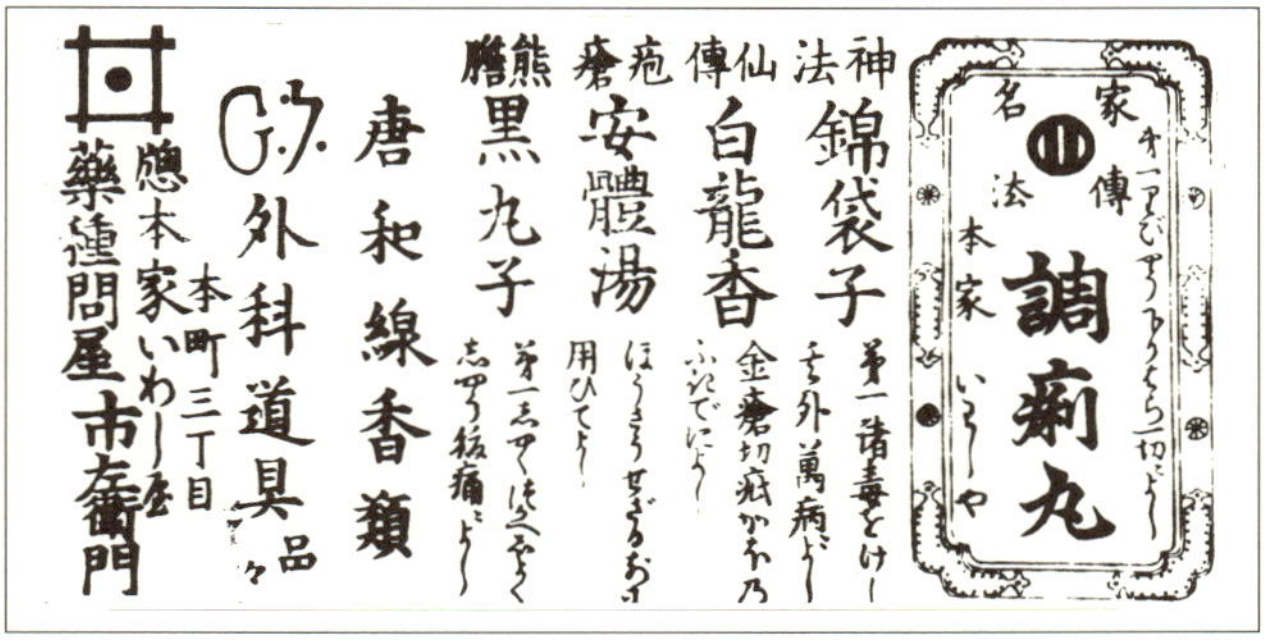

「井筒に星」本町三丁目　唐和線香類・外科道具・藥種問屋　總本家いわし屋市左衛門（江戸買物獨案内）

「井筒に八に星」本町三丁目　線香問屋　鰯屋藤右衛門（江戸買物獨案内）

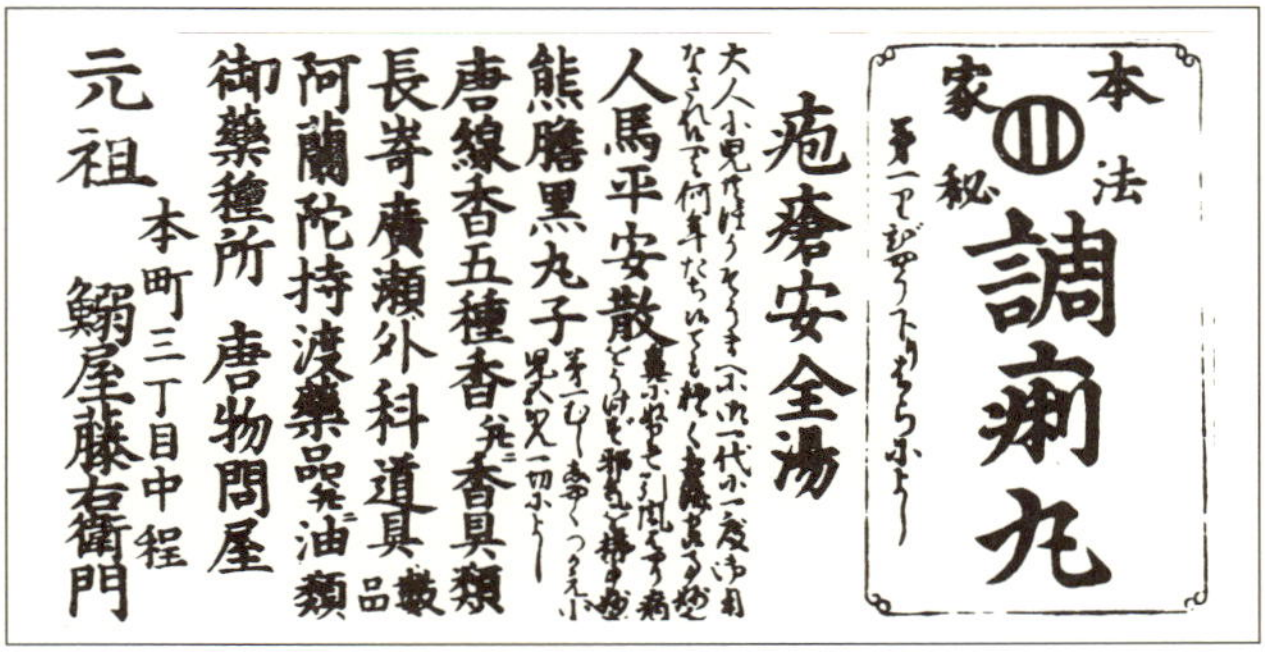

本町三丁目　藥種所唐物問屋　元祖鰯屋藤右衛門（江戸買物獨案内）

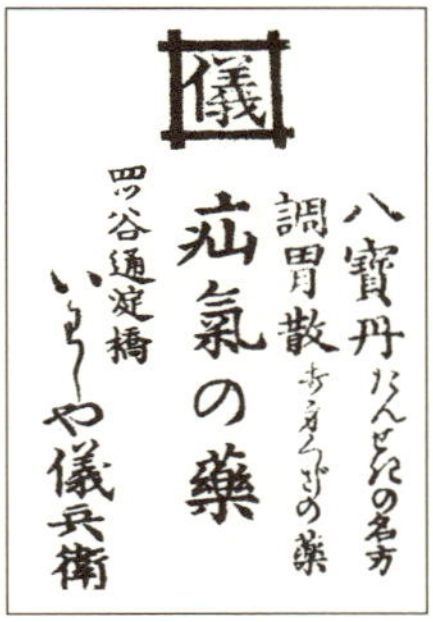

「井筒に儀」四ツ谷通淀橋　薬酒問屋　いわしや儀兵衛（江戸買物獨案内）

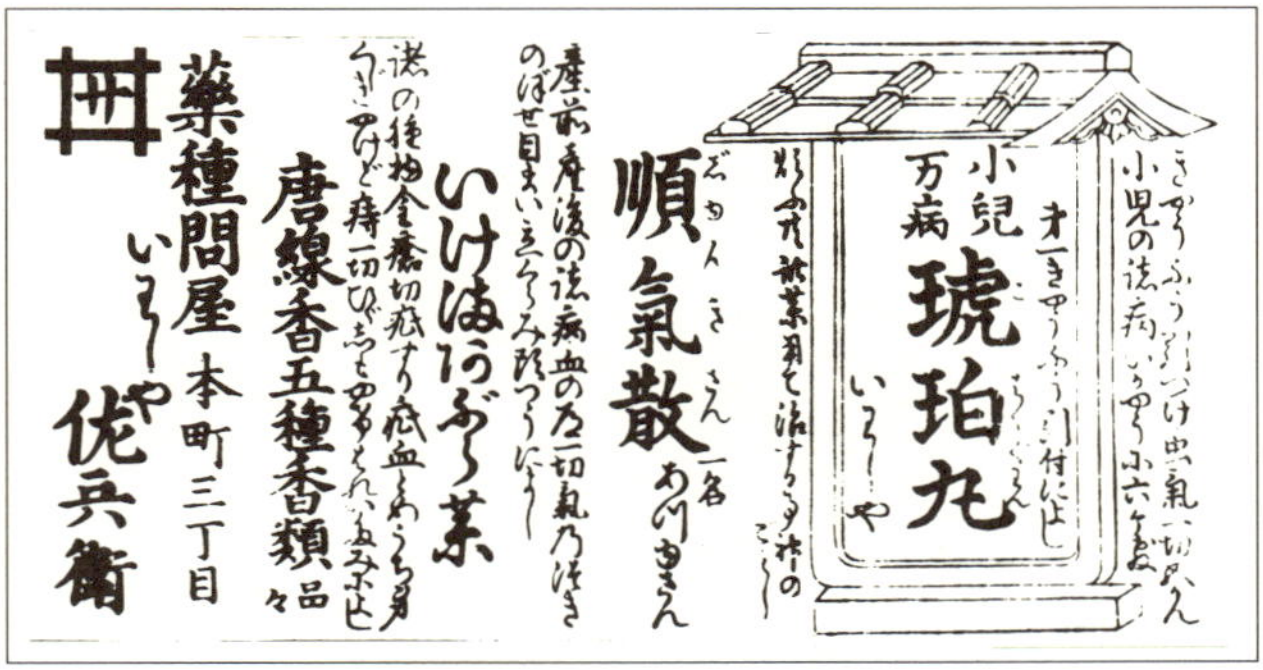

「井筒にサ」本町三丁目　藥種問屋　いわしや佐兵衛（江戸買物獨案内）

前述した一八三四（天保五）年の『江戸名所図会』には「いわしや」の店舗が描かれており、『中央区史』で紹介された製品類の大きな看板や暖簾が出されているのがわかる。

明治期に、医療器具の「いわしや」が次つぎに誕生

明治に入ると医学や医療器具にも大きな変化が起きた。それまでの漢方医学とオランダ医学からドイツ医学への転換である。売薬は一八七〇（明治三）年に販売免許制度が設けられ、年を追うごとに規制が強化されていった。薬品は成分、分量、製法などについても検査を受けるようになり、漢方医排除策とも関連し、生薬など民間で用いられた漢方薬の排除へと進んでいった。一方で、一八八七（明治二十）年ごろからは蘭学系の医師が一般に受け入れられるようになり、さらに十年ほどすると、海外留学していた医学生たちが次つぎに帰国し、西洋医学・薬学が実用化されていく。

五〇店舗前後あったとされる日本橋本町の薬種商は存続が厳しくなり、新たな業態を模索していくことになる。そこで「いわしや」系各店は取扱商品の一部だった医療器具にねらいを定めたものと思われる。

明治期の史料のひとつである『東京獨買物案内』（一八九〇＝明治二十三年）には「いわしや」の屋号で「本店松本市左衛門」「松本儀兵衛」「松

「井筒に星にイ」薬種問屋・醫療機械・理化学機械　いわしや岩本五兵衛店の店頭。イの文字が江戸期と明治期では逆に配置されている（東京商工博覧絵）

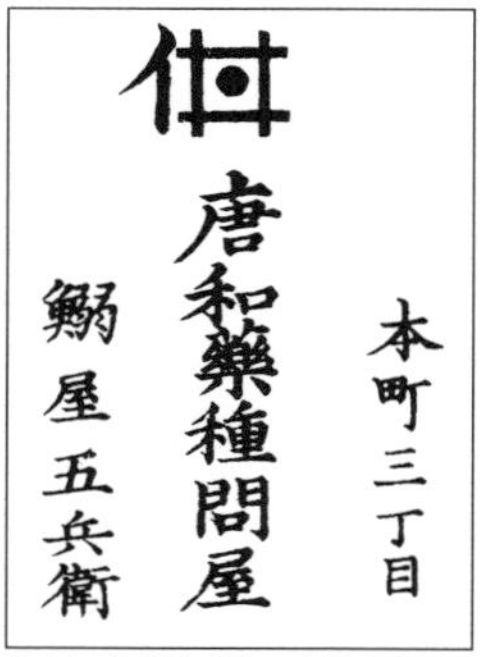

「イに井筒に星」本町三丁目
唐和薬種問屋　鰯屋五兵衛
（江戸買物獨案内）

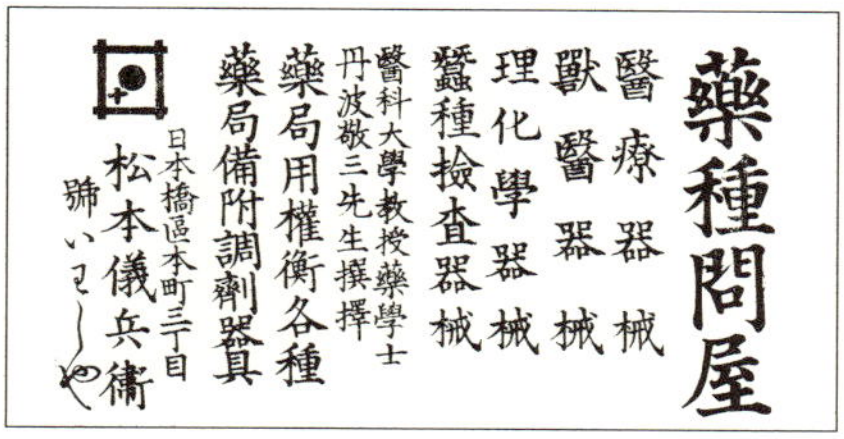

「井筒に星に＋」本町三丁目　薬種問屋　いわしや松本儀兵衛（東京買物獨案内）

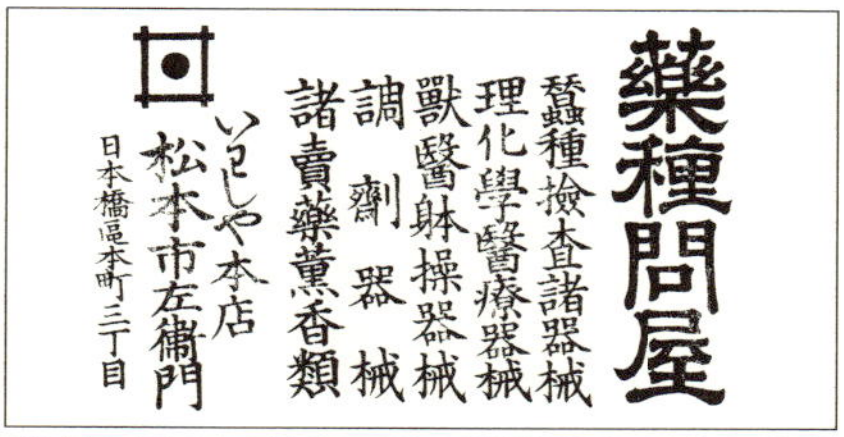

「井筒に星」　本町三丁目　薬種問屋　いわしや本店松本市左衛門（東京買物獨案内）

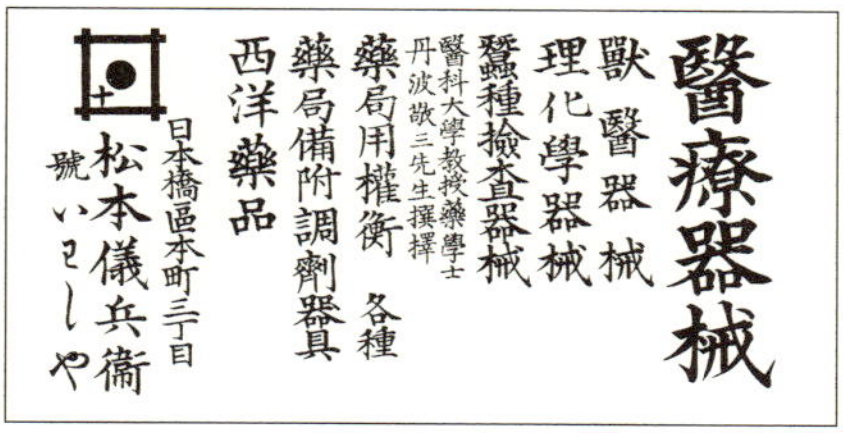

「井筒に星に＋」本町三丁目　醫療器械　いわしや松本儀兵衛（東京買物獨案内）

「山形に忠」本町四丁目　薬種問屋　松本伊兵衛（東京買物獨案内）

＊東京買物獨案内の表示のみ「衛」の異体字を使用している

「井筒に星」薬種問屋　いわしや本店松本市左衛門（日本全国商工人名録）

「井筒に星、右にイ」薬種問屋　いわしや岩本五兵衛（日本全国商工人名録）

「一にイと一」薬種問屋　いわしや鈴木長兵衛（日本全国商工人名録）

「井筒にセ」薬種問屋　いわしや臼井清兵衛（日本全国商工人名録）

「井筒にサ」薬種商　いわしや牧野清次郎（日本全国商工人名録）

「山形に忠」薬酒問屋　長春堂松本伊兵衛（日本全国商工人名録）

「井筒に星に＋」醫療器械商　いわしや松本儀兵衛（日本全国商工人名録）

「平角にイ」醫療器械商　いわしや岩本彌吉（日本全国商工人名録）

「丸にイ」醫療器械商　いわしや岩本藤吉（日本全国商工人名録）

「蛇の目」醫療器械商　いわしや平野伊三郎（日本全国商工人名録）

本伊兵衛」が掲出されている。市左衛門名では薬種、儀兵衛の名では薬種と医療器具の二業種があげられているが、いずれも医療器具を中心に掲出している。後述するが儀兵衛は医療器具を扱うために市左衛門店から独立した元番頭である。一方、伊兵衛は早い時期に市左衛門店から分かれた店のようで、長春堂の屋号を持ち、暖簾紋も異なる。この広告からは旧業を維持していたように見える。

同時期の『日本全国商工人名簿』（一八九一＝明治二十四年）では、薬種問屋として伊兵衛店も含めて六店のいわしや系列が並び、医療器具商の項に「松本儀兵衛」「岩本彌吉」「岩本藤吉」「平野伊三郎」の四店が「いわしや」の屋号で掲出されている。医療器具商は合計で八店しかなく、新しい業種であることがわかる。その半分に「いわしや」の屋号がついているわけだが、『サクラ精機百二十年史』によれば、一八八七（明治二十）年の時点で東京市内の医療器具業者は一五店、うち一二店の屋号が「いわしや」だったというから、明治期の医療器具は「いわしや」グループが独占に近い状況だったのだろう。

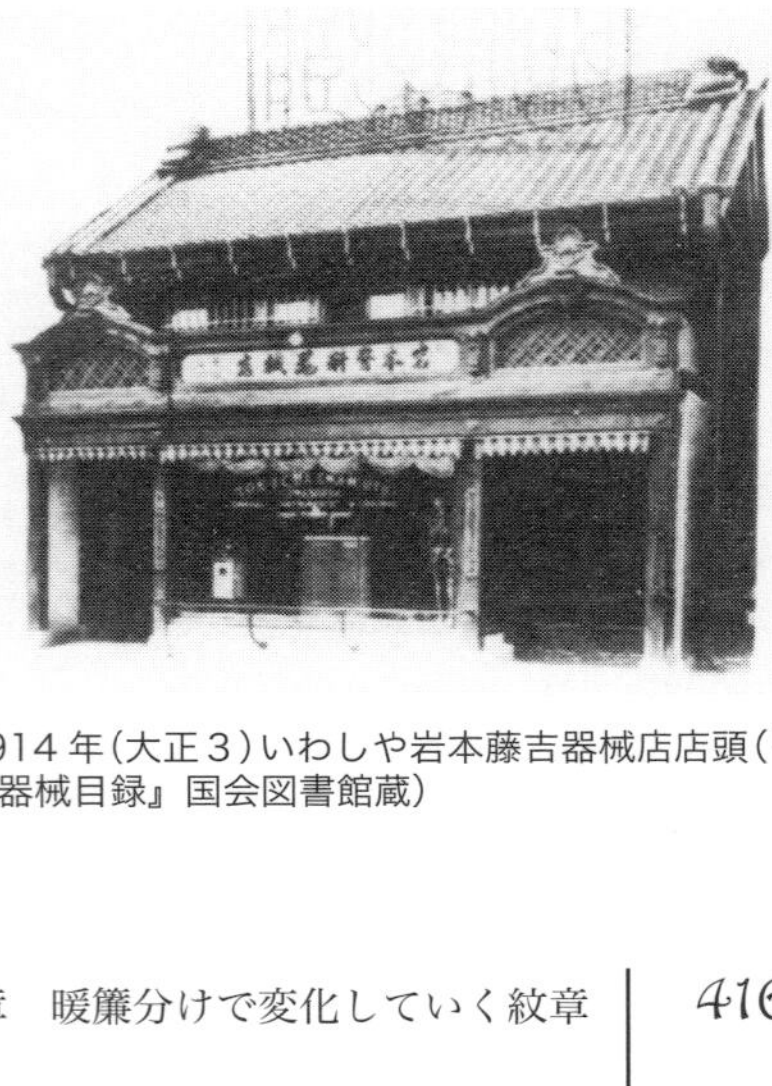

1914年（大正3）いわしや岩本藤吉器械店店頭（『医科器械目録』国会図書館蔵）

なぜ本郷に「いわしや」が集まったのか

『日本全国商工人名録』で「いわしや」の所在地を見てみると、薬種問屋の業種は江戸期と同様に日本橋本町だが、医療器具商八店については、日本橋本町は二店にとどまり、本郷区に二店、浅草区二店、神田区、京橋区各一店と、新しい業種である医療器具商は日本橋から離れつつあるように見える。この段階では地域的な特性は感じられないが、やがて医療機器商社が本郷界隈に集結していくようになる。

いわしやの屋号を持つ企業の親睦団体である平成いわしや会が、一九五五（昭和三十）年ごろの本郷周辺における「いわしや」九社の所在地を、当時の地図で整理しているので、所在地の地名を見てみると、本郷、春木町、金助町、湯島切通坂町で、その隣町の湯島薪花町にも医療器具関連の会社があった。これらを現在の地名に置き換えると、本郷三丁目、本郷二丁目、湯島二丁目にあたる。地図によると、「いわしや」だけでなく、合計で一〇〇社ほどの医療企業があった。

この地域には現在も多くの医療系商社が存在するが、それはなぜか。春日通りと本郷消防署、本富士警察署を隔てて北側は東京大学で、医学部と附属病院が近い。そこから、明治中期に日本初の大学である東京大学の医学部に留学帰りの新しい知識を持った医師が集結し、その知識を求めて医療関連の事業者が周辺に集まったという類推ができるが、あたっているだろうか。本郷に本社を置く医療器具メーカーの関係者から、本郷の地名が信用を醸成すると聞いたこともある。理由はともかくとして、明治以降、本郷という地名は医療関係者にとって特別な地域になっているのだろう。

「いわしや」の商標権問題と「いわしや会」

昭和に入ってからは「いわしや」を名乗る医療器具店が増加する。病院関係者の間では「いわしや」でなければ医療器具店ではないという風潮すらあったようだ。戦後、高度経済成長期には全国的に病院の新設・増設が急増し、医療器具の需要が増えて販売会社も増加した。その際に「いわしや」の名前が好都合と考えた向きもあったようで、「いわしや」の数が急増した。

一九六二（昭和三十七）年、「いわしや」を屋号に持つ企業群によって後述する「いわしや会」が設立された。会の目的は「いわしや」の商標維持だった。一九六〇（昭和三十五）年に「いわしや」の商標登録が出願され、成立すれば江戸期以来の企業群が商号を使用できなくなるため、これを阻止するための活動を行い、目的を達成した後の一九六九（昭和四十四）年に解散した。どういう決着になったかはわからないが、「いわしや」は広く知られた一般名称とされ、誰でも使用できるようになったと類推される。別の言い方をすれば、「いわしや」の屋号が良好なイメージとして、深く医療器具の分野で浸透していた証しだろう。

それから時が過ぎ、近年は医療器具の高度化とともに関連企業の規模も拡大し、小規模の販売店は廃業するか介護関連など他業態に転じるケースが増加し、「いわしや」の屋号は減りつつある。「いわしや」の連携が希薄になり、同じ屋号を名乗る事業者が「いわしや会」のころから四割ほど減少した一九九六（平成八）年、「平成いわしや会」が誕生した。いずれも社名のどこかに「いわしや」がつくった企業の親睦団体で、企業相互の情報交換と親睦、いわしやのDNA継承などが目的だという。二〇二一（令和三）年段階で会員数は一八社ある。

平成いわしや会では暖簾を継承する観点から「いわしやの系譜」をまとめている。それによると、明治中期までに少なくとも七店舗の「いわしや」があり、そこからさまざまに枝分かれしている。明治末期から昭和初期までに独立した企業群、さらにそれらの企業から戦後になって高度経済成長期が終わるころまでに独立した企業群がある。

本家「いわしや松本市左衛門」の後継……サクラ精機

さて、明治初期に存在した「いわしや」の後継会社は何社もあるが、一社だけ紹介しておきたい。すでに何度か社史を引き合いに出したサクラ精機である。

いわしや本店松本市左衛門店は一八七一（明治四）年、医療器具専売部門を分離した。前年の販売免許制度に対応するためと思われる。これがサクラ精機の始まりで、最初の所在地は、市左衛門店に隣接する薬種蔵だった。一八八三（明治十六）年には完全に独立し、当時の市左衛門店の筆頭番頭だった松本儀兵衛が責任者となり、「いわしや松本儀兵衛店」とした。まだ医療器具を扱っていた時期の市左衛門店の広告があるのであげておく。一八九〇（明治二十三）年のものである。なお、市左衛門店は医療器具部門を廃業して薬種問屋専業に戻ったとされるが、その後は明らかではない。

一九〇一（明治三十四）年には合資会社いわしや松本器械店を設立して法人化し、一九〇六（明治三十九）年には製造部門を分離して合資会社冠工社を設立する。その後、同社は何度か社名を変更し、終戦直前の一九四四（昭和十九）年には長野に移転し、戦後は販売部門と再統合することになる。

一方、販売部門は一九四七（昭和二十二）年に株式会社に組織変更し、一九六二（昭和三十七）年にサクラ精機株式会社に改称した。社名の変更は、社員募集にあたり水産関係企業と間違われる例が出てきたためとしているが、同じ「いわしや」を名乗る会社が増加してピークになった時期だったことから、それらの会社との区別という事情もありそうに思われる。

いわしや本店松本市左衛門店頭（1871＝明治４年）右側は蔵に見える。ならばサクラ精機の始まりの場所ではないだろうか

現在のサクラ精機のロゴマーク

一九八〇年代以降は海外展開を盛んに行って子会社を増やし、二〇〇九（平成二十一）年にはサクラグローバルホールディング株式会社を設立して、グループ経営にあたるようになった。がん診断の迅速化、効率化に貢献する事業と感染防止が現在の主要な事業である。したがって、グループを代表するのはサクラグローバルホールディングで、サクラ精機はその傘下だが、歴史を語るのにわかりやすいように、ここではサクラ精機と記述した。また、「いわしや」の屋号を残すために、グループ外で株式会社いわしやサクラも設立しているが、事業は行っていない。

いわしや松本器械店の時代に、暖簾分けしていった会社もある。「いわしや三松」がそれで、文京区本郷に所在したが現在は廃業している。

「いわしや」の荷印

「いわしや」の暖簾紋は、「井筒」を基本に、店ごとに少ずつ変化している。『サクラ精機百二十年史』によれば、この紋章を各店は「荷印」として終戦ごろまで使っていたという。

本家である松本市左衛門店が「井筒に星」で、「ドンブリ」とよんでいた。これに対して松本儀兵衛店は「ドンブリ」に「十」を加えて「ドンジュウ」とよんだ。これは儀兵衛がもとは重兵衛と名乗っていたことに由来し、「いわしや松本器械店」に組織変更してからも使用を続けた。青木藤右衛門店は「井筒に八と小星」で「ドンパチポン」とよばれていた。

一九五〇（昭和二十五）年ごろ、松本器械店の新入社員が本郷の同業者を商用で訪ねたおりに、相手のベテラン社員から「あ、ドンジュウさん」といわれて当惑したという話が残っている。この時期には各社とも正式社名があったと思われるが、かつては同じ「いわしや」で、紋章の通り名で区別したのだろ

う。ほかの「いわしや」にもそれぞれ通り名があったのだろうと思わせる。

この三つのほかにも、多くの暖簾紋があったことをすでに紹介した。『江戸買物獨案内』では、総本家である市左衛門店は、線香問屋の業務では同じ「井筒に●」でも大きな「●」に変えていたし、佐兵衛店は店主の一文字を使って「井筒にサ」、儀兵衛店では「井筒に儀」、五兵衛店は「井筒に●」の左に「イ」がついた。ただし、江戸前期に分かれた松本伊兵衛は「山形に忠」となっている。

明治中期の『日本全国商工人名録』では、岩本五兵衛店は「イ」の位置が左から右に移っている。鈴木長兵衛店は「一イ一」、臼井清兵衛店は「井筒にセ」、牧野清次郎店は「井筒にサ」、岩本藤吉店は「丸にイ」、平野伊三郎店は「丸に●」、前述した大黒屋は暖簾分け店すべてが同じ暖簾紋を使用したが、この「いわしや」は少しずつ変化させる典型事例という言い方ができるかもしれない。

なお、サクラ精機は一九〇七（明治四十）年に「櫻（さくら・サクラ）」「さくらのいわしや」を商標登録した。このときすでに、ほかの「いわしや」との違いをアピールする必要が出てきていたためで、〝サクラ〟のイメージを強調する商標になった。この商標が現在の社名につながったわけだ。

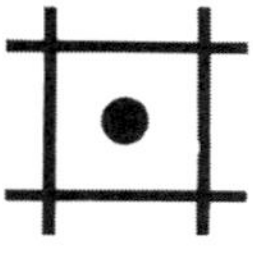
「ドンブリ」
いわしや
松本市左衛門店

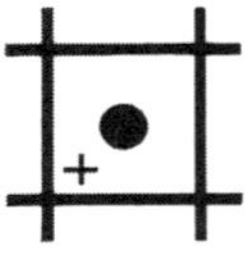
「ドンジュウ」
いわしや
松本儀兵衛店

「ドンパチポン」
いわしや
青木藤右衛門店

（『サクラ精機百二十年史』より）

主要な参考資料

『日本紋章学』沼田頼輔　新人物往来社　一九七二年
『暖簾考』谷峯蔵　日本書籍　一九七九年
『商家同族団の研究』中野卓　未来社　一九六四年
『日本商標の研究』井上一平　実業之日本社　一九五七年
『屋号・商標１００選』島武史　日本工業新聞社　一九八六年
『江戸の商標』花咲一男、岩崎美術社　一九八七年
『江戸商家・商人名データ総覧』田中康雄　柊風舎　二〇一〇年
『日本商標大事典』商標研究会編　商標研究会　中央社　一九五九年
『日本翁六商標大全』東京書院編　東京書院　一九二〇年
『家紋のすべて』足立史一人　日本文芸社　二〇〇八年
『日本民族大辞典』吉川弘文館　一九九九年
『日本の家紋』青幻舎　二〇〇四年
『家紋と家事典』丹羽基二　講談社α新書　一九九五年
『まるわかり日本の家紋』丹羽基二　新人物文庫　二〇〇九年
『神紋総覧』丹羽基二　講談社学術文庫　二〇一六年
『深訪日本のしるし』高橋正人　東京書籍　一九七八年
『家紋と名字』網本光悦　西東社　二〇一八年
『家紋で読み解く日本の歴史』鈴木亨　学研プラス　二〇〇三年
『日本の家紋と姓氏』伊藤みろ　誠文堂新光社　二〇一三年
『日本の家紋大事典』森本勇矢　日本実業出版社　二〇一三年
『日本の家紋入門』楠戸義昭　幻冬舎　二〇〇六年
『家紋のすべてがわかる本』能坂利雄　新人物往来社　二〇〇九年
『家紋から武家社会の歴史をさぐる』家紋と歴史研究会　ごま書房新社　二〇〇九年
『家紋から日本の歴史をさぐる』インデックス編集部　ごま書房　二〇〇八年
『家紋を探る』森本景一　平凡社新書　二〇〇九年
『別冊歴史読本　索引で自由に探せる家紋大図鑑』新人物往来社　一九九九年『日本家紋大図鑑』本田總一郎　梧桐書院　二〇〇三年
『大江戸商い白書』山室恭子　講談社　二〇一五年
『日本のしるし　伝承デザイン資料集成』高橋正人　岩崎美術社　一九七三年
『史料が語る三井のあゆみ』三井文庫編　二〇一五年
『三井越後屋のビジネス・モデル』武居奈緒子　幻冬舎　二〇一五年
『岩崎弥太郎と三菱四代』河合敦　幻冬舎新書　二〇一〇年
『住友の歴史』（上下巻）　住友史料館　思文閣出版　二〇一三年
『大丸のあゆみ……「先義後利」の三百年』Ｊ・フロントリテイリング株式会社　二〇一八年
『伊勢半百七十年史』澤田亀之助編　株式会社伊勢半　一九五九年
『イチビキ１００年史』経営管理本部編
『遠き海原　世界都市「江戸」誕生の物語』吉田誠男（伊場仙十四代目当主）　サンダーアールラボ　二〇一七年
『尾張の和菓子を傳えて　両口屋是清の三百五十年』両口屋是清　一九八六年
『なにわの昆布の物語　小倉屋山本百五十年記念誌』小倉屋山本　一九九八年
『暖簾』山崎豊子　新潮文庫　一九六〇年

『カステラ読本抄書』佐藤明編著　カステラ本家福砂屋　二〇〇九年
『まんじゅう屋繁盛記』川島英子　岩波書店　二〇〇六年
『船場往来』和田亮介　創元社　一九九四年
『虎屋　和菓子と歩んだ五百年』黒田光博　新潮社新書　二〇〇五年
『和菓子を愛した人たち』虎屋文庫　山川出版社　二〇一七年
『城下町の商人から：ジョーキュウ150年の歩み』ジョーキュー　二〇〇五年
『紅　伊勢半百七十年史』澤田亀之助編　伊勢半百七十年史編纂委員会　一九五九年
『日本橋の近江商人』蝦名賢造　新評論　二〇〇一年
『豪商たちの時代』脇本祐一　日本器材新聞社　二〇〇六年
『江戸商家と地所』鈴木理生　青蛙房　二〇〇〇年
『中央区史』中央区編集・発行　一九五八年
『日本商人の源流　中世の商人たち』佐々木銀弥　筑摩書房　二〇八一年
『江戸図屏風を読む』水藤真／加藤貴人　東京堂出版　二〇〇〇年
『図説江戸図屏風を読む』小澤弘／丸山伸彦　河出書房新社　一九九三年
『江戸図屏風』鈴木進　平凡社　一九七一年
『国宝へようこそ　洛中洛外図』ＮＨＫ　ＮＨＫ出版　二〇二二年
『洛中洛外図・舟木本を読む』黒田日出男　角川学芸出版　二〇一五年
『描かれた戦国の京都　洛中洛外図を読む』小島道裕　吉川弘文館　二〇〇九年
『大江戸日本橋絵巻熙代勝覧の世界』淺野秀剛・吉田伸之編　講談社　二〇〇三年
『活気にあふれた江戸の街「熙代勝覧」の日本橋』小澤弘・小林忠　小学館　二〇〇六年
『江戸の町並みを描く』永井伸八朗　日貿出版社　二〇一一年
『千年働いてきました』野村進　角川書店　二〇〇六年
『稀代の本屋蔦屋重三郎』増田晶文　草思社　二〇一六年
『蔦屋重三郎』松本寛　日本経済新聞社　一九九八年
『秘薬秘具事典』蕣露庵主人　三樹書房　二〇〇三年
『江戸の秘薬』蕣露庵主人　葉文館出版　一九九九年
『民族秘話』佐藤紅霞　雄恒社　一九三四年
『川柳四目屋攷』母袋未知庵　花咲一男補　太平書屋　一九八三年
『大江戸趣味風柳名物くらべ』吉村武夫　平凡社　二〇一九年
『江戸と大阪』斎藤修　ＮＴＴ出版　二〇〇二年
『写真のなかの江戸』金行信雄　ユウブックス　二〇一八年
『豪商列伝』河合敦　ＰＨＰ　二〇一四年
『江戸の奇跡』大石慎三郎　ダイヤモンド社　一九九九年
『江戸商人の知恵』島武史　パテント社　一九九八年
『日本経済史1600‐2015』浜野潔編他　慶應義塾大学出版会　二〇一七年
『江戸は夢か』水谷三公　筑摩書房　一九九二年
『江戸商人の経営』鈴木浩三　日本経済新聞出版社　二〇〇八年
『江戸・老舗さんぽ』西尾忠久　誠文堂新光社　一九八二年五本
『お江戸の意外な商売事情』中江克己　ＰＨＰ研究所　二〇〇七円
『明治商売往来』仲田定之助　ちくま学芸文庫　二〇〇三年
『浮世絵の歴史』山口桂三郎　講談社学術文庫　二〇一七年
『忘れられた日本人』宮本常一　岩波文庫　一九八四年
『江戸の本屋さん』今田洋三　平凡社ライブラリー　二〇〇九年

『江戸買物獨案内』中川五郎左衛門　一八二〇年（国会図書館）
『都の魁』石田有年一八八三年（国会図書館）
『岡山商売往来　吉備の魁』川崎源太郎一八八三年（国会図書館）
『全国醸造物登録商標便覧表』福田鹿蔵　一九〇三年
『江戸時代商標集』木村捨三　非売品　一九四四年
『絵本庭訓往来』葛飾北斎　和泉屋市兵衛・永楽屋東四郎　一八二八年（文部科学省ホームページ https://www.mext.go.jp/）
『日本マーク全集』閑々社　一九五二年
『浪華買物獨案内』『大坂商工銘家集』杉岡政治　一八七九年（大阪経済史料集成刊行委員会一九七七年復刻）
『東京買物獨案内』上原東一郎　一九五八年（花咲一男　渡辺書院　一九七二年復刻）
『京都買物獨案内』清水屋次兵衛　一八三三年（臨川書院一九八四年復刻）
『浪花の魁』板垣二右衛門　一八八二年（中央出版社一九七六年復刻）
『山陰道商工便覧』川崎源太郎　一八八七年（だるま堂書店一九七八年復刻）
『尾陽商工便覧』川崎源太郎　一八八八年（国書刊行会一九八六年復刻）
『参陽商工便覧』川崎源太郎　一八八八年（岡崎地方史研究会　一九七七年復刻）
『熊本商家繁昌図録』田中義幸　一八八六年（青潮社一九八三年復刻）
『佐賀県獨案内』中谷与助　一八九〇年（青潮社一九八三年復刻）
『東京商工博覧絵』深満池源次郎一八八五年（湘南堂書店一九八七年復刻）

『七十五日』『紫草』『東京名物志』
『商工技芸飛騨之便覧』『肥後有名家獨案内』『尾陽商工便覧』
『石川県商工便覧』『北越商工便覧』『福井県下商工便覧』『熊本県下商工便覧』『日隅薩商工便覧』『中越商工便覧』
（以上国会図書館デジタルコレクション）

＊取材・史料協力　本文掲出企業各社

後書きにかえて

本書にはかなり多くの〝暖簾の紋章〟を掲載したつもりだ。それらの紋章を眺めてみてどう感じられただろうか。

それらの紋章を本書では勝手に「暖簾紋」と呼ぶことにした。その「暖簾紋」をできるだけ数多く見てその傾向を見定め、その背景にある決まりを復元しようと試みたが、わからないことばかりだった。なんといっても、暖簾紋の研究は六十年ほど前の書籍を何冊か確認できているだけで、現在から見れば手つかずの領域なのだ。なぜ暖簾紋に関する研究が少ないかと考えてみるに、暖簾分けについては大正期まではあたり前のように制度が続き、戦後になって大きく状況が変わったことがわかっている。すると、戦前までは日常的で誰もがよく知っていたため明文化の必要もなかった。戦後になって経済環境が一気に変わったため、研究されたり文書化される時代を経ることなく伝承が希薄になってしまったなどと考えたりするが、どうだろうか。残念なことに、関東大震災と空襲により歴史史料を焼失した企業も多い。そうしたことも関係しているかもしれない。

ところで、「九」が最大や皇帝、龍を表すことを前述したが、本稿を書き上げて後、龍との関係では「一」は逆鱗を示すこともあることから、「九一」は龍と逆鱗を示すといった考え方もあり得ると思い始めた。すると、数字の紋章についても、いまでは失われたさまざまな意味がありそうだ。

たとえば龍について考えるに、二〇一〇年代に『ゲーム・オブ・スローンズ』というアメリカのテレビドラマシリーズが大ヒットし、現在はその前日談が進行中だ。おもしろいドラマで、私は何度も見た。そのドラマでは龍が重要な役を果たすのだが、その龍は火を吐くが、空を飛ぶのは背の翼を使い、肉を食べ、弓矢を受ければ傷つく、つまりは西洋のドラゴンだ。こうした物語を見ていれば、やがて日本人にとっての龍の意味が変わるかもしれないとも思う。

　これらの事情で、暖簾紋にまつわる史料は多くはない。その結果として、本書には間違いも多く書いただろう。老舗企業はそのオーナー家には伝承が伝わっているところも少なくないと思うから、本書の間違いや触れていない事象をご存じの方は、ぜひご教示いただきたい。

　ともあれ、日本は世界一長寿企業が多い国であり、顔である社名やコーポレートマークに伝統的な屋号、暖簾紋を生かしている企業もまだまだ少なくない。それらの紋章は家紋と並ぶ貴重な文化資産だと思う。同時にそれらの意匠は、世界に誇ることのできる、日本固有の美しいデザインだと思うのである。その美しいデザインが今後とも世界に発信され続けていくことを願ってやまない。

　本書執筆にあたって、紹介させていただいた各企業に多くの情報をご提供いただいた。現代書館の菊地泰博社長、編集部の須藤岳さんには辛抱強く原稿を待っていただいた。谷口伸郎さんには版元との仲介の労と校正でご助力いただいた。また史料収集や編集全般にわたり村山守さんの力強いアシストがあり、校正では小西義之さんの協力もあった。ここで皆様に感謝いたします。

二〇二四年九月

【や】

八百屋膳四郎（御料理所）…53
安森常次郎（醤油醸造所）…112
山上軒玉井重兵衛（銘茶所）…62
山形屋作兵衛（糸茶染所）…322
山形屋三郎九衛門（糸物問屋）…48
山木屋内田勇三郎（呉服太物問屋）…112
山口屋平木藤原重與（厚板煎餅商）…167
山崎屋源右衛門（水油仲買）…65
山崎屋外兵衛（鍋釜問屋）…112
太和屋三郎右エ門（茶問屋）…63
大和屋七兵衛（合羽桐油所）…114
大和屋清兵衛（萬乾物所）…314
大和屋利兵衛（薬種問屋）…240
山邑太左衛門（荒牧屋　櫻正宗）…383
山本嘉兵衛（諸國銘茶問屋、紙問屋）…127
山本九郎左衛門（清酒醸造所）…168
山本徳治郎（山本海苔店創業者）…347
山本又三郎（醤油醸造所）…112
山本屋長右衛門（醤油酢問屋）…241
山本屋芳賀長蔵（搾油商）…63
山本利助（新町橋小倉屋　小倉屋山本の創業者）…404、405、406 ～ 407
山田庄蔵（蒲焼商）…52、53
山田又吉（魚類問屋）…146
柳家油店　柳家五郎三郎（御伽羅之油商）…273
柳家清兵衛（御煙管師）…240
湯浅屋長十郎（糸物問屋）…50
油井村利兵衛（薬種問屋）…258
結城屋笠原齋士郎（織物製造所）…258
横田平助（薬種商）…63
横田屋五郎三郎（醤油酢問屋）…256
横山久左衛門（久月初代）…141
吉次屋孫左エ門（燈油商）…110
吉野屋伊兵衛（楽器道具師）…166
吉野家喜八（三桝せんべい商）…317
吉野家久兵衛（久月）…141
吉野屋治郎兵衛・德兵衛（吉德）…140
吉野屋助七（雛人形手遊問屋）…141
芳野屋芳野市五郎（帽子商）…281
吉村典兵衛（御乗物師）…53、59
吉村為吉（清酒醸造所）…343
四ツ目屋忠兵衛（女小間物細工所、艾問屋）…274 ～ 275
よもんや八右衛門（御菓子所）…180
萬屋市右衛門（絵具染草問屋）…62
萬屋源助（乾物類卸問屋）…113
萬屋長兵衛（古帳紙諸反故問屋）…57

【ら～】

龍草軒海老屋幸三郎（諸国茶問屋）…196
柳亭種彦…177、258、375、376
綿谷清八（青筵一式賣捌元問屋）…166
若井得蔵（抱き橘正宗　清酒醸造所）…384
若林屋清兵衛（革煙草入卸問屋）…314
若松屋忠兵衛（御嚢物商）…280
和久井屋伊兵衛（白粉紅問屋）…257
渡邊佐助（味噌醸造所）…258
わたや六兵衛（青物荷受所）…57
呂一官（紅屋　柳家創業者）…273

丸屋九兵衛（傘問屋）…258
丸屋三郎兵衛（御かもじ小間物所）…224
丸屋彦兵衛（紙問屋）…53
丸屋六兵衛（下り酒問屋）…400
萬壽屋儀平（傘雪駄商）…114
三河屋次郎右衛門（川筋船積問屋）…64
三河屋甚兵衛／半兵衛（棉打道具問屋）…57
三河屋仁兵衛（塗物問屋）…57
三河屋利右衛門（唐弓弦卸問屋）…240
三島閻次郎（麦酒醸造所）…222
水落三四郎（掛物製造砂糖商）…62
三栖屋仙右衛門（針問屋）…56
三栖屋太兵衛（針問屋）…53
みすや福井藤原勝秀（針商）…180
三井勝治郎（乾海苔問屋）…314
三井殊法（三井の商売の祖）…72、73
三井俊次・重俊（小間物屋・呉服業）…72、73
三井高俊（越後殿の酒屋＝のちの越後屋）…72
三井高利・越後屋三井八郎右衛門（三井越後屋呉服店・両替商　三井家祖）…72、73、83、149
三井高安（三井家の遠祖）…72
美濃屋吉兵衛（絵具染草問屋）…63
三橋兎喜次郎（歯磨き粉問屋）…38、39
三宅清七（河内屋　清酒醸造）…232、233
三宅清兵衛（河内屋初代　清酒醸造所）…233
茗荷屋九兵衛（京丸山かる焼所）…168
茗荷屋五郎左衛門（諸粉ふるい絹仕入所）…321
茗荷屋平兵衛（京御菓子所）…168
明星堂高井藤兵衛（薬種問屋）…242
水戸屋次郎右衛門（鰯魚〆粕油問屋）…57
湊屋源三郎（線香問屋）…63
湊屋与八（魚仲買）…57
南裕吉（呉服古手商）…314
みのや田島伊右ェ門（ガラス商）…114
美濃屋平右エ門（御珠数所）…343
美濃屋兵六（御眼鏡所）…294
三枡屋庄七（御旅宿商）…318
三舛屋平右衛門（切艾商）…317
宮川長八郎（紙入問屋）…68
宮坂嘉右衛門（生糸製造所）…223
宮田伊右衛門（御煙草細工所）…112
みよや茂助（本護膜櫛・桃太郎団子商）…166
向与兵衛（眼鏡仕入所）…294
むくぼたん大西榮輔（本護膜櫛発売元）…168
牟田藤兵衛（教育書籍商）…256
村尾小太郎（菓子卸商）…114
村田七右衛門（御煙管師）…292
村谷彦治（清酒醸造所）…279
村田屋吉兵衛（真綿問屋）…57
村田屋善十郎（煙草商）…62
村田屋藤兵衛（革鼻緒卸）…49
室次儀右衛門（酒の室屋　醤油醸造所　室次創業者）…301
室次次左衛門（醤油の室次）…302
室次惣右衛門（三国室屋　廻船業）…302
茂木佐平治（キッコーマンの前身）…120
森定次郎（洋反物呉服問屋）…147
森下屋八左衛門（森八初代）…229
森田屋善吉（水油仲買）…68
森田屋平兵衛（紙問屋）…59
森本六兵衛（ミリン焼酎醸造所）…114
森屋長兵衛（小間物卸）…240
諸房半兵衛（醤油醸造問屋）…180

富士や佐平三輪半七（萬小間物卸商） …114
富士屋藤吉（藍玉問屋）…256
古河市兵衛（古河本店として鉱山経営）…115
文昌堂長島恭三郎（書籍廛）…68
べにや忠右衛門（御かもじ所）…292
法橋上田友石（御免調合所）…32
寶金堂會田一二齋（薬種問屋）…281
星野重三郎（御乗物師）…68
保全堂波多海藏（花王散・高潔香 薬種問屋）…38、39、197
細田榮太郎（榮太樓總本舗）…182 ～ 183
細田徳兵衛（井筒屋　榮太樓總本舗の礎）…182
細田安五郎（井立菓子店）…182
細田安太郎（井筒菓子店）…182
堀田二平衛（櫛笄問屋）…294
布袋屋松井伊之助（糸物所）…222
布袋屋吉久（御菓子所）…222
北國屋貞助（金物問屋）…241
堀越七郎右衛門（萬羽根問屋）…59
本家津國屋清蔵（あわおこし）…180
本三舛屋五郎兵衛（切艾商）…316

【ま】

牧野清次郎（いわしや 薬種問屋）…415、421
馬越恭平（麦酒醸造所）…222
益田嘉兵衛（枡正宗）…384
益田菊太郎（蝙蝠傘製造賣捌所）…36、37
増田新三（蝋燭商）…64
枡屋源蔵（甲櫛笄売買所）…49
枡屋作兵衛（御召染御召染所）…322
枡屋七左衛門（木綿問屋）…59
増谷文次郎（醤油醸造所）…241
ますや清兵衛（萬帳筆筒細工所）…146
桝屋中村武次郎（蝋・砂糖商）…146
松井新助（筆硯問屋）…240
松浦屋勘二郎（下り素麺問屋）…292
松川一方（筆墨硯問屋）…53
松倉治助（びんつけ油製造所）…168
松澤屋源右衛門（絵草紙錦絵問屋）…49
松下佐次郎（清酒醸造所）…63
松下利平（醤油味噌蠟燭商）…63
松田石川孝之助（御料理所）…181
松谷常吉（清酒醸造所）…223
松田屋嘉市（蕨縄問屋）…53
松野庵幸吉（即席御料理所）…180
松葉屋忠兵エ（提灯所）…181
松原武助（小倉屋分家昆布商）…404、406
松村彌兵衛（葡萄酒醸造所）…181
松本市左衛門（いわしや本店　薬種問屋）…410、414、415 ～ 416、420
松本伊兵衛（いわしや本店　薬種問屋）…4111、415、421
松本伊兵衛（長春堂　薬種問屋）…411、415、416
松本器械店（いわしや　薬種問屋）…419、420
松本儀兵衛（いわしや　薬種問屋、醫療器械）…414、415、416、419、421
松本久左衛門・いわしや松本市左衛門（いわしや松本姓系の業祖）…410、418、419、421
松本源七（清酒醸造所）…180
松本幸四郎（岩戸香・びんつけ油）…338
松本重吉（葡萄酒麦酒醸造所）…224
松本庄左衛門（御伽羅之油商）…168
松本留之助（シャンパン醸造所）…258
松本屋彦四郎（絵具染草問屋）…240
松屋吉兵衛（萬糸組商）…321
松屋幸八（薬種問屋）…242
松屋庄吉（御料理所）…180
松屋長左衛門（畳表問屋）…181
丸屋石坂吉兵衛（草履問屋）…57

【は】

榛原直次郎・中村佐助（金花堂須原屋佐助榛原創業者）…157
榛原屋仙次郎（下り傘問屋、紙問屋）…159、160
橋下熊五郎（清酒醸造所）…281
橋下庄三郎（味噌醸造所）…168
橋下清三郎（洋酒問屋）…242
橋本仙之助（竺仙創業者　染物屋）…186～187
長谷川雪旦…367
長谷川萬平（積荷物取扱所）…343
長谷川与兵衛（味噌醸造所）…195
八村忠兵衛（紺屋合灰商）…180
服部七左ヱ門（有松絞問屋）…314
花澤屋小四郎（畳表問屋）…397
花澤屋六右衛門（畳表問屋）…397
花澤屋六兵衛（畳表問屋）…397
馬場長兵衛（清酒醸造問屋）…63
濱口儀兵衛（廣屋儀兵衛商店　醤油醸造所）…118、120
濱松屋甚十郎（魚問屋）…68
羽根屋作兵衛（羽根問屋）…53
早川八五郎（鞄革具問屋）…279
林吉藏（錦繪石版画絵本類問屋）…374
林九兵衛（木屋創業者　唐木名木諸指物問屋、小間物諸色問屋、塗物問屋）…357、359
林福六（薬種問屋）…358、360
林家善助（最中饅頭御菓子所）…168
半田屋次兵衛（絵具染草問屋）…62
伴対馬守忠光（伴久旅館創業者）…212
坂東三津五郎（洗い粉）…338
樋口屋嘉右衛門（諸石所商）…343
彦椂佐平（萬農道具鉄物鎌製造所）…292
菱川師宣…363、369、370
菱屋池田藤兵衛（針問屋）…37、39
菱屋伊兵衛（唐小間物所）…322
菱屋四郎兵衛（足袋問屋）…57
菱屋善兵衛（呉服問屋）…59
菱屋藤兵衛（針問屋）…48
菱屋彦八（鼻紙袋煙草入所）…256
菱屋弥三郎（三つ櫛すじ立所）…294
備前屋治兵衛（讃州金毘羅出船所）…256
備前屋弥兵衛（刀脇指新京道具所）…292
日の出屋日野久吉（饅頭と餅商）…241
日野屋伊八（打鉄鍋物問屋）…53
日比翁助（株式会社三越呉服店）…84
日向屋弥左エ門（鍋釜類商）…56
平井小市（三菱會社荷物取扱所）…77
平井松太郎（葡萄酒醸造所）…197
平瀬邦之助（和用紙類商）…258
平戸屋文蔵（革鼻緒問屋）…279
平野屋九兵衛（萬小間物仕入所）…256
平野屋惣兵衛（砂糖・黒砂糖類商）…68
平野屋豊次郎（茶製造販売所）…256
瓢簞屋佐右衛門（御用麺類所）…281
瓢簞屋治郎左衛門（團十郎歯磨問屋）…315
広瀬忠兵衛（酒販売所）…223
廣屋吉右衛門（醤油醸造所、奥河川筋船積問屋、下り藍仲買問屋）…119
廣屋儀兵衛（ヤマサ醤油の前身）…118、120
福岡伸郎（福神漬商）…280
福岡萬次郎（醤油醸造所）…197
福地麻五郎（清酒醸造所）…113
福久屋石黒傳六（売薬営業）…224
福山甚三郎（醤油醸造所）…258
藤井光蔵（和洋小物商）…114
藤井屋熊次郎（畳表問屋）…62
藤井屋弥助（棉篠巻商）…279
藤田喜太郎（萬打物類問屋）…314
富士屋嘉休…79

豊嶌久吾（御印判師）…292
豊嶋屋市兵衛（豊嶋屋　釘鉄銅物問屋）…155
豊嶋屋定七（豊嶋屋　白締油商）…147
豊島屋十右衛門（豊島屋創業者）…153
豊嶌屋十右衛門（豊嶋屋　醤油酢問屋）…155
豊嶋屋甚兵衛（豊嶋屋　下り傘問屋、蕨縄問屋、畳表問屋）…155
豊島屋忠兵衛（土佐鰹節所）…59
豊嶋屋鉄五郎（豊嶋屋　瀬戸物問屋）…155
戸田生三（戸田工業の創業者　弁柄・蚊取線香製造）…298
鳥羽屋庄右衛門（袋物細工所）…62
斗枡屋忠七（薬種問屋）…56
冨田仁兵衛（醤油製造所）…281
富田庄太郎（旅人宿富田屋）…114
富屋彌兵衛（大釜所）…112
伴井音吉（清酒醸造所）…281
虎屋久左衛門（薬種問屋）…197
とらや甚右衛門（万病圓賣弘所）…32
とらや世右衛門光家（薬種問屋）…167
鳥居清長…377、378
鳥居清倍…369
鳥居半三郎（清酒醸造所）…195

【な】

中川藤八（葡萄酒醸造所）…197
中川傳兵衛（櫛卸問屋）…279
長崎宇太郎（清酒問屋）…168
長崎屋瀬兵衛（茶問屋）…62
中嶌利久（御鏡仕入所）…292
永田印旛大掾藤原光政（京菓子司）…180
中野又右衛門（清酢製造所ミツカン）…241
中村慶蔵（丈三桶の完成）…332
中村又二（清酒醸造所）…196
中村弥十郎（味噌・醤油醸造所　イチビキ創業者）…331
中村屋藤江太七（煙草入問屋）…63
中山治助（違い剣正宗　清酒醸造所）…384
灘屋条蔵（糠問屋）…146
なべや源兵衛（しらみうせ薬商）…293
納屋三十郎（船具問屋）…257
奈良屋坂本作次郎（太物問屋）…63
奈良屋兵七（北斗星目薬・筆墨問屋）…242
なり田や卯兵衛（青貝細工所）…196
なんばや横山林造（煙草入商）…112
南龍軒金子藤兵衛（御銘茶問屋）…127
西川仁右衛門・甚五郎（山形屋　蚊帳商）…112
西川米吉（海産物問屋）…68
錦伊七（生蕎麦商）…258
錦屋五郎兵衛（草履下駄問屋）…57
二条組松屋吉兵衛（薬種問屋）…280
西宮屋重次郎（藍仲買問屋）…59
二代目佐野川市松（白粉 油・伽羅油）… 338
西村幸助（御藥諸國賣弘所）…378、379
西村屋與八（永壽堂　書物問屋、地本問屋）…377 ～ 379
西村屋新次郎（茶問屋）…62
西村屋清八（塗物問屋）…68
二文字屋安兵衛（葉刻煙草商）…320
布屋太兵衛（信州更科蕎麥所）…113
野井丹次郎（萬新物商）…257
能久治（和洋呉服商）…146
野坂久五郎（呉服太物古着商）…65
野田六左衛門（扇正宗　清酒醸造所）…384
野村荘八郎（太物小間物問屋）…343
野村半蔵（葡萄酒醸造所）…258

148、149
瀧口東次郎（果実酒醸造所）…223
武石伊兵衛（醤油醸造所）…181
高橋喜内（紫金膏薬種問屋）…32
高梨兵左エ門（キッコーマンの前身）…324
高橋孫左衛門商店（粟餅屋）…257
高橋門兵衛（清酒醸造所）…223
宅間平右エ門（味噌酢醤油醸造所）…34
竹内金之助（金銀細工物製造所）…241
竹澤博次（御入歯所）…50
竹村源十郎（司牡丹の前身）…171
武田長五郎（武田長五郎商店　ホワイトローズ創業者　煙草商人）…130、132
多田屋新兵衛（紙問屋）…59
橘屋佐兵衛（助惣焼・どら焼）…166
橘屋半次郎（橘屋醤油醸造所　ジョーキューの始まり）…351
辰馬半右衛門（清酒醸造所）…223、384
辰馬半蔵（清酒醸造所）…318
辰馬たき（醤油醸造所）…342
たてぐや清兵エ（塗物類商）…113
伊達専次郎（醤油味噌醸造・陶器卸問屋）…147
田中定治郎（脇差道具賣買所）…36
田辺勘助（呉服太物古着商）…65
田邊正助（木綿問屋）…62
田端屋次郎左衛門（木綿問屋）…68、400
玉木屋吉兵衛…144
田巻村の七兵衛（玉木屋　佃煮・煮豆商）…144
玉井香太郎（御伽羅之油商）…181
玉満保二（御菓子司）…257
玉屋市郎兵衛（御花火師）…313
玉屋松井平右衛門（御料理支度所）…281
溜屋藤兵衛（瀬戸物問屋）…62
丹波屋喜助（関取せ川た所）…294
丹波屋粂藏（萬小間物商）…114
丹波屋清助（紋羽類諸品問屋）…240
近田甚兵衛（金澤米商会所仲買所）…240
智友數吉（清酒醸造所）…281
丁子屋伊兵衛（呉服太物問屋）…62
丁子屋木佐藤清三郎（髪油蝋燭商）…167
丁子屋小林吟次郎（呉服太物問屋）…166
丁子屋下田五兵衛（呉服問屋）…167
鳥文斎栄之…378、380
千代倉屋次郎兵衛（下り酒問屋）…53
塚本貞夫（旅宿業）…281
蔦屋重三郎（耕書堂　地本問屋）…143、365、369、371 ～ 374、375、377 ～ 378
蔦屋勇吉（折手本問屋）…371
土川宗左ヱ門（呉服太物問屋）…114
土文字屋藤助（御伽羅之油商）…63
津国屋清蔵（粟おこし所）…167
鶴屋伊兵衛（鶴屋吉信創業者）…214
鶴屋喜右衛門（仙鶴堂・遷鶴堂　書物地本問屋）…195、375 ～ 376、377
鶴屋金助（書物問屋）…376
手嶋屋季右衛門（雛人形商）…240
鐵屋卯兵衛（鍋釜類商）…68
鉄屋十右衛門（鉄劔銑諸地金類商）…114
寺本屋九郎右衛（煙管問屋）…57
天王寺屋重兵衛（御菓子司）…292
天王寺屋長右衛門（蠟燭鬢附所）…114
東洲斎写楽…371、374、378
藤堂興十郎（清酒醸造所）…240
陶山謔治（味噌醸造所）…279
東龍軒山本市右衛門（諸國銘茶問屋）…127
遠山八右衛門（清酒醸造所）…242
徳蔦屋一郎兵衛（下り藍仲買問屋）…65
都倉屋与兵衛（豊嶋屋　醤油醸造所）…147

神明堂河中治兵衛（蝋燭商）…168
酔月楼萬彦（会席御料理所）…166
酔多楼中田與吉（貸座敷商）…241
須賀屋清兵衛（真綿問屋）…68
杉浦吉之助（漬物製造所）…223
すしや利八（けぬき寿司所）…279
鈴木金兵衛（足袋股比企商）…62
鈴木若狭城藤原保豊（御菓子製造所）…166
須藤三男（九代目武田長五郎商店）…131
須原屋伊三郎（松成堂　書物錦繪問屋）…366、367、368
須原屋市兵衛（書物問屋）…366
須原屋伊八（青藜閣　書物問屋）…366、367
須原屋北畠茂兵衛（書籍廛）…367、368
須原屋源助（芳潤堂　書物問屋）…366、367
須原屋佐助（金花堂　書物問屋）…157、159、160、366
栖原屋三九郎（鰯魚〆粕油問屋）…68
須原屋平助（薬種問屋、書物問屋）…366、367、368
須原屋茂兵衛（書物問屋）…157、365～367
住友吉左衛門（大阪市第1号繋船岸壁整備）…80
住友友芳（住友の基盤　別子銅山）…81
住友政友（住友家家祖　富士屋　薬種・書籍商）…79
住友友以…79、80、81
住民平（養蠶具賣捌所）…279
炭屋喜右衛門（蝋燭問屋）…342
住山長左ヱ衛門（各国御宿泊所）…147
住吉屋庄兵衛（くぎぬき油販売所）…256
住吉屋平兵衛（瀬戸物問屋）…49
酢屋嘉七（萬黒焼薬所）…59
駿河屋藤助（御鷹野股引所）…48
関取堂嶋所八源店奥田源三郎（下駄履物商）…294
錢高善造（錢高組頭領）…305、306
錢高林右衛門（番匠屋　錢高組業祖）…305
銭屋幸助（萬糸物類商）…292
銭屋文右衛門（御菓子所）…292
妹尾壽太郎（葡萄酒醸造所）…196
千切屋安兵衛（下駄草履所）…292
草加屋吉兵衛（蒲焼商）…343
蘇我理右衛門（泉屋　銅吹き・銅細工商）…79、81
十合伊兵衛（そごうの創業者）…66、285～286

【た】

大黒屋勘次郎（塗物問屋）…398
大国屋勘兵衛（醤油酢問屋）…50
大黒屋吉右衛門（木綿問屋、呉服問屋）…59、397、398
大黒屋権八（味噌酢醤油醸造所）…34
大黒屋三郎兵衛（木綿問屋、真綿問屋、呉服問屋、下り蠟燭問屋）…59、397、398
大黒屋重右衛門（糸物問屋）…49、398
大黒屋重兵衛（鶏卵・乾海苔・鰹節商）…221
大黒屋新兵衛（本栗避醴所）…221
大黒屋藤右衛門（京糸組物所）…53、398
大黒屋平右衛門（乾物問屋）…398
大黒屋又兵衛（古手問屋、呉服問屋）…398
代田惣七（時計師）…292
大文字屋次兵衛（繰棉問屋）…59
高井作右衛門（清酒醸造所）…314
高﨑庄三郎（草履物商）…181
高砂屋藤兵衛（御菓子所）…167
高砂屋安兵衛（四ツ目屋商売敵）…274
高田太郎（醤油醸造所）…147
髙津伊兵衛・伊之助（にんべん創業者）…

【さ】

齋木忠太郎（縮卸問屋）…62
佐伯傳蔵（縞繻卸商）…241
堺屋藤兵衛（薬種問屋）…314
坂木屋三右衛門（瀬戸物問屋）…401
坂田文助（扇子団扇卸）…279
坂上桐陰（剣菱　津国屋　清酒醸造所）…335～336
坂本三右衛門（煙草問屋）…53
坂本屋平八（瀬戸物問屋）…53、400
酒特約大販売所吉具伊兵（京都麦酒醸造所）…240
酒袋嘉兵衛（御香泉御煮山椒漬物類商）…281
ささや五左衛門（御足袋所）…180
笹屋八郎兵衛（あい焼商）…180
佐野新平（醤油醸造所）…314
佐野友吉（菓子砂糖商）…241
佐野屋吉兵衛（足袋取引所）…281
猿屋三郎右衛門（饅頭製造　両口屋是清創業者）…349
猿屋七郎兵衛（日本橋さるや　楊枝師）…219
沢伊八郎（薬種醸造所養命酒）…224
澤田（写真師）…36
澤田半右衛門（伊勢半創業者　伊勢屋半右衛門）…134、135
澤宗貞（神仙臣勝子園）…279
佐和屋新助（御扇子仕入所）…112
三甲堂田﨑芳之助（鼈甲製造所骨董商）…36、37
三清堂高木興兵衛（清心丹　薬種問屋）…224
三代目大塚治右衛門春近（松風菓子創製者）…216
三代目瀬川菊之丞（白粉　仙女香）…336
三代目福砂屋市左衛門（カステラ菓子製造創業者）…208
山東京伝（白粉　白牡丹・月宮美人香）…19、339、372、373、374
塩野義三郎（塩野義三郎商店　塩野義製薬の前身）…295、296
塩屋傳兵衛（堂嶋米相場店）…240
式亭三馬（化粧水　江戸の水）…318、339～340
式守蝸牛（相撲赤膏薬薬種問屋）…279
七味屋本舗（七味唐辛子の老舗）…125
柴崎嘉吉（抱き蓮正宗　清酒醸造所）…384
柴田源兵衛（清酒醸造所）…343
渋沢栄一…66、151、226、289～291
渋沢篤二（澁澤倉庫初代社長）…290
島田忠三郎（株式取引所仲買、米商会所）…343
島津源蔵（島津製作所創業者）…344～345
嶋屋半兵衛（繰綿問屋）…65
嶌屋半兵衛（水油問屋）…65
嶋屋長右衛門（糸物問屋）…48
清水庵友八（御料理所）…167
清水壽太郎（醤油醸造所）…224
清水佐太郎（筆墨硯問屋）…63
清水屋八郎右衛門（畳表問屋）…68
下野屋又兵衛（下り蠟燭問屋）…62
下村彦右衛門正啓（大丸業祖　大文字屋）…89、91
下村正右衛門（大丸屋　呉服太物所）…40
下村山城掾（化粧紅粉問屋）…112
聚玉堂榛原千次郎（雁皮紙問屋）…160
十二屋宗兵衛（塗物道具仕入所）…57
酒悦清右衛門（福神漬商）…280
初代古屋徳兵衛（松屋創業者）…100
白樫政雄（剣菱　清酒醸造所）…337
白子屋彌兵衛（蕨縄問屋）…57

監田里斎平利治（東御菓子所）…256
栞名屋圓蔵舩（菱垣廻船問屋）…240
桔梗屋治左衛門（縮緬緯織出シ所）…322
桔梗屋清助（嶋縮緬織出シ所）…322
桔梗屋忠兵衛（嶋縮緬織出所）…322
ききょうや安兵衛（浅草餅商）…281
菊水商店西村弁吉（佐賀煙草問屋）…166
菊谷浅吉（旭日正宗　清酒醸造所）…384
菊屋治兵衛（塗物問屋）…397
菊屋清右衛門（塗物問屋）…397
菊屋大和大掾藤代清貞（御菓子所）…166
喜多川歌麿…315、371、374、378、380
北川屋儀右衛門（絵具染草問屋）…59
喜多福山田才吉（漬物製造所）…224
紀伊國屋傳七（貝杓子問屋）…111
木原熊吉（清酒醸造所）…196
木原茂平（型波波留壜商）…241
木屋伊助（小間物問屋、打物問屋）…360、361
木屋市兵衛（草履問屋）…360
木屋久右衛門（小間物問屋）…361
木屋作兵衛（鼈甲朝鮮生地板問屋、小間物問屋）…361
木屋治兵衛（墨筆硯問屋）…360
木屋傳兵衛（淺草海苔問屋）…360
切艾屋こねや周兵衛（切艾商）…316
錦耕堂山口屋藤兵衛（地本問屋）…62
金時舗松野太次郎（御菓子砂糖類商）…223
金波楼平吉（御料理所）…167
釘屋四郎兵衛（釘鉄鍋物問屋）…57
釘屋茂兵衛（煙管問屋）…59
日下部兵蔵（清酒醸造所）…167、223
草薙晟光（醤油醸造所）…181
葛原専治（清酒醸造所）…196
久保田庄座衛門（薬種問屋）…241
熊谷直心（薬種問屋　鳩居堂創業者）…199
熊野屋作兵衛（線香問屋）…59
倉田雲平（ムーンスター創業者）…248、249
車屋萬兵衛（御料理所）…168
黒駒屋佐兵衛（鰻蒲焼商）…181
桑田榮吉（醤油醸造所）…314
玄番萬次郎（ラムネ製造所）…223
恋川春町…317、369、370、373、374
小泉伊勢大掾藤原善従（京菓子司）…167
鴻池屋榮藏（下り酒問屋）…399
鴻池屋喜之助（下り酒問屋）…49、399
鴻池屋五兵衛（下酒問屋）…399
鴻池屋太四郎（下酒問屋）…399
鴻池屋太郎兵衛（下り酒問屋）…399
鴻池屋徳兵衛（下り酒問屋）…399
兒嶋千藏（御伽羅油商）…147
五〆屋弥右衛門（酒袋所）…221
小菅丹治（伊勢丹の始まり）…87
小にし卯兵衛（炭荷清屋商）…314
小西九郎兵衛（絵具染草問屋）…240
小西長九衛門（唐和薬種問屋）…64
小西安兵衛（絵具染料問屋）…64
小橋平兵衛（薬種問屋）…223
小林勝三（米穀問屋）…63
小林鶴吉（薬種問屋）…113
小林富次郎（ライオン歯磨き粉問屋）…197
小林龍斎（薬種問屋）…224
小林林之介（あみだ池大黒創業者）…266
小桝甚兵衛（昆布商）…146
小松屋喜兵衛（いくよ餅商）…181
小室松次郎（洋酒醸造所）…197
小室松二郎（葡萄酒醸造所）…222
米屋喜兵衛（澤之鶴の始まり）…354
米屋房太郎（下り酒問屋）…68
小山惣五郎（薫物線香商）…180
近藤利兵衛（清酒醸造所、西洋酒醸造所）…196

小野寺重兵衛（銘茶所）…56

【か】
加賀屋熊文郎（芝翫香白粉商）…258
加賀屋佐吉（松風煎餅商）…280
垣川徳次郎（漬物製造所）…167
鍵屋吉兵衛（清酒醸造所）…146
鍵屋傳兵衛（太物仕入所）…280
鍵屋友年（薬種問屋）…280
鍵屋弥兵衛（初代鍵屋　花火師）…312、313
角田政吉（豆政創業者）…202
加嶌屋金蔵（鶏卵問屋）…112
鹿嶌屋庄助（下酒問屋）…399
鹿嶋屋助五郎（醤油酢問屋）…400
鹿嶋屋清兵衛（下り酒問屋）…400
鹿嶋屋利右衛門（下り酒問屋）…399
柏屋官兵衛（菱垣廻船問屋）…342
柏屋七郎右衛門（キッコーマンの前身）…120
梶原伊三郎（お多福正宗　清酒醸造所）…384
上総屋長右エ門（御菓子所）…64
上総屋半兵衛（御料理所）…166
一宮半助（諸品依託問屋）…112
葛飾北斎…72、222、373、378、379
勝田屋善蔵（下り傘問屋）…49
加藤伊助（打物木屋創業者）…360
加藤伊輔（木屋　打物砥石問屋）…361
金谷才市（小倉屋分家昆布商）…404、405
蟹江一太郎（カゴメ創業者）…327 ～ 330
蟹屋半次郎（御菓子所）…402
金尾勇吉（歯磨き粉商）…147
金川屋忠兵衛（呉服織物問屋）…342
金子源兵衛（醤油醸造販売所）…114
金子甚兵衛（絵草子紙問屋）…49
金屋與助（鍋釜商）…146
金屋七三郎（鍋釜稲扱所）…57
金屋惣七（銚子鍋所）…294
鎌倉屋丈右衛門（酢醸造所）…292
蒲清助（金平糖司）…293
鎌田善治郎（醤油醸造所）…166
紙屋佐兵衛（てぐす売所）…48
紙屋八九衛門（下り酒問屋）…53
亀岡一右衛門（足袋商）…293
亀岡善兵（足袋商）…195
亀屋治郎兵衛（股引たび所）…195
亀屋清右衛門（御料理所）…343
亀屋武衛門（木綿問屋）…241
亀屋平兵衛（小倉蕎麦所）…50
からしや徳右衛門（やげん堀七味唐辛子本舗創業者）…122
鳥山直卒（質商・醤油醸造所）…114
雅亮法師（法師善五郎　法師初代）…244
川井屋彌兵衛（醤油酢問屋）…62
川上鉄太郎（魚問屋）…241
川北三郎兵衛（海老屋總本舗創業者）…169
川喜多屋平四郎（木綿問屋）…59
川北屋矢野岩（束髪かもじ類商）…224
川口治左衛門（ラムネ製造所）…258
川口忠七（御料理所）…256
河内屋喜助（足袋商）…64
河内屋長五郎（長五郎餅商）…257
河内屋長兵衛（下り傘問屋）…50
河内屋半次郎（貸座敷料理所）…279
河内屋孫九衛門（薬種問屋）…57
河東倍二郎（抱き稲正宗　清酒醸造所）…384
川原伊右衛門（萬問屋外国貿易商）…241
川村十兵衛（乾物問屋）…57
川村庄兵衛（木綿金巾染治問屋）…62
神崎長次郎・茂三郎（神崎屋　神茂創業者）…309 ～ 311
元祖鰯屋藤右衛門（薬種所唐物問屋、線香問屋）…412、413

内田屋清右衛門（線香問屋）…257
宇野九甚五郎（御伽羅之油商）…53
鱗形屋三左衛門・孫兵衛（林鶴堂　地本問屋）…369 ～ 370
栄壽堂豊田吉久（御菓子所）…343
海老屋喜右衛門（御料理所）…195
海老屋作兵衛（御菓子所）…402
越後屋文五郎（薬種問屋）…240
越中屋宗五郎（御珠敷所）…62
越中屋平兵衛（志能原みう地だんご商）…292
遠州屋浦島平蔵（地糖商）…112
遠州屋園蔵（下り傘問屋）…49
遠州屋圓藏（草履問屋）…401
遠州屋甚兵衛（あおやき商）…109
遠州屋半兵衛（草履問屋）…401
扇屋平兵衛（古着新蚊帳商）…280
近江屋奥田藤松（鹿子卸商）…240
近江屋加七（線香問屋）…63
近江屋久兵衛（不煎火油仕入所）…57
近江屋新八（乾物類卸）…60、62
近江屋惣兵衛（下雪踏問屋）…57
近江屋半右衛門（塗物仕入所）…292
近江屋又兵衛（即席料理所）…240
大川錠吉（出版販賣所）…63
大倉屋利八（蝋燭問屋）…65
大坂屋嘉右衛門（白粉歯磨問屋）…53
大坂屋喜三郎（小間物卸問屋）…63
大坂屋重兵衛（銘茶所）…53
大坂屋庄左衛門（丸藤問屋）…59
大坂屋庄左衛門（下り傘問屋）…63
大坂屋庄助（紫根水問屋）…59
大坂屋宗八（薬種問屋）…57
大坂屋藤左衛門（薬種問屋）…256
大坂屋藤資（塗物細工所）…314
大坂屋文禄（雪駄問屋）…63
大坂屋文六（草履問屋）…401、402
大坂屋平八（紙煙草入問屋）…57
大坂屋六兵衛（薬種問屋）…57
大里左一（煙管所商）…342
太田己三郎（石炭商）…343
太田吉次郎（薬種・清酒問屋）…241
大槻佐右衛門（清酒醸造所）…63
大槌屋平兵衛（小間物塗物問屋）…280
大津屋仁兵衛（御料理所）…166
大津屋正木利右衛門（大熊湯本舗）…258
大西代造（薬種問屋）…197
大野屋丑五郎（種物商）…168
大橋吉右衛門（銘茶肆商）…343
大橋屋小左衛門（紙問屋）…53
大橋屋太郎次郎（紙問屋、諸國茶問屋）…272
岡島屋藤三郎（橘香散三吉香薬種問屋）…292
岡田屋藤助（八幡革鼻緒卸）…49
岡忠次（繰棉足袋商）…167
岡本宗輔・岡本長兵衛（團十郎歯磨粉本家調合所）…31、32
小川屋勘助（蕨縄問屋）…53
小川屋勘助（生布海苔問屋）…257
小川屋富五郎（御茶漬所）…196
翁屋治兵衛（御菓子所）…223
奥井半吾（奥井海生堂創業者）…246、247
奥田由太郎（白酒醸造所）…222
小倉屋（松原）久七（小倉屋昆布商の創業者）　403 ～ 406
小髙勝兵衛（半衿問屋）…147
小田原屋伊八（乾物問屋）…399
小田原屋源次郎（乾物類卸問屋）…53
小田原屋源治郎（乾物類卸）…399
小田原屋長兵衛（乾物問屋）…398
小津清左衛門長弘（紙商小津の創業者、紙問屋、繰綿問屋）…59、269 ～ 270
尾上菊五郎（洗い粉）…177、338

伊勢屋長兵衛（牛馬の鞍商）…294
伊勢屋利八（武具馬具師）…279
伊勢屋武右衛門（紙問屋）…59
伊勢屋平吉（呉服問屋）…342
伊勢屋平八（銘茶所）…147
伊勢屋又八（合羽油所）…314
伊勢屋万吉（御料理所）…197
伊勢屋安兵衛（革鼻緒卸）…49
伊勢屋利兵衛（地本問屋）…53
伊勢屋六右衛門（薬種問屋）…57
磯田湖龍斎…377
磯野良吉（洋紙商）…343
幾村郁太郎（鯛味噌屋）…293
板坂源八郎（御艾所）…256
市川喜七（葡萄酒醸造所）…196
市川團十郎（白粉　三枡牡丹）…31、198、210、315、338
市川門之助（洗い粉）…338
市川八百蔵（洗い粉）…338
市川屋庄衛門（川筋船積問屋）…113
市村羽左ヱ門（洗い粉）…338
井筒屋久兵ヱ（葉刻煙草商）…320
井筒屋忠兵衛（萬黒目漆所）…314
伊藤清安（薬種問屋）…112
伊東常四郎（梅酒醸造所）…180
伊藤屋源兵衛（萬羽根問屋）…195
伊藤屋興八（御鼻紙袋煙草入所）…257
糸物屋孫四郎（嶋木綿染地類仕入所）…114
稲垣藤兵衛（縮緬卸問屋）…146
稲野利三郎（剣菱　清酒醸造所）…336～337
井上關右衛門（醤油醸造所）…241
井上茂兵衛（箪笥長持所）…314
豬塚松五郎（時計師）…292
伊場屋勘左衛門（伊場屋 伊場仙初代）…259
伊場屋仙三郎（伊場仙　団扇問屋）…260
今村善太郎（諸紙商）…63
入村榮蔵（掛物製造砂糖商）…62
岩崎重治郎（醤油醸造所）…343
岩崎彌太郎（九十九商会　三菱グループ母体・海運業）…76、77
岩崎与右衛門（稲囲み達磨正宗　清酒醸造所）…384
いわし屋市左衛門（いわしや総本家　唐和線香類・外科道具・薬種問屋）…412、413
鰯屋市左衛門（線香問屋）…412、413
いわしや儀兵衛（薬酒問屋）…412、413
いわしや佐兵衛（藥種問屋）…412、413
いわしや鈴木長兵衛（藥種問屋）…415、421
いわしや平野伊三郎（醫療器械商）…415、416、421
岩田傳兵衛（御三味線所）…293
岩村鉄五郎（各国御商人定宿）…113
岩本五兵衛（いわしや　藥種問屋）…415、421
岩本藤吉（いわしや　醫療器械商）…415、416、421
岩本孫兵衛（いわしや岩本姓系の業祖）・鰯屋五兵衛（唐和藥種問屋）…410、414
岩本彌吉（いわしや　醫療器械商）…415、416
魚住吉太郎（鞄製造販売）…242
浮田桂造五福（五龍圓　薬種問屋）…32、224
烏犀園小見山宗法（薬種問屋香具類商）…196
氏原馬三郎（酢醸造所）…196
歌川国貞…72、2142、58、210、258、261、375、378、380
歌川豊国（初代）…155、255、177、260、378、380
歌川広重…371、375、376
内田敬三（醤油釀造販売所）…114

●主な人物名

【あ】

相生屋薪兵衛（御袋物所）…50
藍田萬蔵（砂糖商）…114
相原三有樂（宝石類商）…279
藍屋直四郎（藍玉問屋）…65
青木藤右衛門（いわしや　薬種問屋）…420、421
青柳安兵衛（御料理所）…343
秋田屋冨之助（鰯魚〆粕魚油問屋）…256
淺井屋藤右衛門（下り酒問屋）…400
淺田甚右衛門（麦酒醸造所）…196
朝妻甚裕（小間物商）…223
足立屋薪助（乾物類卸問屋）…342
あはや金次郎（呉服太物仕入所）…280
天矢正剛（株式取引所仲買、米商会所）…343
荒木屋伊三郎（水油問屋）…257
阿波野庄平（正宗一　清酒醸造所）…384
阿波屋吉三郎（藍玉問屋）…279
阿波屋治作（旅籠屋）…343
阿波屋平助（藍玉問屋）…257
阿波屋林右衛門（藍玉問屋）…65
飯田新七（高島屋創業者）…97
五十川卯三郎（飛び龍正宗　清酒醸造所）…384
五十嵐孝義（葡萄酒醸造所）…168
五十嵐兵五郎（御伽羅之油商）…180
石川元之輔（醤油醸造所）…343
井口喜兵衛（糸組物所）…50
池上茂兵衛（剣菱　丸屋清酒醸造所）…337
池田濱吉（葡萄酒醸造所）…196
池田屋市右衛門（青物乾物問屋）…240
池田屋喜兵衛（下酒問屋）…400
いけだや総兵衛（御定宿商）…240
池田屋藤右衛門（下り酒問屋）…400
池田屋半次（革鼻緒一式問屋）…314
池田屋利右衛門（下り酒問屋）…400
井澤利兵衛（張物刷毛師）…294
石田甚助（薬種問屋）…197
石橋庵杵正（御料理所）…292
石割作左衛門（煙草・包丁製造所）…281
石割七左衛門（石割り商）…147
泉仙助（清酒醸造所）…223
和泉屋市兵衛（甘泉堂　泉市　地本問屋）…380～382
伊勢屋吉三郎（梅見散・君ケ香・寶香）…38、39
和泉屋吉兵衛（泉榮堂　書物問屋）…381、382
和泉屋金右衛門（玉巖堂　書物問屋）…380、382
和泉屋三郎兵衛（鰯魚〆粕油問屋）…56
和泉屋庄次郎（慶元堂　書物問屋）…380、381
和泉屋新八（小西堂　書物問屋）…380、382
和泉屋管原堂（京菓子司）…167
和泉屋平兵衛（屏風襖仕入所）…256
和泉屋吉蔵（金物類卸）…68
伊勢屋尾崎善兵衛（太物問屋）…114
伊勢屋吉兵衛（丸藤問屋）…256
伊勢屋源兵衛（紙問屋）…59
伊勢屋五兵衛（御櫛卸所）…294
伊勢屋権右衛門（木綿問屋）…59
伊勢屋權右衛門（木綿問屋）…272
伊勢屋三郎兵衛（乾物問屋）…53
伊勢屋七五郎（切艾問屋）…316
伊勢屋甚八（塗物問屋）…63
伊勢屋清八（鼈甲御櫛笄所）…256
伊勢屋清兵衛（萬塗物所）…59
伊勢屋惣兵衛（水油仲買）…65
伊勢屋太兵衛（萬糸組所）…50
伊勢屋筑後大掾（御用御菓子所）…256
伊勢屋長兵衛（紙問屋）…241

【ま】

【や】

【ら～】

【な】

【は】

【さ】

【た】

【か】

索引

●主な企業名

村中憲二《むらなかけんじ》

一九五〇年山口県生。法政大学卒業。出版社勤務後、編集プロダクションを設立し『わたしの藤沢周平』（文春文庫）をはじめ、多くの出版物、ＰＲ誌など広報制作物の編集・執筆を行っている。また大手銀行系シンクタンクのビジネス誌を編集統括し、数百社の優良中堅企業を取材・執筆する。社史の執筆も多く、『太陽ホールディングス６０年史』では日本経営史研究所主催の優秀会社史賞、『ニチバン１００年史』では全国カタログ展銀賞を受賞。家紋では『家紋の本』（宝島社）を編集統括している。

暖簾《のれん》の紋章《もんしょう》

——社名とマークから読み解く企業の心

二〇二四年十月二十日　第一版第一刷発行

著　者 ——— 村中憲二
発行所 ——— 株式会社 現代書館
東京都千代田区飯田橋三—二—五　郵便番号 １０２—００７２
電話 ０３—３２２１—１３２１　ＦＡＸ ０３—３２６２—５９０６　振替 ００１２０—３—８３７２５
発行者 ——— 菊地泰博
企画・編集 ——— 村山守
装丁・組版 ——— スープレックス
印　刷 ——— 平河工業社（本文）東光印刷所（カバー、表紙、本扉、帯）
製　本 ——— 鶴亀製本
校正協力 ——— 谷口伸郎＋小西義之

 ISBN978-4-7684-5967-6

http://www.gendaishokan.co.jp/